Hans Berkessel, Wolfgang Beutel, Hannelore Faulstich-Wieland,
Hermann Veith (Hrsg.)

Jahrbuch
Demokratiepädagogik 2013/14

Neue Lernkultur
Genderdemokratie

D1671583

Hans Berkessel, Wolfgang Beutel, Hannelore Faulstich-Wieland,
Hermann Veith (Hrsg.)

Jahrbuch Demokratiepädagogik 2013/14

Neue Lernkultur Genderdemokratie

Mit Beiträgen von: Hermann-Josef Abs, Susanne Alpers,
Kurt Beck, Hans Berkessel, Silvia-Iris Beutel, Wolfgang
Beutel, Ina Bömelburg, Jürgen Budde, Monika Buhl,
Heinz Buschkowsky, Wolfgang Edelstein, Kurt Edler,
Hannelore Faulstich-Wieland, Peter Fauser, Arila Feurich,
Mario Förster, Susanne Frank , Jürgen Gerdes, Birger
Hartnuß, Gisela John, Hans-Peter Kuhn, Ralph Leipold,
Martin Lücke, Sigrid Meinhold-Henschel, Britta Müller,
Ines Pohlkamp, Volker Reinhardt, Gernod Röken, Tanjev
Schultz, Nils Schwentkowski, Anke Spies, Sven Tetzlaff,
Hans-Wolfram Stein, Hermann Veith, Michaela Weiß,
Christian Wild

WOCHEN
SCHAU
VERLAG

Bibliografische Information der Deutschen Nationalbibliothek

Die Deutsche Nationalbibliothek verzeichnet diese Publikation in der Deutschen Nationalbibliografie; detaillierte bibliografische Daten sind im Internet über http://dnb.d-nb.de abrufbar.

www.wochenschau-verlag.de

© by WOCHENSCHAU Verlag,
Schwalbach/Ts. 2013

Die Reihe „Jahrbuch für Demokratiepädagogik" wird herausgegeben von: Hans Berkessel, Wolfgang Beutel, Monika Buhl, Wolfgang Edelstein, Kurt Edler, Hannelore Faulstich-Wieland, Peter Fauser, Susanne Frank, Hans-Peter Füssel, Michaela Gläser-Zikuda, Gerhard Himmelmann, Jan Hofmann, Helmolt Rademacher, Fritz Reheis, Volker Reinhardt, Hermann Veith und Werner Wintersteiner.

In dieser Publikation wurden Daten verwendet, die aus dem mit Mitteln des Bundesministeriums für Bildung und Forschung unter dem Förderkennzeichen C-814212 DH geförderten Vorhaben kommen. Die Verantwortung für den Inhalt dieser Veröffentlichung liegt bei den Autoren.

Gedruckt mit Unterstützung der GLS-Treuhand Zukunftsstiftung Bildung, Freudenberg-Stiftung, der Staatskanzlei und des Ministeriums für Bildung, Wissenschaft, Weiterbildung und Kultur Rheinland-Pfalz

Alle Rechte vorbehalten. Kein Teil dieses Buches darf in irgendeiner Form (Druck, Fotokopie oder einem anderen Verfahren) ohne schriftliche Genehmigung des Verlages reproduziert oder unter Verwendung elektronischer Systeme verarbeitet werden.

Titelfoto: Grit Hiersemann (Jena), Archiv Demokratisch Handeln

Gedruckt auf chlorfreiem Papier
Gesamtherstellung: Wochenschau Verlag
ISBN 978-3-89974864-2

Inhalt

Hans Berkessel, Wolfgang Beutel, Hannelore Faulstich-Wieland, Hermann Veith

Einleitung

Mit dem zweiten Band des Jahrbuchs Demokratiepädagogik wollen wir den „Diskurs um Entwicklung, wissenschaftliche Begleitung und reformerische Konkretisierung der Demokratiepädagogik" – wie er im Vorwort des ersten Bandes als Anliegen formuliert wurde – fortsetzen und damit der Demokratiepädagogik das „eigenständige, kritisch-konstruktive und zugleich offene Medium" bieten, das bislang fehlte und das durch die Herausgabe dieser Jahrbuchreihe begründet wurde. Wir konzentrieren uns dabei auf zwei besondere Aspekte von Schulentwicklung und pädagogischer Praxis.

Der erste Aspekt betrifft den Diskurs zu einer *neuen Lernkultur*. Die damit zusammenhängenden pädagogischen Debatten und praktischen Veränderungen in Schule und den anderen pädagogischen Handlungsfeldern zielen letztlich auf eine Stärkung der Verantwortung der Lernenden für das Lernen, auf Beteiligung und Selbstorganisation sowie einen Lernbegriff, der nicht instrumentelle Vermittlung von Inhalten ins Zentrum stellt, sondern die eigenverantwortliche und selbstgestaltete Rekonstruktion von Wirklichkeit und Wissen durch die Lernenden. Es liegt auf der Hand, dass hier die Demokratiepädagogik ein Feld eröffnet, in dem das Wechselspiel von Partizipation und Verantwortung mit der Stärkung des Lernens und seiner Ergebnisse eine wichtige Rolle spielen. Demokratiepädagogik ist dann eben kein spezieller Bereich von Erziehungswissenschaft und Lernpraxis, sondern Teil und Voraussetzung der neuen Lernkultur, da diese sich letztlich an demokratischen Strukturen orientiert. Die neue Lernkultur muss also „Wege zu einer demokratischen Lernkultur beschreiten".

Spätestens seit den Ergebnissen der PISA-Studie 2000 ist in den Medien eine neue Debatte um die Chancengleichheit der Geschlechter entflammt, die unterstellt, dass die Benachteiligung von Mädchen, wie sie seit den 1960er-Jahren öffentlich kritisiert wurde, sich nunmehr zuungunsten der Jungen verändert habe. Während die Medien häufig sehr einseitig argumentieren bis hin zu einer Schuldzuschreibung an die Lehrerinnen, lohnt es, das Thema aus demokratiepädagogischer Sicht differenzierter zu betrachten. Deshalb haben wir als zweiten Schwerpunkt die *Genderdemokratie* im Sinne der demokratiepädagogischen Konsequenzen aus dem Umgang mit Geschlecht in Schule und Bildung gewählt.

Wie schon im Jahrbuch 1 behalten wir darüber hinaus die vier Rubriken *Forum, Praxis, Länder und Regionen* sowie *Zivilgesellschaft, Dokumentationen* und *Rezensionen* bei.

I. *Wege zu einer demokratischen Lernkultur* – so lautete das Motto des 6. Demokratie-Tags Rheinland-Pfalz, der sich in der Georg-Forster-Gesamtschule Wörrstadt/Rheinhessen im Schwerpunkt der Frage widmete, wie eine angemessene Schülerpartizipation auch im Kernbereich von Schule, in Unterricht und Lernprozessen sowie in deren Evaluation und Feedback durch alle Beteiligten realisiert werden könne. Damit wurde der Fokus auf das Lernen selbst und die im Sinne eines demokratisch-partizipativen Ansatzes notwendigen Lernvoraussetzungen und Lernumgebungen gerichtet. Einige der Vorträge und Diskussionsbeiträge des Demokratie-Tags Rheinland-Pfalz stellen wir in diesem Jahrbuch in überarbeiteter Form einem weiteren Kreis von Interessierten zur Diskussion.

Kurt Beck, langjähriger Ministerpräsident und von Beginn an Schirmherr und Unterstützer der Demokratie-Tage und unzähliger Initiativen bürgergesellschaftlichen Engagements in seinem Bundesland, stellt in seinem Grußwort *Neue Formen demokratischer Beteiligung wagen* die Bedeutung demokratischen Engagements vom Jugendalter an heraus. Er weist dabei Schule und Jugendarbeit beim Lernen und Erleben demokratischen Handelns und Mitentscheidens eine besondere Bedeutung zu. Denn er betont die Notwendigkeit, die damit einhergehenden Lernprozesse nicht nur spielerisch anzulegen, sondern auch die aus diesen ernsthaften Formen der Mitbestimmung resultierenden Entscheidungen zu akzeptieren. Kurt Beck plädiert auch grundsätzlich für eine Ausweitung der Mitbestimmungsmöglichkeiten von Schülerinnen und Schülern, von Lehrerinnen und Lehrern sowie von Eltern in allen relevanten Bereichen des Schullebens und des Unterrichts. Daraus folgt aus seiner Sicht auch eine gesamtgesellschaftliche Erweiterung der Bürgerbeteiligung an demokratischen Entscheidungen – nicht als Ersatz, aber als notwendige und zeitgemäße Ergänzung der repräsentativ-parlamentarischen Demokratie.

Mit dem *Wechselspiel von Lernkultur und Demokratie an guten Schulen* setzt sich die Dortmunder Erziehungswissenschaftlerin Silvia-Iris Beutel auseinander. Sie fokussiert in ihrem Beitrag auf den Zusammenhang von Demokratiepädagogik und Lernqualität, also auf die Förderung der Qualität von Lernergebnissen durch partizipatorische Lernprozesse. Das hat gleichzeitig eine Erweiterung des traditionell auf fachliches Lernen beschränkten Lernbegriffes durch die Einbeziehung von Formen sozialen und inklusiven Lernens zur Folge. Im Lernprozess selbst müssten den Schülerinnen und Schülern substanzielle Möglichkeiten der Mitgestaltung durch Partizipation, Legitimierung, Strukturierung und Evaluierung gegeben werden. Am Beispiel von 72 Schulen, die zwischen 2006 und 2011 im Qualifizierungsverfahren für den Deutschen Schulpreis nominiert wurden, analysiert die Autorin, welche Aspekte, Handlungsmuster und Instrumente demokratiepädagogischer Schulentwicklung dort eine erkennbare Rolle spielen. Dabei erweisen sich die Projektpädagogik, Formen des individuellen und selbstorganisierten Lernens sowie partizipativ und kommunikativ gehaltvolle Formen

der Leistungsbeurteilung als die am meisten genannten Parameter einer demokratiepädagogisch gehaltvollen Lernqualität, die dann abschließend an einigen
ausgewählten Beispielen von Preisträger-Schulen überprüft und erläutert werden.

Wie *kooperatives Lernen,* das in der reformpädagogischen Diskussion und
Praxis schon seit einigen Jahren eine wichtige Rolle spielt, *als Weg zu mehr
Schülerpartizipation* dienen kann, zeigt Susanne Alpers in ihrem Beitrag. Nach
einer kurzen Einführung in Konzeption, Bildungsziele und Methoden dieser
Lernform, die einen „grundlegenden und professionsprägenden Perspektivwechsel von Lehrenden und Lernen im schulischen Alltag" fordert, veranschaulicht
sie diese an einem Beispiel und untersucht zugleich die Gelingensbedingungen
für ein erfolgreiches kooperatives Lernen und Arbeiten. Es wird deutlich, dass kooperatives Lernen immer auch partizipatives und gehaltvolles soziales Lernen ist.

Volker Reinhardt lotet in seinem Beitrag grundlegend *Chancen und Risiken von
Partizipation in der Schule* aus. Nach einer Begriffsklärung und Abgrenzung von
interner und externer Partizipation erläutert er anschaulich die Dimensionen und
Ausprägungsformen von Partizipation in der Schule. Er erstellt in Anlehnung an
Oser/Biedermann ein anschauliches Modell der Hierarchie und Intensitätsstufen
der Partizipationsformen, das von der vollkommenen über die bereichsspezifische
bis zur Auftrags- und Pseudopartizipation reicht. Vor dem Hintergrund dieser
modellhaften Grundlegung fasst er schließlich relevante Argumentationsansätze
für eine Erweiterung der Partizipationsmöglichkeiten in der Schule zusammen,
weist aber auch darauf hin, dass positive Erlebnisse, Motivation für und eigene
Handlungserfahrungen im Feld „lebensweltlicher Demokratie" im Nahraum
Schule nicht automatisch ein späteres Engagement in der institutionellen Politik
zur Folge haben.

Mit der *Schülerpartizipation bei der Leistungsbeurteilung,* die hinsichtlich ihrer Partizipationsmöglichkeiten häufig kritisch beurteilt wird, befassen sich Gisela
John und Britta Müller. Anhand von drei Jenaer Gemeinschaftsschulen erläutern
sie die dort erprobte Praxis der Leistungsbeurteilung und -dokumentation. Sie
zeigen an zahlreichen Beispielen unterschiedlicher Fächer und Jahrgangsstufen
die Möglichkeiten verbaler Beurteilungen von individuellen Lernfortschritten
und -ergebnissen in halbjährlichen Zeugnisbriefen und Eltern-Lehrer-Schüler-
Gesprächen auf. Dabei spielen auf der Grundlage von Formen des offenen Lernens wie der Wochenplanarbeit auch Selbsteinschätzungen und Feedbacks der
Schülerinnen und Schüler eine wesentliche Rolle. Eine solche Reflexions- und
Feedbackkultur kann nach Auffassung der Autorinnen eine wesentliche Grundlage und zugleich auch wünschenswertes Ergebnis echter Schülerbeteiligung sein.

II. Obwohl die Bundesrepublik juristisch von einer Gleichberechtigung der
Geschlechter ausgeht, ist die Frage, was dies für die konkrete Ausgestaltung von
Geschlechterverhältnissen bedeutet, keineswegs geklärt und insofern durchaus

ein Thema für demokratiepädagogische Entwicklungen. Deshalb haben wir als zweiten Schwerpunkt des Jahrbuches 2013 das Thema *Demokratiepädagogische Konsequenzen des Umgangs mit Geschlecht* gewählt.

In einem Einführungsbeitrag zeichnet Hannelore Faulstich-Wieland zunächst die *Auseinandersetzungen um die Gleichberechtigung* in der Bundesrepublik Deutschland nach. Die vorfindbaren Veränderungen waren auch begleitet von wissenschaftlichen (Weiter-)Entwicklungen in Bezug auf zugrunde liegende Gendertheorien: Der Wandel geht von der Abkehr der Annahme natürlicher Geschlechterdifferenzen hin zur Erkenntnis sozialer Konstruktion von Geschlecht. Ein solches Verständnis lässt empirische Forschungen zu, die aufzeigen können, wie in Kindheit und Adoleszenz die Herstellungspraxen von Geschlecht funktionieren. Dazu werden einige auch für demokratiepädagogische Überlegungen relevante Studien vorgestellt. Trotz gelungener Veränderungen bleiben offene Probleme für demokratiepädagogisches Handeln.

Demokratiepädagogische Arbeit findet in ganz unterschiedlichen Bereichen statt. Inwiefern Geschlechterdemokratie diese berührt bzw. für sie eine Rolle spielt, wird in vier unterschiedlichen Kontexten entfaltet.

Historisches Lernen hat eine sehr wichtige Funktion für Erkenntnisgewinne im Rahmen von Demokratiepädagogik. Hier können – so begründet Martin Lücke – „die Lernenden historische Erfahrungen machen, die über Prozesse von Zugehörigkeit und Ausgrenzung in der Geschichte Auskunft geben – und dabei gleichzeitig aufzeigen, wie Möglichkeiten von demokratisch-politischer Partizipation über solche Zugehörigkeiten und Ausgrenzungen organisiert wurden." Er macht dies an der Geschlechtergeschichte deutlich. Martin Lücke zeigt dabei auf, wie sich das Verständnis von Geschlecht bei den Konzeptionen für historisches Lernen gewandelt hat und welche Erfahrungen dies für die Lernenden ermöglicht. Diese werden schließlich verallgemeinert für das historische Lernen, indem nachgewiesen wird, welchen Gewinn das Sammeln historischer Erfahrungen für Demokratiepädagogik ermöglicht.

Die außerschulische Arbeit mit Kindern und Jugendlichen blickt bereits auf eine lange Tradition zurück. Maßgeblich an der Entwicklung einer *gendersensiblen Pädagogik* innerhalb der politischen Bildung waren dabei Konzepte und Arbeitsweisen der „Alten Molkerei Frille". Ines Pohlkamp – selbst längere Zeit Mitarbeiterin in Frille – zeichnet diesen Ansatz nach und zeigt dabei auf, wie die theoretische und praktische Arbeit so weiterentwickelt wurde, dass sie zur geschlechtergerechten, demokratischen Teilhabe aller und zur Kritik hierarchischer Geschlechterverhältnisse beitragen kann. Mit den Stichworten „Heteronormativitätskritik", „Identitätskritik" und „antirassistische und intersektionale Perspektiven" kann sie deutlich machen, worin Impulse für demokratiepädagogische Weiterentwicklungen aus genderdemokratischer Sicht liegen: „Dazu zählen u.a. die Offenheit des Politikverständnisses, die Auseinandersetzungen mit dem Subjekt, das Gewicht der Differenzsensibilität und die Integration der Persönlichkeitsentwicklung in die politische Bildung."

Für die *Kinder- und Jugendhilfe* bestimmt das Kinder- und Jugendhilfegesetz, dass die „unterschiedlichen Lebenslagen von Mädchen und Jungen zu berücksichtigen, Benachteiligungen abzubauen und die Gleichberechtigung von Mädchen und Jungen zu fördern" (vgl. § 9(3) SGB VIII) sind. Anke Spies fragt in ihrem Beitrag nach der Rolle der *Schulsozialarbeit* bei der Unterstützung einer demokratischen Schulentwicklung, die partizipationsförderliche und genderreflexive Strukturen einschließt. Potenzial, Lücken und Stolperfallen kennzeichnen diese Bemühungen. Die Autorin erläutert dies an der interdisziplinären Bestimmung der Schulsozialarbeit, der intersektionalen Einbettung von genderrelevanter Arbeit sowie an den alltäglichen pädagogischen Praxen und den Entwicklungsoptionen.

Seit einiger Zeit gibt es eine vor allem medial geführte Debatte um die Jungen als die neuen Benachteiligten. Es wird gefordert, durch *Jungenpädagogik* die Entwicklung von Jungen zu unterstützen, zugleich ihnen die Herausbildung einer männlichen Identität zu ermöglichen. Jürgen Budde fragt in seinem Beitrag, „inwieweit geschlechtsbezogene Jungenpädagogik" als Beitrag zur Demokratiepädagogik verstanden werden kann. Eröffnet Jungenpädagogik Möglichkeiten zur Thematisierung und Transformation von (auch aus demokratiepädagogischer Perspektive) problematischen Männlichkeitskonzeptionen oder trägt diese eher zu einer Verfestigung bei? Er stellt zunächst die durchaus unterschiedlichen theoretischen Positionen innerhalb jungenpädagogischer Ansätze dar. Konkret widmet er sich dann Aktivitäten des Programms „Neue Wege für Jungs". Anhand von Daten der wissenschaftlichen Begleitung kann Jürgen Budde zeigen, dass entgegen dem eigentlichen Ziel, Geschlechterdemokratie zu ermöglichen, die Jungenarbeiter eher zur Verstärkung problematischer Männlichkeitskonzeptionen beitragen.

Alle Beiträge zu diesem Schwerpunkt vermögen die bisherigen Erfolge von Ansätzen zur Herstellung von Geschlechterdemokratie zu zeigen, machen aber zugleich darauf aufmerksam, dass dieses Ziel noch längst nicht erreicht ist und weiterhin größere Aufmerksamkeit erfordert, als ihm häufig zuteil wird.

III. Die Beiträge im *Forum* greifen unterschiedliche demokratiepädagogisch bedeutsame Fragen und Themen auf, fokussieren Probleme, nehmen Stellung, entwickeln Perspektiven und setzen Impulse für weitergehende Diskussionen.

So nimmt Jürgen Gerdes in seinem Beitrag *Demokratiepädagogik und die Krise der Demokratie* Bezug auf die Kontroverse zwischen Fachdidaktik politischer Bildung und Demokratiepädagogik. Hatten die Herausgeber damals davon gesprochen, dass die Auseinandersetzungen „inzwischen in ruhigeren und weitgehend konstruktiven Bahnen" (Beutel/Fauser/Rademacher 2012,

S. 7) verlaufen würden, betont Gerdes, dass es dennoch in wichtigen Punkten weiterhin fortbestehende Auffassungsunterschiede gibt. Dabei verweist er sowohl auf Differenzen im theoretischen und konzeptionellen Verständnis von Demokratie und Demokratiekompetenz als auch auf die Gefahren eines allzu aktionistischen Praxisverständnisses. Vor allem aber warnt er die Demokratiepädagogik davor, sich aus zivilgesellschaftlichem Eifer vom herrschenden Zeitgeist blenden zu lassen. Eine naive handlungs- und erfahrungsorientierte Interpretation von Partizipation und Engagement – so die These – verleitet nur zu schnell dazu, unkritisch das Konzert populärer Steuerungsideologien einzustimmen.

Wolfgang Edelstein geht in seinem Beitrag *Bildungsgerechtigkeit und Schule* der Frage nach, welchen Gewährleitungsverpflichtungen sich demokratische Bildungssysteme im Bereich von Erziehung und Bildung gegenübersehen, wenn sie sich konsequent am Prinzip der Bildungsgerechtigkeit orientieren. Dabei verweist er zum einen auf die strukturell bedingten Gerechtigkeitsdefizite mehrgliedriger Bildungssysteme, in denen die Schülerinnen und Schüler unter Berufung auf die individuellen Schulleistungen bereits im zehnten Lebensjahr unterschiedlichen Schulformen mit bildungsbiografisch höchst folgenreichen Differenzen zugeteilt werden. Zum anderen dokumentiert er anhand aktueller Untersuchungen und Berichte die Auswirkungen von kinderrechtsverletzenden institutionellen Praktiken und Umgangsformen. Schließlich gibt er zu bedenken, dass es illusorisch wäre, anzunehmen, dass es in integrierten Systemen keine „Verstöße gegen die Normen der Bildungsgerechtigkeit" und keinen fortlaufenden Reformbedarf gebe. Insofern verbindet sich mit der Idee der Bildungsgerechtigkeit der prinzipielle Anspruch, in allen Schulsystemen und in allen Schulen „gerechte Verhältnisse zu entwickeln und zu wahren, die schultypischen Gerechtigkeitsdefizite zu identifizieren und sie möglichst nachhaltig zu kompensieren".

Hermann Veith greift die von Wolfgang Edelstein angesprochenen Auslesepraktiken auf und stellt die gemeinhin akzeptierte schultheoretische Begründung, dass „Selektion" eine gesellschaftlich funktionsnotwendige Anforderung an Schulen sei, in Frage. Dabei arbeitet er heraus, dass die im deutschsprachigen Raum vor allem von Helmut Fend entwickelten Thesen über die *gesellschaftlichen Funktionen des Bildungssystems* einer relativ vordergründigen Interpretation der Arbeiten des amerikanischen Soziologen Talcott Parsons geschuldet sind. In demokratischen Gesellschaften – so das Argument – resultiert aus der Allokationsfunktion des Bildungssystems die Verpflichtung der Schulen, im Rahmen ihres Bildungs- und Erziehungsauftrags durch Maßnahmen der individuellen Förderung die Kompetenz- und Persönlichkeitsentwicklung der Heranwachsenden zu gewährleisten und nachhaltig zu unterstützen. Außerdem werden von der Schule elementare Beiträge zur Sicherung der politischen Bildung und zur Erneuerung demokratischer Haltungen erwartet. Die der Schule zugeschriebene Auslesefunktion indessen steht den zu erbringenden vertikalen und sozialen Integrationsleistungen diametral entgegen.

Gernod Röken geht der Frage nach, ob und in welchen Formen im Zuge der Reform der Lehrerbildung demokratiepädagogische Inhalte zum Bestandteil der ersten und zweiten Ausbildungsphase geworden sind. Während auf der einen Seite eine deutlich stärkere Orientierung an partizipatorischen und kooperativen Elementen bei der Gestaltung von Unterricht, Erziehung und Schulentwicklung zu erkennen ist, stehen auf der anderen Seite – so seine These – sowohl das Studium als auch der Vorbereitungsdienst noch immer im Bann der alten Organisationsmuster einer um den 45-Minutentakt zentrierten Schul- und Unterrichtsauffassung. Konsequent plädiert er dafür, phasenübergreifend dafür zu sorgen, dass die zukünftigen Lehrerinnen und Lehrer von Beginn an vielfältige Gelegenheiten erhalten, verständnis- und verständigungsorientierte Lern- und Umgangsformen als fundamentale Grundlagen einer demokratischen Lern- und Schulkultur zu erfahren und zu begreifen: *Lehrerkooperation und Demokratie-Lernen – noch vernachlässigte Elemente in der Lehrerausbildung!*

Arila Feurich, Mario Förster und Michaela Weiß stellen in ihrem Beitrag die Ergebnisse einer explorativen Studie vor, die sie im Rahmen des „Lokalen Aktionsplans für Demokratie und Toleranz" an Jenaer Schulen durchgeführt haben. Ausgehend von der Empfehlung der Kultusministerkonferenz zur „Stärkung der Demokratieerziehung" von 2009 stellen sie die Frage, in welchen Formen die bestehenden Beteiligungsstrukturen von Schülerinnen und Schülern derzeit genutzt werden, um auf die Planung und Ausgestaltung schulischer Aktivitäten – vom Schulleben über Projekttage bis hin zum Unterricht – Einfluss nehmen zu können. Sie können zeigen, dass an den meisten Schulen die Partizipationschancen der Schülerinnen und Schüler in einem engen Zusammenhang stehen mit dem Stressempfinden und den Leistungserwartungen von Lehrkräften. Vor diesem Hintergrund wird auch ihr Hinweis verständlich, dass die Umsetzung demokratiepädagogischer Ansätze an entsprechende institutionelle Strukturen im organisatorischen und lernkulturellen Bereich gebunden ist.

Monika Buhl, Hans-Peter Kuhn und Hermann-Josef Abs setzen sich mit der Evaluation des BLK-Modellprogramms „Demokratie lernen & leben" durch das Deutsche Institut für Internationale Pädagogische Forschung (DIPF) aus den Jahren 2003 und 2006 auseinander. Dabei stellen sie Datensätze vor, die praxisbezogene Aussagen über den Zusammenhang zwischen schulischen und außerschulischen Lernbedingungen einerseits und der politischen Wissensbildung bzw. dem Konzept politischer Kompetenz bei Schülerinnen und Schülern andererseits erlauben. Wenn sie dabei herausfinden, dass das Selbstkonzept politischer Kompetenz nur in bescheidenem Umfang durch schulische Bedingungen beeinflusst wird, ist das ein demokratiepädagogisch durchaus herausfordernder Befund, der irritiert, wenn man die Schule nicht nur als traditionellen Ort der politischen Bildung, sondern auch als demokratischen Erfahrungsraum begreift.

IV. Um demokratiepädagogisch relevante Konzepte und Erfahrungen im schulischen und außerschulischen Kontext geht es in der Abteilung Praxis.

Dabei beschreibt Christian Wild in seinem Beitrag *Schülerfeedback als Element der Unterrichtsentwicklung*, wie Lehrkräfte auf eine einfache Weise mit ihren Schülerinnen und Schülern ins Gespräch über ihren Unterricht kommen können. Im Blickpunkt stehen hierbei neben den Zielen der Unterrichtsverbesserung vor allem die Erschließung von Mitgestaltungsmöglichkeiten bei der Planung und Durchführung von Lehr-Lern-Prozessen.

An dem Bremer Schulprojekt *Lernen und Arbeiten im ehemaligen KZ Sachsenhausen* zeigt Hans-Wolfram Stein, wie historisch-politische Bildung mit praktischer handwerklicher Arbeit – der Sanierung der KZ-Gedenkstätte Sachsenhausen –, zivilgesellschaftlichem Engagement und der Erfahrung von partizipatorischer Kommunikation und Kooperation verbunden werden können. Dabei steht, wie der Autor in deutlicher Erwiderung gegenüber kritischen Stimmen aus dem Feld der Politikdidaktik betont, das Lernen im Vordergrund; und das Gelernte werde immer auch in (schul-)öffentlichen Veranstaltungen und in einer aktiven Presse- und Medienarbeit nach außen politisch vertreten.

Wie schon im ersten Jahrbuch stellt Wolfgang Beutel beispielgebende Projekte aus dem Wettbewerb 2011 des *Förderprogramms Demokratisch Handeln* vor. In der Auswahl berücksichtigt sind Projekte aus fünf verschiedenen Bundesländern, die von Schülerinnen und Schülern unterschiedlicher Schularten und Schulformen eingereicht wurden. Dabei wird erneut die große Bandbreite der bearbeiteten Themen sichtbar. Die Projekte reichen von der Gestaltung des Schullebens bis hin zu politischen Aktionsformen.

Ina Bömelburg, Birger Hartnuß, Sigrid Meinhold-Henschel und Nils Schwentkowski berichten in ihrem Beitrag über das *jugendforum rlp*, ein modellhaftes Projekt, bei dem über 500 Jugendliche im Alter von 13 bis 25 Jahren aus ganz Rheinland-Pfalz und aus unterschiedlichen Bildungs- und Arbeitszusammenhängen ihre Visionen und konkreten Lösungsansätze zu aktuellen (landes-) politischen Fragen online diskutierten. In einer großen Jugendkonferenz kamen im September 2012 etwa 120 Jugendliche in Mainz zusammen, nahmen zu dieser Diskussion Stellung und formulierten unter dem Titel „Unsere Zukunft bestimmen wir! Jugendmanifest RLP" ihre zentralen Forderungen an die Politik. Diese Forderungen wurden in einer Broschüre und online publiziert und der Landesregierung und der Enquete-Kommission „Aktive Bürgerbeteiligung für eine starke Demokratie" des rheinland-pfälzischen Landtags im November übergeben. Sie waren Gegenstand einer Behandlung im Ministerrat, und der Ministerpräsident hat alle Ressorts aufgefordert, sich an der Prüfung der vorgelegten Forderungen und der Erarbeitung möglicher Lösungswege zu beteiligen. Die Forderungen werden zudem in die Beratungen der Enquete-Kommission einfließen.

V. In der Abteilung *Länder und Regionen* werden erneut aktuelle Entwicklungen, Tendenzen, Aktivitäten und Initiativen aus der Demokratiepädagogik vorgestellt. In seinem Bericht zum *Demokratie-Lernen in der Schweiz* beschreibt Volker Reinhardt ein in den letzten zehn Jahren erkennbar zunehmendes Interesse an Fragen der politischen Bildung und an Konzepten des Demokratie-Lernens. Sowohl in den Schulen als auch in den Pädagogischen Hochschulen habe man nunmehr entdeckt, dass die Auseinandersetzung mit den institutionellen Grundlagen der Demokratie nicht hinreicht, um die gesellschaftlich erwünschten politischen Denk- und Urteilskompetenzen zu fördern. Er erklärt dieses Interesse, das sich auch in einer gesteigerten Forschungstätigkeit dokumentiert, mit dem Hinweis auf die offenbar als alarmierend wahrgenommenen Befunde der letzten IEA-Studie, wonach fünfzehnjährige Schweizer Schülerinnen und Schüler nur mittelmäßiges Interesse an politischer Bildung zeigen und zudem über ein nur gering ausgeprägtes Selbstkonzept politischer Kompetenz verfügen.

Ganz anders gelagert ist das Bild, das Kurt Edler in seinem Bericht *Demokratiepädagogik in Hamburg* zeichnet. Nach den großen – auch reformpädagogisch ambitionierten Auf- und Umbruchjahren – sei, so Edlers These, die Hamburger Bildungspolitik angesichts des Volksentscheids gegen die Primarschule im Juli 2010 „vorsichtig" geworden. Diese Vorsicht äußere sich in einem geradezu wertneutralen Pragmatismus, der jedoch auch dazu führe, dass demokratiepädagogische Impulse und Konzepte nicht mehr als solche explizit wahrgenommen oder ausgewiesen werden. Denn die gesellschaftliche Verantwortung der Bildungseinrichtungen für die Demokratie spiele in amtlichen Texten so gut wie keine Rolle mehr.

Wolfgang Beutel, Mario Förster, Ralph Leipold, Ingo Wachtmeister und Michaela Weiß charakterisieren die aktuelle Lage und die damit verbundenen Entwicklungsperspektiven der Demokratiepädagogik in Thüringen. Es zeigt sich, dass – aufgrund der Kontinuität der Arbeit zahlreicher Akteure, noch vorhandener Anknüpfungspunkte aus dem BLK-Modellprogramm „Demokratie lernen & leben", vor allem aber auch aufgrund neuer Formen der Kooperation – eine Reihe bemerkenswerter Entwicklungen sichtbar wird.

VI. In der abschließenden Abteilung *Zivilgesellschaft, Dokumentation und Rezensionen* wird über die Verleihung des *Hildegard-Hamm-Brücher-Förderpreises für Demokratie lernen und erfahren* berichtet. Nebst den Laudationes auf den Preisträger Heinz Buschkowsky, die von Tanjev Schultz mit kritischer Sympathie vorgetragen worden war, findet sich die Replik des engagierten und zuweilen polarisierenden Neuköllner Bezirksbürgermeisters. Peter Fauser charakterisiert die beiden den Themenschwerpunkt „Integration durch Bildung" ergänzenden Schulprojekte mit zwei Projektportraits.

Sodann informieren Wolfgang Beutel und Sven Tetzlaff über das erste vom Bündnis „DemokratieErleben" am 18. Juni 2012 im Park von Schloss Bellevue in Berlin ausgerichtete *Demokratie-Fest des Bundespräsidenten*, das aus demokratiepädagogischer Sicht perspektivisch zu einem wichtigen Forum für schulische, außerschulische und zivilgesellschaftliche Initiativen werden könnte.

Im Rezensionsteil kommentieren Wolfgang Beutel, Susanne Frank und Hans Berkessel eine Auswahl aktueller Bücher über bürgerschaftliches Engagement und Schule, zur demokratischen Schulentwicklung, schulischen Resilienzförderung durch Service-Learning und zur anhaltenden Debatte über Peter Petersen und dessen Verstrickungen im NS-Regime.

Bei den Dokumenten veröffentlichen wir die am 11. Mai 2010 vom Außenminister und von Vertretern der 47 Europarats-Mitgliedsstaaten verabschiedete Empfehlung über die Charta des Europarates zur *Education for Democratic Citizenship and Human Rights Education* in der Ausgabe, die uns die Deutsche Gesellschaft für Demokratiepädagogik (DeGeDe) zur Verfügung gestellt hat. Es handelt sich dabei um eine zwischenstaatlich abgestimmte Arbeitsversion, in der die englischen Formulierungen nicht als „Demokratieerziehung und Menschenrechtsbildung", sondern als „Demokratie- und Menschenrechtsbildung" übersetzt sind. Auf der Grundlage der in der Charta formulierten Ziele und Grundsätze beabsichtigen die Mitgliedsstaaten in den nächsten Jahren ihre Tätigkeiten in diesem Bereich zu koordinieren.

Den Abschluss bilden dreizehn Thesen der Arbeitsgruppe „Bildung und Qualifizierung" des Bundesnetzwerks Bürgerschaftliches Engagement (BBE) zum *bürgerschaftlichen Engagement an Kindertageseinrichtungen*, die den Fokus der demokratiepädagogischen Betrachtung auf die frühen Beteiligungsmöglichkeiten und -formen richten und verdeutlichen, mit welchen Zielperspektiven und unter welchen Rahmenbedingungen Beteiligung schon im frühen Kindesalter (und nicht erst ab der Phase der Primarschulen) möglich und sinnvoll erscheint.

VII. Zuletzt möchten sich die Herausgeber für die Unterstützung und Betreuung des Jahrbuchs beim Wochenschau-Verlag bedanken, ebenso bei den Autorinnen und Autoren für ihre Beiträge und nicht zuletzt beim gründlichen und verlässlichen Lektorat durch Juliane Niklas, dem wir nicht nur eine stringente Rechtschreibkorrektur verdanken, sondern auch viele Hinweise inhaltlicher Art. Unser besonderer Dank gilt Michaela Weiß und Mario Förster, die bei diesem Buch die redaktionelle Arbeit mit Sorgfalt begleitet haben.

Unser Dank gilt auch den öffentlichen und privaten Institutionen, ohne deren finanzielle Förderung das Jahrbuch nicht hätte publiziert werden können. Wir danken dem Bundesministerium für Bildung und Forschung für die Förderung des Wettbewerbs „Förderprogramm Demokratisch Handeln" mit den damit verbundenen Praxisbeispielen, auf die sich mehrere Artikel dieser Ausgabe beziehen und einem daraus resultierenden Beitrag zur Finanzierung der Druckkosten. Für einen solchen Beitrag danken wir dem Verein „Praktisches Lernen und interkulturelle Begegnungen - P.L.I.B. e.V." Zu danken haben wir der erneuten Förderung der Drucklegung dieses Buches durch die Zukunftsstiftung der GLS-Treuhand. Unser Dank gilt auch durch die Freudenberg-Stiftung. Schließlich danken wir der Staatskanzlei Rheinland-Pfalz sowie dem Ministerium für Bildung, Wissenschaft, Weiterbildung und Kultur für ihre Unterstützung bei der Drucklegung dieses Buches, das damit zugleich auch ein Teil der Dokumentation des Landesdemokratietages Rheinland-Pfalz 2011 geworden ist.

Erneut danken wir zudem allen Pädagoginnen und Pädagogen sowie ihren Schülerinnen und Schülern, die in den angesprochenen Projekten für eine vorbildliche demokratiepädagogische Praxis mit ihrer Arbeit und ihrem Lernen einstehen. Demokratiepädagogik - auch das ist eine ihrer Grundlagen - ist ohne die Anschauung und Dokumentation innovativer Praxis konzeptionell nicht zu entwickeln. Weil in dieser praxisbezogenen demokratischen Schulentwicklung der Kern einer bürgerschaftlichen Innovationskultur für das Lernen und die pädagogischen Institutionen liegt, wünschen wir dieser zweiten Folge des „Jahrbuchs Demokratiepädagogik" die interessierte, offene und kritische Leserschaft, derer es zur konstruktiven Weiterentwicklung und zur Verwirklichung des Ziels demokratischer Schulverhältnisse und einer adäquaten Lernkultur bedarf.

I. Schwerpunkt:

Neue Lernkultur

Kurt Beck

Neue Formen demokratischer Beteiligung wagen

Grußwort zum 6. Demokratietag Rheinland-Pfalz 2011 in der Georg-Forster-Gesamtschule Wörrstadt[1]

Ich begrüße Sie alle sehr herzlich, ich begrüße den Landrat, meinen Kollegen Sippel und alle Gäste, die hierher gekommen sind, vor allem natürlich alle Lehrerinnen und Lehrer und alle Schülerinnen und Schüler. Einen schönen guten Morgen und danke für Ihr Mitmachen.

Ich bin, und das ist jetzt nicht als Floskel gemeint, besonders gern an diese Schule gekommen, weil die Wahl des Namens Georg Forster in der Tat etwas aussagt über das an dieser Schule herrschende Bewusstsein. Georg Forster ist leider nicht so in aller Munde, wie dies eigentlich sein sollte, denn er gehört zu denen, die zu einer Zeit um Demokratie und Freiheit und Menschenrechte gerungen haben, als dies unendlich schwerer war als zu unserer Zeit. Und für diese Rechte einzutreten und die erste Republik auf deutschem Boden mit zu gründen, das war ein mutiger Schritt. Denn vor den Stadtmauern von Mainz standen schon die Österreicher und die Preußen, und sie haben nicht nur mit Waffengewalt gedroht, sondern letztendlich dieses erste Zeichen von Freiheit und Demokratie dann auch zerstört. Das alles geschah in den wenigen Monaten zwischen der Gründung der Mainzer Republik am 17. März und der Kapitulation am 23. Juli 1793.

Aber die Gedanken sind geblieben. Die Idee von Freiheit ist geblieben, und es hat lange gedauert, bis 1832 auf dem Hambacher Schloss wieder eines der großen Ereignisse stattgefunden hat, das diese Demokratie, diesen Wunsch nach Freiheit und Demokratie wieder nach außen getragen hat. Und was daran so fantastisch war: Es waren immer europäische, internationale Bewegungen und keine nationalistischen, die mit der Demokratieidee verbunden waren. Wir wissen, dass 1848 die Paulskirchen-Demokratie dann auch leider an der Obrigkeit, an der konservativen Staatsgewalt gescheitert ist, und es hat zwei Kriege - den deutsch-französischen Krieg und den Ersten Weltkrieg - gebraucht, bis 1918 wieder ein An-

---

1 Bei diesen Text handelt es sich um den Mitschnitt einer frei gehaltenen Rede, die in ihrem Duktus erhalten und nur leicht sprachlich bearbeitet wurde.

fang gemacht werden konnte. Wie dieser gescheitert ist und woran er gescheitert ist, daran wollen wir gerade auch bei den Demokratietagen erinnern und deutlich machen, wohin es führt, wenn diejenigen, die die scheinbar einfachen Antworten haben, die immer Schuldige kennen, für alles, was an Problemen da ist, statt sich mit den Problemen wirklich auseinanderzusetzen, an die Macht kommen. Das führt dann zur Unfreiheit, ja zu verbrecherischem Verhalten, und es führt allzu häufig eben auch zu Kriegen. Das haben wir erlebt in der NS-Diktatur in einer unvorstellbaren Art und Weise, mit menschenverachtenden Methoden einer geradezu industriell durchorganisierten Ermordung von Millionen von Menschen. Und wir haben erlebt, dass dann allzu lange bis 1989 im Osten Deutschlands und in weiten Teilen Europas eine andere Form der angeblich allein glückselig machenden Ideologie am Ende mit Mauer und Stacheldraht verteidigt werden sollte und mit einem Schießbefehl auf die eigene Bevölkerung. Also an Beispielen in der Vergangenheit fehlt es nicht.

Wenn man heute fragen würde, warum engagiert ihr euch denn in den Schulen, in der Gesellschaft für Demokratie, das ist doch bei uns eine Selbstverständlichkeit; wir haben das Grundgesetz, wir haben die Landesverfassung – warum engagiert ihr euch denn? Nein, ich glaube, man muss dieses Streben nach Freiheit und Selbst- und Mitbestimmung der Menschen immer wieder neu verstehen lernen. Wenn wir heute jeden Abend die Nachrichten anschauen und sehen, was sich im Norden Afrikas abspielt, dann ist es nichts anderes als das, was wir auch in bitterster Weise erlebt haben und was unsere Großeltern und teilweise unsere Eltern an Unterdrückung und Unfreiheit noch durchleben mussten. Auch dort ringt man um Freiheit, und dort sind Menschen bereit, auf die Straße zu gehen, wegen dieser freiheitlichen Ansätze, wohl wissend, dass von den Diktatoren ohne Gnade auf sie geschossen wird. Und es sind ja auch Zehntausende von Toten zu beklagen. Also wir müssen manchmal über den eigenen Tellerrand hinausschauen und wahrnehmen, dass dieses „Feuer", das mit Mitbestimmung und mit Rechten, die jedem Menschen zustehen und die sich in der demokratischen Organisationsform ausdrücken, dass dieses „Feuer" nicht erlischt.

Natürlich gibt es Gründe zu sagen, das ist in dieser Bundesrepublik alles schon so eingespielt und funktioniert doch. Und Politik in Europa ist doch so unendlich kompliziert. Warum soll ich mich denn da engagieren? Die sollen mal machen, und ich mach meinen Kram und dann ist es schon gut. Ich finde, das ist wirklich so, wie man es dem Vogel Strauß nachsagt, nämlich wenn's brennt, den Kopf in den Sand stecken und es nicht wahrnehmen, hilft nicht. Man verbrennt mit, ob man es vorher wahrnimmt oder nicht. Deshalb gibt es zum persönlichen Engagement keine wirkliche Alternative, wenn man frei und selbstbestimmt leben und sich nicht von anderen bestimmen lassen will. Da ist es eben unsere Aufgabe, auf der einen Seite gegen die mit Argumenten anzukämpfen, die das Errungene an Freiheit bedrohen. Andererseits geht es natürlich auch darum, dass wir uns darüber Gedanken machen, wie denn die Gewöhnung an ein solches Recht und dessen schleichende Minderwertschätzung aufgehalten werden können, wie man gegensteuern kann. Deshalb glaube ich, dass es ganz wichtig ist zu fragen, wie können wir denn mehr Lebendigkeit in unsere Demokratie bringen. Da sind natürlich Schule und Jugendarbeit besonders wichtige Felder. Nein, nicht um Demokratie zu spielen, sondern um sie echt zu leben, im Rahmen der jeweiligen Möglichkeiten echt zu leben. Wenn man Demokratie ernst nimmt, kann man sie nicht nur spielen, sondern wenn man Leute mitreden und mitbestimmen lässt, dann muss auch gelten, was dabei rauskommt.

Wir überlegen gerade, ob wir es nicht durch viel mehr Bürgerbeteiligung ermöglichen sollen, die repräsentative Demokratie zu ergänzen. Dass wir Gemeinderäte, Kreistage, Landtage, ein Bundesparlament und ein Europaparlament wählen – das hat ja vieles für sich in einer unendlich komplizierten Gesellschaft, damit man zu den notwendig schnellen Entscheidungen kommt und damit nicht Stimmungen am Ende darüber bestimmen, wie die Linien der politischen Ausrichtung aussehen. Aber ich finde, wir sind eine reife Demokratie geworden, und deshalb können wir es wagen, neue Formen von demokratischer Beteiligung zu suchen.

Das gilt auch für Schulen, was die Mitbestimmung der Lehrerinnen und Lehrer in vielen Bereichen der Ausgestaltung des Schullebens und des Unterrichts angeht, das gilt auch für die Eltern und ihre Entscheidungs- und Mitwirkungsmöglichkeiten, und das gilt nicht zuletzt für das, was den Schülerinnen und Schülern an Mitverantwortung und Mitbestimmung in ganz vielen Bereichen ermöglicht werden sollte. Und dort kommen wir eigentlich ganz gut voran. Wir müssen aber aufpassen, dass das dann nicht im Arbeitsleben, im praktischen Alltag sein Ende findet. Und deshalb ist ein Ringen um demokratisch organisierte und legitimierte Mitbestimmungsrechte in den Betrieben, in den großen Konzernen, die ja über das Leben und das Wohl und Wehe ganzer Regionen mitentscheiden können, ebenfalls ein solcher Schritt.

Aber diese Forderung richtet sich natürlich auch an uns Politiker, nicht nur an andere. Und deshalb sind wir derzeit dabei, im Landtag mit einer Enquete-Kommission und in der Landesregierung Strategien zu erarbeiten, wie wir zu einem sehr frühen Zeitpunkt, wenn wichtige Entscheidungen anstehen, die Bürgerinnen und Bürger beteiligen können. Zunächst brauchen wir viele Informationen – und da hilft uns natürlich das Internet, gar keine Frage. Das hat aber auch seine Tücken, denn wenn man im Netz abstimmt, kann man nicht ausschließen, dass es manipuliert ist. Das wird in ein paar Jahren anders aussehen, wenn wir auch im Netz nachweisbar fälschungssichere Ausweise haben. Information, Beteiligung und Meinungsäußerung über das Web 2.0 müssen natürlich genutzt werden. Und es gibt Bürgerforen, es gibt Bürgerwerkstätten, es gibt entsprechende Möglichkeiten, um Fachleute aus der Gesellschaft zusammen zu holen, die sich an einer Problemlösung beteiligen. Wir haben das in Rheinland-Pfalz im

Zusammenhang mit der Kommunal- und Verwaltungsreform probiert, die wir gerade umsetzen. Dort haben zehntausende Bürgerinnen und Bürger mitgewirkt. Ich finde, dieser Prozess war sehr erfolgreich. Wir können also den Mut haben, solche Wege zu gehen.

Schließlich geht es nicht zuletzt auch darum, dass wir z.b. bei einem großen Bahnprojekt, in aller Munde ist ja Stuttgart 21, nicht nur formalisierte Rechte der Bürgerinnen und Bürger haben. Dann dauert es 20 Jahre, weil z.b. die Finanzierung nicht sichergestellt ist. Auf einmal geht es dann los und keiner weiß mehr, was eigentlich Sache ist. Dann sagen die Leute „Nee, so wollen wir es nicht". Andere sagen: „Wir haben aber einen Rechtstitel. Ihr habt uns das schon mal rechtskräftig genehmigt und die Gerichte haben dazu ‚ja' gesagt." Dann haben wir innerhalb der Gesellschaft ein Gegeneinander – für sich genommen – durchaus legitimer Positionen. Das in der Demokratie aufzulösen, ist unendlich schwierig.

Deshalb ist es sinnvoll, zu einem frühen Zeitpunkt – ich nenne das Absichtsbürgerbeteiligung – die Menschen mit einzubeziehen und die Möglichkeit zu schaffen, dass sie bis hin zu einem Bürgerentscheid sagen können: „Wir wollen darüber abstimmen". Ein mutiger Schritt, denn bis zu diesem Punkt müssen wir auch noch Einiges bewegen. Man muss aufpassen, dass nicht nur die mächtigen Gruppen, die eine starke Lobby oder die Presse auf ihrer Seite haben, sich dann durchsetzen und viele Bürgerinnen und Bürger, denen eben diese Instrumente nicht zur Verfügung stehen, am Ende noch weniger Rechte haben als vorher, weil sie nicht einmal mehr auf die Kraft der ausgleichenden Wirkung der Gemeinderäte, Kreistage oder der Landesparlamente vertrauen können.

Also es fallen keine reifen Früchte der Demokratie von irgendwelchen Bäumen, sondern wir müssen das lernen, wir müssen uns dahin bewegen. Ich finde, es ist in jedem Fall besser, diesen Versuch zu unternehmen, unsere Demokratie lebendig zu halten, zu einer Bürgerdemokratie im wahrsten Sinne des Wortes zu machen, zu lernen in der klassischen Politik, in den Verwaltungen und auch in der Zivilgesellschaft, dass wir uns bewegen müssen. Das ist besser, als die Demokratie letztlich am Desinteresse scheitern zu lassen. Wenn an einer Bürgermeisterurwahl teilweise nur noch 30 % der Bürgerinnen und Bürger teilnehmen, dann glaube ich, sind wir gefordert nachzudenken.

Ich spreche das deshalb hier auf dem Demokratietag an, weil hier engagierte Leute sitzen, und weil ich Sie bitte, mit nachzudenken. Wir haben in Mainz weder im Landtag noch in der Landesregierung die Weisheit für uns gepachtet. Wir haben in der Politik die Aufgabe, zu versuchen, unsererseits die Grundentscheidungen zu treffen, aber auch offen zu sein für andere, die Impulse geben. Deshalb bitte ich heute hier die Schülerinnen und Schüler, die Lehrerinnen und Lehrer und die Engagierten in unterschiedlichen Bereichen, sich an einem solchen Diskussionsprozess zu beteiligen. Für die Schülerinnen und Schüler ist es, finde ich, eine spannende Diskussion, mit uns gemeinsam darüber zu reden.

Wir haben die Bereitschaft, wenn Sie das wollen, das Wahlrecht zum Landtag, zu den Kreistagen und Gemeinderäten auf das sechzehnte Lebensjahr herabzusetzen. Ich weiß, da sagen manche, da sind wir noch gar nicht reif. Mir geht es aber im Ergebnis nicht darum, am Ende ein Datum zu haben: Es genügt eben nicht, zu sagen, dann haben wir ein neues Gesetz, dazu brauchen wir ohnehin eine verfassungsändernde Zwei-Drittel-Mehrheit im Landtag; die haben wir derzeit noch nicht. Es geht mir aber gar nicht allein um diese Entscheidung, sondern darum, dass wir darüber diskutieren. Lohnt das, wollen wir das als junge Leute? Fühlen wir uns ernster genommen, wenn wir am Ende auch mitentscheiden können? Warum sollen Sechzehnjährige bei den Informationsmöglichkeiten, die heute bestehen, auch bei der Offenheit der Schulen, nicht mitentscheiden dürfen. Das war doch zu unserer Zeit noch völlig anders. Zum Beispiel in den Berufsschulen von politischer Bildung zu reden zu damaliger Zeit, Ende der fünfziger, Anfang der sechziger Jahre, wäre völlig vermessen gewesen. Wir waren ja schon froh, wenn man einen Lehrer hatte, der uns wenigstens am Gespräch beteiligte, und nicht nur sagte, jetzt lernt einmal auswendig, in welchem Gesetz was steht oder wie ein Gesetz zustande kommt. Heute haben wir eine andere Situation. Also ist es, glaube ich doch, auch angemessen darüber zu reden, ob Schülerinnen und Schüler nicht früher die Reife haben, dann auch dieses Königsrecht in der Demokratie wahrzunehmen, nämlich seine Repräsentantinnen und Repräsentanten zu wählen. Ich will die Diskussion hier nicht abschließen. Wir fangen damit gerade an, und deshalb will ich gar nicht sagen, das muss so sein. Aber die Bereitschaft unsererseits ist da, es so zu machen, und da wäre ich dankbar, wenn Sie mitwirken.

Es ist mir wichtig, das zu sagen, weil ich finde, dass man sich an einem solchen Demokratietag in der Schule natürlich vergewissern sollte, dass Bildung und Erziehung heute mehr sein müssen als nur Kognitives, nur Kenntnisse und Fähigkeiten zu vermitteln; dazu gehören eben ganze Persönlichkeiten. Die kulturellen Bedürfnisse, die sozialen Bedürfnisse von Menschen müssen ebenso berücksichtigt werden, wie die Fähigkeit, dass man sich in einer komplizierter gewordenen und werdenden Gesellschaft auch bewegen kann, dass man sich eine Meinung bilden kann. Es ist wahr, und dafür bin ich auch dankbar, dass das an unseren Schulen schon praktiziert wird, aber es kommt eben auch ganz entscheidend auf das Mitmachen an. Und ich finde, das spiegelt sich hier bei dieser Veranstaltung in vielfältiger Form wider. Wenn wir diesen Weg so weitergehen, dann müssen wir uns um unsere Demokratie und um unsere Freiheit und damit auch um all diese Entwicklungsmöglichkeiten, die aus Freiheit erst entstehen können, keine wirklichen Sorgen machen. Dass man sich immer neu bemühen muss, dass man die Dinge immer neu austarieren muss, das wird uns nie erspart bleiben. Aber wenn dieses Engagement fortgeführt wird, dann glaube ich, können wir über die Art des Weges ringen, wir müssen aber keine Angst haben, dass der Weg nicht der richtige ist. Alles Gute und viel Erfolg weiterhin.

Silvia-Iris Beutel

Kinder und Jugendliche beteiligen – zum Wechselspiel von Lernkultur und Demokratie an guten Schulen

„Demokratie geriert in einer Gesellschaft Akzeptanz für politische Entscheidungen, da die Macht vom Bürger selbst ausgeht. Dies ist der Hauptgrund, warum wir bis jetzt keine andere Staatsform kennen, die ähnliche Erfolge auf dem Gebiet der friedlichen menschlichen Koexistenz aufweisen kann. Eine solche befriedende Wirkung setzt aber voraus, dass die Mehrzahl der Bürger sich mit der Staatsgewalt auch identifizieren kann, sich also wenigstens weitgehend von ihr repräsentiert fühlt" (Hörster 2012, S. 15), heißt es in einem Leserbrief in der Süddeutschen Zeitung vom Sommer 2012. Auslöser dieses Briefes war die Debatte um demokratische Partizipation der betroffenen Gesellschaften an den politischen Konzepten zur Euro-Rettung in den beteiligten europäischen Nationalstaaten. Diese bemerkenswerte Formulierung eines kritischen Mitbürgers hält zwei Ausgangspunkte fest, denen sich die Diskussion um demokratisches Lernen und Demokratiepädagogik verpflichtet sieht: Einerseits liegt der besondere Charakter demokratischer Gesellschafts-, Staats- und Regierungsform darin, friedliche Koexistenz nach innen und auch nach außen besser zu organisieren als andere Staats- und Gesellschaftsformen, also Konflikte konstruktiv zu bewältigen. Andererseits hat dies die zwingende Voraussetzung, Loyalität und Bindung zwischen Staat und Bürgerschaft stetig neu zu erreichen. Dass hierfür die Politische Bildung als Wissensvermittlung notwendig ist, wird keiner bestreiten. Deren loyalitätsförderliche Kraft für eine lebendige Demokratie kann aber aus vielerlei Gründen nicht selbstverständlich vorausgesetzt werden. Die Tatsache der unzureichenden Unterrichtsversorgung ist hierbei nur eine von mehreren Ursachen. Dass sie nicht konsequent alle Schülerinnen und Schüler prägend erreicht, wiegt dabei sicherlich schwerer. Die Gründe sind vielfach ausgeführt worden (Fauser 2007; Himmelmann 2001).

Seit über zehn Jahren wird deshalb vehement die Frage diskutiert, ob der Politikunterricht zureichend sei, um demokratische Handlungskompetenz zu fördern, entsprechende Werthaltungen zu verankern und zugleich Wissen über die Demokratie und deren stetige Gefährdung oder auch Erneuerungsbedürftigkeit hinreichend zu vermitteln. In der Schulpädagogik gehen wir inzwischen davon aus, dass dem nicht so ist. Natürlich benötigt die Schule einen qualitätsvollen und vor allem kontinuierlichen Unterricht in Politik/Sozialkunde. Aber das Lernen in der Schule braucht im Blick auf die Loyalität zur Demokratie noch mehr. Demokratie kann nicht nur erklärt und als Wissensstoff behandelt, sondern muss durch Erfahrung gelernt werden. Sie sollte in der Schule als eine das Lernen und Leben dort prägende alltägliche Erfahrungsqualität spürbar werden (Beutel/Fauser/Rademacher 2012). Sie ist – auch das ist eine der Einsichten in der demokratiepädagogischen Debatte – eine Tatsache und ein Erfordernis professionellen Handelns in der Schule gleichermaßen. Tatsache insoweit, als bekannt ist, dass die Schule als Institution und damit kraft des beruflichen Handelns der Lehrerschaft und aufgrund ihrer Sozialqualität erzieherisch wirksam ist. Wünschenswert sind dabei allerdings vor allem demokratisch gehaltvolle Erfahrungen. Genau deshalb ist Demokratiepädagogik auch ein schulpädagogisches Erfordernis. Hinzu kommt, dass es oft Erfahrungen der Ausgrenzung, der fehlenden Anerkennung, der Aussonderung und der Demütigung gibt, die in der Schule entstehen – das aber sind wahrlich keine demokratieförderlichen Erfahrungsbestände. Der Ausgangspunkt ist also, dass hier eine Aufgabe praktischer Schulentwicklung und der alltäglichen Sicherung einer entsprechenden Qualität von Unterricht und Lernen liegt. Gestärkt wird dieser Zusammenhang durch mehrere aktuelle Entwicklungen, aus denen Anforderungen für die moderne Schule entstehen. Die Schulpädagogik diskutiert gegenwärtig die Ganztagspädagogik, Formen der Individualisierung und Differenzierung beim Lernen und im Unterricht, die Inklusion im Sinne der verstärkten Integration förderungsbedürftiger Schülerinnen und Schüler in das Regelschulwesen auch aufgrund der normgebenden Kraft der UN-Kinderrechtskonvention sowie einer dynamisierten Schulentwicklung, bei der die Gestaltung der professionellen Seiten der Schule möglichst vor Ort und von den Akteuren selbst beeinflusst werden muss. Alle diese Aspekte entfalten zwangsläufig spezielle und gewichtige Anforderungen an Partizipation, Gestaltungskraft und Verantwortung aller schulischen Gruppen, insbesondere der Lehrer- und der Schülerschaft.

Eine konstruktive Lernarbeit im Umgang mit der Verschiedenheit der Kinder und Jugendlichen unter Berücksichtigung der genannten aktuellen Erfordernisse bedeutet dann, Ausschlusserfahrungen zu vermeiden und Inklusion zu bestätigen sowie gute Schülerleistungen durch Anerkennung, Verantwortungsübernahme und soziale Eingebundenheit der Schüler- und Elternschaft zu fördern. Diese Gesamttendenz von Schulqualität wird auch im Deutschen Schulpreis (DSP) sichtbar. Wir können festhalten, dass die qualitative und auf die einzelne Schule bezogene Konstruktion des DSP die spezifisch demokratiepädagogischen Anforderungen an eine zeitgemäße Pädagogik sowohl in den Darstellungs- und Beurteilungskriterien des Evaluationsrasters als auch in den über mehrere Ausschreibungen bereits ausgewerteten Bewerbungsportfolios untermauern: „Gute Schulen sind demokratische Schulen. Wesentlich dabei sind ein verständigender, achtungsvoller Umgang, ein verständigungsintensiver Unterricht, werthaltige und welthaltige Projekte sowie eine demokratische Schulverfassung. Sie beteiligt Lehrerinnen und Lehrer, Schülerinnen und Schüler und Eltern an der Verantwortung für das Lernen und für die Schule insgesamt. Partizipation und Demokratie werden in allen Bereichen des gemeinsamen Alltags, in Unterricht und Schulleben ebenso wie auf der Ebene formaler Organisation und in Gremien der Schulverfassung gepflegt und aktiv weiterentwickelt" (Fauser, 2009, S. 41).

Aus diesem Grunde soll hier an Beispielen von Best-Practice-Schulen aus dem Fundus des DSP das Wechselspiel von Lernkultur und Demokratie aufgezeigt werden. Den besonderen Entwicklungsqualitäten der in den jeweiligen Ausschreibungsjahrgängen des DSP nominierten und ausgezeichneten Schulen geht der Beitrag dabei in mehreren Schritten nach: Zunächst sollen die mit einer demokratiepädagogisch unterfütterten Lernkultur verbundenen Erwartungen an professionelles Handeln und dessen Entwicklung beleuchtet werden (1). Nachfolgend werden im Überblick die Bewerbungsportfolios zum DSP in Blick auf die Präsenz des Themas in den Qualitätskriterien einerseits und hinsichtlich der Vielfalt ihrer schulpraktischen Erscheinungsformen andererseits ausgewertet (2). Anschließend werden an ausgewählten Schulen aus dem DSP Lernmöglichkeiten, Kommunikationsangebote und Mitwirkungsofferten verdeutlicht, die eine besondere demokratiepädagogische Qualität belegen (3). Eine Zusammenfassung bündelt die Ergebnisse und eröffnet weitergehende Perspektiven für eine demokratische Schulentwicklung im Kontext des DSP sowie einer qualitativ orientierten Strategie von Schulentwicklung im Einzelfall (4).

1. Demokratiepädagogik und Lernqualität – ein Zusammenhang

Seit Etablierung des BLK-Modellprogramms „Demokratie lernen & leben" (Edelstein/Fauser 2001) sowie weiterer grundlegender Debattenbeiträge zum Spannungsfeld von Demokratie und Politik in der Schule und ihrem Lernen (Beutel/Fauser 2001; 2007; Himmelmann 2001) hat sich eine breite Debatte um die Demokratiepädagogik entfaltet. Ursprünglich sehr kontrovers, ja fast aggressiv geführt, haben sich inzwischen die Wogen geglättet (Goll 2011; Beutel/Fauser/ Rademacher 2012). Dies hat seinen Grund nicht alleine nur in der in ihren Argumenten und den wissenschaftlichen Belegen präzisierten und damit entschärften Wissens- und Erfahrungslage. Vielmehr sprechen dafür auch eine Reihe von politischen Anforderungen und Entscheidungen sowie von pädagogischen Erfahrungen und Tendenzen, die der Schule ein im Blick auf Demokratie, Umgang mit Differenz und Integration breites Aufgabenspektrum nahelegen. Hinzu kommt, dass pädagogische Schulentwicklung und Profilierung seit Jahren eine Resultante auch aus der und zugleich eine Gegenkraft zur seit PISA erstarkten Outputbezogenen Evaluation von Schule geworden ist.

Beides liegt in diesem aktuellen Spannungsverhältnis begründet: Die Stärkung
der Schule als eine auf eigene Kompetenzen und Schwerpunktsetzungen zusteu-
ernde „pädagogische Handlungseinheit" (Fend 1986), die ein spezifisches und
bezogen auf die Institution individuelles Profil entwickelt, geht einher mit der
Notwendigkeit, die in der jeweiligen Schule erzielten Ergebnisse und Erträge an
exakten Kriterien nachzuweisen, die Bedingungen des zugrunde liegenden pädagogischen Handelns zu verstehen und dessen Qualität stetig und detailgenau zu
verbessern. Die dabei angestrebte Stärkung der Eigenverantwortung der einzelnen
Schulen für die in ihr erzielten Ergebnisse und damit vor allem der Förderung des
Lernens ihrer Schülerschaft legt nochmals ein besonderes Gewicht auf das aktuelle Erfordernis, auch und gerade die Demokratie als Qualitätsaspekt der Schule
pädagogisch auszugestalten. Die mit PISA verbundenen internationalen Schul-
leistungsstudien haben so gesehen zur demokratiepädagogischen Profilierung
von Schule beigetragen. Eine Reihe weitergehender Faktoren trägt ebenfalls zur
Förderung und Stärkung demokratischer Schulqualität bei: So sind Schul- und
Bildungsangebote heute mehr denn je Aspekte der Standortqualität für die sie tragenden Städte und Kommunen. Angesichts zurückgehender Schülerzahlen und
steigender Abschlusserfordernisse, die notwendig sind, um am Ausbildungsmarkt
eine Chance zu erhalten, schauen Eltern und Schülerschaft genauer als je zuvor
auf Angebotsprofile und Chancen zur Lernförderung in den Schulen. Schulen
stehen auch deshalb im Wettbewerb untereinander und die dabei entstehenden
Schulprofile, die Angebote zur individuellen Förderung mit schüleradäquaten
Lern- und Interessenschwerpunkten verbinden müssen, benötigen zwangsläufig
partizipativ gehaltvolle Elemente in ihren Schulkonzepten. Ferner sind die UN-
Kinderrechtskonvention und die damit einhergehende aktuelle Anforderung, die
„Inklusive Schule" umzusetzen, weitere Bezugspunkte demokratischer Schulentwicklung. Der Umgang mit Differenz sowie die Akzeptanz von Selbstbestim-
mungs- und Mitgestaltungsrechten, die aus diesen Herausforderungen resultieren,
müssen sich mit einer demokratiepädagogisch gehaltvollen Schulentwicklung
verbinden. Wenn bislang zweifelhaft ist, dass „... die Schulen in ihrer gesamten
Arbeit fest in den Rechten der Kinder gegründet sind" (Krappmann 2011, S.
64), wächst dann zugleich die Einsicht, dass „nicht nur Technik und Wirtschaft,
sondern auch das demokratische Gemeinwesen auf entwickelte Fähigkeiten angewiesen" sind? (a.a.O.).

Der Zusammenhang von Lernkultur und Demokratie an guten Schulen zeigt
sich in unterschiedlichen Erscheinungsformen. Eine wesentliche Rolle spielt
dabei das Projektlernen und seine zugehörige Didaktik. Dabei ist der Berüh-
rungspunkt des Konzepts „Projektlernen" in dieser Perspektive nicht zuerst die
didaktische Engführung im Sinne der Projektdidaktik als organisierter Großform
des Lernens. In demokratiepädagogischer Hinsicht ist vor allem die darin liegende
Partizipations- und Verantwortungsperspektive interessant. Es geht – mit Wolf-

gang Schulz gesprochen – um eine Perspektive, die für die „… Schülerinnen und Schüler statt (sie) zu Objekten stellvertretenden Planungshandelns ihrer Lehrerinnen und Lehrer" zu machen, substanzielle Möglichkeiten der Mitgestaltung gibt durch die „Partizipation an der Legitimierung, Strukturierung, Evaluierung des pädagogischen Prozesses". Denn darin wird praktisches Lernen „zu aufgeklärtem Handeln unter der Perspektive der ,Mündigkeit', zu einem Weg der menschenwürdigen Bewältigung exemplarischer gesellschaftlicher Aufgaben" (Schulz 1990, S. 89). Partizipation, Selbstverantwortung und die Wahrnehmung von Spannungspunkten unserer Zeit als Herausforderungen des Lernens kennzeichnen eine gute Projektkultur als demokratiepädagogisches Qualitätsmerkmal, wie es in allen im DSP zertifizierten Schulen eine große Rolle spielt. Die aktuelle Projektpädagogik erinnert nach wie vor an den systematischen Anspruch dieser Lern- und Handlungsform und die damit verbundene Erwartung, im Projektlernen einen „Zusammenhang zwischen einer lebendigen Demokratie und einer lebendigen Schule" (Bastian/Gudjons 1998, S. 17) zu stiften. Überdies bieten gute Projekte, die souverän geplant und mit geteilter Verantwortung durchgeführt und ausgewertet werden, auch in lerntheoretischer Hinsicht beste Voraussetzungen für förderliche Erfahrungen von Anerkennung, Selbstwirksamkeit und Kompetenz sowie sozialer Eingebundenheit, wie sie die jüngere Motivations- und Interessentheorie darstellen und nachweisen kann (Deci/Ryan 1993). Ebenfalls wichtige Kernpunkte der Beteiligung und Integration von Schülerinteressen in den DSP-Schulen sind schulische Entwicklungsfelder wie ein partizipativer Umgang mit Hausaufgaben (Beutel/Beutel 2011), die besonderen Aspekte der Förderung von Übergangslagen bei Kindern und Jugendlichen sowie deren Integration in diese systemimmanenten Passagen insbesondere beim Wechsel von der Primar- zur Sekundarstufe, aber auch an anderen Gelenkstellen des Bildungswesens (Beutel/von der Gathen 2012). Hinzu kommt die zentrale Frage der kommunikativ gehaltvollen, der Lernförderung verpflichteten und deshalb auf Partizipation der Lernenden angewiesenen Leistungsbeurteilung. Von einer demokratiepädagogisch angereicherten Praxis der Leistungsbeurteilung muss man erwarten, dass sie „… der Individualität der Lernenden verpflichtet ist, kompetenzförderlich wirkt, Aspekte der Gerechtigkeit schulpraktisch entfaltet und den Dialog mit den Lernenden sucht" (Beutel, S.-I. 2010, S. 45).

Mit all diesen Anforderungen, Konzepten und Diskursen schürt die Erziehungswissenschaft naturgemäß weitere Professionalisierungserwartungen gegenüber den Schulen und ihren Unterstützungssystemen. Denen obliegt es letztlich, ein exemplarisches, individuell bedeutsames und zeitstabiles Lernen zu ermöglichen und die hierfür notwendige differenzierende Lernorganisation bereitzustellen. Doch ist die wissenschaftlich-universitäre Seite der Pädagogik dabei nicht alleine. Vielmehr bewegt sie sich in einem Strom auch schulpolitischer Erwartungen. Mit dem KMK-Beschluss zu „Demokratiebildung und Geschichtslernen" vom 5./6.

März 2009 wird im Sinne einer Absichtserklärung zur demokratiepädagogischen
Schulentwicklung festgehalten, dass die Demokratiepädagogik stärker als bislang
in der Lehrerausbildung und -fortbildung etabliert werden soll, dass Schule die
Aufgabe hat, sich engagiert mit allen Formen des Extremismus, mit Fremden-
feindlichkeit, Fundamentalismus, Gewalt und Intoleranz auseinanderzusetzen.
Ferner wird angeregt, Schulen bei der Verankerung von demokratiepädagogischen
Aspekten in schuleigenen Curricula zu unterstützen, insgesamt gesehen also die
Etablierung von Demokratieerziehung und demokratischer Schulkultur als Krite-
rium von Schulentwicklung zu sehen (KMK 2009).

Wir können festhalten: Demokratiepädagogik zielt auf Entscheiden und Gestalten. An solchen Gestaltungsaufgaben können Formen der Beteiligung, der Stärkung von Selbstkonzepten, der Förderung von Selbstwirksamkeit, der Bewährung
im öffentlichen Raum von Medien und Politik in der Demokratie wirksam werden. Demokratiepädagogik ist eine Querschnittsaufgabe der Pädagogik in früher
Kindheit, in Jugendbildung und in der Schule. Sie ist nicht alleine in einem Fach
oder einem Fachbereich aufgehoben. Auch die Schulen des DSP belegen dies auf
eindrückliche Weise.

2. Demokratiepädagogische Aspekte in den Portfolios zum Deutschen Schulpreis

Die im Qualifizierungsverfahren des Deutschen Schulpreises (DSP) nominierten
Schulen der Jahrgänge 2006-2011 wurden hinsichtlich der Frage untersucht, welche besonderen und professionell ausgeformten Aspekte, Handlungsmuster und
Instrumente zur demokratiepädagogischen Schulentwicklung angesprochen, vorgestellt, genutzt oder konzipiert werden: Welche thematische und instrumentelle
Ausprägung im Kontext der mit Demokratiepädagogik zu verbindenden Stich-
worte und Themen wie „Demokratie, Verantwortung, Partizipation, Schulleben"
wird als pädagogische Herausforderung in den Bewerbungsunterlagen sichtbar?
Zugleich wurde ermittelt, in welchem Darstellungsmodus der den DSP kennzeich-
nenden Qualitätsbereiche solche Konzepte in der Wahrnehmung der Schulen
verankert worden sind.

Nominierte Schulen im DSP sind diejenigen, die die letzte Auswahl und
Begutachtungsstufe erreicht haben. Dazu gehören Schulen, die in der Voraus-
wahlrunde der pädagogischen Experten als besonders qualitätsvoll an die Jury
empfohlen worden sind, die dort in einem zweiten Begutachtungsschritt für einen
Schulbesuch und damit verbundene Erhebungen ausgewählt und auf Basis der
dort gefertigten Gutachten und Expertisen in die Schlussrunde bei der Preisver-
leihungsveranstaltung eingeladen worden sind. Nominierte Schulen zeichnet also
ein dreistufiges ausführliches Begutachtungsverfahren auf Basis der umfangreichen
Bewerbungsportfolios und eines Gruppenbesuchs vor Ort aus. Es kann deshalb

davon ausgegangen werden, dass in den auf diese Weise ausgewählten kollegialen Beschreibungen sich eine besonders innovative Qualität und Gestaltungskraft abbildet. Nominiert wurden im DSP in den ersten fünf Ausschreibungsrunden insgesamt 72 Schulen (Fauser et al. 2006; 2007; 2008; 2010, Prenzel et al. 2011). Die Verteilung auf die fünf Ausschreibungen zeigt Tabelle 1:

DSP-Ausschreibung	Anzahl nominierter Schulen
2006	18
2007	10
2008	14
2010	15
2011	15
Gesamt	72

Tab. 1: Zusammensetzung der untersuchten Schulen

Bei diesen 72 untersuchten Portfolios wurden die Bereiche und Darstellungselemente in den Portfolios erhoben, die von den Schulen in ihren Portfolios explizit als demokratisch und in Blick auf Partizipation gehaltvoll dargestellt worden sind. Es wurde sodann ermittelt, in welchem der sechs die Darstellung des Schulpreis-Portfolios idealiter leitenden und gliedernden Kriterien das Thema Demokratie sichtbar oder aufgegriffen wird. Darüber gibt Tabelle 2 Auskunft.

Qualitätsbereich		N =	In %
Verantwortung		70	22,1
Unterrichtsqualität		60	18,9
Umgang mit Vielfalt		55	17,4
Leistung		52	16,4
Schulklima (39)/Schulleben (4)		43	13,6
Schule als Lernende Institution		22	6,9
Übergreifende Kategorie/Vorbemerkungen		15	4,7
Gesamt	(231 Mehrfachnennungen vorhanden)	317	100

Tab. 2: Verteilung demokratiepädagogisch bedeutsamer Konzepte auf Qualitätsbereiche des DSP

Bei den 72 Schulen lassen sich demokratiepädagogisch bedeutsame Konzepte 317 Mal auffinden. Dabei sind 231 Mehrfachnennungen vorhanden – im Durchschnitt sind also pro Schule 4,4 Merkmale für Demokratiepädagogik angesprochen. Direkt auf die Qualitätsbereiche beziehen sich 302 Nennungen. Demokratiepädagogische Aspekte werden dabei am häufigsten im Qualitätsbereich „Verantwortung" sichtbar (N=70). Ebenfalls mit großer Häufigkeit sind die Nennungen im Bereich „Unterrichtsqualität" (N=60), dicht gefolgt von „Umgang mit Vielfalt" (N=55). Immerhin zeigt sich mit 52 Nennungen im Qualitätsbereich „Leistung" ein Hinweis auf den Zusammenhang von Schulqualität und Demokratiepädagogik. Der Bereich Schulleben/Schulklima spielt eine wichtige

Rolle (N=43). Schule als lernende Institution wird 22 Mal genannt. In den vorbereitenden Überlegungen und die Portfolios einleitenden Textteilen werden
demokratiepädagogische Merkmale in 15 Fällen genannt. Es zeigt sich, dass die
Bereiche „Verantwortung", „Unterrichtsqualität" und „Umgang mit Vielfalt"
die Schwerpunkte demokratiepädagogischer Schulentwicklung sind, denn dort
finden wir mit insgesamt 185 Nennungen einen Anteil von 58,4% vom Gesamt.
Fragt man nun nach der Konkretisierung von demokratischer Lernqualität und
demokratiepädagogischen Gelegenheitsstrukturen in den DSP-Portfolios, zeigt
ein erster Überblick in Tabelle 3 folgendes Ergebnis.

Demokratiepädagogische Gelegenheitsstrukturen	N	In %
Projekte/Bürgerschaftliches Engagement	50	15,8
Eigenverantwortliches/individuelles und kooperatives Lernen	45	14,2
Individuelle Lernbegleitung und Leistungsbeurteilung	45	14,2
Schülerkonferenz/Räte/Parlament	36	11,4
Streitschlichtung/Konfliktmoderation	30	9,5
Schüler-Elternpartizipation/Elternarbeit	25	7,9
Paten- und Tutorensysteme	20	6,3
Partizipative Gestaltung von Schulleben und Lernräumen	20	6,3
Demokratische Teamarbeit/Management	14	4,4
Präventionsarbeit	10	3,2
Schülerfirma	10	3,2
Schulverträge/Schulverfassung	6	1,8
SV-Arbeit	6	1,8
Gesamt	317	100

Tab. 3: Erscheinungsformen von demokratiepädagogisch bedeutsamen Konzepten

Erstaunlich bei dieser auf Themen und Handlungsformen bezogenen Auswertung ist zunächst die Tatsache, dass hier – ähnlich der Entwicklung innerhalb
der Demokratiepädagogik und der Politischen Bildung – die SV die numerisch
geringste Rolle spielt (N=6), also weniger als 2%. Zugleich werden besondere Formen der Schülerpartizipation sichtbar: Schülerparlamente, Schülerkonferenzen
und Klassenräte (N=36), Formen der Streitschlichtung und Konfliktmoderation (N=30) sowie die Schüler- und Elternpartizipation (N=25). Dieser Bereich
umfasst immerhin 28,7% der Nennungen, also mehr als ein Viertel. In den Beschreibungen dominieren ansonsten vor allem Aspekte der Eigenverantwortung
im Kontext der Formen individuellen und „Selbstorganisierten Lernens – SOL"
(N=45), der partizipativ sowie kommunikativ gehaltvollen Leistungsbeurteilung
(N=45). Dominierend ist die Projektpädagogik (N=50). Nimmt man diese drei
häufigsten Bereiche zusammen, die ja allesamt zugleich Aspekte einer verbesserten und demokratiepädagogisch gehaltvollen Lernqualität markieren, dann

ist dieser Bereich mit einem Anteil von 44,2% gewichtig, weil fast die Hälfte der auffindbaren Indikatoren für Demokratiepädagogik beschreibend.

Diese erste deskriptive Übersicht gibt einen Eindruck davon, dass es lohnt, die Daten an anderer Stelle vertiefend zu analysieren. Sie belegt auch, dass wir die Formen des Wechselspiels von demokratiepädagogischer Schulentwicklung und Qualitätsbeschreibung im DSP nachfolgend und exemplarisch an Schulbeispielen vertiefen können.

3. Schulbeispiele: Anerkennung, Partizipation und Selbstverantwortung als Kern einer neuen Lernkultur

Die bisherige Darstellung hat eine Vielfalt an Ausprägungen von Beteiligung, Mitsprache und Verantwortungslernen erkennen lassen. Nachfolgend rücken unter dem Blickwinkel der Qualitätskriterien des DSP ausgewählte Schulen in den Mittelpunkt. Sie sollen mit ihren Beiträgen eine Umsetzung demokratischer Entwicklungsperspektiven veranschaulichen und zugleich Ansätze individueller Ausprägung erkennen lassen. Jedes der sechs Qualitätsmerkmale soll mit einem Beispiel „demokratiepädagogisch" illustriert werden. Vorab werden die jeweiligen Qualitätskriterien umrissen.

Im DSP wird bei dem Kriterium *Leistung* zum einen nach quantitativ erfassbaren Nachweisen erfolgreichen Lernens der Schülerschaft gemessen am Standortfaktor und der Zusammensetzung der Lerngruppen gefragt. Schulstatistische Angaben zu Klassenversetzungen, aber auch Abschulungen, Resultaten aus Lernstandserhebungen sowie Notenstatistiken in Abschlussjahrgängen und Absolventendaten, die über die Schulzeit hinausreichen, geraten in den Blick. Zum anderen wird nachgefragt, in welcher Weise ein Lern- und Leistungsbegriff wirksam wird, der sich in der Teilnahme und Platzierung bei Schülerwettbewerben zeigt und in Projekten öffentliche Resonanz erzeugt. So verstanden ist Leistung öffentlich rechenschaftspflichtig und setzt auf eine breite Beteiligung der schulischen Gruppen.

Beispiel: Erich-Kästner-Schule, Stadtteilschule im Ganztag, Hamburg

Der Umgang mit heterogenen Lernvoraussetzungen, mit Kindern und Jugendlichen, die eher aus bildungsfernen Elternhäusern kommen, hat an dieser großen Stadtteilschule früh Konzepte sozialen Lernens, vielfältige Beratungsangebote und eine auf Individualisierung und Differenzierung zugeschnittene Lernorganisation entstehen lassen. Besondere Profile im Wahlpflichtbereich wie Musik, Bildende Kunst, Darstellendes Spiel, Foto, Tanz und Modedesign bewähren sich seit Jahren als Beitrag zur Stärkung von Selbstkonzepten und Selbstwirksamkeit. Die besonderen Herausforderungen in den Lernausgangslagen werden deutlich,

wenn man bedenkt, dass nur 5% der Schülerinnen und Schüler mit einer Gym-
nasialempfehlung an diese Schule kommen und fast die Hälfte der Schülerschaft
dem eher schwachen bis sehr schwachen Leistungssegment zuzuordnen ist. So ist
mehr als beachtlich, dass am Ende der 10. Klasse über 30% die Berechtigung zum
Besuch der gymnasialen Oberstufe erhalten, 33% erreichen in Jahrgangsstufe 10
den Real- und 29% den Hauptschulabschluss. Von denjenigen, die die Oberstufe
absolvieren, kommen über 90% zum Abitur. Auch die Schülerinnen und Schüler
mit sonderpädagogischem Förderbedarf in den Integrationsklassen weisen den
Hauptschulabschluss nach. Ohne Abschluss verlassen in der Regel kein Schüler
und keine Schülerin diese Schule. Hier wird nicht nur erneut die Relativität
und prognostische Reichweite von Grundschulempfehlungen deutlich, sondern
vielmehr vor allem die Wirkkraft persönlichkeitsbildender Maßnahmen, pädagogischer Lernförderung und individualisierter Unterrichtsarbeit. Hinzu kommen
Leistungsnachweise im kreativ-ästhetischen Bereich. Einer gerechtigkeitsorientier-
ten Leistungsbeurteilung fühlt sich die Schule durch eine transparente Lernbegleitung und Feedback-Kultur verpflichtet. Kompetenzraster, Lerntagebücher, Logbü-
cher und Lerngespräche sichern individuelle Aufmerksamkeit, Verständigung und
Kompetenzförderung. Deutlich wird: Die Schule ermöglicht Jugendlichen, die
als benachteiligt gelten können und zudem bereits mangelndes Zutrauen in ihr
Können erfahren haben, Aufstiegsmöglichkeiten. Sie stärkt mit den schulischen
Angeboten den Erziehungsauftrag der Schule, der sich bis in die Leistungsbeurteilung erstreckt, die sich ihrer pädagogischen Funktionen von Rückmeldung und
Beteiligung bedient. Mit dieser Gerechtigkeitsmaxime erfüllt sie eine Grundanfor-
derung der Schule in der Demokratie.

Im Zentrum des zweiten Kriteriums *Umgang mit Vielfalt* steht die Frage, wie
Schulen sich mit profilgebenden Lern- und Bildungsangeboten, mit Beratung und
Begleitung auf die individuellen Biografien und die Lebens- und Lernsituationen
ihrer Schülerschaft einstellen. Es geht dann um Beiträge zu einer pädagogischen
Choreografie in der Verbindung von Lernen, Spiel und Freizeit, die Kinder und
Jugendliche in Erfahrung und Selbstwirksamkeitserleben stärken. Ebensolche
Aufmerksamkeit wird den familiären Kontexten und damit Möglichkeiten der
Elternmitwirkung und -stärkung zuteil. Besonders bedeutsam sind die Breite der
Wahrnehmungs-, Verstehens- und Fördermöglichkeiten von Vielfalt im pädagogischen Alltag der Schule: Kultur, Religion, Sprache, Geschlecht sowie Aspekte
der sozialen Schichtung, aber auch besondere Interessen und Talente der Schülerinnen und Schüler, ihre Lernstärken und -schwächen werden hier differenziert
betrachtet und beschrieben.

Beispiel: Klosterschule Hamburg, Ganztagsgymnasium und Kulturschule

Sich als Gymnasium für die Vielfalt und Verschiedenheit von Lebenswegen und Lebensvoraussetzungen der Kinder und Jugendlichen zu öffnen, ist an der Klosterschule ein die Erziehungs- und Bildungsarbeit prägender Grundsatz. Heterogenität ist gewollt, in der aus dem gesamten Stadtgebiet kommenden Schülerschaft sind 60 Nationalitäten und 40 andere Erstsprachen als Deutsch vorhanden. Eltern wählen diese Schule wegen des Ganztagsangebotes und der Multikulturalität, die in einem vielfältigen Bildungsangebot, das kreative Gestaltung, kulturelles Interesse und Leistungspotenzial fördert, ihren Ausdruck findet. Damit wird für die Schülerinnen und Schüler ein bewusstes Wechselspiel von Selbststärkung einerseits und Engagiertheit für die großen Themen von Politik und Gesellschaft wie Umweltbildung, Nachhaltige Entwicklung sowie Globalisierung andererseits angebahnt. Das Unterrichtsangebot ist erweitert worden um interessenbezogene Neigungskurse, um individuelle Wahlprofile, um Förderunterricht und individualisierte Lernsettings etwa in der Studienzeit und in individuellen Lernzeiten. Hinzu kommt ein Jahrgangsbetreuungssystem, das zeitliche Präsenz, kollegiale Kooperation und eine individuelle Wahrnehmung der Schülerinnen und Schüler ermöglicht. Mit Lernangeboten, die Zeit für Förderung und Beratung in individuellen Lernzeiten und darin integrierten Förderangeboten bieten, können die Lernentwicklungen differenziert erfasst und zeitnah Lernschwächen ausgeglichen werden. Lebensfragen können mit Sozialpädagoginnen besprochen werden, auch Schüler-Coaches stehen zur Verfügung. Die Stärkung von Individualisierung und Selbstverantwortung ist eine Zielmarke des Unterrichts, aber auch der Evaluation des Lernens und der Leistungsbeurteilung. Schülerinnen und Schüler werden von Beginn an in eine unterrichtliche und auf das eigene Lernen bezogene Feedback-Kultur eingeführt, Selbst- und Fremdeinschätzungen – nach nachvollziehbaren Kriterien – und ein Studienplaner sind Teil eines gepflegten und regelmäßigen Lerndialogs und werden von Vereinbarungen begleitet. Die Hamburger Schule setzt auf Förderung von Individualität und Vielfalt, wobei sie die Kompetenzen und Interessen ihrer Schülerschaft entfalten will. Selbstwirksamkeitsförderung im Kontext sozialer Eingebundenheit kann dort auch in messbaren Daten äußerst erfolgreiche Schülerbiografien aufzeigen.

Das Kriterium *Unterrichtsqualität* rückt Entwicklungsmuster einer neuen Lernkultur in den Mittelpunkt, in deren Kern die Effektivität und Individualisierung des Lernens im Kontext einer differenzierten Lernorganisation steht. Dabei werden Dokumentationen von Stundentafeln, schulinternen Curricula, Materialien und Medien, schülerbeteiligende Lehr- und Lernformen und eine individualförderliche Begleitung und Beurteilung des Lernens erwartet. Zudem sollen Kollegien das Unterrichten als ihre Hauptaufgabe auch hinsichtlich ihrer

teambezogenen Planungen und Durchführungen sowie Maßnahmen der Quali-
tätssicherung reflektieren. Schließlich interessieren Aspekte der Beteiligung von
Schülerinnen und Schülern am Unterricht.

Beispiel: Gemeinschaftsgrundschule Hackenberg, Remscheid

Die in den frühen 1970er-Jahren gegründete Schule hat ein offenes Ganztagsan-
gebot, jahrgangsgemischte Eingangsklassen, jahrgangsbezogene Klassen in 3 und
4 sowie zwei Montessori-Klassen von Stufe 1 bis 4. Kennzeichnend für die hier
vorfindliche Qualität des Lehrens und Lernens ist eine durchkomponierte Förderung von Selbstständigkeit in individualisierten und kooperativen Arbeitsphasen.
Es gibt klare Rollenerwartungen und Regeln, die eine entspannte Lernatmosphäre
tragen und zugleich Bewegung und soziale Begegnung der Schülerinnen und
Schüler untereinander begünstigen. Lernen wird dabei nicht ständig durch Lehrkräfte regieartig moderiert und angeleitet. Vielmehr ermöglichen Portfolios, die
zu Beginn der Stunden mit bisherigen Lernerträgen, Kommentaren und neuen
Aufgaben ausgelegt sind, den Kindern in der Freiarbeit eine Reflexion des bisher
Erreichten und eine Planung des Neuen. Nachvollziehbarkeit, Vergewisserung
und die Förderung forschender Neugier sind leitende Kriterien der Unterrichtsgestaltung. Experimente in Kleingruppen und Forschertagebücher sichern anschauliche Erkenntnis und spätere Präsentation. In der mit Büchern und Medien
gut ausgestatteten Bibliothek können Schülerinnen und Schüler mit besonderen
Interessen und Fähigkeiten ihren eigenen Themenschwerpunkten konzentriert
und längerfristig nachgehen, binden sich aber auch durch einen Lernvertrag.
Diese Selbstlernzeiten bringen hohe Erträge: Lese- und Schreibkompetenzen, aber
auch Präsentations- und Reflexionskompetenzen wachsen. Auch das monatliche
Ritual des Vorlesens mit szenischen Inszenierungen von Wunschbüchern, für
die es „Eintrittskarten" zu erwerben gilt, sind ein soziales Ereignis, aber auch
Anreiz, durch das Lesen Phantasie, Entspannung und Lernfreude zu finden. Das
Vertrauen der Lehrkräfte in den Lernwillen der Kinder, der in einer anregenden
Umgebung Resonanz finden kann, mündet hier konsequent in Kinderbeteiligung
beim Lernen, im Unterricht und in der Schule.

  Beim Kriterium *Verantwortung* sind Kollegien, die sich beim DSP bewerben
wollen, aufgefordert, Projekte und Initiativen darzustellen, die Engagement und
Verantwortungsübernahme der Schülerschaft anregen sowie Vernetzung, Erfahrung und Handlungsbezug wirksam werden lassen. Es geht um demokratische
Umgangsformen, Partizipationsmöglichkeiten, Trainingsprogramme zu Kommunikation und Konfliktmanagement, aber auch um parlamentarische Tätigkeiten
als Lern- und Erfahrungsfeld von schulischer und zugleich gesellschaftlicher Bedeutung. Hier sind Beispiele gefragt, die Lehrende und Lernende als soziale und
politische Verantwortungsträger zeigen.

Beispiel: Grundschule Süd, Landau

Das Bemühen um eine demokratische Schulkultur ist an der Grundschule in Rheinland-Pfalz seit vielen Jahren entwicklungsleitend. Die Mitwirkung am BLK-Programm „Demokratie leben & lernen" und seit 2009 die Auszeichnung als Modellschule für Demokratie sind Anregung und Verpflichtung zugleich gewesen, Kindern und ihrem Mitwirkungspotenzial zu vertrauen. Zugleich sollten aber auch im regionalen Kontext die Kollegien anderer Schulen – organisiert in Netzwerken – durch die Impulse der Grundschule Süd Resonanz und Austausch für eigene Konzepte einer demokratischen Schule finden. Verantwortung wird an der Grundschule Süd in dreifacher Ausprägung gesehen: Erstens für sich selbst und das eigene Lernen, zweitens für die Mitlernenden in der Schulgemeinschaft und drittens für die Kinder in der Welt und ihre Rechte. Gerade bei dem letzten Aspekt sollen Handlungsspielräume entdeckt und Engagement geweckt werden. Infolgedessen sind unterschiedliche Handlungsbühnen und Lernfelder unverzichtbar. Im Unterricht ist eine hohe Aufmerksamkeit für individuelle Lernwege verankert. Es gibt offene, die Lernenden aktiv beteiligende Unterrichtsformen, eigenverantwortliche Arbeitszeiten mit Gelegenheiten für Übung, Lesen und Neugier, regelmäßige, diagnostisch abgesicherte Rückmeldungen und Lernverträge, in denen die Kindereinschätzung gegenwärtig bleibt. Darüber hinaus bieten Klassenrat, Abgeordnetenversammlung, Schulversammlung und Demokratietage Anlässe, sich in Partizipation, Auseinandersetzung und Veränderungswillen vor Ort zu üben. Es geht bei all diesen Formaten um vielfältige Kompetenzen, die hier ihren Erfahrungsort haben: um wertschätzende und verbindliche Kommunikation, um lösungsorientierte Konfliktmoderation und Intervention, um Mitteilungsformen sowie um die Durchführbarkeit von Aktionen. Die Mädchen und Jungen lernen andere anzuhören, zu vermitteln, zu überzeugen und mit externen Partnern Beschlüsse durchzusetzen. Partizipation von Kindern wird da möglich, so lässt sich festhalten, wo Lehrerinnen und Lehrer in die Kräfte der Kinder vertrauen. Verantwortung für die Gestaltung der Schule und des Lernens sind damit zentrale Merkmale demokratischer Qualitätsausprägung dieser Schule. Das Kriterium *Schulleben* zielt auf Gestaltungsaspekte des sozialen Miteinanders, der räumlichkommunalen Umgebung, der Wahrnehmung und des Austausches mit Vereinen und Instituten der Gemeinde bzw. Stadt. Es geht unter demokratiepädagogischen Gesichtspunkten um eine rationale, gleichberechtigte und Anerkennung gewährende Form der Aufmerksamkeit und des Umgangs mit allen an der Gestaltung und dem Erleben von Schule Beteiligten. Hinzu kommt die für eine bewegliche und aufgeklärte Demokratie entscheidende Kategorie der Öffentlichkeit, die sich im Verhältnis der Schule zur Gemeinde und in der Bereitschaft ausdrückt, politische und kommunale Ereignisse in der Schule auszutragen und darzustellen.

Beispiel: IGS List, Hannover

Die auf Betreiben einer Elterninitiative in den frühen 1990er-Jahren gegründete
Schule hat ein Profil entwickelt, das die zeitlich schon sichtbare nachschulische
Lebensphase der Jugendlichen in die Schule hereinholt und die Zukunftserwar-
tungen der Schülerinnen und Schüler mit individueller Selbstvergewisserung,
Herausforderung und Verständigung in der Schulgemeinde verbindet. Die Mitwir-
kungsrechte von Schüler- und Elternschaft sind von Anfang an gestärkt worden.
So gibt es an Dialog und Selbsteinschätzung ausgerichtete Formen der Lernbe-
gleitung und Förderung, Coachingstunden, besondere Lernangebote wie etwa
Robotikunterricht und Forscherklassen, aber auch eine lebendige Projektkultur
mit Schülerzertifikaten und Themenschwerpunkten in Beruf und Umwelt. Die
Eltern sind in Veranstaltungen, aber auch der schulischen Entwicklung dienenden
Zukunftswerkstätten eingebunden, können zudem durch Beratungsnetzwerke
der Schule auch Unterstützung in Erziehungsfragen und in der Begleitung der
Jugendlichen erhalten. Das Zusammenleben der Schulgemeinschaft wird durch
eine Schulcharta, Klassenregeln, Klassenratsstunden, aber auch durch Maßnahmen der Mediation und Konfliktprävention gestützt. Pfeiler des Schulklimas sind
nicht nur eine individuelle Aufmerksamkeitskultur, sondern ebenso schülerseitige
Verständigungsforen, aber auch Veranstaltungen, die ein reiches Kulturleben
(Sport, Kunst, Literatur) betreffen. Darüber hinaus ist das pädagogische Konzept
durch Kooperationen zu vielfältigen namhaften externen Partnern fundiert und
bereichert worden, weil darin die Chance liegt, dass Schülerinnen und Schüler
sich forschend mit den Zukunftsaufgaben in Wissenschaft, Technik und Umwelt beschäftigen können. Schulleben ist hier eine Kategorie, in der Sozialität,
Solidarität, die Auseinandersetzung mit Gegenwartsfragen und eine lebendige
Kommunikation im Sinne sozialer Eingebundenheit entscheidende und qualitäts-
garantierende Faktoren sind.

Das Kriterium *Schule als lernende Institution* rückt das schulische Management, Formen der Moderation, Beteiligung und Verantwortungsübernahme
in Kollegien in den Fokus der Aufmerksamkeit. In den Bewerbungen werden
Darstellungen zu Kommunikationsformaten, Strategien der Professionalisierung,
personellen wie zeitlichen Möglichkeiten und Kräften, aber auch zu entwick-
lungsnotwendigen Themen erwartet, die eine zukunftsbezogene Bildung sichern
helfen. Dabei spielen vorhandene schulische Netzwerke, Begleitprogramme und
Bildungspartner eine Rolle. Zudem gilt es auszuführen, wie der schulöffentliche
Diskurs geführt wird, wie Schüler- und Eltern an Anschub, Kontinuität und
Durchführungsqualität von Schulentwicklungsprozessen beteiligt sind. Die
konstruktive Bearbeitung von Konflikten, die effektive Steuerung der Schulentwicklung, die partizipative Entwicklung der Schule und eine Einbeziehung aller

schulischen Gruppen in die Profilierung der Schule sowie die alltägliche Arbeit stehen für die demokratische Grundlegung dieses Qualitätsmerkmals.

Beispiel: Oberstufen-Kolleg, Bielefeld

Dass gymnasiale Oberstufen ein hohes Reformpotenzial haben, belegt das Oberstufen-Kolleg seit seiner Gründungszeit als Teil der Bielefelder Schulprojekte in den frühen 1970er-Jahren. Die Neuausrichtung nach der Jahrtausendwende als dreijährige Versuchsschule für die Sekundarstufe II hat die Aufmerksamkeit für Vielfalt in Alters-, Lebens-, Abschluss- und Berufsbiografien erneut geschärft. Entwickelte Konzepte richten sich deshalb bewusst an Vorstellungen einer möglichst zukunftsfesten Bildung aus, an neuen Wegen zu Abitur-, Berufs- und Studierfähigkeit: Dies betrifft die Neuanlage und Vernetzung der Kanonfächer und den Ausbau individualisierter und gemeinschaftsbezogener Arbeitsformen in einer offenen Lernumgebung. Ebenso ist die Entwicklung nachhaltiger sozialer und politischer Projekte, die sich der Ressource kreativer Lösungsstrategien und forschenden Handelns der nachwachsenden Generation vergewissern und diese durch Wettbewerbsteilnahmen öffentlich machen, stetiges Anliegen. Die Schulwahl soll hier eine bewusste Entscheidung sein: Das Aufnahmegespräch fordert von den Bewerberinnen und Bewerbern biografische Reflexion, Begründung und Planungskompetenz; die Stundenplanzusammenstellung verlangt nach Überlegung, der Vereinbarkeit von individuellen Lernbedürfnissen und Pflichtangeboten. Im Gegenzug übernimmt das OS Verantwortung dafür, einer Schülerschaft mit nicht linearen Bildungsbiografien, die das traditionelle Schulwesen vernachlässigt oder abgibt, positive Schulerfahrungen zu vermitteln. Damit dies gelingen kann, ist ein Management gefragt, das Organisation, Unterricht und Personal gleichermaßen im Blick hält. Eine konstruktive Unterrichtsarbeit, beständige Evaluation und Hospitation sind deshalb fest im kollegialen Selbstverständnis verankert, finden aber auch ihren Ausdruck in der gemeinsamen Schulprogrammarbeit und im Forschungs- und Entwicklungsplan. Regelmäßige Peer-Review-Verfahren sichern zudem Wegbegleitung und kritischen Diskurs. Die zahlreichen Fachpublikationen aus Lehrerhand belegen, dass das Oberstufen-Kolleg auf der Basis einer engen Verknüpfung von Theorie und Praxis Beiträge zur Profession moderiert und anregt. So hat die aktuelle Debatte um eine dokumentierte, selbstverantwortete und förderliche Lernbegleitung in Form von Portfolios hier ihren Reformort mit nationaler und internationaler Ausstrahlung.

Die hier gezeigten Beispiele mit ihren unterschiedlichen Profilen und Konzepten lassen deutlich werden, dass die Schulen, die der DSP versammelt, vielfältige Anlässe und Zugänge zur Demokratie als Lern- und Erfahrungsfeld bieten: „Wissen über die Demokratie, ihre Wertschätzung und die daraus folgende Bereitschaft, sich durch Handeln und Engagement im Alltag für Toleranz, Pluralismus,

Mitbestimmung und Menschenrechte einzusetzen, sind Kernziele schulischer Bildung" (Beutel, W. 2010, S. 136), sie müssen gerade deshalb in allen Qualitätsbereichen von Schule entfaltet werden und Ausgangspunkt von Professionalisierungsbemühungen sein. Erfahrung und Erleben von Wertschätzung, Beteiligung und Verantwortung sind dann Schlüssel, um erfolgreiche Bildungsbiografien zu fördern.

4. Überzeugung, Entwicklungskraft und professionelle Moderation

„Die Heterogenität der Schülerschaft wächst. Sie verlangt von den Bildungseinrichtungen mehr innere Differenzierung, Fördermaßnahmen bzw. Ausgleichsangebote für je unzureichende Vorkenntnisse hier, interkulturelles Lernen dort und eine Kultivierung individualisierender Arbeitsformen im Wechsel mit Phasen ausdrücklicher Kooperation" (Huber et al. 1999, S. 10). Schulen, die in diesem Sinne eine Neujustierung ihrer Pädagogik vornehmen, richten ihre Entwicklung an Demokratie als Prozess- und Handlungsziel aus, was keineswegs als Selbstverständlichkeit betrachtet werden kann: „Lehren und Lernen sind nicht per se demokratisch. Zwischen Lehrenden und Lernenden besteht ein asymmetrisches Verhältnis, ein Differenzgefälle von Erfahrung, Wissen und Können sowie ein Ungleichgewicht in faktischer Macht" (Schwarz/Schratz 2012, S. 42). In den Schulen geht es nicht um Zugeständnisse an die Schülerschaft und um Erlaubnis zur Teilhabe an definierten Gremien. Vielmehr ist gegenwärtig, dass eine grundständige Demokratisierung schulischer Verhältnisse auch zu Entlastungen im beruflichen Alltagshandeln führt, weil nicht gegen, sondern mit den Schülerinnen und Schülern gearbeitet wird und aus dieser Perspektive auch jene die Bildungsdebatten nachhaltig bestimmenden Themen der Gerechtigkeit von Bildungswegen, des Erreichens von Abschlüssen für möglichst alle Lernenden und die Erfahrung der Sinnhaftigkeit von Schule bearbeitet werden können.

Im Selbstverständnis dieser Schulen ist Lernen untrennbar mit einer zuwendenden und anerkennenden pädagogischen Beziehung zwischen Lehrenden und Lernenden verbunden: „Das Verhältnis zu den Lernenden soll sich verändern zu Gunsten eines co-konstruktiven Zusammenwirkens. Ihr Lernen, ihr Verstehen, ihre Gedanken und Gefühle sollen den Ausgangspunkt des Lehrerhandelns bilden. Das schließt eine demokratische Grundhaltung und Grunderfahrung ein, die der Gegenseitigkeit der Anerkennung" (Fauser et al. 2012, S. 8). Biografische Wertschätzung und Aufmerksamkeit auf Seite der Lehrenden münden dabei nicht in Beliebigkeit in der Organisation von Lehren und Lernen, sondern in eine konsequente Überwindung von einseitig lehrergeprägter Anleitung, einer Didaktik gleichschrittigen Erfüllens curricularer Vorgaben und Dominanz summativer Leistungsbilanzen. Es geht dann um eine pädagogische Verantwortung für jeden einzelnen Lernenden, um dessen Stärkung in Blick auf Willensbildung und Selbstwirksamkeitserleben. Vielfältige Angebote, Verfahren, aber auch Erwartungen an die Schülerschaft hinsichtlich Mitwirkung und Verantwortung im Unterricht und Schulleben sind dann Schubkräfte für die Qualität der Einzelschule, die ihre Bindungskräfte zur Schüler- und Elternschaft pflegt und die Sinnhaftigkeit und Erreichbarkeit von Abschlüssen vermittelt.

Die damit verbundenen Perspektiven der Schulreform haben für die Lehrerinnen und Lehrer die Folge und Voraussetzung, dass diese ihr berufliches Selbstverständnis weiterentwickeln und an diese demokratiepädagogischen Voraussetzungen anpassen müssen. Hierzu benötigen sie Zeit, eigene Orte und spezielle Anreize, um einen beständigen Prozess kollegialer Reflexion über Handlungsmuster, demokratische Werte und Haltungen lebendig zu halten: „Erst durch den Austausch und die erneuerte Koordination von Erfahrungen, Routinen, Perspektiven und Konzepten kann ein Bestand an gemeinsam geteilten Mustern entstehen" (a.a.O., S. 9). Es liegt auf der Hand, dass Erwartungen an eine handlungsstarke Expertise der Kollegien, an Umsetzungskompetenz und Evaluation im Kontext begleitender Professionalisierungsangebote gedacht werden muss. In der Akademie des DSP werden deshalb allen Bewerberschulen unterschiedliche Begegnungs- und Moderationsformate angeboten: Von Exzellenzforen, Pädagogischen Werkstätten bis hin zum SchulLabor, dem Hospitationsprogramm und regionalen Lernforen: „Trotz der vielfältigen Kommunikationsmöglichkeiten im Internet und der unzähligen Publikationen über innovative Schul- und Unterrichtskonzepte scheint es ... einen großem Bedarf nach direktem, selbst gewähltem Austausch und persönlicher Begegnung zu geben, der über bestehende Angebote der Schulverwaltung, der Berufsverbände oder der wissenschaftlichen Einrichtungen hinausgeht" (Rösch 2010, S. 47). Kollegien erfahren in der Akademie des Deutschen Schulpreises Stärkung und Öffentlichkeit als Mitglied einer Reformbewegung. Sie nutzen ihre Teilnahme als Entwicklungszeit professioneller Verständigung und Konzeptentwicklung. Die in der Akademie gebündelten Entwicklungsmaßnahmen aus Stiftungsinitiative bedürfen in naher Zukunft jedoch einer begleitenden und systematischen Evaluation.

Auch aus dem hier aufgezeigten Zusammenwirken von Lernkultur und Demokratiepädagogik, das gute Schulen im DSP auszeichnet, erwachsen eine Fülle an Fragen, die nicht allein auf Basis empirisch fundierter Effektivitätsforschung beantwortet werden können. Sie erfordern vielmehr einen genauen Blick auf die schulischen Potenziale im Einzelfall. Kontextangepasste Fallstudien können etwa die besonderen Standortqualitäten von Schulen in den Blick nehmen und auf einen möglichen Transfer hin bedenken. Schon jetzt können wir festhalten: Die Anerkennung des Gegenübers ist ein demokratiepädagogischer Kerngedanke in der heutigen „Schule der Vielfalt", an dem sich Konzepte einer schülerseitigen Partizipation und Selbstverantwortung ausrichten und von dem aus Strategien der Professionalisierung der Lehrerschaft entfaltet werden müssen. Nebenbei zeigt sich zudem, wie stark das Qualitätstableau des DSP mit den Konzepten und Erfahrungen einer demokratiepädagogisch unterfütterten Schulreform korrespondiert.

Literatur

Bastian, J./Gudjons, H. (Hrsg.) (1990): Das Projektbuch II. Über die Projektwoche hinaus – Projektlernen im Fachunterricht. Hamburg.

Beutel, S.-I. (2010): Im Dialog mit den Lernenden – Leistungsbeteiligung als Lernförderung und demokratische Erfahrung. In: Beutel, S.I./Beutel, W., S. 45-60.

Beutel, S.-I./Beutel, W. (Hrsg.) (2010): Beteiligt oder bewertet? Leistungsbeurteilung und Demokratiepädagogik. Schwalbach/Ts.

Beutel, S.-I./Beutel, W. (2011): Hausaufgaben als Teil individueller Lernförderung und Rückmeldung. Good-Practice Ansätze an Schulen des Deutschen Schulpreises. In: Die Deutsche Schule, Jg. 103, H. 3, S. 268-279.

Beutel, S.-I./Gathen, J. v.d. (2012): „Der zweite Übergang" – die Verzahnung von Lernen und Bildung bei Grundschulen und Sekundarschulen. In: Berkemeyer, N./Beutel, S.-I./Järvinen,H./van Ophuysen, S. (Hrsg.): Übergänge bilden – Lernen in der Grund- und weiterführenden Schule. Neuwied, S. 187-211.

Beutel, W. (2010): Lernen in Projekten – Demokratiepädagogik, politische Bildung und die Zukunft der Demokratie. In: Sternberg, T./Meyer, H. (Hrsg.): Zukunft der Demokratie. Herausforderungen für Politik und Gesellschaft. Münster, S. 109-140.

Beutel, W./Fauser, P. (Hrsg.) (2001): Erfahrene Demokratie. Wie Politik praktisch gelernt werden kann. Opladen.

Beutel, W./Fauser, P./Rademacher, H. (2012): Demokratiepädagogik. In: Dies. (Hrsg), S. 17-38.

Beutel, W./Fauser, P./Rademacher, H. (Hrsg.) (2012): Jahrbuch Demokratiepädagogik. Aufgabe für Schule und Jugendbildung. Schwalbach/Ts.

Deci, E. L./Ryan, R. M. (1993): Die Selbstbestimmungstheorie der Motivation und ihre Bedeutung für die Pädagogik. In: Zeitschrift für Pädagogik 39, H. 2, S. 223-238.

Edelstein, W./Fauser, P. (2001): Demokratie lernen und leben. Gutachten für ein Modellversuchsprogramm der Bund-Länder-Kommission. Materialien zur Bildungsplanung und zur Forschungsförderung, H. 96. Bonn.

Fauser, P. (2007): Demokratiepädagogik. In: Lange, D. (Hrsg.): Basiswissen Politische Bildung. Handbuch für den sozialwissenschaftlichen Unterricht. Bd. 1: Konzeptionen Politischer Bildung. Baltmannsweiler, S. 83-92.

Fauser, P. (2009): Warum eigentlich Demokratie? Über den Zusammenhang zwischen Verständnisintensivem Lernen, Demokratiepädagogik und Schulentwicklung. In: Beutel, W./Fauser, P. (Hrsg.): Demokratie, Lernqualität und Schulentwicklung. Schwalbach/Ts., S. 17-42.

Fauser, P./Prenzel, M./Schratz, M. (Hrsg.) (2007): Was für Schulen! Gute Schulen in Deutschland. Portraits der Preisträgerschulen und der nominierten Schulen des Wettbewerbs 2006. Seelze.

Fauser, P./Prenzel, M./Schratz, M. (Hrsg.) (2008): Was für Schulen! Profile, Konzepte und Dynamik guter Schulen in Deutschland. Portraits der Preisträgerschulen und der nominierten Schulen des Wettbewerbs 2007. Seelze.

Fauser, P./Prenzel, M./Schratz, M. (Hrsg.) (2009): Was für Schulen! Wie gute Schule gemacht wird – Werkzeuge exzellenter Praxis. Portraits der Preisträgerschulen und der nominierten Schulen des Wettbewerbs 2008. Seelze.

Fauser, P./Prenzel, M./Schratz, M. (Hrsg.) (2010): Was für Schulen! Individualität und Vielfalt – Wege zur Schulqualität. Portraits der Preisträgerschulen und der nominierten Schulen des Wettbewerbs 2010. Seelze.

Fauser, P./Rißmann, J./Weyrauch, A. (2012): Adaptive Routinen als demokratiepädagogischer Professionalisierungsansatz. Das Entwicklungsprogramm für Unterricht und Lernqualität (E.U.L.E.). In: Journal für LehrerInnenbildung. 12. Jahrgang. StudienVerlag 2/2012, S. 8-15.

Fend, H. (1986): „Gute Schulen – schlechte Schulen". Die einzelne Schule als pädagogische Handlungseinheit. In: Die Deutsche Schule 78. Jg, H. 3, S. 275-293.

Goll, T. (Hrsg.) (2010): Bildung für die Demokratie. Beiträge von Politikdidaktik und Demokratiepädagogik. Schwalbach/Ts.

Himmelmann, G. (2001): Demokratie Lernen als Lebens-, Gesellschafts- und Herrschaftsform. Schwalbach/Ts.

Hörster, C. (2012): Nicht überdehnen!, Leserbrief in der SZ v. 14.09.2012, S. 15.

Huber, L./Asdonk, J./Jung-Paarmann, H. et al. (Hrsg.) (1999): Lernen über das Abitur hinaus: Vorwort. In: Dies.: Lernen über das Abitur hinaus: Erfahrungen und Anregungen aus dem Oberstufen-Kolleg Bielefeld. Seelze, S. 9-12.

KMK (2009): Stärkung der Demokratieerziehung. Beschluss der KMK vom 06.03.2009. In: Beutel/Fauser/Rademacher, S. 303-306.

Krappmann, L. (2012): Das Menschenrecht der Kinder auf Bildung und die Politik. In: Beutel/Fauser/Rademacher, S. 52-65.

Prenzel, M./Schratz, M./Schultebraucks-Burgkart, G. (Hrsg.) (2011): Was für Schulen! Schule der Zukunft in gesellschaftlicher Verantwortung. Portraits der Preisträgerschulen und der nominierten Schulen des Wettbewerbs 2011. Seelze.

Rösch, R. (2010): Vom Wettbewerb zur Bewegung guter Schulen in Deutschland – die Akademie des Deutschen Schulpreises. In: Fauser/Prenzel/Schratz 2010, S. 35-47.

Schulz, W. (1990): Praktisches Lernen als aufgeklärtes Handeln. In: Bastian/Gudjons 1990, S. 81-96

Schwarz, J./Schratz, M. (2012): Demokratisierung in der LehrerInnenbildung: Portfolioarbeit und ihr Potenzial. In: Journal für LehrerInnenbildung 2012, S. 41-46.

Susanne Alpers

Kooperatives Lernen als Weg zu mehr Schülerpartizipation

Die sich ständig verändernden Sozialisationsbedingungen von Kindern und Jugendlichen in Familien, Peers und außerschulischer Jugendbildung gleichermaßen bedeuten neue Herausforderungen an Schule. Das ursprüngliche Monopol für Wissens- und Informationsvermittlung schwindet angesichts der Neuen Medien und des damit einhergehenden Wandels in Kommunikation und sozialer Tiefe von Begriffen wie Freundschaft und Begegnung immer mehr. Der Schule hingegen kommen neue Aufgaben zu: die Gestaltung von sozialen Interaktionen, der sozialen Erfahrungsqualität und letztlich auch der Sozialisation und Erziehung. In der Schule als Ort, in dem sich Kinder und Jugendliche gleichen Alters treffen, geht es um die sozialverträgliche Gestaltung des Lebens, des Miteinanders sowie des Lernens und der Welterfahrung. Dazu gehören soziale, interaktive und kommunikative Kompetenzen (Schirp 2004, S. 3; Borsch 2010, S. 74). Die demokratische Gesellschaft braucht informierte, kritische und engagierte Menschen. Für das Leben in einer demokratischen Gesellschaft setzt das voraus, dass die Bürgerinnen und Bürger Regeln des Zusammenlebens entwickeln und kennen sowie die Fähigkeit haben, diese Regeln einzuhalten und durchzusetzen. Um das zu erreichen ist kooperatives Handeln eine zentrale Voraussetzung. Kooperatives Handeln kann jedoch nicht primär kognitiv vermittelt werden, sondern beruht auf Erfahrungslernen. Die Aufgabe der Schule ist es infolgedessen, in ihrem „Erfahrungsraum" diese kooperative Dimension von Lernen und Handeln zu eröffnen. Kooperatives Handeln und Lernen ist so gesehen ein Grundelement und eine Voraussetzung für demokratisches Handeln.

Damit beschreibt dies als Bildungsziel nicht nur Dimensionen der politischen Mitwirkung im traditionellen Sinne, sondern meint aktive und soziale Aspekte gesellschaftlicher Teilhabe. Dazu gehört vor allem die Übernahme von Verantwortung für das Gemeinsame, in dem Schülerinnen und Schüler lernen aktiv mitzugestalten. Das bedeutet Kooperation und Aushandlung mit anderen Menschen in heterogenen Gruppen (Eikel 2007, S. 11; Druyen/Wichterich 2005, S. 2; Borsch 2010, S. 12).

Was kann die Schule dazu beitragen? Sowohl Heinz Schirp (2004) als auch Angelika Eikel (2007) skizzieren viele Beispiele, die zeigen, in welcher Form demokratische Handlungskompetenzen durch die Förderungen von Partizipation in der

Schule umgesetzt werden kann. Dies kann auf verschiedenen Ebenen geschehen: im Unterricht, in der Schulklasse, im Schulleben und im Schulumfeld. Das Kooperative Lernen setzt dort an, wo Kinder und Jugendliche jeden Tag zusammen viel Zeit verbringen: im Unterricht.

Aber wie „können wir Schülerinnen und Schüler darauf vorbereiten, unterschiedliche Meinungen wahrzunehmen, zu respektieren und zu bewerten, wenn wir auf Unterrichtsmethoden vertrauen, in denen der Lehrer am meisten redet?" (Green/Green 2004, S. 1). In dieser Frage liegt eine der Grundspannungen, die sich aus dem Kooperativen Lernen in Richtung auf die tradierte, auf Belehrung, Wissens- und Handlungsdifferenz setzende Form der Schule richtet. Anders gesprochen: Kooperatives Lernen ist nicht eine vorsichtige didaktisch-methodische Modifikation herkömmlichen Unterrichtens. Vielmehr geht es um einen grundlegenden und professionsprägenden Perspektivwechsel von Lehrenden und Lernenden im schulischen Alltag. Denn „wenn die Schüler-Schüler-Interaktion nur gelegentlich und als Ausnahme erfolgt, können wir nicht darauf hoffen, eine Schülergeneration zu schaffen, die auf Demokratie vorbereitet ist. Wie können wir Schülerinnen und Schüler vorbereiten, zu Entscheidungen zu gelangen, die auf den Bedürfnissen aller basieren, wenn wir Unterrichtsmethoden benutzen, bei denen der Lehrer alleine entscheidet, was und wie gelernt wird, wie bewertet wird und welche Regeln für das Verhalten in der Klasse gelten? Was für eine verpasste Chance! Mit traditionellen Methoden verschenken wir die Gelegenheit, unsere Klassenzimmer zu aktiven Laboratorien zu machen, in denen demokratisches Handeln praktiziert werden kann" (a.a.O.), so bündeln Green/Green den demokratiepädagogischen Sprengstoff, der in dem von ihnen dargestellten Konzept und professionellen Wertensemble einer dadurch demokratisch werdenden Schule steckt.

Kooperatives Lernen – eine Anschauung

Beginnen wir mit einem Beispiel: Vier Personen mit unterschiedlichen privaten Hintergründen sollen eine Gehaltserhöhung bekommen. Eine bestimmte Summe ist vorhanden. Wer bekommt wie viel? Jeder gleich viel? Jeder so viel, wie er dringend benötigt? Jeder so viel, wie er leistet? – Was ist gerecht?

Das ist die Ausgangssituation einer Unterrichtssequenz zu der Fragestellung „Wer bekommt wie viel? Gibt es eine gerechte Verteilung?", die mittels des Kooperativen Lernens aufgearbeitet wurde. Eine Unterrichtssequenz, die nicht nur den Erwerb von Fachwissen im Blick hat – doch dazu später mehr.

Die Lerngruppe ist nach dem Zufallsprinzip in Vierergruppen aufgeteilt, jedes Gruppenmitglied erhält eine Rollenkarte mit Informationen über eine fiktive Person. Zur Einfühlung in die Rolle schreibt jedes Gruppenmitglied in Einzelarbeit aus seiner Rolle heraus mit Hilfe von Leitfragen einen Steckbrief. Fehlende

Informationen dürfen, sofern sie zur Rolle passen, dazu erfunden werden. Diese Phase endet mit der Überlegung, wie viel Gehaltserhöhung das Gruppenmitglied aus seiner Rolle heraus für sich beanspruchen und mit welchen Argumenten es seinen Anspruch vertreten wird.

In der Gruppe stellen sich nun die einzelnen Personen vor und formulieren ihre Gehaltswünsche. Die Gruppen werden aufgefordert, sich auf die Verteilung der für die Gehaltserhöhung zur Verfügung stehenden Summe zu einigen. Wild gestikulierende Lerngruppen prägen das Bild im Klassenraum. Zu hören sind viele „Wenn" und „Aber". In einer Lerngruppe versuchen sich die Teilnehmenden lautstark durchzusetzen und beharren auf ihrer Position. In einer anderen Lerngruppe werden Kompromisse erörtert, in einer weiteren Gruppe starren sich die Teilnehmer und Teilnehmerinnen mit verschränkten Armen an. Sie haben zunächst einmal resigniert. Ist das so wie im echten Leben? Die Lehrkraft beendet diese Phase und die GruppensprecherInnen – vorgeschlagen von der Lehrkraft – berichten über den Stand der Diskussion.

In einem nächsten Schritt verlassen die Lernenden ihre Rollen. Hierfür werden neue Zufallsgruppen aus je drei Schülerinnen und Schülern gebildet. Jedes der drei Gruppenmitglieder erhält einen anderen Text. Der eine Text thematisiert das Prinzip der Leistungsgerechtigkeit, der zweite das Prinzip der Bedarfsgerechtigkeit und der dritte Text das Gleichheitsprinzip. Die Lernenden lesen den Text zunächst in Einzelarbeit. Sie markieren sich Schlüsselwörter und schreiben diese auf Kärtchen. Wenn sie fertig sind, suchen sie sich einen Lernpartner aus einer anderen Gruppe, der den gleichen Text bearbeitet hat (Lerntempoduett). Gegenseitig stellen sie sich den Text mithilfe ihrer Kärtchen vor, begründen die Wahl der Kärtchen und ergänzen ihre Argumentation. Sind diese Paare fertig, erhalten sie von der Lehrkraft Fragen zum Text, die sie wieder in Einzelarbeit beantworten. Darüber hinaus formulieren sie eigene Fragen zum Text. Wenn sie fertig sind, suchen sie sich einen Partner oder eine Partnerin aus einer anderen Lerngruppe, der oder die ebenfalls diesen Text bearbeitet, die Fragen beantwortet und eigene Fragen zu diesem Text gestellt hat. Sie vergleichen ihre Antworten und stellen sich gegenseitig die selbst formulierten Fragen. Der Lernende ist nun Experte für seinen Text, für bspw. „sein Gerechtigkeitsprinzip".

Zurück in der Gruppe stellen nun die drei Experten ihre jeweiligen Gerechtigkeitsprinzipien mithilfe der Kärtchen vor und lassen sich zur Ergebnissicherung die Fragen beantworten (Gruppenpuzzle). Anschließend legen die Gruppenmitglieder die Kärtchen nach einer selbst gewählten Struktur (Strukturlegetechnik). Darüber hinaus erstellen sie eine kreative Präsentation (z.B. Statue, Sketch, Pantomime, Bild) ihres Gruppenergebnisses, die sie im Plenum vorstellen.

In einer letzten Runde gehen alle Lernenden in ihre Ausgangsgruppe zurück, vergegenwärtigen sich ihre Rolle und diskutieren erneut über die Verteilung der Gehaltserhöhung. Was hat sich nun im Vergleich zur ersten Diskussionsrunde verändert? „Vorher konnten wir uns nicht einigen, die Diskussion am Anfang verlief total emotional. Sie haben ja gesehen, wir haben am Ende nicht mal mehr miteinander geredet. Jetzt haben wir überlegt, was passiert, wenn wir welches Prinzip anwenden würden. Letztlich haben wir eine Mischung aus allen drei Prinzipien gemacht. Besser war, dass wir sachlicher diskutieren konnten", sagt ein Schüler. „Wir hatten sowieso schon einen Kompromiss gefunden, aber dieses Mal konnten wir das Ergebnis mit Argumenten belegen", argumentiert eine Schülerin.

Was haben die Schülerinnen und Schüler denn nun gelernt? Sie haben sich in die Perspektive anderer hinein versetzt, sie haben einen Text er- und verarbeitet, haben strukturiertes Wissen über die Gerechtigkeitsprinzipien erworben, sie haben argumentiert und noch einiges mehr. Wenn man sich aber nur auf das „und" beschränken würde, bliebe es bei der Oberfläche, denn bekanntlich ist das Ganze mehr als die Summe seiner Teile. Neben dem Erwerb von Fachkompetenz kommen in dieser Unterrichtssequenz weitere wesentliche Aspekte zum Tragen: die Fokussierung auf die Schülerinteraktion und die Förderung sozialer und damit demokratischer Handlungskompetenzen. Und das nicht nur durch die Auseinandersetzung mit den Fragestellungen „Wer bekommt wie viel? Gibt es eine gerechte Verteilung?", sondern durch die Gestaltung der Unterrichtssequenz auf der Grundlage des Kooperativen Lernens.

Was ist Kooperatives Lernen? Zur sozialwissenschaftlichen Herkunftsgeschichte?

Bereits Kurt Lewin und Morton Deutsch untersuchten in den 1930er-Jahren die Wirkung von Gruppen für das Lernen. Die Eheleute Tausch griffen in den 60er- und 70er-Jahren die Forschungsergebnisse wieder auf und propagierten Gruppenarbeit im Unterricht als Alternative zum Frontalunterricht. Viele weitere Didaktiker untersuchten den Gruppenunterricht auf seine Wirksamkeit, ebenso David Johnson und Roger Johnson, die sich mit den Auswirkungen der „Peer Education" in unterrichtlichen Zusammenhängen beschäftigten. Auf dieser Grundlage wurden zahlreiche kooperative Arbeitsformen entwickelt und erprobt (Druyen/Wichterich 2006, S. 1).

1986 bildete der Schulbezirk Durham in der Nähe von Toronto, Ontario, das Schlusslicht der Ranking-Skala der kanadischen Schulbezirke. Norm Green, Leiter des Lehrerweiterbildungsbereichs, entwarf ein umfassendes Ausbildungsprogramm für alle Lehrkräfte in seinem Bezirk. Er implementierte das kooperative Arbeiten in die Klassen- und Lehrerzimmer. 1996 erhielt sein Schulbezirk den Preis Carl Bertelsmann Stiftung für das innovativste Schulsystem im internationalen Vergleich der (ebd.).

All diesen genannten Arbeitsformen gemeinsam ist der Dreischritt „Denken - Austauschen - Vorstellen", letzteres im Sinne von Präsentieren bzw. Mitteilen gedacht („Think – Pair – Share"). Zu Beginn steht immer die Einzelarbeit, in der sich die Schülerinnen und Schüler zunächst alleine mit einer Sache auseinandersetzen, denn Lernen ist ein individueller Vorgang, eine „ganz persönliche Konstruktionsleistung eines jeden Schülers" (Brüning/Saum 2007, S. 21). Neue Informationen werden mit dem Vorwissen in Verbindung gebracht. Hier muss zunächst einmal Platz sein für eine eigene Lösung der von der Lehrkraft gestellten Aufgabe (Brüning/Saum 2011, S. 6; Heckt 2008, S. 31). In unserem Eingangsbeispiel bestimmen die Lernenden zunächst alleine ihre Rolle. Später erarbeiten sie in Einzelarbeit einen Text, indem sie Schlüsselbegriffe identifizieren und markieren, diese auf Kärtchen notieren, Fragen zum Text beantworten und Fragen stellen.

Nach der individuellen Arbeit, in der die Schülerinnen und Schüler ihr Lerntempo selbst bestimmen, folgt der Austausch mit einer Lernpartnerin bzw. einem Lernpartner über den gleichen Lerninhalt. Sie überprüfen ihr Textverständnis, indem sie den Text mit den von ihnen verfassten Kärtchen präsentieren, sie tauschen sich darüber aus, ergänzen sich und erklären sich Inhalte. Später stellen sie sich im Gruppenpuzzle die verschiedenen Texte vor. Lernen ist in diesem Kontext explizit als sozialer Prozess zu verstehen und erfolgt in der Interaktion mit anderen. Das Vorwissen und die neu erworbenen Informationen werden formuliert und mitgeteilt. Durch die Rückmeldung der Mitschülerinnen und Mitschüler und durch das Aushandeln einer Struktur (Strukturlegetechnik) werden Rückmeldungen gegeben. Eine Ko-Konstruktion kann stattfinden, neue Sichtweisen, Einsichten entstehen (Brosch 2010, S. 59; Brüning/Saum 2011, S. 6 f.).

Der nächste Schritt ist das Vorstellen – gemeint im Sinne von Präsentieren und Mitteilen in einer sozialen Umgebung – der Ergebnisse der Austauschphase im Plenum. Dadurch wird idealiter das neu erworbene Wissen mit dem präsentierten Wissen abgeglichen. Unterschiede und Übereinstimmungen in den Inhalten und Präsentationsformen werden deutlich (Brüning/Saum 2008, S. 84; Brüning/Saum 2011, S. 7). In unserem Eingangsbeispiel haben die Schülerinnen und Schüler neben der zugrunde gelegten Struktur auch die kreativen Präsentationsformen zu den Gerechtigkeitsprinzipien, die sie vergleichen können.

Dieser Dreischritt „Denken – Austauschen – Vorstellen" beruht auf zwei Grundgedanken: Zum einen bedeutet Lernen, dass der Unterrichtsgegenstand aktiv von den Schülerinnen und Schülern mental verarbeitet werden muss, damit es in die kognitiven Strukturen der Lernenden integriert werden kann. Um dabei den unterschiedlichen Lerntypen gerecht zu werden, braucht es methodische Vielfalt. Der zweite, partizipative und sozial-integrative Gedanke liegt darin, den methodisch strukturierten Prozess so anzulegen, dass die Schülerinnen und Schüler „miteinander und voneinander lernen, dass jede und jeder sich einbringen kann, niemand ausgegrenzt wird und alle für den Prozess wie für das Ergebnis Verantwortung übernehmen." (Green/Green 2006, S. 19; Brüning/Saum 2011, S. 11)

Wann gelingt Kooperatives Lernen?

Nicht jede Partner- und Gruppenarbeit ist gleichzusetzen mit Kooperativem Lernen. Damit tatsächlich kooperativ gearbeitet wird, bedarf es fünf Gelingensbedingungen:

1. Eine positive wechselseitige Abhängigkeit zwischen den Gruppenmitgliedern bedeutet, dass die einzelnen Gruppenmitglieder sich für die Ausführung ihres Arbeitsauftrages gegenseitig brauchen. Hierfür ist es besonders wichtig, dass sie auch erkennen können, dass sie ein gemeinsames Ziel verfolgen (Johnson/ Johnson 2008, S. 16 f.; Ebbens/Ettekoven 2011, S. 17). In unserem Eingangsbeispiel gab es für das Gruppenpuzzle eine Ressourcenverknappung, d. h. jedes Gruppenmitglied hatte nur einen Teil der Informationen. Nur durch das wechselseitige Vorstellen der Texte, das gemeinsame Aushandeln einer Struktur und die Einigung auf eine Präsentationsform kann die Aufgabe gelöst werden.

2. Die individuelle Verantwortlichkeit für die eigenen Leistungen und die Leistungen aller Mitglieder setzt voraus, dass der Lernende weiß, was er zum Gruppenergebnis beizutragen hat. Diese Gelingensbedingung beinhaltet auch, dass jedes Gruppenmitglied das Ergebnis präsentieren und erklären kann (Ebbens/ Ettekoven 2011, S. 19; Brägger 2010, S. 3). Die individuelle Verantwortlichkeit in unserem Beispiel besteht darin, dass jedes Gruppenmitglied seine Kärtchen mit den Schlüsselbegriffen vorlegen muss, da ansonsten keine Struktur erkennbar wird. Ein weiteres gemeinsames Präsentationsprodukt verlangt ebenso die Verarbeitung und Darbietung des Textes wie den individuell vertretenen Argumentationsstrang für die eigene Vorstellung von der diskutierten Gehaltserhöhung. Die Gruppenmitglieder werden zu Experten ihres Gerechtigkeitsprinzips und benötigen einander, um zu einem Ergebnis zu gelangen. Dabei ist es möglich, eine Rückmeldung für die individuelle Leistung, aber auch für das Gruppenprodukt zu geben. So kann jedes Gruppenmitglied seinen Beitrag zum Erfolg des Gruppenergebnisses einordnen, zugleich kann auch die Gruppe ihre Wirksamkeit selbst beobachten und reflektieren (Brosch 2010, S. 29 f.).

3. Die direkte Interaktion zwischen den Schülerinnen und Schülern ist die Voraussetzung dafür, dass sie auch angeregt sind, einander zu helfen, sich auszutauschen, einander zu unterstützen und einander Rückmeldung zu geben (Ebbens/Ettekoven 2011, S. 23; Borsch 2010, S. 52, Brägger 2010, S. 4 f.)

4. Soziale Kompetenzen sind gleichermaßen die Voraussetzung, aber auch das Ziel Kooperativen Lernens. Das gemeinsame konstruktive Arbeiten verlangt von der Lerngruppe interpersonale Kompetenzen. Dazu gehören kommunikative Fähigkeiten, Kompetenzen im Umgang mit Kontroversen sowie die Bereitschaft, Führungsaufgaben zu übernehmen (Borsch 2010, S. 32). Zu den kommunikativen Fähigkeiten und zum Umgang mit Kontroversen fügt sich in unserem Beispiel, dass die Gruppenmitglieder aus ihrer Rolle heraus ihre

Forderung nach einer Gehaltserhöhung argumentativ vertreten. Sie müssen aushalten, dass auch andere Gruppenmitglieder berechtigte Forderungen haben, die sich vielleicht nicht mit ihren eigenen Forderungen vertragen. Sie müssen Kompromisse eingehen und diese im Idealfall so aushandeln, dass alle damit „leben können". Dazu brauchen die Gruppenmitglieder Empathie, um so zu verstehen, wie der andere zu seinen Ansichten kommt. Die Bereitschaft zur Gruppenführung bedeutet hier, dass die notwendigen Arbeitsschritte des komplexen Arbeitsauftrages beim Lerntempoduett erfasst und eingehalten werden.

5. Die bei diesem Lernen konstitutive Form der Reflexion des Lernprozesses bringt es mit sich, dass das Kooperative Lernen nicht mit der Präsentation endet. Mit der zweiten Diskussion über die „gerechte" Verteilung der Gehaltserhöhung wird das erarbeitete Wissen angewandt und in Beziehung zur ersten Diskussion gesetzt. Die Veränderung der Argumentationen wird erlebbar. Über diese inhaltliche Reflexion hinaus muss über den individuellen Beitrag zum Gelingen des gemeinsamen Erfolges nachgedacht werden. Die Schülerinnen und Schüler tauschen sich darüber aus, wie zufriedenstellend sie ihre Ziele erreicht haben, was förderlich bzw. hinderlich war. Sie bestimmen den Änderungsbedarf und formulieren Schritte zur Änderung (Brägger 2010, S. 4).

Kooperatives Lernen fördert Interaktion und soziales Lernen

In einer kompetitiv gestalteten Unterrichtsform konkurrieren die Lernenden um die Aufmerksamkeit und um die positive Bewertung durch die Lehrkraft. Wenn sie ihr Ziel erreichen, bedeutet das auch immer, dass sie andere hinter sich lassen. So entsteht eine negative Abhängigkeit. Bei einer individualistisch angelegten Organisationsform kann jede bzw. jeder zeigen, was sie bzw. er kann. Die Ergebnisse der anderen spielen keine Rolle, die Lernenden können ihre Ziele unabhängig voneinander erreichen. Beim Kooperativen Lernen hingegen kann eine Schülerin bzw. ein Schüler sein individuelles Ziel nur dann erreichen, wenn auch alle anderen das Ziel erreichen (Brosch 2010, S. 16 ff.; Johnson/Johnson 2008, S. 16 f.). So kann z. B. eine Struktur der drei Texte aus dem Eingangsbeispiel nur erarbeitet werden, wenn alle dazu beitragen. Mit dieser impliziten „positiven Abhängigkeit" lässt sich im Vergleich von Untersuchungen zu den verschiedenen Organisationsformen von Lernen eine Reihe von Unterschieden in deren Auswirkungen feststellen. Zum Beispiel führen kooperative Ansätze zu „größeren Bemühungen um Leistung ... zu positiveren Beziehungen ... zu psychischer Gesundheit." (Johnson/Johnson 2008, S. 17)

Wir kommen noch einmal auf den Dreischritt von „Denken - Austauschen - Vorstellen" zurück. Alle Schülerinnen und Schüler werden in der Einzelarbeitsphase aktiviert, haben Zeit zum Nachdenken, können Argumente, Lernschritte,

Gedanken ausprobieren, sie machen sich den Stoff selbsttätig zu eigen. Mit den Ergebnissen dieser Phase gehen sie in den Austausch. Das bedeutet, auch wenn ihre Arbeitsergebnisse aus der Einzelarbeitsphase nicht „richtig" oder „perfekt" sind, haben die Lernenden noch zwei Arbeitsschritte, bevor sie mit ihrer Lösung in die Öffentlichkeit gehen. Diese dreischrittige Struktur bietet also viele Gelegenheiten, dass sich Schülerinnen und Schüler mit ihren jeweiligen Möglichkeiten beteiligen. Informationen werden eingeübt, angewendet, erneut formuliert, anderen erklärt, Denkprozesse werden veröffentlicht. Der Lernprozess wird zum Verarbeitungsprozess und die Schülerinnen und Schüler übernehmen durch die kooperative Struktur die Verantwortung für ihren Lernprozess. Durch gezielte Übertragung von Aufgaben kann dies zudem noch eingeübt werden. (Heckt 2008, S. 31; Ebbens/Ettekoven 2011, S. 10 ff.).

Kooperatives Lernen ist soziales Lernen

Es wird deutlich: Kooperatives Lernen ist zugleich ein gehaltvolles soziales Lernen. Diese Form des Lernens impliziert zahlreiche soziale Fähigkeiten, die zum einen Voraussetzung für das Kooperative Lernen sind, andererseits nicht unbedingt vorausgesetzt werden können, zum Beispiel das „Zusammenarbeiten". Dazu gehört, sich in den anderen hineinversetzen zu können, die eigene Meinung zu äußern, andere Meinungen zuzulassen und auszuhalten, Hilfestellungen zu geben, aber auch um Hilfe zu bitten und diese anzunehmen. Dazu gehört das aktive Zuhören, dem anderen etwas zu erklären, Geduld zu haben und unzählige weitere Teilfähigkeiten mehr (Ebbens/Ettekoven 2011, S. 60 f.).

Was bedeutet das nun? Will die Lehrkraft gezielt soziale Fähigkeiten schulen, sind die zu vermittelnden Fähigkeiten zu spezifizieren und zu konkretisieren, beschreibbar zu machen. Nur so können die Schülerinnen und Schüler nachvollziehen, welche sozialen Fähigkeiten für eine bestimmte kooperative Lernform bedeutsam sind. Entsprechend gezielt kann die Auswahl von kooperativen Lernformen zugunsten der Herausbildung der sozialen Ziele sein, beim gemeinsamen Lernen können gezielt Rollen mit den dazugehörigen Aufgaben vergeben, Rückmeldungen gegeben und Evaluationen durchgeführt werden (Ebbens/Ettekoven 2011, S. 62).

Die Förderung der sozialen Fähigkeiten durch die Bereitstellung des Erfahrungsraumes unterstützt dauerhaft, dass sich die Lernenden gegenseitig respektieren. Sie hören einander zu und üben sich im Geben von konstruktiven Rückmeldungen. Sie lernen Kompromisse einzugehen. Dazu gehört unter anderem ein gewisses Maß an Empathiefähigkeit (Brosch 2010, S. 10). Alles Fähigkeiten, die auch auf das Funktionieren einer demokratischen Gesellschaft einen großen Einfluss haben (Ebbens/Ettekoven 2011, S. 13).

Literatur

Borsch, F. (2010): Kooperatives Lehren und Lernen im schulischen Unterricht. Stuttgart.

Brägger, G. (2010): Gelingensbedingungen für das Kooperative Lernen. Worauf können Lehrpersonen achten, wenn Sie das kooperative Lernen im eigenen Unterricht einführen? http://www.iqesonline.net/file/Artikel%20KL_Gelingensbedingungen_br%C3%A4%20_2_.pdf, download vom 18.10.2012.

Brüning, L./Saum, T. (2007): Erfolgreich Unterrichten durch Kooperatives Lernen. Strategien zur Schüleraktivierung. 3. überarb. Aufl. Essen.

Brüning, L./Saum, T. (2008): Individuelle Förderung durch Kooperatives Lernen. In: Kunze, I./Solzbacher, C. (Hrsg.): Individuelle Förderung in der Sekundarstufe I und II. Baltmannsweiler. S. 83-91. http://www.gew-nrw.de/uploads/tx_files/Praesentation_L._Bruening_09-05-2012pdf, download vom 12.10.2012.

Brüning, L./Saum, T. (2011): Schüleraktivierendes Lehren und Kooperatives Lernen – ein Gesamtkonzept für guten Unterricht. In: GEW NRW (Hrsg.): Frischer Wind in den Köpfen. (Sonderdruck) Bochum. S. 5-13. http://www.iqesonline.net/index.cfm?id=9491f280-e0c6-b4e6-2380-a76ecce798c7&doc_key=ng8qZpBi, download vom 08.10.2012.

Druyen, C./Wichterich, H. (2005): Kooperatives Lernen für die Demokratie. http://blk-demokratie.de/fileadmin/public/dokumente/Bausteine/bausteine_komplett/kooperatives_lernen_komplett.pdf, download vom 15.03.2013.

Druyen, C./Wichterich, H. (2006): Ursprünge und Entwicklung kooperativen Lernens. http://ake.duelmen.org/Konzept%20kooperatives%20Lernen.pdf, download vom 15.03.2013.

Ebbens, S./Ettekoven, S. (2011): Unterricht entwickeln. Band 2. Kooperatives Lernen. Baltmannsweiler.

Eikel, A. (2007): Demokratische Partizipation in der Schule. In: Eikel, A./de Haan, G. (Hrsg.): Demokratische Partizipation in der Schule ermöglichen, fördern, umsetzen. Schwalbach/Ts., S. 7-39.

Green, N./Green, K. (2004): Kooperatives Lernen und Demokratie. http://www.kooperatives-lernen.de/dc/netautor/napro4/appl/na_professional/parse.php?mlay_id=2500&mdoc_id=1000645, download vom 15.03.2013.

Green, N./Green, K. (2006): Kooperatives Lernen im Klassenraum und im Kollegium. Das Trainingsbuch. 2. Aufl. Seelze-Velber.

Heckt, D. (2008): Das Prinzip Think – Pair – Share. Über die Wiederentdeckung einer wirkungsvollen Methode. In: Biermann, C. et al. (Hrsg.): Individuell Lernen – Kooperativ Arbeiten. Friedrich Jahresheft XXVI. Seelze, S. 30-33.

Johnson, D./Johnson, R. (2008): Wie kooperatives Lernen funktioniert. Über die Elemente einer pädagogischen Erfolgsgeschichte. In: Biermann, C. et al. (Hrsg.): Individuell Lernen – Kooperativ Arbeiten. Friedrich Jahresheft XXVI. Seelze, S. 16-20.

Schirp, H. (2004): Werteerziehung und Schulentwicklung. Konzeptuelle und organisatorische Ansätze zur Entwicklung einer demokratischen und sozialen Lernkultur. In: Edelstein, W./Fauser, P. (Hrsg.): Beiträge zur Demokratiepädagogik. Eine Schriftenreihe des BLK-Programms „Demokratie lernen & leben". http://blk-demokratie.de/materialien/beitraege-zur-demokratiepaedagogik/schirp-heinz-2004-werteerziehung-und-schulentwicklung-konzeptuelle-und-organisatorische-ansaetze-zur-entwicklung-einer-demokratischen-und-sozialen-lernkultur.html, download vom 15.03.2013.

Volker Reinhardt

Chancen und Risiken von Partizipation in der Schule

Interne und externe Partizipation

Der häufig im politischen Zusammenhang gebrauchte Begriff „Partizipation" bedeutet im engeren Sinne die Teilnahme, die Beteiligung an etwas (Bünting 1996, S. 850) und hat begrifflich noch keine weitere thematische Implikation. Partizipation ist zunächst noch nicht politisch gehaltvoll, entwickelt sich aber, wie Gerhardt schreibt, zu einem Kernelement, zu einem „Prinzip der Politik" (Gerhardt 2007), das ein elementares Verhältnis zwischen dem Individuum und der Gesellschaft konturiert: „Wenn das Prinzip des individuellen Handelns die Selbstbestimmung des Einzelnen ist, dann ist das politische Handeln ganz und gar auf Mitbestimmung gegründet" (ebd., S. 24).

Berühmt wurde die Definition von Partizipation des „Club of Rome" in den 1970er-Jahren: „Partizipation ist mehr als die formale Beteiligung an Entscheidungen, sie ist eine Haltung, die durch Kooperation, Dialog und Empathie gekennzeichnet ist. Sie bedeutet, die Kommunikation lebendig zu erhalten, die Normen und Werte ständig zu überprüfen und dabei diejenigen beizubehalten, die relevant sind, und auf diejenigen zu verzichten, die irrelevant sind" (Peccei 1979, S. 36, zit. nach Oser/Biedermann 2006, S. 19). Der Begriff der „Partizipation" wird hier in einen positiv bewerteten Zusammenhang mit Kommunikation, Kooperation und Empathie gestellt, er findet allerdings eine unscharfe und unpräzise Verwendung. Das Hauptproblem besteht laut Oser/Biedermann (2006) dabei darin, dass der Aspekt der Berechtigung überbetont und der Aspekt der Verantwortung vernachlässigt wird: Dem Prinzip, dass von „Handeln" streng genommen nur dann gesprochen werden kann, wenn das Verhalten einer Person auf bewusstem Entscheiden oder aber auf einem bewussten Entscheidungsverzicht beruht, wird zu wenig Beachtung geschenkt (2006).

In der Pädagogik bezieht sich der Partizipationsbegriff auf alle gesellschaftlichen Situationen und kann nach Kunze (2004, S. 294) für den Bereich Schule neben den Schülerinnen und Schülern auch die Lehrpersonen, das technisch-administrative Personal, die Eltern sowie weitere außerschulische Partner einbeziehen. Zu fragen ist, woran die einzelnen Akteure in der Schule partizipieren können oder sollen. Sind es eher Angelegenheiten, die sich ausschließlich innerhalb der Schule abspielen und somit den Mikrokosmos betreffen oder sind es auch darüber hinausgehende Beteiligungsmöglichkeiten in außerschulischen gesellschaftlichen oder politischen Bereichen?

Betrachtet man die interne Seite, so kann der Begriff der Schülerpartizipation in Fortführung der schulgesetzlich verfassten Schülermitverantwortung bzw. Schülermitwirkung gesehen werden. Der Begriff Partizipation beschreibt dabei, dass sich Schülerinnen und Schüler an der Unterrichtsgestaltung und an weiteren sie betreffenden Prozessen der Schule beteiligen, meint aber auch, dass sie von den Lehrpersonen und von der Schulleitung an diesen Entwicklungen beteiligt werden. Partizipation setzt also immer den Willen von zwei Akteuren voraus – den Willen dessen, der partizipieren möchte, und den Willen dessen, der als Entscheidungsträger Partizipation zulässt.

Geht die Partizipation über die Schulgrenzen hinaus und werden externe gesellschaftliche oder politische Gruppierungen oder Institutionen in den Partizipationsprozess einbezogen, so müssen neben den Lehrpersonen bzw. Schulleitungen auch außerschulische Institutionen substanzielle Partizipationsmöglichkeiten zulassen bzw. Partizipationsgelegenheiten schaffen.

Merk (2003) sieht nur in der Verquickung der internen und externen Partizipation eine echte Chance für eine sinnvolle Beteiligung: „Eine Beschränkung der Fragestellung auf Binnenpartizipation würde das Problem auch zu Lasten der Schüler verkürzen und die Tatsache verkennen, dass junge Menschen auch als Schüler Teil der Gesellschaft sind und in ihrer Schülerrolle Interessen haben, die weit über den schulischen Binnenbereich hinausreichen. Deshalb ist die Partizipation von Schülern weiter zu fassen. [...] Es geht dabei um die viel wichtigere Partizipation von Schülern nach außen hinein in Gesellschaft und Verwaltung" (S. 95). Ob die Partizipation nach außen wirklich wichtiger ist als die interne, sei dahingestellt. Ohne interne Form ist die externe oftmals gar nicht möglich. Sie ist vielmehr Voraussetzung für diese.

Bei der Einschätzung schulischer Partizipation kommt es auch auf das Ziel an, das mit Partizipationsmöglichkeiten und -gelegenheiten verfolgt wird. Soll Partizipation in erster Linie dazu dienen, dass Schülerinnen und Schüler sich für Demokratie und Politik auch als Herrschaftsform interessieren und daran partizipieren, so müssen beide Ebenen – interne und externe Partizipation – zusammenwirken. Geht es aber in erster Linie um Selbstwirksamkeitserfahrungen der Kinder und Jugendlichen sowie um ihre direkte Einflussnahme in das Schulgeschehen, so kann durch interne Partizipation Einfluss auf die Schul- und Lernkultur und das Schulleben genommen werden. Beide angesprochenen Bereiche sind aber gut zu verbinden und tragen zur Verknüpfung schulischen Lernens mit gesellschaftlichen und politischen Prozessen und Akteuren bei (Reinhardt 2005).

Chancen und Risiken von Partizipation in der Schule

Die weite Bedeutung von Partizipation erlaubt nicht einfach, den Begriff als feststehende und festgeschriebene, zumeist positiv konnotierte reformpädagogische Größe für Schulentwicklung zu verwenden, ohne dass die Form, die Ausgestaltung und die Reichweite von Partizipation klar umrissen werden. So ist beispielsweise im Schulalltag eine Pseudo- oder Scheinpartizipation äußerst demotivierend, welche dann entsteht, wenn Beteiligung angesprochen bzw. vorgegaukelt wird, es für die Schülerschaft in der Sache aber nichts mitzubestimmen gibt (Knab 1987). Wenn man also von Seiten der Schulleitung oder von Lehrerseite so tut, als ob man über Entscheidungen und Prozesse mit den Schülern diskutieren und sie in den Entscheidungsprozess einbeziehen möchte, um sie dann im Nachhinein mit der schon vorgefertigten Lösung oder Entscheidung zu überrumpeln, verliert die positive Bedeutung des Begriffs schnell ihren Wert. Es ist problematisch, die in Schulen oft beobachtbare Tendenz – „wir können oder sollten mal über die Angelegenheit oder schulische Situation reden und verhandeln", aber (und das wird häufig nicht gesagt) entscheiden wird schließlich die Schulleitung oder das Lehrerkollegium allein und unbeeinflusst – zur beiläufigen Alltagsbewältigung werden zu lassen. Denn es muss in solchen Fällen allen Beteiligten bewusst sein, dass es nur um eine Anhörung ohne Mitwirkungsmöglichkeit geht. Dann handelt es sich aber auch nicht um Partizipation im eigentlichen Sinne, sondern um ein asymmetrisches Lehrer/Schüler-Gespräch, das auch als solches gesehen und bezeichnet werden muss.

Für Partizipation in der Schule ist es grundlegend, dass nur dann und nur in dem Umfang Partizipationsräume gegeben werden dürfen, in denen Schülerinnen und Schüler eine echte Möglichkeit haben, ihre Anliegen zu formulieren, mitzugestalten und am Entscheidungsprozess mitzuwirken. Voraussetzung hierfür ist, dass den Schülerinnen und Schülern klar sein muss, welche Form und welcher Umfang der Partizipation in einer schulischen Angelegenheit vorliegen. Dies gilt zum einen für Partizipationsgelegenheiten, die von der Schulleitung bzw. von der Lehrerschaft gegeben bzw. initiiert werden (Teilnahme an Lehrer- oder Schulkonferenzen, Mitwirkung bzw. Mitbeteiligung an Schulveranstaltungen oder in Steuergruppen zur Schulentwicklung etc.). Selbstverständlich kann und soll es zum anderen auch Möglichkeiten der Partizipation in einer Schule geben, die sich durch nicht vorher explizit festgelegte Gelegenheiten und Mitgestaltungsräume ausweisen. In einem partizipationsfreundlichen Schulklima werden Schülerinnen und Schüler hierzu situativ handeln können, sobald sie eine schulische Angelegenheit oder Entwicklung als mitwirkungserforderlich betrachten. Die Lernenden werden aber – wenn sie mitsprechen und mitentscheiden wollen – nach Caduff (2007) auch mit den Mühen, Aufgaben und Pflichten konfrontiert, die aus der Partizipation resultieren:
1. „Mitsprache ist oft nicht spektakulär (lange Sitzungen, viele Detailfragen usw.).

2. Zur Mitsprache braucht man viel Wissen, das man sich mühevoll aneignen muss; und auch das Aktenstudium ist in der Regel alles andere als lustvoll.
3. Partizipation mündet auch in Verantwortung, die mitunter schwer auf einem lasten kann.
4. Immer wieder gibt es Menschen, die Diskussionen und Kommunikationen als lästig empfinden und darum aus Bequemlichkeit keine Mitbestimmung wünschen.
5. Auch die demokratischste Mitbestimmungsform kann nicht verhindern, dass sich Meinungsoligarchien bilden, sodass gewisse Gruppenmitglieder mehr zu sagen haben als andere" (S. 12).

Wenn eine Schule eine partizipationsfreundliche und demokratieförderliche Kultur und Atmosphäre pflegt, wird sich die Schülerschaft von sich aus einmischen, Interessen formulieren und ihre Beteiligung an den schulischen Angelegenheiten organisieren. Die Heranwachsenden werden sich zu Wort melden, wenn sie in eine Entwicklung einbezogen werden wollen bzw. bei einem Entscheidungsprozess mitwirken möchten. Die Entscheidung, sie in unterschiedlichem Ausmaß mitwirken zu lassen, wird aber in der Regel von Lehrerschaft und Schulleitung maßgeblich beeinflusst. Oft werden die vorhandenen Möglichkeiten und der gesetzliche Rahmen für Schülerpartizipation nicht ausgeschöpft, weil damit Verantwortung und kontinuierliche Beteiligung verbunden sind und nicht immer jugendgemäße bzw. -attraktive Beteiligungsformen zur Verfügung stehen.

Es wird deutlich, dass es nicht das Idealmodell und eine entsprechende Didaktik und Methodik von Partizipation gibt. Vielmehr folgt Partizipation immer unterschiedlichen Intensitäten, Gestaltungsformen und Möglichkeiten in der Schule (vgl. Schaubild 1).

Dimensionen und Ausprägungen von Partizipation

Die aus der bisherigen Argumentation sichtbar werdenden Partizipationsformen sollen in der Hierarchisierung nach Oser/Biedermann (2006, S. 29 ff.) nachfolgend (Schaubild 1) skizziert werden. Mithilfe dieser stufigen Hierarchie der Partizipationsformen kann veranschaulicht werden, welche Intensität bzw. welches Ausmaß an Teilhabe und Mitwirkung in der Schule gemeint ist, wenn der Begriff der Partizipation verwendet wird. Damit kann auch der ungenauen oder missbräuchlichen Verwendung des jeweils unter Partizipation Gemeinten vorgebeugt werden.

1. Intensitätsstufe: Vollkommene Partizipation

Diese Partizipationsform bezieht sich auf gemeinsame Planung, auf gemeinsame Entscheidungen und auf gemeinsame Durchführung. Verantwortung wird von allen für alles geteilt, dies bei gleichzeitigen Rollenunterschieden entsprechend unterschiedlicher Kompetenzen. Das Rückmeldesystem ist symmetrisch und transparent. Gegenseitiges Vertrauen ist hoch ausgeprägt.

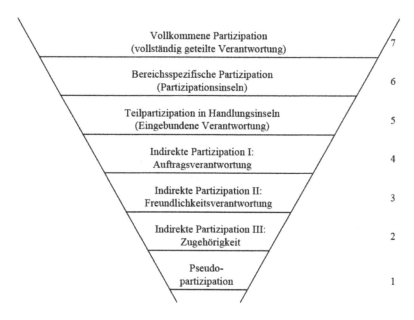

Kriterien:

- Gleichberechtigung   - Informationsfluss   - Kompetenzen
- Verantwortung   - Rückmeldesystem (Diskurs)   - Identifikation
- Rollenverteilung   - Hierarchie (Macht)   - Initiative

Schaubild 1: Hierarchie der Partizipationsformen (Oser/Biedermann 2006, S. 34)

2. Intensitätsstufe: Bereichsspezifische Partizipation

Auch hier unterstehen Planung, Durchführung und Ausführung einer vollständigen Gleichberechtigung. Verantwortung haben alle in gleicher Weise für einen Ausschnitt des Systems, für andere Bereiche im gleichen System gilt dies nicht. Das Rückmeldesystem bezieht sich nur auf den Mitentscheidungsbereich.

3. Intensitätsstufe: Teilpartizipation in Handlungsinseln

Innerhalb von Entwicklungsprozessen kann für einzelne klar abgrenzbare Bereiche - aber nur für diese - selbständiges Arbeiten und Entscheiden möglich sein. Die Verantwortung ist in diesem Falle eingebunden in ein ganzes, hierarchisch gegliedertes Handlungssystem. Man weiß, wofür man Zuständigkeit hat. Man kennt aber vor allem die Grenzen. Entscheidungen werden von einer dem Kontext übergeordneten Person oder einer Leitungsgruppe gefällt.

4. Intensitätsstufe: Auftragspartizipation

Das Erbringen einer Leistung wird durch Zuweisung von Aufgaben gewährleistet. Die Person erhält einen ganz bestimmten, klar festgelegten Auftrag. Die Reichweite der Verantwortung besteht in der Ausführung dieses Auftrags, ohne dass Information über das Ganze vorliegt (oder nur oberflächlich besteht).

5. Intensitätsstufe: Freundlichkeitspartizipation

Aufgaben werden über eine Hierarchie zugewiesen, den Ausführenden wird Respekt und Wertschätzung zugesichert. Die Verantwortung ist nur durch die Reichweite dieser Aufgabe gegeben. Es wird nicht gezielt darauf hingearbeitet, den Akteuren eine Sicht auf das Ganze zu vermitteln, weil dies die Leitenden und die Auftragsempfänger nicht für notwendig halten. Entscheidungen werden top-down geregelt.

6. Intensitätsstufe: Zugehörigkeitspartizipation

Es gibt keine eigene Verantwortung; man tut, was der Lehrer oder Vorgesetzte sagt. Eigeninitiative ist nicht erwünscht. Rückmeldungen beziehen sich nur auf die Ausführung des Auftrags. Beteiligung ist nicht erwünscht, wird aber auch im Fall von Akteuren, die sich in die Ohnmacht fügen, gar nicht angestrebt. Gleichwohl kann sich auch unter solchen Bedingungen ein Gefühl der Zugehörigkeit entwickeln.

7. Intensitätsstufe: Pseudopartizipation

In diesem Falle wird wie bei der Zugehörigkeitspartizipation ein Auftrag erteilt, für dessen Erfüllung eine materielle oder ideelle Gratifikation in Aussicht gestellt wird. Dazu kommt jedoch, dass mit solchen Anweisungen ein irreführender Anschein der Teilhabe am Ganzen mitgeliefert wird. Der Begriff Pseudopartizipation bezeichnet ein Arsenal von Praktiken, die darauf abzielen, Mitsprache und Mitentscheidung vorzutäuschen. Kern des Problems ist nicht die Weisung und auch nicht die Sanktionspraxis an sich, sondern die Vortäuschung, dass man an einem Ganzen teilhaben würde, wie dies beispielsweise bei einem Schülerparlament ohne echte Entscheidungsbefugnis der Fall wäre.

Möchten Schulen also partizipative Formen und Elemente verankern und weiterentwickeln, so muss im Vorfeld genau geklärt werden, welche Partizipationsintensität und welcher Umfang an Mitbestimmung in den einzelnen Prozessen den Schülerinnen und Schüler zukommen soll. Dieses Hierarchie-Modell kann dabei helfen, bereits vorhandene Partizipationsmöglichkeiten an einer Schule zu überprüfen und zu beschreiben.

Partizipationsmöglichkeiten in der Schule

Auf Schulen kommen neue Aufgaben zu, die sie in früheren Zeiten an andere Instanzen abgeben konnten: „Eine historisch überkommene, zentral gesteuerte Schulentwicklung wird heute nicht mehr den gesellschaftlichen Bedürfnissen gerecht. Die zentralen Institutionen (wie Parlamente, Schulaufsicht, Pädagogische Institute und auch die Religionsgemeinschaften) sowie die unmittelbar Beteiligten (wie Schüler, Lehrer, Schulleitung, Eltern und außerschulische Partner vor Ort) müssen mit veränderten Rollen und Zuständigkeiten zusammen wirken. Sie müssen lernen" (Deutsches Landesschulamt der autonomen Provinz Bozen-Südtirol 2007). Schulentwicklung ist nicht mehr alleine eine Sache geregelten Verwaltungshandelns in einem hierarchischen Instanzenzug, sondern wird von der pädagogischen Schulforschung als mehrdimensionale Strategie unter expliziter und intensiver Beteiligung aller schulischen Gruppen diskutiert (Rolff 1993). Auch die Schulentwicklung ist Teil der demokratischen und auf Partizipation gerichteten Entwicklungskorridore im Bildungswesen.

Fasst man vor diesem Hintergrund Begründungen für eine Erweiterung der Partizipationsmöglichkeiten in der Schule zusammen, so lassen sich zumindest vier gewichtige Ansätze herausschälen:

• Zum einen sollen die Lernenden schon in der Schule motiviert werden, sich um Angelegenheiten zu kümmern, die ihren unmittelbaren Nahraum betreffen und an denen sie lernen, Interessen zu artikulieren, zu begründen, durchzusetzen und schließlich auch zu gestalten und zu verantworten. Sie sollen Möglichkeiten der Mitbestimmung erfahren, erleben und so zu einer gelingenden Schulgemeinschaft beitragen. Dazu eignen sich besonders die formellen Gremien der Schülermitverantwortung, aber auch die informellen Formen der Beteiligung wie Klassen- oder Schülerräte, die Streitschlichtung, schließlich auch themenzentrierte Arbeitsgruppen und Projekte. Der Fokus zielt hier auf die Ebene des demokratischen Schullebens, der gelingenden Schulkultur.

• Über diese Unmittelbarkeit der Partizipationserfahrungen hinaus schließt diese Einmischung auf der Stufe der schulischen Mikroebene eine Ausdehnung (zumeist in die Zukunft gerichtet) auf die Makroebene der Gesellschaft und der Politik potenziell ein. Vereinfacht gesagt, kennzeichnet diese Vorstellung folgenden Zusammenhang: Wenn genügend Partizipationserfahrungen in der Schule gesammelt wurden, dann werden sich die Schülerinnen und Schüler auch im außerschulischen Leben engagieren und werden gesellschaftlich sowie politisch aktiv werden. Davon kann jedoch nicht im Sinne eines Automatismus, einer selbstverständlichen Kausal- und Erfahrungskette ausgegangen werden. Pohl spricht deshalb von der Gefahr einer „falschen Parallelisierung von lebensweltlicher Demokratie und demokratischer Politik" (2004, S. 129).

- Ohne Zweifel setzt die Möglichkeit, partizipative Prozesse im Nahraum mitzugestalten, bei den Lernenden ein hohes Maß an Kreativität und Engagement frei
  und es ist in der Regel ein großes Interesse an solchen Aktionen zu verzeichnen,
  bei denen Selbsttätigkeit, eigenständiges Lernen, Einmischung und Handeln im
  Mittelpunkt stehen (Förderprogramm Demokratisch Handeln 2007; Beutel/
  Fauser 2001; 2007). Viele solcher partizipativen Formen haben aber kaum oder
  nur geringe Bezüge zur „großen institutionellen Politik", weder in Form der
  Bildung eines rationalen politischen Urteils noch im direkten Kontakt mit politischen Akteuren (vgl. Reinhardt 2005). Das schließt die Möglichkeit ein, dass
  in diesen Partizipationsformen die Politik außen vor bleibt. Das bedeutet, dass
  sich Schülerinnen und Schüler zwar für konkrete Partizipationsmöglichkeiten
  in ihrem unmittelbaren Umfeld (beispielsweise auch in Vereinen) begeistern
  können, sich aber möglicherweise kaum für Politik im engeren partei- bzw.
  institutionenpolitischen Sinne interessieren und ihr Handeln auch häufig nicht
  als politisch definieren. Diese Form von demokratischem Lernen und Handeln
  in der Schule, die vorzugsweise dort verbleibt, bezeichnen Beutel und Fauser
  als „politikfern und dennoch politisch" (1995, S. 34) und beziehen diese Erfahrung auf die „Praxis" und nicht auf das politische „System" (a.a.O.). In der
  politikdidaktischen Diskussion wird dies immer wieder heftig kritisiert und der
  demokratieförderliche Aspekt eines solchen binnenschulischen Engagements
  und Lernens in Zweifel gezogen. Denn auch diese innerschulisch engagierten
  Jugendlichen sind häufig ebenso enttäuscht von den Parteien und Politikern
  wie die Nicht-Engagierten (Deutsche Shell 2000, Bd. 1, S. 278). Nach Breit und
  Eckensberger kann aber ein Übergang von gemeinschaftlicher Interaktion und
  Partizipation zu gesellschaftlicher Systemfunktion erreicht werden, was „einem
  Wechsel von der Polisorientierung hin zu einer Gesellschafts- oder Staatsori-
  entierung" (2004, S. 10) entspricht. Pohl fordert in diesem Zusammenhang
  dann auch „echte Brücken zwischen der Lebenswelt der Schülerinnen und
  Schüler und dem demokratischen politischen System" (2004, S. 137), die durch
  eine Vernetzung der beiden Handlungsräume Schule und Gesellschaft/Politik
  entstehen können. Stein (2007) hat zumindest an einer Reihe von Projekten,
  die schulische Partizipationserfahrung mit Themen der „großen Politik" verbinden, solche „echten Brücken" aufzuzeigen versucht. Sicherlich wird die Diskussion des kompetenzförderlichen Aspekts demokratischen Lernens in der Schule
  anhalten und benötigt überdies noch ausstehende empirische Forschungen.
- Die vierte Begründung für verstärkte Partizipationsgelegenheiten liegt in den
  damit verbundenen Selbstwirksamkeitserwartungen und -erfahrungen. Hepp
  schreibt hierzu: „Mitwirkungschancen müssen (...) bei den Betroffenen als so
  essentiell angesehen werden, dass sich das Gefühl einstellen kann, der Einsatz
  lohne, weil man etwas bewirken oder verändern kann" (Hepp, zit. nach Oser/
  Biedermann 2006, S. 18). Die Erfahrung eigener Wirksamkeit soll also die

Intensität der Partizipation vergrößern und eine höhere Motivation für gegenwärtige und zukünftige Beteiligung auslösen. Indem Lernende Verantwortung übernehmen, antizipieren sie die Wirkung dieser Verantwortungsübernahme. Partizipation soll dadurch ein demokratisches Schulleben unterstützen und die Wirksamkeit des eigenen Handelns erfahrbar machen. Damit soll sie die Entwicklung einer sozialen (und politischen) Selbstwirksamkeitsüberzeugung ermöglichen. Gerade für eine Schule, die Lernen nicht alleine als Resultat guten Unterrichts, sondern als Resultat aus Unterricht und sozialer Erfahrung der Schule als Lebenswelt begreift, sind ausgeprägte Selbstwirksamkeitsüberzeugungen ein psychologisches Schlüsselkonzept (Edelstein 2002). Denn sie fördern Handlungsbereitschaft und das Vertrauen in die eigenen Handlungsmöglichkeiten – sind also kompetenzbildend – und tragen auch somit zur Partizipation von Schülerinnen und Schülern mit Blick auf die Entwicklung der Schule als Ganzes bei.

Sehr häufig wird im Rahmen der Unterrichtspartizipation kritisch angemerkt, dass die angestrebte Beteiligung spätestens bei der Leistungsbeurteilung in den einzelnen Fächern aufhöre. Dem widersprechen Ansätze einer neueren Bewertungs- und Beurteilungskultur (Beutel 2005; Winter 2004). Von den vielen Konzepten hin zu kooperativen bzw. partizipativen Beurteilungsformen sei hier nur das Portfoliokonzept erwähnt (Häcker 2006), das die Lernenden in den Prozess der Bewertung und Beurteilung von vornherein einbezieht. Portfolios dokumentieren sowohl den Lernprozess als auch Lernprodukte und bilden die Grundlage für die Darstellung wie auch den Nachweis von Kompetenzen und Leistungen. Lernende reagieren nicht nur auf eine Prüfungsanforderung, sondern stellen aktiv und zu einem gewissen Grade selbstbestimmt ihre Kompetenzen dar.

All diese Instrumente und Möglichkeiten hin zu einer partizipativen Schulkultur können nur in einem Klima der Anerkennung und der gegenseitigen Wertschätzung aller Beteiligten gelingen. Nur wenn diese Voraussetzungen gegeben sind, werden authentische Beteiligungsformen möglich und wirken dann auch der großen Gefahr der Pseudo- oder Scheinpartizipation entgegen.

Literatur

Beutel, S.-I. (2005): Zeugnisse aus Kindersicht. Kommunikationskultur an der Schule und Professionalisierung der Leistungsbeurteilung. Weinheim.

Beutel, W./Fauser, P. (1995): Die Schule: politikfern – und dennoch politisch? In: Dies. (Hrsg.): Politisch bewegt? Schule, Jugend und Gewalt in der Demokratie. Seelze-Velber, S. 9-35.

Beutel, W./Fauser, P. (Hrsg.) (2001): Erfahrene Demokratie. Wie Politik praktisch gelernt werden kann. Opladen.

Beutel, W./Fauser, P. (Hrsg.) (2007): Demokratiepädagogik: Lernen für die Zivilgesellschaft. Schwalbach/Ts.

Breit, H./Eckensberger, L. (2004): Demokratieerziehung zwischen Polis und Staat. In: dipf informiert. Journal des Deutschen Instituts für Internationale Pädagogische Forschung, H. 6, S. 6-11.

Bünting, K.-D. (1996): Deutsches Wörterbuch. Chur.

Caduff, C. (2007): Partizipation – ein wichtiger Teil der politischen Bildung. In: Folio. Zeitschrift für Berufsbildung, H. 3, S. 6-12.

Deutsche Shell (Hrsg.) (2000): Jugend 2000. 13. Shell Jugendstudie. 2 Bde. Opladen.

Deutsches Landesschulamt der autonomen Provinz Bozen-Südtirol (2007): Schule als lernendes System. Online: www.schule.suedtirol.it/blikk/angebote/schulegestalten/se740.htm, Zugriff vom 15.03.2013.

Edelstein, W. (2002): Selbstwirksamkeit, Innovation und Schulreform. Zur Diagnose der Situation. In: Edelstein, W./Jerusalem, M. (Hrsg.): Bedeutung von Selbstwirksamkeit für Motivationsprozesse in Bildungsinstitutionen. 44. Beiheft der Zeitschrift für Pädagogik. Weinheim, S. 13-27.

Edelstein, W./Fauser, P. (2001): Demokratie lernen und leben. Gutachten für ein Modellversuchsprogramm der Bund-Länder-Kommission. Materialien zur Bildungsplanung und Forschungsförderung, H. 96. Bonn: BLK.

Förderprogramm Demokratisch Handeln (Hrsg.) (2007): Ergebnisse und Kurzdarstellungen zur Ausschreibung 2006. Jena.

Gerhardt, V. (2007): Partizipation. Das Prinzip der Politik. München.

Häcker, T. (2006): Portfolio: ein Entwicklungsinstrument für selbstbestimmtes Lernen. Eine explorative Studie zur Arbeit mit Portfolios in der Sekundarstufe I. Baltmannsweiler.

Knab, D. (1987): Schritte auf dem Weg zu einer demokratischen Schulverfassung. In: Recht der Jugend und des Bildungswesens 35, H. 3, S. 248-254.

Kunze, I. (2004): Schülerpartizipation im Unterricht – Zugeständnis, Handlungsmaxime oder paradoxe Aufforderung? In: Ackermann, H./Rahm, S. (Hrsg.): Kooperative Schulentwicklung. Wiesbaden , S. 293-316.

Merk, K.-P. (2003): Schüler-Partizipation? In: Palentien, C./Hurrelmann, K. (2003), S. 85-100.

Oser, F./Biedermann, H. (2006): Partizipation – ein Begriff, der ein Meister der Verwirrung ist. In: Quesel, C./Oser, F. (2006), S. 17-38.

Palentien, C./Hurrelmann, K. (Hrsg.) (2003): Schülerdemokratie. Mitbestimmung in der Schule. München.

Pohl, K. (2004): Demokratie als Versprechen. In: Politische Bildung, H. 3, S. 129-138.

Quesel, C./Oser, F. (Hrsg.) (2006): Die Mühen der Freiheit. Probleme und Chancen der Partizipation von Kindern und Jugendlichen. Zürich.

Reinhardt, V. (2005): Projektorientierung. Eine Chance für demokratievernetzte Schulkultur. In: Ders. (Hrsg.): Projekte machen Schule. Projektunterricht in der politischen Bildung. Schwalbach/Ts., S. 35-51.

Rolff, H.-G. (1993): Wandel durch Selbstorganisation. Theoretische Grundlagen und praktische Hinweise für eine bessere Schule. Weinheim.

Sander, W. (2001): Politik entdecken – Freiheit leben. Neue Lernkulturen in der politischen Bildung. Schwalbach/Ts.

Stein, H.-W. (2007): Demokratisch handeln in der Schule und „große Politik" – Mission impossible? In: Beutel, W./Fauser, P., S. 171-198.

Winter, F. (2004): Leistungsbewertung. Eine neue Lernkultur braucht einen anderen Umgang mit den Schülerleistungen. Baltmannsweiler.

Gisela John, Britta Müller

Schülerpartizipation bei der Leistungsbewertung

Im Vorwort zum Thüringer Schulgesetz (2011) heißt es: „Jedes Kind ist einzigartig und hat seine Stärken, die es zu entdecken und zu fördern gilt. Das neue Thüringer Schulgesetz rückt deshalb die individuelle Förderung jeder Schülerin und jedes Schülers ins Zentrum der pädagogischen Arbeit an allen Thüringer Schulen. Ziel ist es, den bestmöglichen Lernerfolg bei allen Kindern und Jugendlichen zu sichern. Das setzt voraus, dass wir die Stärken jedes Kindes erkennen und fördern und so ein Schulklima schaffen, das die Freude am Lernen genauso betont wie es Leistung abfordert." In der Thüringer Gemeinschaftsschule - formuliert das Vorwort weiter - „[...] lernen die Schülerinnen und Schüler bis zur achten Klasse gemeinsam. Die Gemeinschaftsschule umfasst grundsätzlich die Klassen 1 bis 12. Alle Schulabschlüsse - Hauptschulabschluss, Realschulabschluss und allgemeine Hochschulreife - können erworben werden." Im Paragraph 6a zur Thüringer Gemeinschaftsschule wird hervorgehoben: „Die heterogene Zusammensetzung der Schülerschaft erfordert und ermöglicht unterschiedliche Formen der Lernorganisation, um die ganzheitliche Kompetenzentwicklung der Schüler/innen auszubilden. Ab Klassenstufe 9 wird abschlussbezogen unterrichtet; das Konzept kann von der erforderlichen Einrichtung äußerlich differenzierender Kurse zugunsten eines weiterhin binnendifferenzierenden Unterrichtes auf drei abschlussbezogenen Anspruchsebenen absehen." Dabei sind diese Formulierungen kein Solitär in der pädagogischen Landschaft, sondern finden sich in ähnlicher Perspektive in den Schulgesetzen oder den Landesverordnungen z.B. der Integrierten Gesamtschulen in vielen Bundesländern.

Leistungsbeurteilung in neuer Perspektive

Und dennoch ist es in der Praxis bemerkenswert und eröffnet neue Fragehorizonte: Ein Schulgesetz, das Denkanstöße zu Innovation und Schulentwicklung gibt und dafür den gesetzlichen Freiraum schafft, ohne zu verordnen oder zu reglementieren? Wie kann dieser Freiraum gefüllt und besetzt werden? Welche Gestalt hat solch eine Schule anzunehmen, die sich der Chancengerechtigkeit, Individualisierung und schließlich auch der Inklusion verschreibt? Welche neuen Wege gilt es zu erschließen? Wie lassen sich neue Strukturen finden und entwickeln?

Zunächst einmal heißt es, den größten Schatz zu erkennen und zu begreifen, der sich aus dem Verzicht auf Sortieren und abschlussorientiertes Auswählen ergibt – den Schatz der Vielfalt und Heterogenität von Lerngruppen. Man muss sich dabei von jeglicher Gleichmacherei und der Legende verabschieden, sortierte und homogene Lerngruppen seien besonders leistungsfördernd. Das wird üblicherweise als Begründung angeführt, wenn für Übergänge an weiterführende Schulen ausgewählt wird. Das trifft auch für das Um- und Abstufen in Kurse, Klassen oder Schulformen zu, wenn die Schüler die festgelegte normative Barriere nicht zu erreichen scheinen. Das wird bundesweit immer noch praktiziert. Dabei sind die Schülerinnen und Schüler den Entscheidungsträgern – ihren Lehrkräften – völlig und ohne Mitspracherechte ausgeliefert. Oft können Entscheidungen nicht als gerecht empfunden werden. Objektivität wird nur vorgetäuscht, die Lernenden werden gleichermaßen entmündigt und entmutigt. Das wiederum begünstigt ein Aufgeben in der Schullaufbahn mit verheerenden Schulabbruchquoten.

Wie kommt man aus solchen Denkschemata und Praktiken heraus? Eine Möglichkeit ist die schon angesprochene Heterogenität der Lerngruppen. Sie regt das gemeinsame Vorankommen an. Und sie ist leistungs- und bildungsfördernd. Hier gilt es, sich nicht mehr an den allgemein üblichen Messlatten zu orientieren, sondern den individuellen Lernfortschritt ins Zentrum zu rücken. Dazu muss die Verschiedenheit der Lernenden, der Lehrenden, der Eltern und der Mitschülerinnen und Mitschüler akzeptiert sowie professionell in den Unterricht und Schulalltag eingebunden werden. Dann können sich unterschiedliche Stärken und Neigungen produktiv entfalten, wechselseitig anregend werden und den Leistungswillen positiv beeinflussen. Vorhandene Schwächen werden dabei nicht ausgeblendet. Sie werden akzeptiert, nicht als „Defizite" behandelt, sodass die Kraft zum Verändern aus der eigenen Motivation heraus entstehen kann.

Es gilt Heterogenität, Individualisierung und Leistung pädagogisch sinnvoll zusammen zu führen. Die Basis dafür bildet die Individualisierung von Lernwegen mit dem Erkennen und Begreifen der einzelnen Schülerbiografien. Nur so lassen sich individuelle Lern- und Leistungswege für den Einzelnen finden und entsprechende Lernvorhaben abstecken. Um dies umzusetzen, müssen Schülerinnen und Schüler mitarbeiten. Ihre Perspektive ist gefragt, ihre Sicht auf das von ihnen Erreichte ist dabei grundlegend. Das heißt, die eigene Leistung nicht in erster Linie mit der Leistung der Mitschülerinnen und Mitschüler zu vergleichen, sondern mit dem, was ist und was zuvor war. Den eigenen Lern-, Wissens- und Fähigkeitszuwachs zu erkennen, sich daran zu erfreuen und daraus neue Ziele für das eigene Weiterkommen zu entwickeln, das führt – wie die „positive Pädagogik" überzeugend nachweist – zu erfolgreichem Lernen und lässt Motivation entstehen. Das ist ein Garant für den Wohlfühlfaktor an Schulen.

Auch muss sich das Rollenverständnis der Lehrenden und in der Schülerschaft verändern. Dazu gehört, sich einander wertschätzend zu beachten. Für die Lehrerinnen und Lehrer heißt das vor allem, Lernräume zu bereiten, nicht Denkstrukturen vorzugeben. Für beide Seiten heißt das, auf Kooperation und Beteiligung zu setzen, Beziehung und Kommunikation zu befördern, eine nicht beschämende und entmutigende Leistungsrückmeldung zu geben und sich dabei immer für den Lernerfolg der Einzelnen mitverantwortlich zu fühlen. Aus dem Empfinden, mit den eigenen Fähigkeiten, Neigungen und Bedürfnissen wahrgenommen zu werden, entwickelt sich das Interesse am gemeinsamen und aktiven Gestalten des Schulalltages.

Das Beispiel der drei Jenaer Schulen

Die Jenaplan-Schule Jena – jetzt Thüringer Gemeinschaftsschule – und die in den letzten drei Jahren in Jena kommunal neu gegründeten Gemeinschaftsschulen – die Kaleidoskop-Schule und die Kulturschule – folgen diesen Grundsätzen. Alle drei Schulen arbeiten in jahrgangsgemischten Lerngruppen und haben so die produktive Heterogenität verstärkt. An dieser Stelle soll der jahrgangsgemischte Mathematikunterricht beschrieben werden. Gerade für dieses Fach ist – im Gegensatz zu Deutsch oder den geisteswissenschaftlichen Fächern – die Jahrgangsmischung schwer vorstellbar. Umgesetzt und gewinnbringend für alle Beteiligten wird sie durch das Anbieten offener Lernwege, die Installation sozialer Lernformen, regelmäßige Reflexionen und verbale Leistungsrückmeldungen.

Um individuelles Lernen in der eigenen Geschwindigkeit sowie soziales Lernen gleichermaßen möglich zu machen, werden alle Mathematik-Lehrplaninhalte zwei grundsätzlichen Lernformen zugeordnet. So erarbeiten sich die Lernenden die verschiedenen Zahlenarten sowie das Rechnen mit natürlichen Zahlen und Brüchen in selbstständiger Arbeit anhand von Lernpfaden. Das individuelle Vorgehen steht hier im Vordergrund. Alle anderen Themen werden in Kleingruppen bearbeitet, hier sind Kommunikation und soziales Lernen bestimmend. Beide Lernformen wechseln sich im Laufe des Schuljahres ab.

Bei den Lernpfaden sind für die einzelnen Lernstufen ganz konkrete Lernziele formuliert. Alle Lernziele sind in der „Ich"- Form verfasst, mit der Absicht, dass sich jeder Schüler mit seinem aktuellen Lernziel identifiziert und somit eine stete Reflexion in Bezug auf das persönlich Erreichte initiiert wird. Am Ende solcher von großer Selbstständigkeit geprägten Unterrichtsstunden erhalten die Schüler und Schülerinnen im Stuhlkreis die Möglichkeit, ihre eigene Arbeit mündlich zu reflektieren. Es stehen je nach Situation fachliche oder pädagogische Aspekte im Vordergrund. Fragen dazu können sein: „Was hast du heute gelernt?", „Wie gut hast du deine Arbeitszeit genutzt?" oder „Ist es dir gelungen, leise und konzentriert zu arbeiten?"

Die Gruppenarbeit kann im Stationsbetrieb oder projektartig erfolgen. Die Verantwortung für das Lernen liegt hier bei der ganzen Gruppe. Schüler und

Schülerinnen lernen Hilfen zu geben und anzunehmen, zudem wird die Kommunikation über mathematische Inhalte gefördert. Bei der mündlichen Reflexion am Stundenende liegt der Schwerpunkt meist auf den Gruppenprozessen. Am Ende jeder Arbeitsphase steht die verbale Leistungsrückmeldung, in der sowohl die Leistungsergebnisse als auch das Lern- und Arbeitsverhalten sowie die Leistungsbereitschaft unter Berücksichtigung der Leistungsfähigkeit beachtet werden. Wissensdefizite stehen nicht im Vordergrund. Die Schüler lernen ihre eigene Leistung als auch die ihrer Mitschüler zu bewerten. Deswegen gehören Selbst- und Fremdeinschätzungen ganz selbstverständlich zueinander. Beendet wird eine Lernpfadphase mit einer schriftlichen Selbsteinschätzung jedes Lernenden, die Gruppenarbeitsphasen enden mit Selbst- oder Fremdeinschätzungen für alle. In jedem Fall erfolgen dann die Einschätzungen durch das Lehrkräfteteam.

Die bislang in Jena gesammelten Erfahrungen mit der Jahrgangsmischung zeigen, dass auf diese Weise der beschriebene Dreiklang von Heterogenität, Individualisierung und Leistung am besten erreicht werden kann. Gemischte Jahrgänge schließen von vornherein ein konkurrierendes Vergleichen untereinander aus, befreien das Lernen von – äußerem wie innerem – Druck und befördern das wechselseitige Lernen der Kinder und Jugendlichen untereinander mit unterschiedlichen Voraussetzungen und Fähigkeiten.

Alle drei Schulen haben sich den Prinzipien „demokratischen Lernens" verschrieben. Sie beteiligen Lernende direkt an Planung und Gestaltung von Unterricht, an Lernprozessen und ihrer Auswertung. Diese Prozesse sind komplex. Sie verlangen wertschätzende Beziehungen zwischen Lehrern und Schülern und müssen im gegenseitigen Miteinander gestaltet werden. Dann beschränkt sich „Demokratie an der Schule" nicht formal auf Gremien. Sie beginnt vielmehr im wichtigsten Bereich aller Beteiligten – dem Unterricht. Das führt zu einer positiven Kultur des Lernens und Lebens an der Schule. Unterschiede und Vielfalt werden auch auf diese Weise nicht vergleichend betrachtet und gewertet. Sie werden kooperierend in den Lernprozess eingebracht.

In den Konzeptionen der beiden kommunalen Thüringer Gemeinschaftsschulen heißt es dazu: „Zwar scheinen Ziffernnoten auf den ersten Blick besonders klar und eindeutig zu sein und das verführt dazu, sie als „objektiven" Vergleichsmaßstab zwischen den Leistungen verschiedener Schüler und für den Grad des Erreichens fachlicher Ziele im Unterricht zu sehen" (Frommer 2009, S. 15). Tatsächlich beruhen sie jedoch auf einem Mittelwert von in Tests oder Klausuren erzielten punktuellen Einzelergebnissen, bezogen auf vorgegebene Standards. Verbalbeurteilungen hingegen stellen die Lernenden selbst in den Mittelpunkt: die Maßstäbe für die Bewertung variieren zwischen den Schülerinnen und Schülern . Sie können demnach als „subjektiv angemessen" beurteilt werden, denn sie vergleichen die längerfristige Entwicklung des Einzelnen im Laufe eines Zeitabschnittes und nicht seine Leistung mit denen der Mitschülerschaft oder mit den lehrplanmäßigen Vorgaben. Die ohnehin nicht erreichbare Objektivität wird durch motivations- und leistungsfördernde, persönlich zugeschnittene Angemessenheit ersetzt.

Zur Praxis der Leistungserhebung und -dokumentation

Erhoben und bewertet wird Leistung individuell, im Prozess, unter Einbeziehung der Lernbiografie, im Hinblick auf die Stärken und unter Verzicht auf Selektionsentscheidungen, mit dem Ziel, die Schülerinnen und Schüler zu motivieren und zu bestärken, Leistungen auszubauen und mögliche Entwicklungsschritte aufzuzeigen.

Das Instrument, das diesen Anforderungen gerecht wird, sind verbale, jedem Kind entsprechende, Einschätzungen, deren curriculare Bezugsnorm mit dem Schulalter an Bedeutung gewinnt. Diese Orientierung entspricht dem Entwicklungsprozess der Schüler. Parallel zu inhaltlichen Einschätzungen werden stets Arbeits- und Sozialverhalten erfasst, reflektiert und entwickelt. Einschätzungsmodule sind Selbsteinschätzungen, Fremdeinschätzungen durch andere Schülerinnen und Schüler und Rückmeldungen durch die Lehrer/innen. Diese werden möglichst unterschiedlich gestaltet. Das führt zu einer für Schülerschaft, Eltern und Lehrkräfte transparenten Leistungsbewertung.

Diese Leistungsrückmeldung ist Basis für neue Lernziele. Zertifikate symbolisieren das Erreichen bestimmter Bausteine. Das gilt für alle Dimensionen des Lernens. Das Lernen kann in einem Lerntagebuch bzw. Portfolio dokumentiert werden. Dadurch wird es für die Schülerinnen und Schüler gegenständlich, verbindlich und über einen längeren Zeitraum hinweg beobachtbar.

Mündliche Planungsgespräche zwischen Schülern und Lehrern bilden eine Ergänzung zu den verbalen Rückmeldungen. Die wichtigsten Gespräche – die Zeugnisgespräche – finden mit Schülern, Eltern und Lehrern gemeinsam jeweils zum Halbjahr bzw. am Schuljahresende statt. Sie sind schülerorientiert. Die Zeugnisgespräche basieren bis zum 10. Jahrgang auf dem Zeugnisbrief, in welchem das vergangene Halbjahr reflektiert wird und Hinweise für die weitere Arbeit gegeben werden. Der Zeugnisbrief wird spätestens ab dem achten Jahrgang durch das Ziffernzeugnis ergänzt. Beratungsgespräche zwischen den Stammgruppenlehrern und Fachkollegen sowie Elternabende, an denen auch die Fachkollegen teilnehmen, bieten Raum und Zeit für differenzierte Absprachen.

Im Schulalltag sieht das folgendermaßen aus: Die Kinder der Jahrgangsstufe 1 bis 3 erhalten für ihre Arbeit an den Wochenplänen vom Stammgruppenleiter schriftlich eine individuelle verbale Einschätzung, die Lehrer und Kinder gemeinsam besprechen und die den Eltern zur Kenntnis gegeben wird. Werden im Laufe eines Wochenplans einzelne Arbeitsschritte und Ergebnisse präsentiert, so werden die Schüler und Schülerinnen in den Einschätzungsprozess mit einbezogen.

Bewertet werden: der Lernfortschritt (Was hat das Kind oder die Gruppe dazugelernt?), das Produkt bzw. Ergebnis (Was ist entstanden?) sowie die Präsentation (Wie gelingt es, das erworbene Wissen für andere darzustellen?). Nachfolgend geben wir verschiedene Beispiele aus der Grundschule bzw. den Klassen 1 bis 3:

Beispiel 1

Lieber ▓▓▓▓, nun bist du schon mehrere Wochen ein Schulkind und es ist in verschiedenen Situationen zu erkennen, dass dir die Umstellung nicht leicht fällt. In Arbeitsphasen oder Gesprächskreisen, wo du einen Erwachsenen an deiner Seite hast, zeigst du, dass du ruhig und fleißig lernen kannst. Doch oft fällt es dir schwer, dem Unterricht aufmerksam zu folgen. Dann gehst du vom Arbeitsplatz weg und bist nicht zu bewegen, deine Aufgaben zu bearbeiten. Trotzdem hast du schon einiges geschafft: Du kennst schon mehrere Buchstaben und kannst erste Wörter lesen. Beim Schreiben und dem Gestalten der Arbeitsblätter gibst du dir viel Mühe. Interessiert hast du an unserem Schuljahresanfangsprojekt „Wir–du–ich" mitgearbeitet. Durch das Vorstellen der vielen Spiele aus deiner selbst gestalteten „Ich-Tüte" und in unseren Gesprächskreisen konnten die Kinder der Gruppe erfahren, womit du dich gern beschäftigst. Beim Bau eigener Musikinstrumente warst du mit Eifer bei der Sache und konntest sie zum Wochenausklang gemeinsam mit deinen Mitschülern vorstellen. Zum Thema „Rund um den Apfel" hast du mithilfe fleißig am Gestalten deines „Apfelbuches" gearbeitet. Mit Freude warst du beim Herstellen der Apfelringe und des Apfelsaftes dabei.

Beispiel 2

Lieber ▓▓▓▓, in den vergangenen beiden Wochen haben wir uns mit den 7 Wundern Jenas beschäftigt. Alle Aufgaben dazu konntest du vollständig bearbeiten. Prima! Gemeinsam mit Matthias ist ein gut gestaltetes Plakat über den Schnapphans entstanden. Du hast Texte zu diesem Wunder abgeschrieben und ein Bild gemalt. Gemeinsam habt ihr euer Ergebnis dann der Gruppe vorgestellt. Du konntest die Texte fließend vorlesen und auch noch über den Schnapphans erzählen. Dies war eine aussagekräftige Präsentation. Beim Besuch in der Göhre warst du sehr interessiert und hast den Ausführungen genau zugehört. An diesem Vormittag ist ein schön gestalteter Schnapphans aus Papier entstanden. Im Deutschunterricht hast du hauptsächlich zum Alphabet gearbeitet und die Aufgaben dazu richtig gelöst.

Zu unserem Wochenausklang stelltest du mit Marie, Lotta und Max eure herausgefundenen Apfelrekorde vor.

Beispiel 3: Wochenplan „Tiere auf dem Bauernhof"

Welche Stufe hast du gewählt?	1. ☐	2. ☐	3. ☐	4. ☐
Hast du alle Aufgaben geschafft?	ja ☐	nein ☐	weiß ich nicht ☐	...
Wie waren die Aufgaben für dich?	zu leicht ☐	zu schwer ☐	gerade richtig ☐	weiß ich nicht ☐
Warst du mit deinem Ergebnis zufrieden?	ja ☐	nein ☐	weiß ich nicht ☐	...
Bemerkungen deines Lehrers:				

Beispiel 4: Wochenplan „Der Frühling ist da!"

Kreuze an, wie dir deiner Meinung nach die Aufgaben gelungen sind!

	☹	😐	☺	Bemerkungen Lehrer
1. Gestaltung des Gedichtes				
2. Vortrag des Gedichtes				
3. Einprägen der Lernwörter				
4. Finden des Wortes Frühling in anderen Sprachen				
5. Diktat:				
als → Dosendiktat				
als → Knickdiktat				
als → Laufdiktat				
6. Finden der richtigen Farbe der Blüten und der Besonderheiten der Sträucher (Tabelle)				
7. Untersuchen einer Blüte				
8. Aufgaben zur Kirschblüte				
9. Übungen zu den zusammengesetzten Verben				
10. Den Wochenplan fand ich:				

★ Welche Aufgabe hat dir am meisten Spaß gemacht? Male die Zeile grün aus!
★ Welche Aufgabe fandest du nicht so gut? Male die Zeile gelb aus!

In der Mittelgruppe (4.-6. Jg.) gewinnt die Selbstreflexion an Bedeutung. Die Schülerinnen und Schüler schätzen ihre Arbeitsweise und ihr Ergebnis nach vorgegebenen Kriterien, die auf das Thema und den Entwicklungsstand zugeschnitten sind, ein. Das kann sowohl in mündlicher als auch in schriftlicher Form erfolgen. Dadurch werden die Schüler angeregt, ihre eigene Leistung wahrzunehmen und zu beurteilen. Erst dann folgt die Einschätzung der Lehrkräfte.

Beispiel 5:   Selbsteinschätzung zum Projekt „Das Antike Griechenland"

NAME: ....

	Mir ist gelungen:	Das kann ich noch verbessern:
Deine Arbeitsweise (Was hast du dir vorgenommen, wie hast du es umgesetzt? Siehe dazu deine Stundeneinschätzungen auf dem rosaroten Blatt.)		
Die Arbeitsschritte (Hast du sie beachtet und haben sie geholfen? Siehe dazu dein Deckblatt.)		
Dein Text (viele Sachinformationen, versetzt Leser in die Zeit des antiken Griechenland, passender Ausdruck, saubere Schrift)		
Deine Präsentation (deutlicher, flüssiger ausdrucksvoller Lesevortrag, einleitende oder überleitende Worte, besonderer kreativer Einfall)		
Dein Hefter (sauber, mit Rand, übersichtlich, mit Überschriften, enthält alle Blätter des Projektes und alle eigenen Mitschriften)		

Beispiel 6:   Einschätzung für den jahrgangsgemischten Mathematikunterricht

Liebe ▃▃▃▃,

du schätzt selbst ein, dass du dein gestelltes Ziel für die letzten vier Wochen nicht ganz erreicht hast und benennst auch die Ursachen. Trotzdem ist es dir gelungen, das erste Lernziel fast abzuschließen, und so kannst du nun Brüche erweitern, kürzen und gleichnamig machen. Die Selbstkontrollen hast du wieder ernst genommen und alles ist ordentlich eingeheftet. Deinem Vorhaben, den Selbsttest und den Merkhefteintrag zu Hause zu beenden, können wir nur zustimmen. Bei deinen sehr guten und aussagekräftigen Lerntagebucheinträgen sollte dir das gut gelingen. Klebe bitte auch die Übersicht über die Zahlendarstellung in anderen Kulturen ein.

Was das Einmaleins betrifft, können wir dir echte Fortschritte bestätigen, und auch mit den zwei Divisionsübungen bist du bereits gut zurechtgekommen. Es ist der richtige Weg, regelmäßig zu üben. Hier teilen wir deine Selbsteinschätzung nicht, da bist du zu kritisch mit deinem Können. Wir würden „das trifft zu" ankreuzen.

Dein Vorhaben für die nächste Etappe ist realistisch, und du kannst das schaffen, wenn du dich an deine Vorhaben bezüglich deiner Arbeitsweise hältst.

Doch zunächst viel Erfolg bei der Stationsarbeit zu den Bewegungen.

Beispiel 7: Einschätzungsbeispiele für den jahrgangsgemischten Mathematikunterricht

Lieber ▇▇▇,

mit großen Schritten kommst du jetzt auch auf dem Lernpfad „Rechen mit natürlichen Zahlen" voran. Du kennst nun die Vorrangregeln bei Aufgaben, in denen mehrere Rechenarten vorkommen und kannst die dir schon bekannten Rechengesetze für Rechenvorteile nutzen. Zu diesen Inhalten ist dir ein sehr prägnanter Merkhefteintrag gelungen. Außerdem hast du zu den schriftlichen Punktrechenverfahren gearbeitet, die du mit Sicherheit noch in der letzten Lernpfadetappe vor den Sommerferien abschließen kannst, wenn du deine gebesserte Arbeitsweise weiterhin beibehältst.

Achte dann darauf, deine Ergebnisse wieder sorgfältiger mit den Lösungen zu vergleichen. Im letzten Versuch konntest du nun endlich den wohlverdienten Titel Kopfrechenmeister mit 0 Fehlern erringen. Da haben sich die täglichen Übungen letztendlich doch richtig gut ausgezahlt. Herzlichen Glückwunsch! Übrigens, solltest du zur besseren Übersicht im Hefter die täglichen Übungen auch mit einheften und nicht einfach in die Klarsichthülle für die Einschätzungen stecken.

Dein Ziel für die letzte Etappe halten wir für sehr mutig, denn einerseits handelt es sich dabei um eine relativ kurze Etappe und andererseits ist deine aktuelle Lernstufe noch nicht einmal vollständig abgeschlossen. Aber vielleicht gelingt dir ja das scheinbar Unmögliche...

Am Ende eines jeden Schulhalbjahres erhalten die Schülerinnen und Schüler einen Zeugnisbrief, welcher sowohl vom Stammgruppenleiter als auch von den Fachlehrern anteilmäßig geschrieben wird. Im ersten Teil wird das Verhalten in der Gruppe beschrieben, besondere Aktivitäten werden hervorgehoben sowie Hinweise zum Lernverhalten und zu notwendigen Lernanstrengungen gegeben. Im zweiten Teil beschreiben die Fachlehrer die Lernfortschritte, geben Hinweise zu erfolgten Arbeitsprozessen und benennen dabei sowohl Positives als auch Kritisches.

Beispiel 8: Zeugnisbrief

Liebe ▇▇▇,

du meldetest dich mit deiner Meinung und deinem Wissen deutlich häufiger zu Wort. Schön, dass du dazu die Selbstsicherheit fandest, denn deine Beiträge werden von deinen Mitschülern und Lehrern geschätzt. Du konntest weitere Kontakte in deiner Stammgruppe aufbauen und bezogst dabei auch jüngere Schülerinnen mit ein. Mitschülern, mit denen du dich vertraut machtest, bist du eine verlässliche Partnerin. Insgesamt trugst du durch besonnenes und tolerantes Auftreten zu einer angenehmen Atmosphäre in der Stammgruppe bei. Bei Partner- und Gruppenarbeiten konntest du dich auch auf Mitschüler einlassen, die du nicht bevorzugt hättest. Ganz selbstständig hieltest du in der Schule in deinen Bereichen Ordnung. Selten blieb etwas auf deinem Platz oder dem Fensterbrett liegen. Nah am Fenster sitzend fiel dein Blick regelmäßig auf die Pflanzen. Wenn du nicht Blumendienst warst, hast du einige Male an das Gießen erinnert. Zu deinen Vorhaben für das zweite Halb jahr gehört, das noch konzentriertere Lernen. Du stelltest fest, dass ruhige Banknachbarn dabei helfen und wähltest mit Bedacht eine Lernbürozeit, wo dies am meisten gegeben war. Sehr selbstständig warst du dort bei der Wahl deiner Aufgaben und nutztest die Gelegenheiten, noch unsichere Kenntnisse und Fähigkeiten zu festigen.

Im *Projektunterricht* lerntest du die dir gegebenen Freiheiten schätzen und nutztest sie erfolgreich und verantwortungsbewusst. Du suchtest dir Partnerinnen, mit denen du zu kreativen und inhaltlich anspruchsvollen Präsentationen gelangtest. Die Informationsplakate zum Chamäleon und auch über das „Müllmonster" waren eine deutliche Verbesserung zu deinem ersten Plakat dieser Art. Du hast diese Form der Präsentation nun schon gefestigt und kannst im Fall einer Wahlmöglichkeit andere ausprobieren. Beim Theaterprojekt konntest du mit Staunen feststellen, wozu du mit deiner Stammgruppe fähig bist. Nachdem die Proben in der Zwergengruppe erst mit Streit und Durcheinander begleitet waren, fügten sich die Auftritte Probe für Probe zusammen, bis die Stammgruppe schließlich zwei Aufführungen mit hell begeistertem Publikum zeigen konnte. Du konntest daraufhin feststellen, „dass du beim Theaterspielen gelernt hast, dass man es einfach immer wieder probieren muss, bis es klappt." Recht nahe an deinem Interesse, Geschichten zu erfinden, war neben dem Theater- auch das Griechenlandprojekt. Deine auf der Grundlage von Sachinformationen erfundene Geschichte über den Olymp war einfühlsam geschrieben. Bei den Ausflügen in die Natur im Rahmen der Stammfahrt, dem Wandertag oder der Paddeltour warst du offen für neue Erfahrungen und Entdeckungen. Du hattest keine Zweifel, dass dir ein Weg dabei zu weit werden würde.

An vielen Themen haben wir in den vergangenen Monaten im *Deutschunterricht* gearbeitet: ihr gestaltetet eine Buchvorstellung, wir beschäftigten uns mit dem „Herrn der Diebe" und mit den „Gespensterjägern" und ihr schriebt eine „Weltraum-Abenteuer-Geschichte". Außerdem übten wir das Bestimmen von Satzgliedern, den richtigen Gebrauch von Pronomen und wir ermittelten in einem langen Test, wo du in der Rechtschreibung schon sehr fit bist und wo noch Übungsbedarf besteht. Durchweg aufmerksam und mit großem Interesse hast du dich am Unterrichtsgeschehen beteiligt. Häufig konntest du mit eigenen guten Beiträgen das Unterrichtsgespräch bereichern. Deine Antworten oder Überlegungen waren stets gut durchdacht. Du arbeitetest gründlich und inzwischen auch in immer schnellerem Tempo in Einzelarbeitsphasen und konntest gut mit anderen Partnern zusammenarbeiten. Deine Buchvorstellung zu „Gregs Tagebuch" gelang dir sehr gut, sodass du deine Mitschüler das Buch interessieren konntest. Hier zeigte sich dein sehr gutes Lesevermögen. Die Abschlussübungen zur Bestimmung der Satzglieder und zum Gebrauch der Pronomen konntest du hervorragend bewältigen. Die weiteren Übungsschwerpunkte in der Rechtschreibung haben wir durch den langen Test herausgefunden. Daran konntest du nun schon mit deinen speziell zusammengestellten Materialien weiter üben. Deinen Hefter hast du sehr ordentlich und vollständig geführt.

Beispiel 9: ein Zeugnisbrief

Liebe ▬▬▬▬▬,

interessiert und fleißig hast du im 2. Schulhalbjahr im *Mathematikunterricht* gelernt. Dort hast du den Zahlenbereich um die Brüche erweitert und im Geometrieunterricht an den Themen Winkel, Achsensymmetrie und Vierecke, von denen du Umfänge und Flächeninhalte berechnetest, gearbeitet. Sehr zügig und selbstständig bist du an die Erledigung deiner Aufgaben herangegangen. Arbeitsaufträge erfülltest du zielgerichtet und gründlich. Dabei entwickeltest du einen bemerkenswerten Ehrgeiz und hast nicht aufgegeben, wenn es für dich schwierig wurde. Deine Ergebnisse kontrolliertest und berichtigtest du gewissenhaft. Dadurch gelang es dir, beständig zu lernen und Spaß am Fach zu entwickeln. Weiter so! Du hast dich stets auf das Wesentliche des Unterrichts konzentriert, sodass du Leichtsinnsfehler zunehmend besser vermeiden konntest. Trainiere deine Kopfrechenfähigkeit weiterhin so ausdauernd. Dann kannst du die täglichen Übungen noch erfolgreicher bearbeiten. Lobenswert ist, dass du deine Lernzeit auch außerhalb des Mathematikunterrichts zur Vervollständigung und Lösung zusätzlicher Aufgaben verwendet hast. Somit festigtest du deine Fähigkeiten und erlangtest Sicherheit in der Anwendung deiner Kenntnisse. Prima! Die Zusammenarbeit mit anderen Kindern bereitet dir meist Freude. Hier arbeitest du stets umsichtig und bist hilfsbereit. Deine Meinung vertrittst du offen und ehrlich, lässt dich aber auch von anderen Standpunkten überzeugen. Gern übernimmst du die Verantwortung für das Arbeitsergebnis, sodass du auch solche Übungsphasen effektiv für dich nutzt.

Im zweiten Halbjahr hast du erfolgreich im *Englischkurs* gelernt, über deine Sport- und Freizeitaktivitäten zu sprechen und dich mit deinen Mitschülern darüber auszutauschen. Du hast unermüdlich gearbeitet und alle Aufgaben sehr ernst genommen. In unseren Kreisen bemühtest du dich, aktive Mitarbeit zu zeigen. Schriftliche Aufgaben wurden sauber und vollständig bearbeitet, bei Unsicherheiten nachgefragt und Berichtigungen sorgfältig angefertigt. Zu deinen Mitschülern verhältst du dich hilfsbereit und freundlich. Im Team bringst du dich rege ein und übernimmst Verantwortung für das Gelingen.

Deine Teilnahme an der Arbeitsgemeinschaft Chor wurde durch einen Auftritt vor allen Schülern der Schule in einer Freitagsfeier abgerundet.

Du hast weiterhin in den Fächern MNT, Geschichte, Geographie, Englisch, Französisch, Werken, Sport, Musik, Kunst und evangelische Religion gelernt. Deinen Lernerfolg in diesen Fächern kannst du den dem Zeugnis beiligenden Lerneinschätzungen entnehmen.

Deine Lehrer wünschen dir sonnige und erlebnisreiche Sommerferien.

Ab dem 7. Schuljahr, also mit dem Start in die Obergruppe, erhalten die Schülerinnen und Schüler neben den verbalen Einschätzungen Noten und mit dem Zeugnisbrief ein Zifferzeugnis. Zu Beginn eines jeden Schulhalbjahres formulieren sie ein Vorhaben. Grundlage dafür ist das zurückliegende Zeugnisgespräch.

Beispiel 10: Vorhaben

Ich bin froh, dass ich nun Achtklässler bin und nicht mehr zu den Kleinen gehöre. Ich möchte in diesem Schuljahr mit allen Mitschülern gut auskommen. Ich will versuchen in den Stammprojekten nicht nur mit Clara zusammenzuarbeiten, sondern auch mit anderen Mitschülern. Das ist mir bisher schwer gefallen, aber ich habe es mir seit dem letzten Zeugnisgespräch echt vorgenommen.

Ich möchte im Fach Englisch weiter gut vorankommen, aber mich auch in den anderen Fächern anstrengen und möglichst gute Ergebnisse erreichen. Dazu muss ich wohl noch etwas fleißiger sein und ich werde auch versuchen, mich an den Kreisgesprächen zu beteiligen, das wünschen sich die meisten Fachlehrer von mir.

Ich freue mich schon auf unsere Klassenfahrt und hoffe, dass wir uns auf ein schönes Ziel einigen können. Gut wäre, wenn sich Jungen und Mädchen besser verstehen würden. Für die Gruppe möchte ich aktiv werden, aber ich weiß noch nicht, was ich übernehmen kann.

Ich wünsche uns ein schönes Schuljahr!

Anhand der im Laufe des Halbjahres erhaltenen Einschätzungen und mithilfe des Vorhabens reflektieren die Schülerinnen und Schüler ein halbes Jahr später erneut ihre Entwicklung. Dazu erhalten sie von ihrem Stammgruppenleiter eine Orientierungshilfe.

Beispiel 11: Orientierungshilfe zur Selbsteinschätzung

- Schreibe mir einen Brief, in dem Du Dich zu folgenden Fragen äußerst. Im Zeugnisbrief werde ich versuchen, darauf zu antworten.
- Beschreibe, wie dieses Schuljahr für Dich gelaufen ist. Was hast Du erreicht, was nicht?
- Wie stehst Du zu deiner Stammgruppe, wie geht es Dir in dieser? Wie ist Dein Verhältnis zu Deinen Mitschülern? Fühlst Du Dich angenommen?
- Was hat Dir in diesem Schuljahr besonders gefallen bzw. Spaß gemacht?
- Beschreibe, was Du für die Gruppe getan hast. Wo hast Du besondere Aufgaben übernommen?
- Was möchtest Du Dir für das kommende Schuljahr vornehmen?
- Lob oder Kritik? Egal wozu und woran!

Beispiel 12: Schülerreflexion in Briefform

Im ersten Halbjahr der 8. Klasse war es ein ganz anderes Gefühl in der Stammgruppe. Wir sind nicht mehr die kleinen Siebener. Auch mit den Neunern komme ich ganz gut aus und ich denke, sie können mich auch gut akzeptieren, so wie ich bin, offen halt. Ich sage nun mal sehr direkt, was mir gut gefällt und was nicht. Ich kann mir auch vorstellen, dass manche Mädchen aus meiner Klasse meinen ironischen Humor falsch verstehen. Aber eigentlich meine ich das alles ganz lieb und nett. Viele kennen mich auch noch nicht ganz so gut, wie ich bin. Manchmal sind meine Mitschüler etwas „merkwürdig", aber wenn sie so sind, akzeptier ich das. Einige finden es auch komisch, dass ich über manche Sachen nicht lachen kann, die sie lustig finden, das verstehen sie manchmal falsch. Gut finde ich, dass ich es auch versucht und geschafft habe, mit mehreren Mitschülern in einer Gruppe zu arbeiten, nicht nur mit Clara. So konnte ich einige Mitschüler auch gut neu kennen lernen, wie z.B. auch Rebecca (8. Klasse). Sie habe ich am Anfang auch nicht richtig eingeschätzt, doch jetzt komme ich prima mit ihr aus, denke ich mal.

Das Fach Lektüre Englisch gefällt mir besonders gut. Endlich kann man sich in Englisch mal austoben, ich merke auch, wie sehr mir das in dem Fach weiter hilft. Von den Noten habe ich mich auch bemüht, keine 3-en zu bekommen. Zuerst ist mir das auch gut gelungen, aber geärgert habe ich mich wieder in Musik, wo ich auf den Liedermacher-Text nicht gerade eine Supernote bekommen habe, obwohl mir das wichtig war und auch Spaß gemacht hat, zu schreiben. Der Liedvortrag hat mir auch sehr viel Spaß gemacht („Gras" mit Rebecca). Natürlich spielt da auch die Aufgeregtheit eine Rolle, aber es macht mir Spaß, der Klasse etwas von meinem „Können" zu zeigen. Noch ein wichtiger Punkt ist bei mir die Sache mit dem Melden, was ich mir auch gerne vornehmen würde, besser zu machen. Mein Problem ist, dass ich mir richtig dumm vorkomme, also streberhaftig, wenn man die Antwort auf eine Frage weiß und dann auch noch eine leichte. Ich möchte mir nicht wie ein Besserwisser vorkommen und melde mich von Zeit zu Zeit immer weniger. Noch was, ich denke auch, dass mehrere Lehrer mich nicht „leiden" können oder falsch verstehen. Mein Gefühl ist, dass sie mich manchmal als „böse" unsoziale Paula einschätzen und wenn etwas schlecht ist, meistens auf mich die „Schuld" oder Ermahnung schieben. Einiges finde ich dann unfair. Aber ich denke, wenn mich jeder gut kennen lernt und weiß, wie ich bin, dann kann sich das Problem vielleicht lösen.

Genauso wie in Deutsch hat mir die Charakterisierung über Fiona sehr gut gefallen. Ich konnte endlich alles rauslassen und ich wollte damit auch anderen Lehrern zeigen, Fiona mal von einer anderen Seite zu betrachten. Es wäre schön, wenn es jeder erfahren könnte. Ja, was noch gesagt werden könnte: Es nervt mich, dass die Jungs von den Mädchen so getrennt sind oder umgekehrt. Es ist merkwürdig, ich bin es von mir auch nicht gewöhnt. Ich hoffe auf eine weitere schöne und gute Zusammenarbeit mit Ihnen.

Mit sehr freundlichen Grüßen

▬▬

Beispiel 13: Zugehörige Antwort des Stammgruppenleiters (Zeugnisbrief)

Liebe ▬▬,

da liegt nun eine sehr lange und von dir liebevoll geschriebene Selbsteinschätzung vor mir, sodass es für mich eine echte Herausforderung ist, dir darauf zu antworten. Zuerst einmal ist es mir ein Bedürfnis, dir eine überaus positive Entwicklung zu bescheinigen. Offenbar bist du in deiner Schule, der Jenaplan-Schule, so richtig angekommen. Du bist mit dir und dem Erreichten zufrieden, das Lernen macht dir Spaß und du fühlst dich in deiner Gruppe wohl. Dabei ist es dir wichtig, dass es deinen Mitschülern ähnlich wie dir geht. Du möchtest niemanden im täglichen Umgang verletzen oder gar traurig machen. Deshalb reflektierst du dein Verhalten akribisch, besonders auch hinsichtlich der Wirkung auf andere. Dieses wechselseitige Betrachten, das Hinterfragen deines Handelns trägt sehr viel zu deiner charakterlichen Reife bei. Du hast dich zu einer richtigen kleinen Persönlichkeit in unserer Stammgruppe entwickelt. Du bringst dich mit deinen Gedanken und deinem Tun ein, sodass wir dich nicht mehr missen möchten. In diesem Zusammenhang möchte ich dir für deine Bereitschaft danken, für ein Asylbewerberkind zu Weihnachten einzukaufen. Auch hier bist du mit Umsicht und Einfühlungsvermögen vorgegangen. Die Geschenke waren überlegt und mit Freude ausgesucht.

Aber lass mich noch einmal auf deine Selbsteinschätzung zurückkommen. Dort formulierst du eine zentrale Erkenntnis, nämlich, wie wichtig es ist, andere genau zu kennen. Nur so lässt sich eine gerechte Einschätzung formulieren oder eine hilfreiche und sinnvolle Unterstützung geben. Auch du musstest schon erfahren, wie weh falsche Urteile in einem solchen Zusammenhang tun können und wie wenig hilfreich sie dann ausfallen. Deshalb hast du dir angewöhnt zu beobachten, zuzuhören und zu respektieren, egal, ob sich dir in der Situation alles erschließt oder nicht. Das ist, finde ich, eine ganz wertvolle Einstellung, die unbedingt zu einem entspannten Umgang miteinander verhilft. Daran hast du einen entscheidenden Anteil, worauf du zu Recht stolz sein kannst. Vielleicht ist es dir möglich, dich damit mehr in die Gruppe einzubringen und deine Gedanken auch Mitschülern zu vermitteln? Damit würde der Kreis derer, die dich verstehen, größer werden und das wiederum könnte indirekt deiner Schwester helfen. Ich jedenfalls werde versuchen, andere Lehrer an deinen Gedanken teilhaben zu lassen, damit sie dich und auch Fiona besser kennen und verstehen lernen. Das sollte uns doch gemeinsam gelingen.

Zuvor wünsche ich dir im Kreise deiner Familie eine schöne Ferienzeit.

Wenn Schülerinnen und Schüler mit dem Beginn ihrer Schulzeit an das Lesen und Begreifen von verbalen Einschätzungen herangeführt werden, eine Reflexions- und Feedbackkultur an der Schule für sie selbstverständlich ist und sie gelernt haben, ihren eigenen Entwicklungsstand zu bestimmen, um daraus neue Ziele zu formulieren, können sie schließlich auch Einschätzungen aus der

Lehrerperspektive für sich selbst formulieren. Auch dafür ein Beispiel, es ist eine Facheinschätzung zu einem Erörterungsaufsatz:

Beispiel 14: Briefliche Facheinschätzung

Lieber ▮▮▮▮,

du hast dir das Thema „Jugend" gewählt und relativ gut deine eigenen Gedanken zu Papier gebracht. In deiner Einleitung hast du dir die wesentlichen Fragen gestellt, die du für den Aufsatz benötigt hast. Schön wäre gewesen, wenn du eine eigene Überschrift gewählt hättest. Im Hauptteil hast du dich, wenn auch nur indirekt, mit den beiden Hauptaussagen auseinandergesetzt. Des Weiteren hast du viele Thesen aufgestellt und dies mit Einbeziehen der eigenen Meinung gut begründet und erklärt. Der Schlussteil ist rund und mit der Schlussthese gut abschließend. Der gesamte Aufsatz ist sehr lebhaft, gut verständlich und wird von einem guten Ausdruck umgeben. Die Grammatik ist deutlich besser als in deinem letzten Aufsatz, allerdings kannst du mit deiner Rechtschreibung, besonders was die Groß- und Kleinschreibung betrifft, immer noch nicht zufrieden sein. Aber ich denke, das schaffst du auch noch. Weiter so!

In diesem Sinne kann die Formulierung eines Schülers allen Lehrerinnen und Lehrern Mut machen, mit verbalen Leistungseinschätzungen und einer Einschätzungskultur – erwachsen aus Schülerbeteiligung und einer anderen Lehrersicht auf Lernen und Leistung – „auf dem richtigen Weg" zu sein.

Literatur

Frommer, H. (2009): Ziffernnote oder Verbalbeurteilung? Wie werden Arbeitsergebnisse des Offenen Unterrichts sachlich angemessen, gerecht und pädagogisch förderlich bewertet? In: Lehren und Lernen 2, S. 15-23.
Kulturschule Jena (2012): Konzeption der Staatlichen Gemeinschaftsschule Jena Lobeda-West –„Kulturschule", http://www.kulturschule.jena.de, Zugriff vom 30.11.2012.
Kaleidoskop Jena (2011): Konzeption der Staatlichen Gemeinschaftsschule Jenaplanschule Lobeda, http://www.Gemeinschaftsschule-Lobeda.Jena.de

II. Schwerpunkt:

Genderdemokratie

Hannelore Faulstich-Wieland

Sozialisation über die Lebensspanne – Felder genderdemokratischer Probleme

Obwohl die Bundesrepublik juristisch von einer Gleichberechtigung der Geschlechter ausgeht, ist die Frage, was dies für die konkrete Ausgestaltung von Geschlechterverhältnissen bedeutet, keineswegs geklärt. Die Entwicklungen diesbezüglicher Auseinandersetzungen sollen in einem ersten Schritt skizziert werden. Die Veränderungen waren auch begleitet von wissenschaftlichen (Weiter-) Entwicklungen in Bezug auf zugrunde liegende Gendertheorien. Dies wird in einem zweiten Schritt kurz nachgezeichnet. Das Verständnis von Geschlecht als sozialer Konstruktion lässt empirische Forschungen zu, die aufzeigen können, wie in Kindheit und Adoleszenz die Herstellungspraxen von Geschlecht funktionieren. Dazu werden im dritten Teil einige auch für demokratiepädagogische Überlegungen relevante Studien vorgestellt. Ein kurzes Fazit verweist auf die Veränderungen ebenso wie auf die noch offenen Probleme für demokratiepädagogisches Handeln.

1. Genderdemokratie als Gegenstand der gesellschaftlichen Auseinandersetzungen

„Genderdemokratie" wird im § 3 Absatz 2 des Grundgesetzes festgeschrieben: „Männer und Frauen sind gleichberechtigt. Der Staat fördert die tatsächliche Durchsetzung der Gleichberechtigung von Frauen und Männern und wirkt auf die Beseitigung bestehender Nachteile hin." Was jenseits juristischer Definitionen jedoch Gleichberechtigung – und insofern auch Genderdemokratie – meint und welche Nachteile beseitigt werden müssen, ist Gegenstand immer neuer politischer Auseinandersetzungen.

Grundlegend geht es dabei um geschlechtsspezifische Arbeitsteilungen, konkret um die Zuständigkeiten für Familienarbeit und Kinderbetreuung einerseits und die Erwerbsteilnahme andererseits. Lange Zeit sollten Frauen gemäß einem Drei-Phasen-Modell zwar eine berufliche Ausbildung absolvieren und eventuell auch kurze Zeit berufstätig sein, nach der Heirat bzw. spätestens nach der Geburt eines Kindes jedoch „nur" Hausfrau und Mutter sein, um dann mit der Einschulung oder besser noch erst nach einem Auszug der Kinder wieder in ihren Beruf einzusteigen. 1957 schrieb der § 1356 (1) BGB fest: „Die Frau führt den Haushalt in eigener Verantwortung. Sie ist berechtigt, erwerbstätig zu sein, soweit dies mit ihren Pflichten in Ehe und Familie vereinbar ist." Das von Alva Myrdal und Viola Klein (1956) in den 1950er-Jahren konzeptualisierte „Drei-Phasen-Modell" war allerdings primär Ideologie, die Realität der Frauen sah für die Mehrheit auch damals durchaus nicht so aus. Insbesondere die „Hausfrauenzeit" war häufig in Wirklichkeit eine Zeit vielfältiger Wechsel zwischen kleineren Jobs und Erwerbslosigkeit (Born/Krüger/Lorenz-Meyer 1996). Auch gelang der Wiedereinstieg keineswegs so reibungslos, wie das Modell es vorsah, wenn überhaupt, war er oft mit einem Wechsel des Berufs und einer Dequalifizierung verbunden. Für Männer war eine durchgehende Erwerbstätigkeit vorgesehen, die in der Familiengründungsphase sogar noch intensiviert werden sollte, damit genügend Verdienst für die wachsende Familie vorhanden war. Beide Geschlechter waren also in diese Arbeitsteilung „eingezwängt", den Männern allerdings stand zu, ihren Ehefrauen die Erwerbstätigkeit zu erlauben oder zu verbieten. Das änderte sich erst 1976 durch Aufhebung des entsprechenden Paragraphen im BGB – und war zweifellos ein Ergebnis der Forderungen der im Zuge der 1968er Studentenbewegung entstandenen neuen Frauenbewegung, die für Frauen den Anspruch auf ein selbstbestimmtes Leben erhob (vgl. z.B. Weckwert/Wischermann 2006).

Die Anfänge dieser zweiten deutschen Frauenbewegung setzten auf eine Emanzipation, die den Frauen gleiche Rechte und Möglichkeiten wie den Männern erbringen sollte. Dies hieß allerdings eine Doppel- und Dreifachbelastung, da die Familienarbeit, insbesondere die Kinderbetreuung in der alten Bundesrepublik, nach wie vor Aufgabe der Frauen blieb. Es kam zu Debatten um die Aufwertung der Hausarbeit durch einen „Lohn für Hausarbeit" (vgl. z.B. Bock 1979) und um die Wertschätzung der Tätigkeit von Müttern, wie sie z.B. im „Müttermanifest" zum Ausdruck gebracht wurde (vgl. Müttermanifest 1988). Das setzte zugleich eine heftige Kritik am „Gleichheitsfeminismus" in Gang. Ihm wurde vorgeworfen, das Leben von Frauen nur unter einer Defizitperspektive zu sehen und als Maßstab das „männliche Modell" der Berufsorientierung zu setzen. Gegen eine solche Perspektive entwickelte sich der „Differenzfeminismus", der die besonderen Qualitäten „weiblichen" Lebens herausstellte. Positive Bestimmungen des „Weiblichen" wurden zu neuen Maßstäben erhoben, „Mütterlichkeit" stellte einen Kristallisationspunkt dafür dar, der die Bedeutung von Bindung und Verantwortung für menschliches Leben hervorhob (vgl. zur Kontinuität dieser Auffassung mit den Ansätzen der ersten Frauenbewegung: Ehrenspeck 2009).

Seit Mitte der 1980er-Jahre gab es aber in der Frauenbewegung Ansätze, die Differenzannahmen, die Frauen einerseits als Opfer, andererseits als Ikone konzipiert hatten, zu überwinden und ihren aktiven Part an der Gestaltung der Geschlechterverhältnisse deutlich zu machen (vgl. Thürmer-Rohr 1988). Zudem wurde immer klarer, dass die Unterschiede zwischen Frauen zum Teil größer sind als die zwischen Frauen und Männern.

Gesellschaftlich hat sich seitdem eine Angleichung der Lebensbedingungen beider Geschlechter vollzogen. Bereits die 13. Shell-Studie hat gezeigt, dass junge Frauen und junge Männer bis zum Alter von 22/23 Jahren in ihren Lebensentwürfen sowohl Beruf als auch Familie gleichermaßen wertschätzen (Fischer et al. 2000).

Die konkreten Ausgestaltungen sind jedoch nicht unabhängig vom Bildungsgrad, wie eine Studie des Sinus-Instituts zeigt, die 20-Jährige zu ihren Lebensentwürfen, Rollenbildern und Einstellungen zur Gleichberechtigung in Form von Gruppendiskussionen befragt hat (Wippermann/Wippermann 2009). Frauen und Männer haben beim Thema Gleichstellung sowohl emotional als auch rational andere Wahrnehmungen: „Während Frauen höherer Bildung den Prozess längst nicht für abgeschlossen halten und ihn selbstverständlich fortsetzen wollen, sehen vor allem Männer geringerer Bildung das Ziel längst erreicht" (ebd., S. 10).

Frauen mit Abitur demonstrieren in den Gruppendiskussionen eine selbstbewusste Geschlechtsidentität und sehen für sich Multioptionalitäten gegeben, d.h. sie können sich sowohl für traditionelle „Frauenwege" als Hausfrau und Mutter wie für traditionelle „Männerwege" einer durchgehenden Erwerbstätigkeit wie aber auch für Mischformen entscheiden – vor allem wollen sie dies mit 20 Jahren noch nicht festlegen (ebd., S. 10 f.). Männer mit Abitur dagegen „spüren eine tiefe Ambivalenz: Sie teilen rational und ideell die Maximen der Gleichberechtigung. Gleichzeitig sind sie geplagt von einer fundamentalen Unsicherheit in Bezug auf gleichaltrige Frauen: Diese sind für sie zugleich attraktiv und suspekt, gerade weil sie ein massives Selbstbewusstsein demonstrieren, ein modernes Rollenbild haben und keine Schwäche (mehr) zeigen. Aber den Männern fehlen in Bezug auf ihre eigene ‚neue Geschlechtsidentität' die positiven Vorbilder zur Orientierung" (ebd., S. 11).

Als Kinder haben sie bereits den Prozess der Veränderung der geschlechtsspezifischen Arbeitsteilung erfahren. Diese bestand allerdings vor allem darin, dass ihre Mütter die „Doppelrolle" übernahmen, keineswegs darin, dass sich für die Väter etwas änderte. Sie erlebten eine „Anhebung der Frauen auf das Niveau der Männer ohne Abstriche für diese" (a.a.O.). Immerhin sind sie bereit, sich auf eine dauerhafte Gleichstellung in der Partnerschaft einzustellen.

Die Männer mit geringer oder mittlerer Bildung sind durchaus auch verunsichert, allerdings nur im Blick auf die Partnerinnensuche. Sie gehen davon aus, wenn sie erst mal eine Frau gefunden haben, dann „greift die ihnen sympathischere traditionelle Rollenteilung" (ebd., S. 12). Das hängt auch damit zusammen, dass sie die Frauen mit höherer Bildung für sich nicht als Potenzial möglicher Partnerinnen sehen, zugleich ihnen eine weitere Gleichstellung im Beruf, vor allem ein Eindringen von Frauen in die handwerklichen „Männerberufe", absurd erscheint. Ihre Hoffnung auf die Realisierung der traditionellen Arbeitsteilung, insbesondere in der Form, dass die Frau Teilzeit arbeitet, deckt sich durchaus mit den Vorstellungen der Frauen mit mittlerer oder geringer Schulbildung: „Frauen mit mittlerer/geringer Schulbildung fühlen sich mit ihren Aussichten im Partnerschaftsverhältnis wohl. Sie sehen nur Vorteile in nahezu allen Lebensbereichen: freie Berufswahl und Berufsausübung für Frauen, gleichberechtigtes Verfügen über Geld und Macht in der Beziehung u.a. ‚Mehr Gleichstellung' erscheint ihnen suspekt, denn sie haben hier keine Ziele und fürchten, dass weitere Schritte auch eine Last für Frauen sein könnten. Es würde auch ihr eigenes Lebensmodell (Teilzeitarbeit und Mutter) in Gefahr bringen, sie zwingen, neue Rollen zu adaptieren, die sie möglicherweise nicht ausfüllen können (Karrierefrau mit Kind)" (ebd., S. 12 f.).

Zugleich geht die traditionelle Arbeitsteilung offenbar mit einem geringeren Selbstwertgefühl von Frauen einher (Sandmeier Rupena 2009, S. 444). Anita Sandmeier Rupena zeigt in diesem Kontext auf, dass Frauen abhängiger sind von sozial-emotionalen Beziehungen als Männer. Sie vermutet als möglichen Grund die unterschiedliche Lebenssituation der Geschlechter: Die Berufstätigkeit von Männern bietet ihnen sachliche Anerkennung, während die Hausfrauen- und Mutterrolle eben gerade auf die Anerkennung durch Personen angewiesen sind (ebd., S. 445).

2. Gendertheoretische Fassungen von Entwicklung und Sozialisation

Die Entstehung der Genderforschung weist deutliche Parallelen zur Frauenbewegung auf. Ihr Ursprung lag zunächst in der Fokussierung auf Frauen, in der Sichtbarmachung ihres Lebens, verbunden mit einer Kritik an einem androzentrischen Blick der Wissenschaften, nämlich der Annahme, Menschliches sei identisch mit Männlichem (vgl. Frauen und Wissenschaft 1977). Der „Mainstream" der Frauenforschung war in den 1980er Jahren dem Differenzansatz verpflichtet. In der Forschung hieß das, vor allem die Unterschiede von Mädchen und Jungen, von Frauen und Männern herauszuarbeiten und – im pädagogischen Arbeitsfeld – ihnen gemäße Konzepte zu entwickeln. Allerdings blieb die Annahme grundlegender Differenzen zwischen den Geschlechtern schon in dieser Zeit nicht unwidersprochen (Hagemann-White 2006). Die Verortung der Andersartigkeit von Frauen in biologischen Merkmalen – vor allem ihrer Gebärfähigkeit – wurde durch die Erarbeitung von Sozialisationstheorien obsolet. Carol Hagemann-White hatte bereits in ihrer Expertise zum sechsten Jugendbericht auf die Kultur der Zweigeschlechtlichkeit verwiesen, die eine Dichotomie von Männlichkeit und Weiblichkeit setzt und kein Drittes oder gar Viertes, Fünftes, Sechstes zulässt (Hagemann-White 1985).

Von Candace West und Don H. Zimmerman ist 1987 unter dem Titel „doing gender" (wieder abgedruckt 1991) der Ansatz, Geschlecht als soziale Konstruktion zu verstehen, systematisiert worden. West und Zimmerman wollten verdeutlichen, wie „gender as a routine, methodical, and recurring accomplishment" verstanden werden kann (West/ Zimmerman 1991, S. 13). „Doing gender" erfordert, sich in den unterschiedlichen Situationen so zu verhalten, dass im Endeffekt das Ergebnis als gender-angemessen oder absichtlich gender-unangemessen angesehen werden kann, die Verantwortbarkeit also gewährleistet bleibt: „Doing gender consists of managing such occasions so that, whatever the particulars, the outcome is seen and seeable in context as gender-appropriate or purposefully gender-inappropriate, that is, *accountable*" (ebd., S. 22).

Allerdings bedeutet ein solcher Ansatz nun keineswegs, dass es ins Belieben der Einzelnen gestellt sei, ihr Geschlecht heute so und morgen anders zu konstruieren. Sehr wohl schreiben sich gesellschaftliche Praktiken auch in Körper ein, gibt es eine Verbindung von Natur und Kultur, was mit dem Begriff des Embodiment gefasst wird (vgl. Schmitz 2009). Die Verbindung folgt allerdings keiner Kausalität, sondern bildet sich in einer komplexen Verschränkung immer wieder neu heraus (vgl. Maihofer 2004).

Interaktionsprozesse sind in einem solchen Verständnis zentrale Einheiten, mit denen die Akteure Geschlecht produzieren und reproduzieren. Sie bewegen sich jedoch nicht in einem ahistorischen oder gesellschaftsfreien Raum. Vielmehr gibt es Strukturen, in denen die Interaktionen stattfinden und im Sozialisationsprozess verfestigt werden (vgl. Bilden 2006). Die theoretischen Ansätze, Geschlecht als soziale Konstruktion zu begreifen, bedeuten nicht mehr die Suche nach wie immer definierter „Weiblichkeit" oder „Männlichkeit", sondern nach den Mechanismen, die zur Produktion und Reproduktion von Geschlecht und Geschlechterverhältnissen führen und die Perspektiven einer Überwindung der Zweigeschlechtlichkeit ermöglichen.

3. Bedeutung von Geschlecht im Lebensverlauf

Für erziehungswissenschaftliche Betrachtungen ist die biografische Entwicklung zentraler Gegenstand, da sie durch pädagogische Einflussnahme bestimmt wird. Lernen, Erziehung, Sozialisation und Bildung gehören zu den erziehungs- und bildungswissenschaftlichen Grundbegriffen. Die Arbeitsfelder reichen entsprechend von der Kinder- und Jugendbildung über die Schule zur Erwachsenenbildung und werden mit dem „Ergrauen" der Gesellschaft zunehmend auch auf Betätigungsmöglichkeiten im Feld der Sozialgeragogik erweitert (vgl. Faulstich-Wieland/ Faulstich 2006; 2008).

Die Zielsetzungen für die Ausgestaltung von Erziehung und Bildung waren und sind überwiegend immer noch geschlechtsdifferent. Grundlage für die unterschiedlichen Erziehungs- und Bildungsziele für Mädchen bzw. Jungen war die Annahme von natürlichen Unterschieden und die Akzeptanz geschlechtsspezifischer Arbeitsteilungen. Beides ist brüchig geworden, zum einen durch die gendertheoretischen Weiterentwicklungen, zum anderen durch die Emanzipation von Frauen und die sich abzeichnende Veränderung der gewünschten Männer- und Frauenbilder: Insbesondere die Ansprüche an Männer, ihr Vatersein stärker sozial und nicht primär materiell auszufüllen einerseits, der politisch unterstützte Ausbau von Kinderbetreuungseinrichtungen für Kinder unter drei Jahren andererseits – der zwangsläufig zu einem Abbau der „Rabenmuttervorstellungen" führen wird – verlangen nach veränderten Blicken auf das Verhältnis von Gender und Erziehung/Bildung. Empirisch geht es nicht primär darum, die Geschlechterdifferenzen herauszuarbeiten, sondern die Mechanismen ihrer Herstellung zu erforschen. Dazu sollen hier einige wenige Studien exemplarisch vorgestellt werden (für eine ausführlichere Darstellung vgl. Faulstich-Wieland 2009), die grundlegende Informationen über die Gendersozialisation geben und insofern für demokratiepädagogisches Handeln Basiswissen bedeuten.

3.1 Kindheit

Die Zuordnung zu einem Geschlecht erfolgt mittlerweile häufig bereits während der Schwangerschaft, spätestens aber bei der Geburt eines Kindes. Diese Zuordnung setzt einen Sozialisationsprozess in Gang, der als „doing gender" bei den Erwachsenen Verhaltensweisen provoziert, die eine „Geschlechtsadäquatheit" sichern. Kay Bussey und Albert Bandura (1999) sprechen davon, dass Kinder bereits im ersten Lebensjahr zwei Geschlechter unterscheiden und ab dem zweiten Lebensjahr selbst geschlechtsbezogene Verhaltensweisen produzieren. Eine solch frühe Geschlechterdifferenz wird von vielen als Beleg für die „Natürlichkeit" bzw. die biologische Bestimmtheit geschlechterbezogenen Verhaltens angenommen – und eben nicht als Konsequenz der interaktiven Herstellung von Geschlecht.

Studien können zeigen, wie zum einen das geschlechtstypische Verhalten in Ko-Konstruktionen zwischen Kindern und Erwachsenen sowie unter Kindern produziert wird, aber auch, wie zum anderen gegenläufige Entwicklungen zu beobachten sind. Diese erklären mit, warum das Verhalten letztlich keineswegs starr „geschlechtsspezifisch" ist.

Analysen von Gratulationskarten führender amerikanischer Hersteller zeigen, wie hierüber klar differente Erwartungen an Mädchen bzw. an Jungen formuliert werden, die entsprechend die Wahrnehmung von Erwachsenen beeinflussen: „... greeting cards ... intended for girls included language and described girls' physical appearance (e.g., *cute*), their emotional relationships (e.g., *stealing hearts)*, or their fantasies (e.g., *dream, wish)*. Young boys were typically described in terms of their potentials (e.g., *opportunity, success)*, their strong, active character (e.g., *determined, winner)*, or their behaviors (e.g., *proud of, energy)"* (Polnick et al. 2007, S. 611).

Spielzeug ist nach wie vor geschlechtsdifferent assoziiert. Egal, ob man Internetangebote und Spielzeugkataloge anschaut oder ob man in ein Spielwarengeschäft geht, es wird visuell und räumlich deutlich signalisiert, was Mädchenspielsachen – die in der Regel auf „care"-Aspekte ausgelegt sind – und was Jungenspielsachen – die sich eher konzentrieren auf technische Bereiche und „Action" (Francis 2010) – sind. Studien zum Elternverhalten (Wood et al. 2002) belegen, dass die als „geschlechtstypisch" angesehenen Spielsachen als wünschenswerter eingeschätzt werden als die neutralen oder die „untypischen". Für Jungen wird zudem stärker an den Stereotypen festgehalten als für Mädchen.

3.2 Adoleszenz – Jugendzeit

Die Adoleszenz ist ein Zeitraum, der gerade für das Geschlechterthema besonders relevant ist, weil im Kontext der Heteronormativität, wie sie für unsere Gesellschaft nach wie vor gilt, ein (neues) Verhältnis der Geschlechter zueinander entwickelt werden muss (vgl. Flaake/King 1998, King/Flaake 2005).

Es wird allgemein vermutet, dass Peerbeziehungen überwiegend in geschlechtshomogenen Kontexten ausgestaltet werden (vgl. Rohrmann 2008). Tatsächlich gibt es ebenso Mädchengruppen wie Jungengruppen und gemischtgeschlechtliche Gruppen. Allerdings haben die Peerbeziehungen je unterschiedliche Bedeutung (Bütow 2006, S. 230), stellen aber insbesondere in der Adoleszenz Sozialräume dar, die den Übergang von der Kindheit zur Jugend bewältigen helfen. Mädchencliquen ebenso wie Jungencliquen sind Orte, an denen „Geschlechtsadäquatheit" verhandelt werden kann (vgl. Popp 2009). In Mädchencliquen erfolgt durch den Ausschluss von Jungen eine gemeinsame „Bewältigung von Anforderungen im Hinblick auf Weiblichkeit" (ebd., S. 196, vgl. auch Breitenbach 2000). Jungencliquen sind vor allem funktional beim Austausch über Erfahrungen mit Mädchen. Für Jungen wie für Mädchen gilt aber, dass Freundschaften mit Gleichgeschlechtlichen eine wichtige Ressource darstellen. Jungen erfahren allerdings oft einen starken Druck in Richtung auf männliche Geschlechtsstereotype, hergestellt insbesondere über ein „männliches Muster", nämlich gleiche und geteilte Aktivitäten, die häufig „sprachlos" über körperliche Aktivitäten erfolgen (Seiffge-Krenke/Seiffge 2005).

Gemischtgeschlechtliche Cliquen dienen insbesondere der Abgrenzung gegenüber Erwachsenen und der Entwicklung von eigenen Präferenzen und Erfahrungsräumen. Konstruktionsprozesse von Geschlecht treten dabei zeitweilig in den Hintergrund, sie werden überlagert von anderen zu bewältigenden Leistungen, „insbesondere die Behauptung des sozialen Altersstatus als Jugendliche" (Bütow 2006, S. 223). Bütow bestätigt damit Forschungen, wonach Geschlecht keineswegs omnirelevant sein muss, sondern in Verbindung mit anderen „doings" (wie doing adult oder doing student) mehr oder weniger wichtig sein kann (vgl. Faulstich-Wieland et al. 2004).

Gemischte Cliquen bieten aber auch Chancen für Paarbildungen, die sich im „Normalitätsrahmen von Heterosexualität" (Bütow 2006, S. 224) bewegen. Geschlechtshomogene Substrukturen helfen dabei, eine reflexive Bearbeitung des doing gender zu ermöglichen – wobei dies wiederum geschlechtsdifferent verläuft: Mädchencliquen integrieren heterosexuelle Beziehungen ihrer Mitglieder als Gesprächsstoff. Jungencliquen dagegen erleben eine Partnerschaft ihrer Mitglieder eher als Konkurrenz für die gemeinsamen Aktivitäten (Stich 2005, S. 175). Jungen verfügen insgesamt über geringere Ressourcen für sexuelle Suchbewegungen oder bei Krisen im Liebesleben als Mädchen (ebd., S. 179). Neben der weniger unterstützenden Funktion von Jungencliquen erfahren sie seltener diesbezüglichen Rückhalt im Elternhaus. Zudem spielt Homophobie im Ringen um Männlichkeit nach wie vor eine zentrale Rolle (Budde 2003). Für die Jugendarbeit sind solche Erkenntnisse zentral, da sie Ansatzpunkte bieten, zum einen Peer-Beziehungen „ungestört" zu ermöglichen – also durchaus Freiräume für geschlechtshomogene Gruppen zu bieten –, zum anderen aber darauf zu achten, dass gezielte Unterstützungen für beide Geschlechter erforderlich sind – manchmal (insbesondere offenbar bei Jungen) auch gegen den Druck der Peers.

4. Fazit

Insgesamt bietet die Genderforschung aktuell eine reiche Facette an Untersuchungen, die helfen, Antworten auf die Frage nach der Bedeutung von Geschlecht zu geben. Die zitierte Literatur stellt nur einen ganz kleinen Teil der verfügbaren Publikationen dar. Als wichtigste Veränderungen lässt sich festhalten: Von einer eindeutigen Marginalisierung oder Abwertung von Frauen kann man nicht mehr sprechen, vielmehr gibt es kontextabhängige Ausformulierungen von Geschlechterverhältnissen, die je konkret erforscht werden müssen. Dabei ist zwar eine theoretische Weiterentwicklung zu einem Verständnis von Geschlecht als sozialer Konstruktion festzustellen. Zugleich ist aber die Bedeutung von Geschlecht eine offene Frage geworden: Geschlecht als soziale Kategorie kann in der Verbindung mit anderen sozialen Kategorien wie Ethnie oder Klasse spezifische Formen annehmen, deren konkrete Ausformung jedoch noch keineswegs hinreichend geklärt ist. Vor allem die pädagogische Praxis zeigt zwar ebenfalls eine Entwicklung auf, hinkt aber in vielen Fällen noch deutlich hinter den theoretischen Klärungen hinterher, indem sie in den Paradoxien der Geschlechterdifferenzen verfangen bleibt. Nach wie vor spielen geschlechtshomogene Ausrichtungen in der Jugendarbeit eine zentrale Rolle und damit die Bezugnahme auf die Kategorien „männlich" und „weiblich" mit ihrer Gefahr der erneuten Stereotypisierung. Hier bietet sich für die genderdemokratischen Aktivitäten noch ein weites Feld der Bearbeitung an: Es geht dann nicht allein um Formen der Gleichberechtigung, sondern auch darum, Einengungen durch die mit der Geschlechtszugehörigkeit verbundenen Zuschreibungen zu überwinden bis hin zum Zulassen von Sozialisationsprozessen zu queeren Identitäten oder Entwicklungen von transgender (vgl. für entsprechende Ansätze: Busche et al. 2010).

Literatur

Bilden, H. (2006): Sozialisation in der Dynamik von Geschlechter- und anderen Machtverhältnissen. In: dies. und Dausien, B. (Hrsg.): Sozialisation und Geschlecht. Theoretische und methodologische Aspekte. Opladen, S. 45-70.

Bock, G. et al. (1979): Lohn für Hausarbeit. Perspektiven der Frauenbewegung. In: Doormann, L. (Hrsg.): Keiner schiebt uns weg. Weinheim, S. 137-146.

Born, C./Krüger, H./Lorenz-Meyer, D. (1996): Der unentdeckte Wandel. Annäherung an das Verhältnis von Struktur und Norm im weiblichen Lebenslauf. Berlin.

Breitenbach, E. (2000): Mädchenfreundschaften in der Adoleszenz. Eine fallrekonstruktive Untersuchung von Gleichaltrigengruppen. Opladen.

Budde, J. (2003): Männlichkeitskonstruktionen in der Institution Schule. In: Zeitschrift für Frauenforschung & Geschlechterstudien 21 (1), S. 91-101.

Busche, M./Maikowski, L./Pohlkamp, I./Wesemüller, E. (Hrsg.) (2010): Feministische Mädchenarbeit weiterdenken. Zur Aktualität einer bildungspolitischen Praxis. Bielefeld.

Bussey, K./Bandura, A. (1999): Social Cognitive Theory of Gender Development and Differentiation. In: Psychological Review (106), S. 676-713.

Bütow, B. (2006): Mädchen in Cliquen. Sozialräumliche Konstruktionsprozesse von Geschlecht in der weiblichen Adoleszenz. Weinheim.

Ehrenspeck, Y. (2009): Geschlechterdifferenz, Geschlechterpolarität und „Geistige Mütterlichkeit" – systemtheoretisch betrachtet. In: Glaser, E./Andresen. S. (Hrsg.): Disziplingeschichte der Erziehungswissenschaft als Geschlechtergeschichte. Opladen & Farmington Hills, S. 29-47.

Faulstich-Wieland, H. (2009): Geschlechterforschung in der Erziehungswissenschaft - ein Überblick. In: Faulstich-Wieland, H. (Hrsg.): Enzyklopädie Erziehungswissenschaft Online. Fachgebiet: Geschlechterforschung, Die Bedeutung von Geschlecht in pädagogischen Arbeitsfeldern. Weinheim und München, 43 Seiten.

Faulstich-Wieland, H./Faulstich, P. (2006): BA-Studium Erziehungswissenschaft. Ein Lehrbuch. Orig.-Ausg. Reinbek bei Hamburg.

Faulstich-Wieland, H./Faulstich, P. (Hrsg.) (2008): Erziehungswissenschaft. Ein Grundkurs. Reinbek.

Faulstich-Wieland, H-/Weber, M./Willems, K.(2004): Doing Gender im heutigen Schulalltag. Empirische Studien zur sozialen Konstruktion von Geschlecht in schulischen Interaktionen. Weinheim.

Fischer, A./Fritzsche, Y./Fuchs-Heinritz, W./Münchmeier, R. (2000): Jugend 2000. 13. Shell-Jugendstudie. Opladen.

Flaake, K./King, V. (⁴1998): Weibliche Adoleszenz. Zur Sozialisation junger Frauen. Frankfurt/M.

Francis, B. (2010): Gender, toys and learning. In: Oxford Review of Education 36 (3), S. 325-344.

Frauen und Wissenschaft. Beiträge zur Berliner Sommeruniversität für Frauen, Juli 1976 (1977). Berlin.

Hagemann-White, C. (1985): Sozialisation: weiblich - männlich. Opladen.

Hagemann-White, C. (2006): Sozialisation - zur Wiedergewinnung des Sozialen im Gestrüpp individualisierter Geschlechterbeziehungen. In: Bilden, H./Dausien, B. (Hrsg.): Sozialisation und Geschlecht. Theoretische und methodologische Aspekte. Opladen & Farmington Hills, S. 71-88.

King, V./Flaake, K. (Hrsg.) (2005): Männliche Adoleszenz. Sozialisation und Bildungsprozesse zwischen Kindheit und Erwachsensein. Frankfurt/M..

Maihofer, A. (2004): Geschlecht als soziale Konstruktion - eine Zwischenbetrachtung. In: Helduser, U./Marx, D./Paulitz, T./Pühl, K. (Hrsg.): Under construction? Konstruktivistische Perspektiven in feministischer Theorie und Forschungspraxis. Frankfurt/M., S. 33-43.

Müttermanifest. Leben mit Kindern – Mütter werden laut (1988). In: Beiträge zur feministischen Theorie und Praxis (21/22), S. 201–207.

Myrdal, A./Klein, V. (1956). Die Doppelrolle der Frau in Familie und Beruf. Köln.

Polnick, B. et al. (²2007): Gender Equity in Early Learning Environments. In: Klein, S.S. (Hrsg.): Handbook for achieving gender equity through education. Mahwah, NJ, S. 609–630.

Popp, U. (2009): Geschlechterverhältnisse und Geschlechterkonflikte im Kindes- und Jugendalter zwischen versagter Anerkennung und sozialer Abwertung. In: Diskurs Kindheits- und Jugendforschung 4 (4), S. 539–554.

Rohrmann, T. (2008): Zwei Welten? Geschlechtertrennung in der Kindheit. Forschung und Praxis im Dialog. Opladen.

Sandmeier Rupena, A. (2009): Psychische Gesundheit im Lebensverlauf. Die geschlechtsspezifische Bedeutung von sozial-emotionalen Beziehungen. In: Fend, H./Berger, F./Grob, U. (Hrsg.): Lebensverläufe, Lebensbewältigung, Lebensglück. Ergebnisse der LifE-Studie. Wiesbaden, S. 429–448.

Schmitz, S.(2009): Geschlecht zwischen Determination und Konstruktion. Auseinandersetzung mit biologischen und neurowissenschaftlichen Ansätzen. In: Faulstich-Wieland, H. (Hrsg.): Enzyklopädie Erziehungswissenschaft Online. Fachgebiet: Geschlechterforschung, Theoretische Grundlagen. Weinheim und München, 38 Seiten.

Seiffge-Krenke, I./Seiffge, J. M. (2005): Boys play sport ...? Die Bedeutung von Freundschaftsbeziehungen für männliche Jugendliche. In: King, V./Flaake, K. (Hrsg.): Männliche Adoleszenz. Sozialisation und Bildungsprozesse zwischen Kindheit und Erwachsensein. Frankfurt/M., S. 267–285.

Stich, J. (2005): Annäherungen an sexuelle Beziehungen. Empirische Befunde zu Erfahrungs- und Lernprozessen von Jungen. In: King, V./Flaake, K. (Hrsg.): Männliche Adoleszenz. Sozialisation und Bildungsprozesse zwischen Kindheit und Erwachsensein. Frankfurt/M., S. 163–181.

Thürmer-Rohr, C. (1988): Mittäterschaft von Frauen. Ein Konzept feministischer Forschung und Ausbildung. In: Beiträge zur feministischen Theorie und Praxis (21/22), S. 211–214.

Weckwert, A./Wischermann, U. (Hrsg.) (2006): Das Jahrhundert des Feminismus. Streifzüge durch nationale und internationale Bewegungen und Theorien. Königstein im Taunus.

West, C./Zimmerman, D. H. (1991): Doing Gender. In: Lorber, J./Farrell, S.A. (Hrsg.): The Social Construction of Gender. Newbury Park, S. 13–37.

Wippermann, K./Wippermann, C. (²2009): 20-jährige Frauen und Männer heute. Lebensentwürfe, Rollenbilder, Einstellungen zur Gleichberechtigung. Berlin.

Wood, E./Desmarais, S./Gugula, S. (2002): The Impact of Parenting. Experience on Gender Stereotyped Toy Play of Children. In: Sex Roles 47 (1/2), S. 39–49.

Martin Lücke

Geschlechtergeschichte und Demokratiepädagogik – Narrating gender als Beitrag zu politischer Partizipation

1. Einführende Gedanken

„Demokratie wird erfahren durch Zugehörigkeit, Mitwirkung, Anerkennung und Verantwortung. [...] Von dieser Erfahrung hängt die Fähigkeit ab, Zugehörigkeit zu anderen und Abgrenzung von anderen als demokratische Grundsituation zu verstehen [...]" (Edelstein/Fauser/de Haan 2005, S. 201).

Hier formuliert das „Magdeburger Manifest für Demokratiepädagogik" eine zentrale Leitidee von Demokratiepädagogik, jener Ausrichtung einer „Pädagogik für die Demokratie" (Beutel/Fauser 2007, S. 9), die seit den 1990er-Jahren als Dachbegriff und übergreifende Kategorie die allgemeinpädagogischen und fachdidaktischen Arbeitsfelder „politische Bildung, demokratische Erziehung, Demokratisch Handeln oder Demokratie lernen" (Beutel/Fauser 2007, S. 7) bündelt. Dass Demokratie „eine historische Errungenschaft" ist, also „kein Naturgesetz oder Zufall, sondern Ergebnis menschlichen Handelns und menschlicher Erziehung" (Edelstein/Fauser/de Haan 2005, S. 200), ist den Protagonistinnen und Protagonisten des Konzepts Demokratiepädagogik immer bewusst. Vor diesem Hintergrund erscheint es nahezu unverzichtbar, auch das Arbeitsfeld des historischen Lernens in die Demokratiepädagogik zu integrieren, geht es bei diesem doch genau darum, das Handeln und Leiden von Menschen der Vergangenheit verstehend zu interpretieren und aufzuzeigen, welche historischen Prozesse zu historischen Errungenschaften wie jener der Demokratie geführt haben. Dass Demokratie durch Zugehörigkeiten und Abgrenzungen erfahren wird, kann also auch zu einer Leitlinie für historisches Lernen im Rahmen von Demokratiepädagogik werden. Hier können die Lernenden dann insbesondere historische Erfahrungen machen, die über Prozesse von Zugehörigkeit und Ausgrenzung in der Geschichte Auskunft geben – und dabei gleichzeitig aufzeigen, wie Möglichkeiten von demokratisch-politischer Partizipation über solche Zugehörigkeiten und Ausgrenzungen organisiert wurden.

In diesem Zusammenhang lohnt sich ein Blick auf die Geschlechtergeschichte, um zu erkennen, dass Teilhabe und Teilnahme an Politik immer auch über die

Zugehörigkeit zur Kategorie Geschlecht organisiert wurden. So schrieb noch 1855 der Kulturhistoriker und Volkskundler Wilhelm Heinrich Riehl (1823-1897) im dritten Band seiner „Naturgeschichte des Volkes": „Unser Staat ist männlichen Geschlechts" und erklärte in seinem Werk die Ungleichheit zwischen Mann und Frau zu einem Naturgesetz, machte in seiner Schrift also eine grundsätzliche Differenz zwischen Männern und Frauen aus. Der Staat, so konnte er auf Basis eines solchen Natürlichkeitspostulats feststellen, sei „ein rein männliches Wesen", er habe es nur und ausschließlich mit Männern zu tun (Frevert 1995, S. 61). Auf diese Weise entwarf der Volkskundler in der Mitte des 19. Jahrhunderts eine „politische [...] Topographie der Geschlechter" (ebd.), die eine Arena der Politik entstehen ließ, in der sich nur Männer bewegten. An diesem historischen Beispiel zeigt sich, dass insbesondere die Kategorie Geschlecht unmittelbar zusammenhing mit den Möglichkeiten politischer Partizipation. Sie brachte Mechanismen hervor, mit denen Exklusionen und Inklusionen, Zugehörigkeiten und Ausgrenzungen einhergingen: Nähert man sich dem Partizipationsbegriff von seiner lateinischen Doppelbedeutung als Teilhabe und Teilnahme (Hoecker 2006, S. 3), so ging es dem Volkskundler Riehl darum, Frauen qua Ordnung der Natur die Teilhabe am politischen Raum abzusprechen und ihnen auf diese Weise eine aktive Teilnahme an der Politik nachhaltig unmöglich zu machen.

Das Postulat von Riehl erscheint heute als ein reaktionäres Traktat aus längst vergangenen Zeiten, zeigt jedoch auf besonders deutliche Weise, wie Geschlecht die Möglichkeiten politischer Partizipation beeinflussen kann – in einer historischen Gesellschaft, die sich in den revolutionären Ereignissen der Jahre 1848/49 noch nicht zu einer demokratischen Verfasstheit entschlossen hatte, und die noch mehr als 60 Jahre darauf warten musste, bis der Zugang zu demokratischen Wahlen nicht mehr vom Geschlecht ihrer Staatsbürgerinnen und Staatsbürger abhing.

Was bis jetzt nur schlaglichthaft angedeutet wurde, wird im Folgenden systematischer in den Blick kommen: Wie kann historisches Lernen zu Geschlecht als ein Beitrag zur Demokratiepädagogik entwickelt werden, oder genauer: Auf welche Weise können Lernende historische Erfahrungen zu Geschlecht ‚machen', die ihnen dabei helfen, grundlegend über den Zusammenhang von Zugehörigkeiten und Ausgrenzungen und die Teilhabe an Demokratie nachzudenken? Zunächst soll skizziert werden, mit welchem Begriff von Geschlecht bei der Konzeption von historischem Lernen hier gearbeitet werden soll, anschließend, welche historischen Erfahrungen bei einem solchen Lernen ‚machbar' sind und drittens, warum das Sammeln solcher historischen Erfahrungen für die Demokratiepädagogik von Gewinn sein kann.[1]

---

1   Der Beitrag nimmt dabei Anleihen an Lücke 2007, Lücke 2008, Lücke 2011 und Lücke 2012, in denen die Bedeutung der Kategorie Geschlecht für die politische Bildung, für historisches Lernen und im Rahmen von Diversity und Intersektionalität in den Blick genommen wird.

2. Geschlecht, sex und gender: Einige begriffliche Annäherungen

Die Geistes- und Sozialwissenschaften sind sich darin einig, Geschlecht nicht mehr, wie noch bei Wilhelm Heinrich Riehl, als eine unverrückbare natürliche und biologisch determinierte Kategorie anzusehen. Nicht als natürliche Tatsache, sondern als soziale und kulturelle Konstruktion wird Geschlecht in der heutigen Forschungslandschaft aufgefasst. Hier hat sich das Begriffspaar sex und gender zur analytischen Fassung dieses Zusammenhangs etabliert. Unter sex wird dabei das biologische Geschlecht verstanden. Es bezieht sich auf die körperlich-biologische Differenz zwischen Frauen und Männern als den normgebenden Polen einer als dichotom gedachten Geschlechterordnung. Eine solche biologisch attestierbare Differenz wird jedoch mit sozialen und kulturellen Deutungsmustern aufgeladen, sodass nun gender als soziales bzw. kulturelles Geschlecht entsteht.

Dass auch die „Natur" bzw. „das Natürliche" sozial und kulturell konstruierte Kategorien sind – immerhin wird die Biologie als interessengeleitete Wissenschaft benötigt, um sex zu definieren – hat insbesondere die Historische Anthropologie zeigen und haben die Queer Studies theoretisch bündeln können (vgl. Degele 2008, S. 57-118). Vor diesem Hintergrund erscheint eine Definition von Geschlecht/gender sinnvoll, die sich nicht an vermeintlich essentialistischen Wahrheiten zu Geschlecht aufhält. Die australische Soziologin und Erziehungswissenschaftlerin Raewyn Connell präzisiert: „Gender is the structure of social relations that centres on the reproductive arena, and the set of practices (governed by this structure) that bring reproductive distinctions between bodies into social processes. To put it informally, gender concerns the way human society deals with human bodies, and the many consequences of that ‚dealing' in our personal lives and our collective fate" (Connell 2002, S. 10).

Bei Connell wird also gender als eine Kategorie definiert, die überhaupt immer in kulturellen und sozialen Interaktionen erst hergestellt wird: Gender gibt es nicht, gender wird gemacht. Dieses zentrale Merkmal der Wirkweise von Geschlecht beschreibt der Begriff des doing gender. Er stammt aus der Ethnologie, wurde anhand des Phänomens der Transsexualität entwickelt und schnell von den Sozialwissenschaften übernommen. Doing gender bedeutet, dass Geschlecht sowohl in alltäglichen Situationen hergestellt wird, als auch solche alltäglichen Situationen strukturiert. Das heißt, Individuen sind beim Aushandeln von Geschlecht zum einen an kulturelle und soziale Vorgaben gebunden, haben aber zum anderen auch die Handlungsfähigkeit (agency), selbst und eigenwillig an diesen Aushandlungsprozessen teilzunehmen. Aushandlung von Geschlecht ist also ein wechselseitiger Prozess zwischen uns als Individuen und dem diskursiven Bett, in dem wir liegen (vgl. Lücke 2008, S. 78; Degele 2008, S. 78-83; Holzleithner 2002, S. 72 f.).

Prozesse der Herstellung von Geschlecht als doing gender zu begreifen (auch jenseits eines Nachdenkens über die Historizität von Geschlecht), bietet bereits großes didaktisches Potenzial, da hier Chancen und gleichzeitig Grenzen menschlichen Handelns im Hinblick auf die vermeintlich natürliche Kategorie Geschlecht in den Blick geraten. So kann im Rahmen von Vermittlungs- und Lernprozessen, die den doing gender-Begriff aufgreifen, von Lernenden erkannt werden, dass Geschlecht eben nicht die unverrückbare biologische Kategorie ist, als die sie so oft erscheint. Es kann dann gefragt werden, warum es sich überhaupt lohnt, aktiv an der Umgestaltung von Geschlechterkonzepten mitzuwirken (Lücke 2008, S. 78 f.). Ein Wissen um das Prinzip von doing gender kann also bereits als wichtiger Baustein beim Umgang mit Geschlecht in der Demokratiepädagogik angesehen werden.

3. Doing gender als narrating gender: Historisches Erzählen von Geschlecht und die Erfahrbarkeit von Alterität und Historizität

Wie kann das Konzept von doing gender für historisches Lernen nutzbar gemacht werden? Hier hilft zunächst ein kurzer Blick auf den Umgang mit der Kategorie Geschlecht in der fachhistorischen Forschung. Historische Analysen zu Geschlecht verfolgen das Ziel, aufzuzeigen, dass Gender in der Geschichte in der Lage war, ganz unterschiedliche geschlechtliche Subjektivitäten, etwa Transvestiten, Frauen, Hermaphroditen, Zwitter, Eunuchen, Männer, Hetero-, Homo- und Bisexuelle zu konstruieren. Bei einer solchen bloß deskriptiven Betrachtung bleibt die Geschlechtergeschichte jedoch nicht stehen. Die Historikerin Martina Kessel präzisiert: „Allgemein formuliert, wird mit der Kategorie Geschlecht auf unterschiedliche Weise Differenz hergestellt oder abgebildet, wobei es die Aufgabe der jeweiligen Analyse ist, herauszufinden, ob, und wenn ja, in welcher Weise mit dieser Differenz Hierarchien organisiert und so unterschiedliche Phänomene wie Handlungsräume, sozialer Status, Denkhorizonte und Gefühle zugewiesen werden" (Kessel 2004, S. 376).

Gender als umfassende historisch-gesellschaftliche Differenzlinie, die Zugehörigkeiten und Ausgrenzungen organisiert, ernst zu nehmen, heißt in der fachhistorischen Forschung, stets im Blick zu behalten, wie Gender Strukturen von Macht und Ohnmacht hergestellt hat und welche Lebensbereiche dabei durchdrungen wurden (vgl. Lücke 2011, S. 218-222). Was bedeutet ein solches für die fachhistorische Forschung entworfenes Programm für den Umgang mit Geschlecht beim historischen Lernen? Historisches Lernen vollzieht sich als „Sinnbildung durch Zeiterfahrung im Modus historischen Erzählens" (Rüsen 2008, S. 75). Dieser Punkt ist ein entscheidender: Es geht bei historischem Lernen nicht darum, (geschlechterbezogene) Herrschaftsstrukturen der Vergangenheit lediglich zu analysieren. Ein solcher Vorgang wäre vermutlich nur (aber immerhin) politisches Lernen, das recht beliebig anhand von Themen aus der Vergangenheit stattfindet, und würde keinesfalls der Domänenspezifik historischen Lernens gerecht werden (vgl. Lücke 2012, S. 144 ff.). Bei historischem Lernen geht es nämlich nicht (nur) um eine reine Analyse vergangener Zugehörigkeiten und Abgrenzungen, sondern darum, Geschichten zu erzählen, die den Regeln historischen Erzählens genügen (zum Paradigma der Narrativität im historischen Lernen ausführlich Barricelli 2012, S. 255-280) und in denen sich das Erfahren der Historizität und Alterität von sozialen Differenzierungen und Ungleichheiten im narrativen Modus manifestiert (vgl. hierzu ausführlich Lücke 2012, S. 136-146).

Ein Erfahren von Alterität im Modus historischen Erzählens kann dabei das auch für die Demokratiepädagogik elementare Orientierungsbedürfnis befriedigen, dass Geschlecht in der Vergangenheit anders war als heute. Historisches Erzählen eröffnet dann also grundsätzlich die Erfahrung, dass Zugehörigkeiten und Abgrenzungen alternativ gedacht und im Modus historischen Erzählens auch alternativ erfahren werden können. Auch Geschlechterkonzepte sind dann anders denkbar, weil sie in der Vergangenheit ja bereits anders gedacht und gemacht wurden. Ein Erfahren von Historizität im Modus historischen Erzählens, also der grundsätzlichen Wandelbarkeit von Zugehörigkeiten und Abgrenzungen, eröffnet die Erfahrbarkeit, dass solche Zugehörigkeiten und Abgrenzungen tatsächlich wandelbar sind. Ein solches historisches Erzählen bietet dann die Orientierung, dass die Teilhabe und Teilnahme an gesellschaftlicher und politischer Partizipation grundsätzlich, also auch in unserer Gegenwart und für die Zukunft, wandelbar ist und im Modus historischen Erzählens auch als wandelbar erfahren werden kann. Auch das gilt für Geschlechterkonzepte: Sie sind veränderbar, weil sie bis dato immer veränderbar waren und immer wieder verändert wurden.

Historisches Lernen bedeutet also, sich vergangene Wirklichkeiten produktiv und eigen-sinnig anzueignen, indem die Lernenden selbst Geschichte(n) erzählen. Das Erzählen solcher Geschichten, in denen es – hier im Falle von Gender – darum geht, aufzudecken, wie Geschlecht vergangene Gesellschaften strukturiert hat, eröffnet die Erfahrbarkeit der Historizität und Alterität von Geschlecht – und damit auch die Erfahrbarkeit, dass Geschlecht anders gedacht werden kann und einem steten Wandel unterworfen ist.

Eine so verstandene historische Genderkompetenz fordert die Lernenden also dazu auf, über die Historizität und Alterität der scheinbar natürlichen und unverrückbaren Grundlagen von Geschlecht zu reflektieren und auf diese Weise vergangene und gegenwärtige Erzählungen über Geschlecht historisch fundiert dekonstruieren zu können (Lücke 2008, S. 234). Doing gender bedeutet für historisches Lernen dann also stets narrating gender. Im Rahmen einer solchen narrativen Kompetenz könnten in Anlehnung an die Gender-Definition von Raewyn Connell von den Lernenden Geschichten erzählt werden, die von den Möglichkeiten handeln, wie menschliche Gesellschaften mit vergeschlechtlichten menschlichen Körpern umgegangen sind und welche Bedeutung ein solcher Umgang für das persönliche Leben und das kollektive Schicksal solcher Gesellschaften hatte (vgl. Connell 2002, S. 10). Solche von den Lernenden selbst erzählte Geschichten können dann auch tatsächlich Auskunft darüber geben, ob – in Anlehnung etwa an Martin Kessels Diktum – mit der sozialen Kategorie Geschlecht machtvolle Hierarchien organisiert und sozialer Status, Denkhorizonte und Gefühle zugewiesen werden (vgl. Kessel 2004, S. 376).

Welche Geschichten können dann aber von Lernenden erzählt werden? Die Geschichtsdidaktikerin Bärbel Völkel, Vertreterin eines handlungsorientierten Ansatzes historischen Lernens (vgl. Völkel 2008), unterbreitet einen Vorschlag, der sich mit der produktiven und eigen-sinnigen Aneignung der Geschichte von weiblicher Emanzipation und deren Hindernissen im 19. und 20. Jahrhundert beschäftigt. Am Beispiel der „Kontroverse um die Frauenbildung im Umbruch vom 19. auf das 20. Jahrhundert" (Völkel 2012, S. 41) zeigt sie, dass Debatten darüber, ob Frauen der gleiche Zugang zu Bildung gestattet werden soll, heute von niemandem mehr geführt werden. Gegen Ende des 19. Jahrhunderts jedoch war das für die Zeitgenossinnen und Zeitgenossen ein überaus kontroverses Thema. Merkmal dieser Debatten war oftmals eine ähnlich naturalistische Vorstellung von Geschlecht, wie sie z.B. auch von Wilhelm Heinrich Riehl vertreten wurde. Nähert man sich im Geschichtsunterricht dieser Problematik, so geht es also darum, eine Alteritätserfahrung mit Geschlecht zu machen, aus der heraus die Wirkweise der Kategorie Geschlecht grundlegend erkannt werden kann. Völkel schlägt vor, dass die Lernenden eine Diskussionsrunde zur Zulassung von Frauen zum Universitätsstudium nachstellen. Die Schüler, die Professoren darstellen sollen, sitzen dabei in einem Innenkreis, die Schülerinnen in einem Außenkreis – reden und im Plenum Argumente vortragen dürfen jedoch nur die Schüler im Innenkreis. Argumente von Schülerinnen können nur zur Geltung kommen, wenn sie diese Argumente einem Schüler mitteilen und der dann bereit ist, die Argumente im Plenum vorzutragen. Bei einer abschließenden Abstimmung schließlich dürfen dann auch nur die Schüler/Professoren ihre Stimme abgeben. Auf diese Weise erkennen sowohl die Schülerinnen als auch die Schüler die (aus heutiger Sicht) Absurdität vergangener Geschlechterregime, indem sie eine historisch typische Situation nachspielen und so „in ‚Beziehung' treten zu Menschen vergangener Zeiten" (ebd.). Auf diese Weise erzählen sich Schülerinnen und Schüler im Rahmen der nachgestellten historischen Diskussionsrunde, welche Bedeutung die Kategorie Geschlecht für das persönliche Leben und das kollektive Schicksal solcher Gesellschaften hatte (vgl. Connell 2002, S. 10). Sie können auf diese Weise, so hofft Bärbel Völkel, zugleich für gegenwärtige Diskriminierungen im Bildungssystem sensibilisiert werden, die heute eher entlang einer Achse von Ethnie, Religion und so genanntem Migrationshintergrund verlaufen und eben nicht mehr primär entlang der Kategorie Geschlecht.

Der einzige Vorwurf, den man diesem Unterrichtssetting machen könnte, wäre, dass er ein zweigeschlechtlich-dichotomes Grundschema von Geschlecht stabilisiert. Narrating gender, das gerade die Grenzen von Zweigeschlechtlichkeit verdeutlicht, kann am Beispiel von Transvestismus und Transsexualität in der ersten Hälfte des 20. Jahrhunderts erfolgen. Die Geschichte dieser Phänomene eines Geschlechtertausches, zuletzt von Rainer Herrn umfassend dargestellt (vgl. Herrn 2005), lässt Rückschlüsse darauf zu, wie es Männern und Frauen gelingen konnte, in die Rolle des jeweils anderen Geschlechts zu ‚schlüpfen‘, mit welchen Repressionen dies nur möglich war und welche individuellen Freiräume für transvestitisch und/oder transsexuell begehrende Menschen seit dem Beginn des 20. Jahrhunderts dennoch entstehen konnten. Als Quellen für den Geschichtsunterricht stehen bei diesem Thema zum einen Selbstzeugnisse, zum anderen pathologisierende Fremdzuschreibungen der ‚Betroffenen‘ zur Verfügung, etwa sexualwissenschaftliche Texte (Material bei Herrn 2005 sowie Lücke 2008). Historisch erzählt werden kann mit diesen Quellen, indem sich Schülerinnen und Schüler im Zuge einer Perspektivenübernahme die Lebensgeschichten von transvestitisch oder transsexuell begehrenden Menschen aneignen (und nach- oder umerzählen) oder aus der Sicht sexualwissenschaftlicher Texte über diese Menschen schreiben. Auch wäre denkbar, dass auf Basis dieser Quellen eine zeitgenössische Zeitungsreportage entsteht, in der beide Perspektiven zusammengeführt werden.

4. Narrating gender als Kompetenz für eine historisch fundierte Demokratiepädagogik

Warum kann eine solche Fähigkeit von historischem narrating gender ein wichtiger Baustein für Demokratiepädagogik sein? Die Fähigkeit zu politischer Partizipation in demokratischen Gesellschaften als zentraler Arbeitsauftrag von Demokratiepädagogik beinhaltet ja zunächst Kompetenzen, mit denen Lernende den Erfahrungsraum ihrer konkreten demokratisch zu gestaltenden Gegenwart betreten können. Beate Hoecker präzisiert diesen Gedanken in Anlehnung an den Politikwissenschaftler Rainer-Olaf Schultze: „Die aktive Teilnahme am politischen Entscheidungsprozess stellt den Schlüssel zur Selbstverwirklichung des Menschen dar. Es setzt auf den Prozess des Zusammenhandelns, geht über die Sphäre des Politischen hinaus und zielt auf politisch-soziale Teilhabe in möglichst vielen Teilen der Gesellschaft" (Hoecker 2006, S. 6 nach Schultze 1995, S. 396-406).

Am politischen Prozess der Demokratie teilnehmen zu können, manifestiert sich erst durch partizipatorische Praxis, also durch das konkrete Tun. Ähnlich wie beim doing gender zeigt sich hier ein wechselseitiges Verhältnis: Partizipation muss nicht nur ganz abstrakt gelernt werden, etwa durch strenge Lektionen zu Wahlrecht oder Parteiensystem, sondern entfaltet sich vor allem ganz konkret durch aktive Teilhabe an der sozialen und politischen Realität einer Gesellschaft.

Der Politikdidaktiker Horst Biedermann präzisiert: „Kinder und Jugendliche sollen nicht nur darüber informiert werden, wie das Leben in einer parlamentarischen Demokratie funktioniert, sondern insbesondere lernen, den Prinzipien der westlichen Demokratie zuzustimmen, die Demokratie wirklich als ihre eigene Sache und sich selbst als Subjekte des politischen Prozesses zu begreifen" (Biedermann 2007, S. 23).

Ein Bestandteil von solchem Wissen, das nach Biedermann offenbar sowohl den Kopf als auch das Herz von Kindern und Jugendlichen durchdringen soll – und das zugleich aufzeigt, welche Rolle die Kategorie Geschlecht für Jugendliche als „Subjekte des politischen Systems" spielt, wäre das Verfügen über eine Genderkompetenz, mittels derer die Lernenden die Fähigkeit und Bereitschaft erwerben könnten, geschlechtergerecht politisch partizipieren zu können – und zu wollen. Dazu führt die Erziehungswissenschaftlerin Margitta Kunert-Zier aus: „Genderkompetenz meint das Wissen und die Erfahrung über die Entstehung von Geschlechterdifferenzen, über komplexe Strukturen der Geschlechterverhältnisse und ihrer Konstruktion. Durch dieses Wissen werden differenzierte Analysen z.B. der gesellschaftlichen und persönlichen Machtzugänge, der Ressourcenverteilung, der gesellschaftlichen Arbeitsteilung u.a. möglich" (Kunert-Zier 2005, S. 283).

Gerade wenn Lernende sich durch historisches Erzählen Vergangenheit als selbst erzählte Geschichte produktiv aneignen, eröffnet sich ihnen Geschichte als ein „Reflexionsraum, in dem über die grundsätzliche Zeitlichkeit der Welt nachgedacht werden kann". Wenn Lernende selbst historisch erzählen, betreten sie den Erfahrungsraum der Geschichte, „indem sie Geschichte(n) in bzw. aus ihrer Gegenwart erzählen und damit regelmäßig Einblick in ihre je individuellen Zukunftserwartungen gewähren." Dann geben Schülerinnen und Schüler „sich und ihre Haltung zur Welt zu erkennen." Historisches Lernen als (empirisch triftige) Erzählveranstaltung verweist dann immer „auf die Veränderungsbedürftigkeit der unmittelbaren Existenz" (Barricelli/Lücke 2012, S. 10 f.) – und gerade ein *narrating gender* zeigt die grundsätzliche Handlungsfähigkeit junger Menschen, sich auch in gegenwärtigen Geschlechterregimen zu positionieren – gerade weil sie beim historischen Erzählen über viel mehr sprechen als nur über ihre eigene Gegenwart. Demokratie und die spannungsreichen Anforderungen einer geschlechtergerechten Gesellschaft können dann erfahren werden durch ein historisches Erzählen über „Zugehörigkeit, Mitwirkung, Anerkennung und Verantwortung" (Edelstein/Fauser/de Haan 2005, S. 201).

Literatur

Barricelli, M. (2012): Narrativität. In: Barricelli, M./Lücke, M. (Hrsg.): Handbuch Praxis des Geschichtsunterrichts Band I. Schwalbach/Ts., S. 255-280.

Barricelli, M./Lücke, M. (2012): Einleitung. In: Barricelli, M./Lücke, M. (Hrsg.): Handbuch Praxis des Geschichtsunterrichts Band I. Schwalbach/Ts., S. 9-21.

Beutel, W./Fauser, P. (2007): Einleitung. In: Beutel, W./Fauser, P. (Hrsg.): Demokratiepädagogik. Lernen für die Zivilgesellschaft. Schwalbach/Ts., S. 7-14.

Biedermann, H. (2008): Demokratisches Lernen. In: Reinhardt, V. (Hrsg.): Inhaltsfelder der Politischen Bildung. Basiswissen für den sozialwissenschaftlichen Unterricht Bd. 3. Baltmannsweiler, S. 20-31.

Connell, R. W. (2002): Gender. An Introduction. Cambridge.

Degele, N. (2008): Gender/Queer Studies. Eine Einführung. Paderborn.

Edelstein, W./Fauser, P./de Haan, G. (2005): Magdeburger Manifest zur Demokratiepädagogik. In: Beutel, W./Fauser, P. (Hrsg.): Demokratiepädagogik. Lernen für die Zivilgesellschaft. Schwalbach/Ts., S. 200 ff.

Frevert, U. (1995): Mann und Weib und Weib und Mann. Geschlechterdifferenzen in der Moderne München, S. 61-132.

Herrn, R. (2005): Schnittmuster des Geschlechts. Transvestismus und Transsexualität in der frühen Sexualwissenschaft. Gießen.

Hoecker, B. (Hrsg.) (2006): Politische Partizipation zwischen Konvention und Protest. Eine studienorientierte Einführung. Opladen.

Holzleithner, E. (2002): Doing Gender. In: Kroll, R. (Hrsg.): Lexikon Gender Studies/Geschlechterforschung. Stuttgart, S. 72 f.

Kessel, M. (2004): Heterogene Männlichkeit. Skizzen zur gegenwärtigen Geschlechterforschung. In: Jaeger, F. et al. (Hrsg.): Handbuch der Kulturwissenschaften. Bd. 3: Themen und Tendenzen. Stuttgart, S. 372-384.

Lücke, M. (2007): Unnatürliche Sünden – lasterhafte Lustknaben. Didaktische Aspekte einer Geschichte von Männlichkeit und Sexualitäten am Beispiel von Homosexualität und männlicher Prostitution. In: Lundt, B./Völkel, B. (Hrsg.): Outfit und Coming-Out. Geschlechterwelten zwischen Mode, Labor und Strich. Historische Geschlechterforschung und Didaktik – Ergebnisse und Quellen Bd. 1. Hamburg, S. 127-159.

Lücke, M. (2008): Walk on the wild side. Genderkompetenz, Zeitgeschichte und Historisches Lernen. In: Barricelli, M./Hornig, J. (Hrsg.): Aufklärung, Bildung, Histotainment. Zeitgeschichte in Unterricht und Gesellschaft heute. Frankfurt/M., S. 223-236.

Lücke, M. (2011): Halbe Kraft voraus. Überlegungen während einer Suche nach dem Ort von Gender in der Geschichtsdidaktik. In: Barricelli, M./Becker, A./Heuer, C. (Hrsg.): Jede Gegenwart hat ihre Gründe. Geschichtsbewusstsein, historische Lebenswelt und Zukunftserwartung im frühen 21. Jahrhundert. Festschrift für Hans-Jürgen Pandel zum 70. Geburtstag. Schwalbach/Ts., S 214-226.

Lücke, M. (2012): Diversität und Intersektionalität als Konzepte der Geschichtsdidaktik. In: Barricelli, M./Lücke, M. (Hrsg.): Handbuch Praxis des Geschichtsunterrichts. Band I. Schwalbach/Ts., S. 136-146.

Kunert-Zier, M. (2005): Erziehung der Geschlechter. Entwicklungen, Konzepte und Genderkompetenz in sozialpädagogischen Feldern. Wiesbaden.

Rüsen, J. (²2008): Historisches Lernen. Grundlagen und Paradigmen. Schwalbach/Ts.

Schultze, R.-O. (1995): Partizipation. In: Nohlen, D./Schultze, R.-O. (Hrsg.): Politische Theorien. Lexikon der Politik Bd. 1. München, S. 396-406.

Völkel, B. (²2008): Handlungsorientierung im Geschichtsunterricht. Schwalbach/Ts.

Völkel, B. (2012): Handlungsorientierung. In: Barricelli, M./Lücke, M. (Hrsg.): Handbuch Praxis des Geschichtsunterrichts. Band II. Schwalbach/Ts., S. 37-49.

Ines Pohlkamp

„Le Chaim – Auf das Leben." Einblicke in die geschlechtersensible Pädagogik

Eine junge Frau berichtete auf dem festlichen Empfang des Bremer Mädchen-hauses[1] im Frühjahr 2012 selbstbewusst, dass sie als Jugendliche in der Mädchen-wohngruppe dieser Einrichtung unterstützt wurde. Dank dieser Hilfestellung habe sie den Mut wiedergefunden und die Rahmenbedingungen erhalten, ihren Lebensweg eigenständig gestalten zu können. Analoge Erfahrungen sind in dem gesamten Komplex der geschlechtersensiblen Pädagogik häufig zu finden, denn Mädchen, Jungen, trans-idente Personen[2] und andere Geschlechter[3] werden in die-sen pädagogischen Settings jenseits beschleunigender Konventionen aus Bildung und Pädagogik ernst genommen und erhalten Räume, ihre Handlungsmacht (wieder)zuerlangen und ihre Persönlichkeit (weiter)zuentwickeln. Geschlechter-sensible Pädagogik trägt zur Lebensfreude, zum Glück, zur Zufriedenheit und zur Zuversicht der Klientel bei. Dabei stehen die Kritik an der Gewaltförmigkeit der Geschlechterverhältnisse sowie die Freiheit geschlechtlicher Zugehörigkeiten, sexueller Orientierungen und geschlechtlicher Ausdrucksweisen im Mittelpunkt. In diesem Sinne passt der jüdische Ausruf und Trinkspruch ‚Le Chaim – Auf das Leben!' zum hier vorgestellten Konzept der geschlechtersensiblen Pädagogik, denn sie hat zum Ziel, zur Lebensfreude aller beizutragen, und öffnet dabei für viele Kinder und Jugendliche neue Wege.

Geschlechtersensible Pädagogik existiert seit über 30 Jahren in Deutschland.[4] Heute hat sie sich ausdifferenziert und etabliert, d.h. dass sich die Ansätze in ihren theoretischen Grundlagen, Paradigmen, Praxen und Zielen durchaus

---

1   www.maedchenhaus-bremen.de [letzter Abruf: 23. August 2012].

2   Mit trans-identen Personen sind Kinder und Jugendliche gemeint, die sich keinem Geschlecht eindeutig zugehörig fühlen oder ein Geschlecht anstreben, was nicht ihrem Geburtsgeschlecht entspricht.

3   Dazu zählen beispielsweise intersexuelle Personen, Drag Queens, Drag Kings, Crossdresser_innen Transsexuelle, Transgender-Personen etc. Die Bezeichnungen kennzeichnen verschiedene Formen sozialer Konstruktionen geschlechtlicher Nonkonformität.

4   Vgl. „Entwicklungen in der geschlechtsbezogenen Pädagogik" von Margitta Kunert-Zier (2005, S. 21-82). Die Namen dieser Pädagogik sind zahlreich, wobei sich dahinter verschiedene, z.T. auch überlappende Konzepte verbergen. So existieren die Bezeichnungen ‚geschlechterreflektierend', ‚geschlechtsbezogen', ‚Gender- oder Geschlechterpädagogik' oder auch ‚geschlechtergerechte Pädagogik'. Ich bevorzuge in diesem Artikel den Begriff der ‚geschlechtersensiblen Pädagogik', um

unterscheiden. Zur geschlechtersensiblen Pädagogik zählen die verschiedenen Angebote der Mädchen- und Jungenarbeit, Konzepte der (außer)schulischen reflexiven Koedukation[5], Cross-Work-Ansätze[6] sowie Aus- und Weiterbildungen zur geschlechtersensiblen Fachkraft (vgl. Autor_innenkollektiv DGB-Jugend NDS-HB-SAN 2012, LAG-Mädchenarbeit NRW 2012, Busche et al. 2010, Drogand-Strud/Rauw 2010, Drogand-Strud/Rauw 2005, Glücks/Ottemeier-Glücks 1994). Die Ansätze werden in der Schule, in den Einrichtungen der Jugendhilfe und Jugendbildung sowie in Verbänden und Vereinen unterschiedlich aufgegriffen. Kernthemen geschlechtersensibler Pädagogik sind dabei traditionell Geschlecht, Körper, Gefühle, Sexualität, Kommunikation, Konflikte, Interaktionen, Gewalt und Diskriminierung aufgrund von Geschlecht und Sexualität.

Aus dieser Vielfalt und Unterschiedlichkeit bietet dieser Artikel einführende Einblicke in eine geschlechtersensible Pädagogik innerhalb der politischen Bildung. Dabei beziehe ich mich wesentlich auf Konzepte und Arbeitsweisen der Heimvolkshochschule Alte Molkerei Frille. In dieser Einrichtung der politischen Jugend- und Erwachsenenbildung wurde die geschlechtersensible Pädagogik maßgeblich initiiert und ausgehend von ihr über drei Jahrzehnte geprägt (vgl. Glücks/Ottemeier-Glücks 1994, Rauw et al. 2001, Busche et al. 2010).[7] Dieser emanzipatorische Ansatz der ‚Friller Schule'[8] will zur geschlechtergerechten, demokratischen Teilhabe aller und zur Kritik hierarchischer Geschlechterverhältnisse beitragen.[9] Im Folgenden stelle ich ausgewählte theoretische Grundlagen dieser Herangehensweise vor und entfalte darauf aufbauend das Selbstverständnis dieser geschlechtersensiblen politischen Bildung, um Anknüpfungspunkte für ein demokratiepädagogisches Weiterdenken zu bieten.

---

jene pädagogischen Prozesse und Konzepte zu bezeichnen, in denen sich diese mindestens für die soziale Kategorie Geschlecht differenzsensibel und reflexiv zeigt.

5 Reflexive Koedukation bezeichnet die geschlechterreflektierende Arbeit in mehrgeschlechtlichen Settings. Dieser Ansatz bezieht sich zumeist auf Schule (vgl. Faulstich-Wieland 1994); wird aber zusehends mehr auch auf außerschulische Pädagogik angewendet (vgl. Maikowski/Busche 2010).

6 Cross-Work Pädagogik bezeichnet die Arbeit von Frauen mit Jungengruppen, bzw. von Männern mit Mädchengruppen, aber auch von Transpersonen mit einer Mädchen- oder Jungengruppe (vgl. LAG-Mädchenarbeit NRW 2012).

7 Die Heimvolkshochschule Alte Molkerei Frille wurde 2011 als Einrichtung in autonomer Trägerschaft nach über 30 Jahren aus finanziellen Gründen geschlossen. Die Fachkräfte sind – wie die Autorin selbst – weiterhin in anderen pädagogischen Fachkreisen aktiv (bspw. Gender Institut Bremen).

8 Was hier als ‚Friller Schule' bezeichnet wird, ist vor allem ein Produkt aus den Diskussionsprozessen und Erfahrungen der geschlechtersensiblen Jugendbildung und der Fortbildungen in geschlechtersensibler Pädagogik, Bildung und Beratung von 2007 bis 2011.

9 Er ist aufgrund dieser geschlechterpolitischen Ausrichtung von Ansätzen zu unterscheiden, die zweigeschlechtlich argumentieren und deren Ziel (vorrangig) der Ausgleich zwischen zwei Geschlechtern ist. Dazu zählen beispielsweise die Mädchenbildung der 50er- und 60er Jahre in der BRD und auch verschiedene aktuelle Ansätze der Geschlechterpädagogik.

1. Geschlechtertheoretische Überlegungen

Ausgangspunkt für diesen in den 1980er-Jahren der BRD entstandenen pädagogischen Ansatz war die Erkenntnis, dass Mädchen und Jungen mit jeweils anderen Lebenslagen, mit verschiedenen Geschlechterstereotypen und mit unterschiedlichen Diskriminierungs- und Gewalterfahrungen konfrontiert sind. Jugendarbeit und Jugendhilfe hatten bis dato die Bedürfnisse und die Interessen von Mädchen nicht berücksichtigt. Die Erkenntnis, „Jugendarbeit ist Jungenarbeit" trug dazu bei, die Praxis der Jugendarbeit aus feministischer, frauenpolitischer Perspektive insgesamt zu hinterfragen. Es entstanden deshalb erste Ansätze feministischer und interkultureller Mädchenarbeit. Erst ca. ein Jahrzehnt später entwickelte sich schließlich auch die Jungenarbeit, und so entstand der Begriff der „geschlechtsbezogenen Pädagogik", der zunächst für die Parallelität von Mädchen- und Jungenarbeit stand (vgl. Glücks/Ottemeier-Glücks 1994). Geschlechtersensible Pädagogik löst damit (bis heute) die Idee einer vermeintlich geschlechterneutralen Erziehung ab. Ihre theoretischen Grundlagen stammten aus der feministischen Theorie sowie später aus den Erkenntnissen kritischer Männlichkeitsforschungen. Die soziale Konstruktion von Geschlecht und die Zweigeschlechtlichkeit waren die wesentlichen theoretischen Bezugspunkte für pädagogische Interventionen. Gegenstand der Kritik war die gewaltsame, hierarchische Struktur der Geschlechterverhältnisse, wobei die Geschlechterdifferenz selbst, also die Existenz von Männern und Frauen, nicht infrage gestellt wurde.

Am Anfang des neuen Jahrtausends zeichnete sich aber eine Wende in der geschlechtersensiblen Pädagogik ab: Kritische Pädagog_innen[10] machten mit Bezug auf Erkenntnisse aus queer-feministischen[11] Perspektiven sowie auf der Basis eigener Praxiserfahrungen darauf aufmerksam, dass sich die geschlechtersensible Pädagogik heteronormativitäts- und identitätskritischen sowie intersektionalen Perspektiven öffnen muss (vgl. z.B. Busche et al. 2010, LAG Mädchenarbeit 2009, Hartmann 2007, Jagose 2001, Fritzsche et al. 2001). Diese theoretischen Konzepte stellen wesentliche theoretische Grundzüge der queer-feministischen Pädagogik der ‚Friller Schule' dar:

---

10 Die Unterstrich-Schreibweise, der sog. Gender Gap (Pädagog_innen) löst in diesem Artikel die feministische Binnen-I-Schreibweise (PädagogInnen) ab. Der Unterstrich steht als symbolische Leerstelle für andere Geschlechter jenseits von Frauen und Männern, wie bspw. Transgender, Intersexuelle, Transsexuelle (vgl. Hermann 2003).

11 Ansätze queer-feministischer Pädagogik – so sei an dieser Stelle angedeutet – berufen sich zugleich auf Erkenntnisse feministischer Theorien und der Queer Theory. Queer ist ein Begriff, der als unbestimmtes Konzept sowie als offene Analysekategorie genutzt wird und sich einer klaren Definition entzieht. Allein der Versuch ist nach Annamarie Jagose ein Missverstehen seiner Aussage verweist der Begriff auf zentrale Konzepte der Queer Theory wie die Heteronormativitäts- und Identitätskritik (vgl. Butler 1991; Jagose 2001, Rauchhut 2008).

Heteronormativitätskritik

Das theoretische Konzept der Heteronormativität beschreibt in diesem Zusammenhang jenes Machtgefüge, in dem Zweigeschlechtlichkeit – also eine scheinbar natürliche Existenz von Frauen und Männern – und Heterosexualität als dominantes Machtverhältnis anerkannt sind (vgl. Hartmann 2007, LAG Mädchenarbeit NRW 2009). Heteronormativitätskritik stellt die Dominanz und Existenz eindeutiger Geschlechter ebenso wie die von eindeutigen sexuellen Orientierungen infrage. Heteronormativitätskritische Inhalte können in der geschlechtersensiblen Pädagogik an zahlreichen Stellen implementiert werden. Dies ist besonders wirkungsvoll, wenn z.b. zentrale Konzepte wie Familie, Sexualität sowie Berufs- und Lebensplanung normativitätskritisch hinterfragt werden. Nehmen wir das Beispiel des Familienbegriffs: Zumeist bedeutet Familie in pädagogischen Kontexten Mutter/Vater/mindestens ein Kind. Positionen jenseits dieser Auffassung einer heterosexuellen Kleinfamilie werden ignoriert oder als das Besondere oder als Anormalität markiert. So kann die Antwort auf die Frage *„Welchen Beruf hat dein Vater?"* für viele Kinder und Jugendliche zu einer unlösbaren oder (nicht intendiert) beschämenden Aufgabe werden, weil sie beispielsweise den Vater nicht kennen oder weil sie zwei Mütter haben und den Samenspender nicht kennen, weil ihr Vater abgeschoben worden ist und sie nicht wissen, ob er wieder einen Beruf ausübt. Das Konzept der Familie ist somit aus der normativen Folie zu lösen, denn Leerstellen sind in zahlreichen pädagogischen Settings nicht die Ausnahme, sondern ebenso der Regelfall pädagogischen Arbeitens. Diese sind trotz und wegen ihrer Brüchigkeit zu thematisieren und in den alltäglichen pädagogischen Prozess zu implementieren. Diese in Fragen, Übungen, Bildern, Arbeitsaufgaben, Lehrbüchern etc. nicht nur als Ausnahme zu berücksichtigen, ist ein erster Schritt hin zu heteronormativitätskritischem Handeln. Die zentralen Kategorien geschlechtersensibler Pädagogik sind somit Geschlecht und Sexualität.[12]

Identitätskritik?!

Geschlechtersensible Pädagogik befasst sich auch mit geschlechtlichen und sexuellen Identitätsentwicklungen von Kindern und Jugendlichen. Sie trägt dazu bei, dass jede Person sich mit Blick auf Geschlecht und Sexualität frei entfalten darf und die eigenen Grenzen sowie die anderer akzeptieren lernt. Die Absicht einer

---

12 Historisch hat sich die geschlechtersensible Pädagogik durchaus um Sexualität als soziale Kategorie ‚gekümmert'. Beispielsweise wurden sexualpädagogische Konzepte entwickelt und Heterosexualität (zumeist von lesbischen Mädchenarbeiter_innen) thematisiert. Die hier vorgeschlagene Einbeziehung der Kategorie Sexualität löst damit diese Entwicklung aus ihrer Position der ‚Sonderstellung' und platziert die machtkritischen Auseinandersetzungen um Heterosexualität/ Heteronormativität in den Kanon dieser Pädagogik.

queer-feministischen Praxis ist es, einengende und festschreibende Geschlechter-
identitäten zu reflektieren und sie – wenn dies erwünscht ist – zu erweitern. Dies
bedeutet für die Praxis, von der Vorstellung Abstand zu nehmen, dass geschlechtliche Identitäten linear und unveränderlich sind. Ein Kollege aus der Beratung für
(von Gewalt betroffenen) Jungen zeigte sich im Fachgespräch verwundert über
die immer wiederkehrende Annahme von Pädagog_innen, dass eindeutige Verge-
schlechtlichungsprozesse von Leid und Sorge befreit seien. Wenn also ein Junge
nur richtig Mann werden könne, habe dieser keine Probleme. Dass aber gerade die
Entwicklungen zum Jungen (so die Erfahrung aus seiner Praxis der Jungenarbeit)
von vielen psychischen und physischen Normen beeinflusst sind, die Einschränkungen und Leid mit sich bringen, werde häufig ausgeblendet. Gleiches gilt m.E.
auch für die Ambivalenzen zahlreicher Erfahrungen der Mädchen-Sozialisation.[13]
Identitätskritische Perspektiven einzunehmen bedeutet dann, die Brüche, die
Vielschichtigkeit und die noch unentdeckten Dimensionen von Geschlecht und
Sexualität in den Blick zu nehmen und eine professionelle Offenheit jenseits
vereindeutigenden Differenzdenkens annehmen zu können. Identitätskritisches
Arbeiten sieht somit von der geschlechtlichen und sexuellen Festlegung von au-
ßen ab und lässt jenen Formen von Geschlechtlichkeit und sexuellem Begehren
Raum, die sich in der Begegnung zeigen und sich dabei nicht in der zweige-
schlechtlichen und homo-/heterosexuellen Differenz erschöpfen (müssen).

Antirassistische und intersektionale Perspektiven

Neben den heteronormativitäts- und identitätskritischen Öffnungen hat die
geschlechtersensible Pädagogik zu Beginn des Jahrtausends Gewicht auf antirassistische Perspektiven von Geschlecht und Sexualität gelegt. Antirassistische
Konzepte setzen sich mit dem Verhältnis von Geschlecht und Ethnizitäten auseinander (vgl. Raburu-Eggers 1999, Bremer JungenBüro/bdp-Mädchenkulturhaus
2004, Arapi/Lück o.J., Akka/Pohlkamp 2007, Busche et al. 2010). In diesen
Praxisansätzen werden vor allem antirassistische Inhalte und Themen oder gezielt
empowerende Angebote für migrantische Zielgruppen innerhalb der geschlechtersensiblen Pädagogik positioniert. Im Bielefelder Projekt ‚girls act' erweiterte der
‚Bielefelder Mädchentreff' seine bisherige Arbeit in Projekten um die antirassistische Perspektive (vgl. Arapi/Lück o.J.), und im Bremer Projekt ‚respect' wurde
in den Schulklassen zu Themen wie Geschlechtergerechtigkeit, Alltagsrassismen,
Alltagssexismen/sexuelle Gewalt, deutsche Kolonialgeschichte sowie Rassismus

---

13 Auch in der Ausbildung zur geschlechtersensiblen Fachkraft werden die eigenen biografischen sowie
die strukturellen Herstellungsprozesse von Geschlecht und Sexualität thematisiert. In diesen biografischen Auseinandersetzungen zeigt sich, dass sich eine vermeintliche geschlechtliche Eindeutigkeit
als Mann oder Frau, als hetero- oder homosexuelle Orientierung in der Reflexion oft als brüchiger
und vielschichtiger erweist, als zuvor vermutet.

an Schulen gearbeitet (vgl. Bremer JungenBüro/bdp-Mädchenkulturhaus 2004, Akka/Pohlkamp 2007). Mit diesen Konzepten wurden in der geschlechtersensiblen Praxis der Mädchen- und Jungenarbeit erstmalig intersektionale Perspektiven eingenommen. Intersektionalität ist zugleich eine sozialwissenschaftliche Analysekategorie und ein Ausdruck für mehrdimensionale Subjektpositionen, die sich auf multiple Machtverhältnisse beziehen (vgl. Crenshaw 1991, McCall 2005). Das bedeutet, dass keine Person auf ihr Geschlecht reduziert werden kann, sondern eine Person immer mehrfach zugehörig (zu Religion, Ethnizität, sozialer Klasse, Behinderung-Nicht-Behinderung etc.) ist. Geschlecht (Frau, Mann, Transgender[14], Intersexuelle_r[15] etc.)[16] und Sexualität (Bisexualität, Asexualität, Homosexualität, Heterosexualität etc.) als primäre soziale Kategorien geschlechtersensibler Pädagogik sind strukturell und subjektiv immer intersektional, das heißt mit anderen sozialen Kategorien verbunden zu denken, denn sie bedingen sich gegenseitig (vgl. Winkler/Degele 2010, Dietze et al. 2007). In der Praxis stellt die Beachtung dieser multiplen Wirklichkeiten bislang eine Herausforderung dar. Denn das Wissen um diese Themen, die Erfahrungen mit Mehrfachdiskriminierungen und Mehrfachzugehörigkeiten sind bislang noch wenig in die konzeptionelle Erarbeitung geschlechtersensibler Pädagogik eingegangen. Diese ersten Auseinandersetzungen um zentrale theoretische Lernfelder veranschaulichen, dass sich die geschlechtersensible Pädagogik selbst in einem Prozess ständiger Veränderung befindet.

---

14 Transgender ist die Bezeichnung für jene Geschlechter, die sich nicht einem eindeutigen Geschlecht zugehörig fühlen. Sie wird häufig als Oberbegriff für die Diversität geschlechtlicher Nonkonformität genutzt.

15 Intersexualität ist ein medizinischer Fachbegriff, der alle körperlichen Abweichungen aufgreift, aufgrund derer Geschlechtsmerkmale nicht eindeutig klassifiziert werden können. Veraltete Bezeichnungen sind Zwitter und Hermaphrodit. Der Begriff ‚intersexuell' wird aufgrund seiner pathologisierenden Bedeutung nur eingeschränkt als geschlechtliche Selbstbezeichnung genutzt.

16 Die Klammer enthält geschlechtliche Markierungen, die über zwei Geschlechter hinausweisen. Trotzdem ist zu berücksichtigen, dass alle Begriffe die Subjekte auf ihre geschlechtliche Position reduzieren.

2. Annäherung an eine geschlechtersensible politische Bildung

In diesem Abschnitt werden zentrale Facetten der geschlechtersensiblen politischen Bildung der ‚Friller Schule' aufgegriffen. Dieses subjektorientierte Selbstverständnis bietet einen weiten Politikbegriff und legt Wert auf die Dimension der Differenzsensibilität.[17] Was diese Akzentuierung bedeutet, wird im Folgenden vorgestellt.

Der geschlechtersensiblen politischen Bildung liegt ein breit angelegter Begriff von Politik zugrunde. Politisches Handeln vollzieht sich in diesem Sinne auch in den gemeinsamen und unterschiedlichen Entscheidungsprozessen innerhalb einer sozialen Gruppe. In ihr finden Aushandlungsprozesse statt, in denen Partizipation, demokratisches Entscheiden und das Leben als ein „in Beziehung leben mit anderen" zum Thema gemacht werden. Anliegen dieser politischen Bildung ist, die Kinder und Jugendlichen in ihrer Subjektposition anzuerkennen und sie in der Entwicklung ihrer politischen Mündigkeit zu begleiten und ggf. zu bestärken. Die Ziele dieser politischen Bildung liegen demzufolge vor allem in der Persönlichkeitsentwicklung der Einzelnen in der Gruppe, in der gemeinsamen Erfahrung und der Reflexion von Erfahrungen. Politische Praxis ist vor allem die Frage danach, wie das eigene Leben nach den eigenen Bedürfnissen gestaltet werden kann und welche Bedeutung in diesem Zusammenhang Gleichheit und Solidarität sowie die gesellschaftlichen Machtverhältnisse wie Heteronormativität, Rassismus und Klassismus haben (vgl. Schwichtenberg/Sott 2012).

Deshalb liegen die Anknüpfungspunkte für die geschlechtersensible politische Bildung in subjektorientierten Zugängen, in denen die persönlichen Begegnungen im Mittelpunkt der Auseinandersetzung stehen. Darin können die Teilnehmenden sich mit ihren Bedürfnissen, ihren Erfahrungen und ihren Fragen einbringen. Die politischen Praxen sind oftmals ein Effekt dieser Begegnung und der Auseinandersetzungen, aber nicht ihr vorrangiges Ziel.

Politische Praxis beschränkt sich dabei nicht auf zivilgesellschaftliches Engagement und parlamentarische Politik. Unter „Politikmachen" wird dabei jenes gesellschaftliche Engagement verstanden, das die Kinder und Jugendlichen vor Ort zur Durchsetzung ihrer Interessen entwickeln oder bereits entwickelt haben, sodass an ihre Praxen angeknüpft werden kann. Politik „machen" sie beispielsweise in lokalen Bündnissen in der Schule, in Aktionstagen im Stadtteil, in Internetforen und in Blogs, auf Twitter, auf Demonstrationen, durch Plakate oder auf Facebook. Insgesamt ist die Vielfalt der Subjekte und die Vielfalt der politischen

---

17 Hierfür ist interessant, dass sich diese Pädagogik wesentlich aus der Praxis entwickelt und immer wieder auf diese bezogen hat. Dazu sind immer wieder die jeweiligen theoretischen Erkenntnisse eingeflossen. Das heißt, die folgenden Überlegungen stammen aus zahlreichen Auseinandersetzungen aus der Arbeit mit der Klientel, innerhalb der geschlechtersensiblen Teams und in Fachgesprächen mit anderen Expert_innen der politischen Bildung.

Praxen jenseits formal-demokratischer Strukturen anzuerkennen und als partizipatives „Politikmachen" zu begreifen.

Dieser geschlechtersensiblen und subjektorientierten Bildungsarbeit wohnt aber
nicht nur ein offener Politikbegriff und ein dynamisches Verständnis von „Politikmachen" inne, sondern sie ist im Kern auch ein Ausdruck eines veränderten
Subjektverständnisses. Das Subjekt wird in dieser queer-feministisch begründeten
Bildungsarbeit identitätskritisch zunächst der Starrheit einer (geschlechtlichen,
ethnischen, sozialen) Zugehörigkeit und Stigmatisierung entledigt. Keine Person
wird beispielsweise auf eine geschlechtliche, ethnische oder soziale Zugehörigkeit
reduziert. Darüber hinaus wird das Subjekt nach Michel Foucault als eine Mate-
rialisierung gesellschaftlicher Machtverhältnisse verstanden. Dabei ist die Macht
nach Foucault produktiv in dem Sinne, dass sie Wirklichkeiten erst entstehen
lässt und keinesfalls nur repressiv oder destruktiv auftritt (vgl. Foucault 2005).
Diese Machtverhältnisse lagern sich in die Subjekte ein, die gleichsam diese Verhältnisse mitgestalten. Kinder, Jugendliche und pädagogische Fachkräfte werden
in diesem paradoxen Sinne zu Produkten und zu Akteur_innen dieser Machtverhältnisse. Sie sind in dieser Ambivalenz Ausgangspunkt und vorrangiges Ziel der
geschlechtersensiblen politischen Bildungsarbeit. Persönlichkeitsentwicklung und
politische Teilhabe sind damit auch immer Auseinandersetzungen um Machtverhältnisse. Außerdem verändert dieses Subjektverständnis die Wahrnehmung der
Differenz, welche in die Subjekte, in das Denken und in die Wahrnehmung ein-
geschrieben ist. Das auf Differenz beruhende Wahrnehmen findet in Binaritäten
wie Mann-Frau, Täter-Opfer, deutsch-migrantisch, krank-gesund statt. Differenzen
sind dabei sowohl Diversitäts- als auch Ungleichheitsmarker. Deswegen gehe ich
abschließend gezielt auf die Notwendigkeit der Fähigkeit zur Differenzsensibilität
der pädagogischen Fachkraft ein.

Die Fachkraft selbst wird mit ihrer Geschlechterkompetenz und ihrer professionellen Haltung zum Dreh- und Angelpunkt eines differenzsensiblen Angebots.
Der Kern ihrer pädagogischen Professionalität liegt in der Fähigkeit zur Differenzsensibilität, die ein diskriminierungsarmes Handeln in der Begegnung ermöglicht:
Differenzsensible Pädagog_innen sind achtsam gegenüber stereotypen Zuschrei-
bungsprozessen. Sie thematisieren Verletzungen und Ausgrenzungserfahrungen
und erkennen vor allem Situationen, in denen Subjekte aufgrund von Ethnizität,
Geschlecht, Behinderung, Körper, Sexualität und Religion auf ihre Zugehörigkeit
reduziert und/ oder diskriminiert werden. Hierfür besitzen sie Handlungsoptionen, um in dem Prozess zu intervenieren. Und sie sind in der Lage, Mehrfachzugehörigkeiten anzuerkennen. Um diese Praxis durchführen zu können, müssen
eigene Selbstverständlichkeiten, eigene Ressentiments und die eigenen blinden
Flecken – wenn möglich – in den Blick genommen werden. Differenzsensibilität
bedeutet vor diesem Hintergrund die Aneignung von (Geschlechter-)Wissen,
die Anerkennung von Diversität, die Fähigkeit zur Selbstreflexion in Bezug auf

Ungleichheitskategorien sowie die Auseinandersetzung mit eigenen biografischen Erfahrungen von Differenz. Die Fähigkeit zur Differenzsensibilität ist der grundlegende Ausgangspunkt für eine Fachkraft in der geschlechtersensiblen politischen Bildung.[18]

Die hier skizzierten Einblicke in die geschlechtersensible politische Bildung bieten erste Impulse für ein demokratiepädagogisches Weiterdenken an. Dazu zählen u.a. die Offenheit des Politikverständnisses, die Auseinandersetzungen mit dem Subjekt, das Gewicht der Differenzsensibilität und die Integration der Persönlichkeitsentwicklung in die politische Bildung. Mit Blick auf die Zukunft wäre es ein Gewinn, wenn Demokratiepädagogik und geschlechtersensible politische Bildung in einen dialogischen Austausch treten, um gemeinsam (noch mehr) Kinder- und Jugendliche in ihrer Persönlichkeitsentwicklung zu begleiten, ihren Fragen Raum zu geben und sie in ihrem gesellschaftspolitischen Engagement stärken zu können.

Literatur

Akka, A./Pohlkamp, I. (2007): Pädagogik der Oberfläche. Gender und Ethnizitäten in der antirassistischen Mädchen- und Jungenarbeit. In: Riegel, C./Geisen, T. (Hrsg.) (2007): Jugend, Zugehörigkeit und Migration. Wiesbaden, S. 323-349.

Arapi, G./Lück, M. S. (o.J.): Mädchenarbeit in der Migrationsgesellschaft. Eine Betrachtung aus antirassistischer Perspektive. Download: www.maedchentreff-bielefeld.de/download/girlsactbuchkomplett.pdf; abgerufen am 13.08.2012.

Autor_innenkollektiv; DGB-Jugend NDS-HB-SAN (2012): Geschlechterreflektierende Bildungsarbeit. (K)eine Anleitung. Hintergründe-Haltungen-Methoden. DGB-Jugend Region Südniedersachsen-Harz.

Bremer JungenBüro/BDP-Mädchenkulthaus (2004): „respect" antirassistische jungen- und mädchenarbeit – gegen ausgrenzung und gewalt [Projektdokumentation]. Download: http://www.bremerjungenbuero.de/respect.html; abgerufen am 13.08.2012.

Busche, M./Maikowski, L./Pohlkamp, I./Wesemüller, E. (Hrsg.) (2010): Feministische Mädchenarbeit weiterdenken. Zur Aktualität einer bildungspolitischen Praxis, Bielefeld.

Busche, M./Maikowski, L. (2010): Reflexive Koedukation revisited. Mit Geschlechterheterogenität umgehen. In: Busche et al. (Hrsg.): Feministische Mädchenarbeit weiterdenken. Bielefeld, S. 161-180.

Butler, J. (1991): Unbehagen der Geschlechter. Frankfurt/M.

Butler, J. (2009): Die Macht der Geschlechternormen und die Grenzen des Menschlichen. Frankfurt/M.

Crenshaw, K. (1991): Mapping the Margins. Intersectionality, Identity Politics, and Violence Against Women of Color. Download: http://www.peopleofcolororganize.com/wp-content/uploads/pdf/mapping-margins.pdf; abgerufen am 08.08.2012.

Dietze, G. et al. (Hrsg.) (2007): Gender als interdependente Kategorie. Neue Perspektiven auf Intersektionalität, Diversität und Heterogenität. Opladen.

---

18 Darauf aufbauend erfolgt die didaktische und konzeptionelle Umsetzung der Überlegungen in die Praxis. Dabei besteht zwischen Theorie und Praxis immer wieder ein möglichst egalitäres Verhältnis: Die Theorie wirft sowohl die Praxis in die Krise und die Praxis wirft ebenso die Theorie in die Krise, wobei wichtig ist, dass sie in Beziehung zueinander gedacht werden.

Drogand-Strud, M./Rauw, R. (2005): Geschlechtsbezogene Pädagogik in der Offenen Jugendarbeit. In: Deinet, U.h/Sturzenhecker, B. (Hrsg.): Handbuch Offene Kinder- und Jugendarbeit. Wiesbaden, S. 167-179.

Drogand-Strud, M./Rauw, R. (2010): 20 Jahre, sechs Bausteine, mehr als zwei Geschlechter und mindestens ein Paradox. Veränderung und Kontinuität in der geschlechterbezogenen Weiterbildungsreihe der „Alten Molkerei Frille". In: Busche et al. (2010): Feministische Mädchenarbeit weiterdenken. Bielefeld, S. 263-287.

Faulstich-Wieland, H. (1994): Reflexive Koedukation. Zur Entwicklung der Koedukationsdebatte in den Bundesländern. In: Bracht, U./Keiner, D. (Hrsg.): Geschlechterverhältnisse und die Pädagogik. Frankfurt/M., S. 325-342.

Foucault, M. (2005): Analytik der Macht. Frankfurt/M.

Fritzsche, B./Hartmann, J./Schmidt, A./Tervooren, A. (Hrsg.) (2001): Dekonstruktive Pädagogik. Erziehungswissenschaftliche Debatten unter poststrukturalistischen Perspektiven. Opladen.

Glücks, E./Ottemeier-Glücks, F. G. (1994): Geschlechtsbezogene Pädagogik. Münster.

Herrmann, S. K. (2003): Performing the Gap. Queere Gestalten und geschlechtliche Aneignung. In: Arranca Nr. 28, S. 22-26.

Jagose, A. (2001): Queer Theory. Eine Einführung. Berlin.

LAG Mädchenarbeit NRW (Hrsg.) (2009): Queer! Wie geht nicht heteronormative Mädchenarbeit? betrifft mädchen 02/2009.

LAG Mädchenarbeit NRW (Hrsg.) (2012): Das Kreuz mit Cross Work!? Genderreflektierte Pädagogik von Männern mit Mädchen und von Frauen mit Jungen. betrifft mädchen 03/2012.

McCall, L. (2005): The Complexity of Intersectionality. In: Signs. Journal of Women in Culture and Society, Vol. 30/3, 1771-1800.

Raburu-Eggers, M. M. (1999): Antirassistische Mädchenarbeit. Sensibilisierungsarbeit bezogen auf Rassismus mit Mädchen und Frauen. Kiel.

Rauchhut, F. (2008): Wie queer ist Queer? Sprachphilosophische Reflexionen zur deutschsprachigen akademischen Queer-Debatte. Königstein/Taunus.

Rauw, R./Jantz, O./Reinert, I./Ottemeier-Glücks, F. G. (Hrsg.) (2001): Perspektiven geschlechtsbezogener Pädagogik. Opladen.

Schwichtenberg, T./Sott, A. (2012): Erlebnispädagogik goes public. Neue Wege in der politischen Bildungsarbeit. In: deutsche jugend, 60. Jg./4, 149-157.

Winkler, G./ Degele, N. (2010): Intersektionalität. Zur Analyse sozialer Ungleichheiten. Bielefeld.

Anke Spies

Gender-Demokratie und Schulsozialarbeit – Entwicklungspotenziale (nicht nur) für die Grundschule

Schulsozialarbeit als sozialpädagogisches Handlungsfeld im schulischen Kontext findet zunehmend auch in der Grundschule ihren Platz. In Orientierung an den Maßgaben für nicht-formelle Bildungssettings der Jugendhilfe soll sie als Schnittstelle zwischen Schule und Jugendhilfe Bildungsbedingungen schon früh im biografischen Verlauf verbessern. Sofern sie die nötigen Rahmenbedingungen erhält, kann sie nachhaltig dazu beitragen, strukturelle Bildungsbenachteiligungen abzubauen. Sie fördert soziales Lernen, bietet individuelle Orientierung und Hilfe und nimmt Einfluss auf die Gestaltung des Bildungssettings. Sie strukturiert und unterstützt individuelle Förderung im Gruppenkontext und für den Einzelfall, gibt Impulse für Schulentwicklungsprozesse, gestaltet Kooperationsbeziehungen und Partizipationsbedingungen für Eltern (vgl. Spies/Pötter 2011) und trägt die Rahmungen des Kinderschutzes niederschwellig in die (Grund-)Schule hinein, die selbst nur in zwei von sechzehn Bundesländern per Erlass zur Umsetzung des Schutzauftrags gemäß § 8a SGB VIII verpflichtet ist.

Unabhängig vom Anstellungsträger ist Schulsozialarbeit aufgrund ihres sozialpädagogischen Bezugsrahmens (Jugendhilfe) verpflichtet, in ihrer erzieherischen Arbeit grundsätzlich partizipativ zu arbeiten und die „unterschiedlichen Lebenslagen von Mädchen und Jungen zu berücksichtigen, Benachteiligungen abzubauen und die Gleichberechtigung von Mädchen und Jungen zu fördern" (vgl. § 9(3) SGB VIII). Der Aufbau von partizipationsförderlichen, genderreflexiven Strukturen gehört also zum Handlungsauftrag der Schulsozialarbeit, sollte die demokratische Schulentwicklung befördern und besonders in der Grundschule weit in die Gestaltung von Erziehungspartnerschaften zwischen Schule und Eltern hinein reichen. Hinsichtlich der Auseinandersetzung mit Fragen zur Geschlechterdemokratie zeigt der Diskurs zur Schulsozialarbeit sowohl demokratierelevantes Potenzial als auch Lücken und Stolperfallen, denen der folgende Beitrag mit Blick auf den Auftrag von Schulsozialarbeit (1), ihre interdisziplinäre Verortung (2) und deren intersektionale Einbettung (3) sowie die Praxen im pädagogischen Alltag (4) nachgehen und Entwicklungsoptionen (5) aufzeigen will.

1. Schulsozialarbeit

Auf der Suche nach der Verbindung zwischen Demokratiepädagogik und Schulsozialarbeit finden sich vielfältige Hinweise darauf, dass Schulsozialarbeit als pädagogisches Handlungsfeld in der demokratiepädagogischen Praxis Anerkennung und Anwendung findet. Sofern sie hinreichend institutionell eingebunden und abgesichert
ist, „zeigt sich in der Regel, dass Schulsozialarbeit auch unter schwierigen Arbeitsbe-
dingungen für Schülerinnen und Schüler tragfähige und inklusionsförderliche Netze
aufbauen und nachhaltige Partizipationsformen entwickeln kann" (Spies/Pötter
2011, S. 35). Der schulpädagogische Theoriediskurs zum Verhältnis zwischen Schule
und Sozialer Arbeit ist noch schmal und subsummiert Schulsozialarbeit zumeist
unter ‚Kooperation von Schule und Jugendhilfe' und nicht als eigenständiges Handlungsfeld im schulischen Kontext. Man ist sich aber weitgehend einig, dass Jugendhilfe eine wichtige Partnerin in den Reihen der „gesellschaftlichen Akteure" (Fuhs/
Brand 2011, S. 103) ist und im Sinne der Öffnung von Schule die an ‚Schulkultur'
orientierte Debatte um ‚Schule als Lebensraum' akzentuierenden Entwicklungen
(vgl. ebd.) mitträgt. Allerdings ist es fraglich, ob eine solche Subsummierung im
Feld der gesellschaftlichen Akteure der (binnen-)strukturverändernden Tätigkeiten
von Schulsozialarbeit gerechtfertigt sein kann. Schließlich fungiert Schulsozialarbeit
sowohl als tragendes Element in der Gestaltung schulischer Lebens- und Erfah-
rungsräume, wie auch zugleich als niederschwellige Schnittstelle zum Hilfesystem
und den mit diesem System verbundenen individuellen Fördermöglichkeiten zur
Unterstützung sozialer, emotionaler und kognitiver Entwicklungsprozesse (vgl.
Pötter/Spies 2011). Sie folgt dem Auftrag „Kinder und Jugendliche im Kontext
von Schule so zu fördern, dass ihre Inklusionschancen gewahrt werden, indem sie
dazu beiträgt, dass Blockaden zwischen den Funktionssystemen – hier insbesondere
des Bildungssystems – und der Lebenswelt verhindert werden" (Spies/Pötter 2011,
S. 27). Schulsozialarbeit betont in ihren konzeptionellen Maßnahmen – ganz im
Sinne des demokratischen Grundverständnisses – die Anpassungsnotwendigkeiten
des (Bildungs-)Systems an die unterschiedlichen und sich wandelnden Lebenswelten
und die Zielsetzung der Chancengleichheit.

Im Kontext kommunaler Bildungsverantwortung und der Gestaltung von Bildungslandschaften ist Schulsozialarbeit ein nachhaltiges Medium, um strukturelle
Bildungsbenachteiligungen abzubauen (vgl. Spies 2012a) und demokratieförderliche Partizipationsstrukturen zu etablieren, weil sie der Lebensweltorientierung
verpflichtet ist. Sie geht davon aus, „dass auch von der gesellschaftlichen Norm
abweichende und daher in ihren Rückwirkungen oft konflikthafte Lebensbewälti-
gungsleistungen Respekt verdienen und Ausdruck von Handlungsfähigkeit sind"
(Spies/Pötter 2011, S. 22), die sie im öffentlichen Diskurs anwaltschaftlich[1], d.h.

---

1 Anwaltschaftlichkeit ist ein ethisches Prinzip sozialer Arbeit. Der Begriff summiert die Grundhaltung, sich professionell verortet „für jene zu engagieren, die von sie betreffenden Diskursen

die Interessen der Kinder und Jugendlichen vertretend und unter deren Beteiligung stärkt. Schulsozialarbeit symbolisiert die Wende vom Verständnis einer Bildungsverantwortung in Zuständigkeiten hin zu jener in Verantwortlichkeiten (Spies 2012a). Die geteilte Verantwortung für Hilfe- und Förderstrukturen, die Bildungsbenachteiligungen gleich welcher Art ausgleichend entgegenstehen und gemeinsam Verantwortung für die Gestaltung förderlicher Lernumgebungen und Entwicklungsräume tragen, ist in der Regel auch Grundlage für Schulentwicklungsprozesse. Diese Prozesse sind unweigerlich mit der Implementation von Schulsozialarbeit verbunden, die in integrativen Arbeitsbündnissen (vgl. Holtappels 2004) demokratieförderliche Partizipationsstrukturen für alle Akteure im schulischen Feld etablieren[2] können und das Hilfesystem ebenso wie Eltern (vor allem) von Grundschulkindern als Kooperationspartner in die Prozesse zur Flankierung gesellschaftlicher Anschlussfähigkeit (Spies 2013) einbeziehen.

2. Interdisziplinäre Genderfragen

Angebote von Schulsozialarbeit, die sich auf genderbezogene Ansätze sozialpädagogischer Arbeit beziehen, sind einerseits fester Bestandteil von konzeptionellen und praktischen Vorgehensweisen, werden aber andererseits nicht in den theoretischen Diskursen um Schulsozialarbeit gespiegelt. Obwohl in den Begründungen für die enge Zusammenarbeit von Jugendhilfe und Schule vielfach die „Leipziger Thesen zur bildungspolitischen Debatte" (Bundesjugendkuratorium 2002) betont werden, ist die achte These zur „Geschlechtergerechtigkeit als Bildungsauftrag" (jenseits von Berufsorientierungsprojekten) kaum im Diskurs präsent. Damals wiesen die Sachverständigen ausdrücklich darauf hin, dass Bildung das Geschlechterverhältnis beeinflusst und folglich Geschlechtergerechtigkeit zentraler Auftrag *aller* Bildungsbereiche sein muss. Demzufolge müsste sich Schulsozialarbeit bei der Gestaltung von Bildungssettings eigentlich explizit zur Umsetzung von genderreflexiv konzipierten Settings in allen ihren Aufgabenfeldern (vgl. Spies/Pötter 2011) aufgefordert fühlen.

---

systematisch ausgeschlossen werden", also Lobby für diejenigen zu sein, „deren legitime Bedürfnisse und Interessen nicht hinreichend berücksichtigt werden, allerdings so, dass diese so weit wie möglich befähigt werden" (Penta/Lienkamp 2007, S. 279), so weit wie möglich für sich selbst zu handeln, also Befähigung zur Entfaltung der Persönlichkeit (‚Empowerment') entwickeln können.

2 Die von Holtappels (2004) erhofften integrativen Arbeitsverbünde zwischen Schul- und Sozialpädagogik stoßen im schulpädagogischen Kontext derzeit noch auf Widerstände und strukturelle Probleme (vgl. Spies 2013), weil hierarchische Traditionen und Deutungshoheiten die Kluft zwischen den Disziplinen sowie die Zweifel am Gewinn solcher Kooperationen betonen (z.B. Walter/Leschinski 2008). Im sozialpädagogischen Diskurs überwiegen die mittlerweile vielzählig vorliegenden Evaluationsstudien, die durchgängig zu positiven Einschätzungen der Effekte kommen.

Wenn sie am Ort der Schule genderrelevante lebensweltliche Bedingungen, unter denen Kinder und Jugendliche aufwachsen und speziell im Kontext Schule ausgesetzt sind, reflektiert, muss sie über ihre Angebote Mädchen und Jungen auf kommende Strukturen vorbereiten und zugleich die Verteilung von Chancen und Möglichkeiten innerhalb dieser Strukturen wahrnehmbar machen. Da sich Schulsozialarbeit im schulischen Umfeld bewegt, ist sie auch mit dem schulpädagogischen Diskurs zu Genderfragen konfrontiert, denn die institutionelle Struktur ist immer auch Teil der formativen Begründung von konzeptionellen Strukturierungen. Anders gesagt: Schulsozialarbeit muss die sozialisationsrelevanten Befunde berücksichtigen, die beispielsweise Breidenstein und Kelle (1998) über Geschlechteralltag in Schulklassen der Primarstufe, Faulstich-Wieland u.a. (2004) zur sozialen Konstruktion von Geschlecht in schulischen Interaktionen und deren intersektionale[3] Verschränkung mit weiteren Differenzlinien (Leiprecht/Lutz 2005) belegen. Für Gestaltungsfragen von mono- oder koedukativ konzipierten Settings sind u.a. auch die Befunde von Herwartz-Emden (2010) zur Rolle von Differenzlinien wie Geschlecht, soziale Herkunft und Ethnie und zur Relevanz der Thematisierung von Geschlechterverhältnissen für bildungsbiografische Verläufe (vgl. Herwartz-Emden et al. 2010) relevant. Außerdem muss sie sich der grundsätzlichen Problematik von binären Kategorisierungen (Rendtorff 2006) bewusst sein, die derzeit über jene vielzähligen Studien kommuniziert und verfestigt werden, die Unterschiede betonen. Qua Selbstverständnis hat sie außerdem die „politische und soziale Dynamik von Kategorienbildung und Gruppenbildungsprozessen" (Rendtorff 2006, S. 193) zu reflektieren – speziell, wenn sie Angebote konzipiert, die explizit auf Geschlecht bezogen sind. Selbstredend ganz besonders, wenn Angebote in Gruppenform stattfinden und/oder mit Thematisierungen zu genderrelvanten Fragen arbeiten (s.u.).

Schulsozialarbeit steht also vor der Aufgabe, einerseits gendersensible und genderreflektierte Angebote zu entwickeln und ihre pädagogische Tätigkeit an dieser Maxime auszurichten, während sie andererseits das dramatisierende Konzept binärer Deutungen und Reduktionen hinter sich lassen muss, um zur notwendigen Entdramatisierung (vgl. Faulstich-Wieland 2006) beizutragen. Das heißt, sie muss sich auch *gegen* schulpädagogisch populäre Positionen abgrenzen, die (insbesondere zur Grundschulpädagogik) dazu neigen, Genderthemen tendenziell dramatisierend auf Differenzparadigma und Defizitperspektive zu reduzieren (vgl. u.a. Hellmich 2010, Kaiser/Pfeiffer 2007), ohne dabei die aktive soziale Konstruktion von Geschlecht zu erläutern. Es ist absehbar, dass

---

3 Intersektionale Verschränkung von Differenzlinien meint, dass zur Deutung eines personalen oder interpersonalen Sachverhaltes persönliche Merkmale wie z.B. Geschlecht, Alter, Schicht, Ethnie, Religion, Dis-Ability etc. stets mit Zuschreibungen und Chancenverteilungen verbunden sind und immer (!) in einem hierarchischen Verhältnis zueinander stehend gedeutet werden (müssen).

die damit verbundenen Auseinandersetzungen um Projektkonzeptionen für Schulsozialarbeit und Schule ein Prüfstein ihrer demokratischen Offenheit gegenüber der je anderen Profession sein können.

Mit Blick auf Jungen ist beispielsweise zu berücksichtigen, dass sie in der Beurteilung ihrer Schullaufbahnperspektiven durch Lehrkräfte der Grundschulen tendenziell der Gefahr von Benachteiligung ausgesetzt sind, weil die Prognosen nicht frei von subjektiven Theorien und erkenntnistheoretischen Überzeugungen sein können, in deren Folge die medial intensiv kommunizierten, auf die Kategorie Geschlecht verkürzten Leistungseinschätzungen als Benachteiligung von Jungen auf diese zurückzufallen drohen, wie unter anderem Kuhn (2008) und Rendtorff (2011) belegen. Für die Schulsozialarbeit zeigen solche Befunde, dass sie passgenaue schuladaptive Freizeitangebote für Jungen entwickeln muss, um deren Bindung an die Schule zu stärken. Außerdem sollte sie genderreflexive kollegiale Beratungen für Lehrkräfte anbieten, damit die Dramatisierungseffekte entlang der Differenzlinie Geschlecht langfristig abgebaut werden können. Beides sind voraussetzungsvolle Entwicklungsbereiche, die aber zunächst eine entsprechende Genderkompetenz als Qualifikationsmerkmal von Fachkräften der Schulsozialarbeit voraussetzen (vgl. Spies 2012b): So müsste sie u.a. zum Abbau von Jungenbenachteiligung, entgegen dem derzeit aktuellen Gleichgeschlechtlichkeitspostulat (s.u.), genderreflektierte Angebote für Jungen auch als weibliche Fachkraft konzipieren und umsetzen können. Andernfalls verstärkt sie die derzeit aufkommenden „biologistisch-essentialistischen Differenzbehauptungen" (vgl. Prengel 2008, S. 123), die zu den gravierenden Interpretationsmängeln der Datenbasis aus Schulleistungsvergleichen geführt haben (vgl. Kuhn 2008). Will Schulsozialarbeit aber in Anbetracht ihres Gleichberechtigungsauftrags genderreflexive, entdramatisierende Settings in ihrer konzeptionellen und praktischen Arbeit deutlich stärker als bislang berücksichtigen, muss sie auch ihre bestehenden Konzepte hinsichtlich verborgener Dramatisierungs- und Marginalisierungsfallen überprüfen. Unzweifelhaft ist Schulsozialarbeit hier einerseits in der sozialpädagogischen Tradition geschlechterreflektierter Mädchen- und Jungenarbeit, aber auch hinsichtlich eigener blinder Flecken gefordert: Denn Genderreflexion wird auch im Kontext der sozialen Arbeit nach wie vor als „Spezialwissen in Sachfragen" (Hartwig 2002, S. 959) wahrgenommen und nur in Ausnahmefällen wie bei Braun und Wetzel (2006) für die soziale Arbeit an Schulen als Querschnittsaufgabe in der theoretischen Handlungsfeldanalyse berücksichtigt, obwohl längst eine breit ausdifferenzierte pädagogische Forschung und Theoriebildung vorliegt, die Geschlecht als „Konstitutionsbedingung der Professionalisierung" (Lenz 2003, S. 53) sozialer Arbeit erörtert.

3. Intersektionalität

Genderfragen sind also stets auch im Zusammenhang mit dem Konzept der Intersektionalität zu thematisieren, weil weitere Differenzlinien bzw. ihr Zusammenspiel Berücksichtigung finden und ungerechtfertigte Dramatisierungen vermieden werden können: „Erstens geht es darum, nach der Möglichkeit des Abbaus von kategorialen Identitäten überhaupt zu fragen, zweitens geht es darum, nach intrakategorialen Differenzierungen zu fragen und drittens (...) geht es darum, die Wechselwirkungen zwischen verschiedenen Heterogenitätsdimensionen zu analysieren. Die sich mit dieser Denkrichtung eröffnenden Perspektiven (...) fragen danach, wie Etikettierungen und Pauschalisierungen vermindert werden können und wie Ungerechtigkeiten durch bestimmte Überschneidungen kumulieren" (Prengel 2008, S. 128) und ergo Demokratisierungsprozesse behindern.

Im Forschungsdiskurs zur Wirkung von Schulsozialarbeit finden sich nur vereinzelt Befunde, die auf die Kategorie Geschlecht oder gar intersektionale Zusammenhänge Bezug nehmen. So betonen zwar Fischer u.a. (2010), dass „qualifizierte Schulsozialarbeit (...) ihre Arbeit unter geschlechtsspezifischen Gesichtspunkten" (ebd. 295) planen und reflektieren müsse, lassen aber offen, welche fachlichen Bedingungen und konzeptionellen Rahmungen hier hilfreich sein können. Der Verweis auf geschlechterparitätische Stellenbesetzungen kann keine qualitätssichernde Lösung bieten, sondern führt absehbar in die Dramatisierungsfalle (s.u.). Die Praxis aber benötigt Anhaltspunkte, wie sie einerseits im entdramatisierenden Modus und andererseits in differenzlinienadäquaten Konzeptionen adressat/innen- und nutzer/innenorientierte Angebote zur Umsetzung des erzieherischen Auftrags zu mehr ‚Geschlechtergerechtigkeit' gestalten kann. Was lässt sich beispielsweise aus der in der Befundzusammenfassung von Speck und Olk (2010) erwähnten höheren Quote der Inanspruchnahme von Schulsozialarbeit durch Mädchen und dem Hinweis von Kuhn, dass jungenspezifische Angebote fehlen, schließen?

4. Der Mythos von der gleichgeschlechtlichen Bezugsperson

Genderreflexive Angebote von Schulsozialarbeit beziehen sich vielfach auf die Prämisse, dass gleichgeschlechtliche pädagogische Bezugspersonen nötig seien. Diese Annahme trägt aber letztlich zur Dramatisierung von Genderfragen bei und kann weitreichende Effekte haben: Wenn beispielsweise der männliche Klassenlehrer und die weibliche Schulsozialarbeiterin in bester Kooperationspraxis eine Klasse entlang der Differenzlinie Geschlecht untereinander aufteilen, um in genderreflexiver Absicht außerunterrichtliche Belange des soziales Verhaltens zu thematisieren, stellen sie die Kategorie Geschlechtszugehörigkeit über das Thema und über die jeweilige Funktion der Person im schulischen Setting. Machtposition und Leistungsbeurteilungsfunktion der männlichen Lehrkraft werden unweigerlich auf Kommunikationsprozesse innerhalb der Gruppe Einfluss nehmen – auch wenn die wünschenswerte Genderreflexivität gegeben ist. Im günstigsten Fall kann sich für eine solche Jungengruppe oder einzelne ihrer Mitglieder ein Verbesserungseffekt in der Beziehungsqualität zum Klassenlehrer einstellen, der durchaus auch zu Verbesserungen in Leistungsbereitschaft und Leistungswahrnehmung führen mag. Tritt ein solcher Effekt ein, sind aber wiederum Mädchen bezüglich ihrer schulischen Leistung von einem solchen Setting benachteiligt, denn sie haben nicht die Möglichkeit, durch die außerhalb der direkten Leistungsbeurteilung verankerten Inhalte solcher Gruppenarbeit ihre eigenen motivationalen Haltungen zu verändern.

Andererseits haben sie in diesem Setting den Vorteil, den Kontakt zur Schulsozialarbeiterin zu intensivieren und in der Folge gegenüber Jungen verbesserte Ausgangsbedingungen zur Nutzung individueller Unterstützung durch Schulsozialarbeit. Wenn man bedenkt, dass die Befunde von Fischer u.a. (2010) darauf hindeuten, dass Jungen tendenziell von engen und guten Kontakten zur professionellen Schulsozialarbeit profitieren, indem sie in der Folge des Beziehungsaufbaus beobachtbar positive Effekte hinsichtlich ihrer Leistungs- und Mitwirkungsbereitschaft im Unterricht zeigen (vgl. ebd.) und eine insgesamt schuladaptive Haltung entwickeln, werden ihnen also die Zugänge zum Wirkungspotenzial von Schulsozialarbeit vorenthalten, wenn Geschlechtszugehörigkeit der professionellen sozialpädagogischen Expertise übergeordnet wird: Das Bestreben nach augenscheinlicher Ausgewogenheit führt in solchem Fall in die Unausgewogenheit der Dramatisierungsfalle.

5. Entwicklungsoptionen – Fazit

Genderfragen und pädagogische Praxen fordern Schulsozialarbeit zweifellos heraus, ihre professionellen Standards bzw. deren Entwicklung grundlegend mit Blick auf Geschlechterverhältnisse zu überdenken, denn „Geschlecht ist (...) eine gesellschaftliche Ordnungskategorie, mit der Strukturen des Zusammenlebens und der verhandelbaren sozialen Tatsachen geregelt werden und Symbolsysteme erzeugt und aufrechterhalten werden, die dichotome Umgangsweisen mit Differenz nahe legen" (Bitzan 2003, S. 145). Sofern Schulsozialarbeit Genderfragen also nicht länger als individuelle ‚Kür' (oder auch als Tradition für Berufsorientierungsprojekte), sondern als stets zu reflektierende, aber nicht immer zu thematisierende zentrale Analysekategorie zu verstehen beginnt, kann sie absehbar einen Qualitätsmaßstab gewinnen und Schulentwicklung hinsichtlich dieser Facette des demokratischen Miteinanders unterstützen. Dafür muss sie ihr methodisches Handeln ebenso wie Wirkungsanalysen und konzeptionelle Weiterentwicklungen künftig durchgängig intersektional reflektiert ausrichten und aktiv nach der Balance zwischen Dramatisierung und Entdramatisierung von Geschlecht suchen. Zur Stärkung demokratiepädagogischer Anliegen sind dabei stets die Fragen nach Macht und hierarchischer Positionierung der jeweiligen Akteure innerhalb des Systems Schule zu reflektieren und konzeptionell zu berücksichtigen.

Geschlechtergerechtigkeit ist ohne die gleichzeitige Berücksichtigung von sozialer Herkunft, ethnischer Zugehörigkeit, Gesundheit und weiteren Differenzlinien des Diversitytheorems[4] nicht umzusetzen. Sie kann langfristig nur dann zur Verringerung von benachteiligenden, demokratieschädlichen Ungleichgewichten und zur Verbesserung von Bildungsbedingungen für Mädchen und Jungen unterschiedlicher Herkunft und Ausgangslagen beitragen, wenn sämtliche Kooperationspartner im schulischen Feld sich ebenfalls an dieser Maxime ausrichten und die schulklimatischen Veränderungen bzw. Bedingungen dafür aktiv mittragen und mitgestalten (Ragnarsdottir 2010). In diesem Zusammenhang mag Schulsozialarbeit eine wichtige Multiplikationsfunktion innehaben, die dafür Sorge tragen kann, dass ein Kollegium lernt, vielschichtige und verborgene Ungleichgewichte, die dem Qualitätskriterium der bestmöglichen Förderung aller widersprechen, Mädchen und Jungen aber in ungleicher Weise betreffen (Faulstich-Wieland 2006, S. 263), zu erkennen und über konzeptionelle Gestaltungen abzubauen.

Genderfragen betreffen konzeptionelle und individuelle Thematisierungen oder Tabuisierungen von pädagogischen Zusammenhängen, die direkt oder indirekt auf die Kategorie Geschlecht rekurrieren und dabei zur Fortführung oder Durchbrechung des sozialen Konstrukts beitragen können. Insofern betreffen sie unabhängig von Schulform und Schulstufe jegliche Handlungspraxis von Schulsozialarbeit ebenso wie ihre theoretische Grundlegung. Da die Verhältnisse zwischen den Geschlechtern nicht von der Natur vorgegeben, sondern gesellschaftlich konstruiert sind und die Chance besteht, diese zu verändern, bedarf es angesichts eines stets innerhalb der Konstruktionslinien verlaufenden Alltags aller Beteiligter spezifischer Genderkompetenz – nicht zuletzt, um eigene Verwobenheiten in Geschlechterstereotypen wahrnehmen zu können und konzeptionellen Umsteuerungsbedarf erfassen zu können. In Genderfragen stehen Alltagswissen, Fachdiskurs(e) und blinde Flecken aufgrund von eigenen Sozialisationserfahrungen in einem konsequenzenreichen Spannungsfeld. Damit aber nicht genug: Genderfragen und ihre Bearbeitung stellen Schulsozialarbeit außerdem in Anbetracht der aktuellen, auf Geschlecht enggeführten Leistungsdiskurse und

---

4   Das Diversitytheorem verlangt danach, den bewussten Umgang mit sozialer Heterogenität zu
    praktizieren, indem Heterogenität als Normalfall angesehen wird und pädagogische Praxis aktiv
    zur Reduktion von Zuschreibungen, Festlegungen und Benachteiligungen entlang verschiedener
    Differenzlinien als bewusste Organisationsentwicklungsmaßnahme konzipiert wird und Zuschrei-
    bungen, pauschalisierende Negativbewertungen, Ausgrenzungen und Diskriminierungen aktiv
    vermieden und unter Berücksichtigung ihrer intersektionalen Abhängigkeiten abgebaut werden
    (Delory-Momberger 2010, Leiprecht 2008).

ihrer Stereotype dramatisierenden, medialen Darstellungen vor die Aufgabe, innovative Konzeptionen zu entwickeln, die auch diese Facetten des Doing Gender aufgreifen und entdramatisierend wirken können. Dort, wo Genderfragen in Schulsozialarbeit ein deutliches Gewicht erhalten, ist ein erheblicher Zugewinn an professioneller Profilbildung zu erwarten. Dies bedarf allerdings angemessener struktureller Rahmenbedingungen und förderlicher Strukturen innerhalb der Einzelschule, sonst wird das Handlungsfeld mit Erwartungen überfrachtet, die ohne Einbindung in den Schulentwicklungskontext nicht erfüllt werden können.

Literatur

Bitzan, M. (2003): Geschlechtsbezogene Bildung in der Kinder- und Jugendarbeit. Subjektbezug oder kategorialer Ansatz – die falsche Alternative. In: Lindner, W./ Thole, W. /Weber, J. (Hrsg.): Kinder- und Jugendarbeit als Bildungsprojekt. Opladen, S. 139-152.

Braun, K.-H./Wetzel, K. (2006): Soziale Arbeit in der Schule. München.

Breidenstein, G./Kelle, H. (1998): Geschlechteralltag in der Schulklasse. Weinheim.

Bundesjugendkuratorium/Sachverständigenkommission für den 11. Kinder- und Jugendbericht/Arbeitsgemeinschaft für Jugendhilfe (AGJ) (2002): Bildung ist mehr als Schule. Leipziger Thesen zur aktuellen bildungspolitischen Debatte. Bonn.

Delory-Momberger, C. (2010): Diversität unterrichten und lernen. Eine erzieherische und politische Herausforderung. In: Aufenanger, S./Hamburger, F./Ludwig, L./Tippelt, R. (Hrsg.): Bildung in der Demokratie. Beiträge zum 22. Kongress der Deutschen Gesellschaft für Erziehungswissenschaft. Opladen, S. 55-65.

Faulstich-Wieland, H. (2006): Reflexive Koedukation als zeitgemäße Bildung. In: Otto, H.-U./Oelkers, J. (Hrsg.): Zeitgemäße Bildung. Herausforderung für die Erziehungswissenschaft und Bildungspolitik. München, S. 261-274.

Faulstich-Wieland, H./Weber, M./Willems, K. (2004): Doing Gender im heutigen Schulalltag. Empirische Studien zur sozialen Konstruktion von Geschlecht in schulischen Interaktionen. Weinheim/ München.

Fischer,S./Haffner,J./Parzer,P./Resch,F., (2010): Erfolge und Veränderungen durch Schulsozialarbeit anhand objektiver und subjektiver Kriterien. In: Speck, K./Olk, T. (Hrsg.): Forschung zur Schulsozialarbeit. Stand und Perspektiven. Weinheim und München, S. 283-295.

Fuhs, B./Brand, D. (³2011): Grundschule und außerschulische Bildungsakteure. In: Einsiedler, G./ Hartinger, H./ Kahlert, S. (Hrsg.): Handbuch Grundschulpädagogik und Grundschuldidaktik. Bad Heilbrunn, S. 141-149.

Hartwig, L. (2002): Spezialisierung versus Entspezialisierung. In: Schröer, W./Struck, N./Wolff, M. (Hrsg.): Handbuch Kinder und Jugendhilfe. Weinheim/München, S. 959-970.

Hellmich, F. (2010): Einführung in den Anfangsunterricht. Stuttgart.

Herwartz-Emden, L./Schurt, V./Waburg, W. (Hrsg.) (2010): Mädchen in der Schule. Empirische Studien zu Heterogenität in monoedukativen und koedukativen Kontexten. Opladen.

Holtappels, H. G. (2004): Schule und Sozialpädagogik – Chancen, Formen und Probleme der Kooperation. In: Helsper, W./Böhme, J. (Hrsg.): Handbuch der Schulforschung. Wiesbaden, S. 465-482.

Kaiser, A./Pfeiffer, S. (2007): Grundschulpädagogik in Modulen. Baltmannsweiler.

Kuhn, H. P. (2008): Geschlechterverhältnisse in der Schule: Sind die Jungen jetzt benachteiligt? Eine Sichtung empirischer Studien. In: Rendtorff, B./Prengel, A. (Hrsg.): Jahrbuch Frauen- und Geschlechterforschung der Erziehungswissenschaft. Kinder und ihr Geschlecht. Opladen, S. 49-72.

Leiprecht, R. (2008): Von Gender Mainstreaming und interkultureller Öffnung zu Managing Diversity. Auf dem Weg zu einem gerechten Umgang mit sozialer Heterogenität als Normalfall in der Schule. In: Seeman, M. (Hrsg.): Ethnische Diversitäten, Gender und Schule. Geschlechterverhältnisse in Theorie und schulischer Praxis. Oldenburger Beiträge zur Geschlechterforschung. Oldenburg, S. 95-112.

Leiprecht, R./Lutz, H. (2005): Intersektionalität im Klassenzimmer: Ethnizität, Klasse, Geschlecht. In: Leiprecht, R./Kerber, A. (Hrsg.): Schule in der Einwanderungsgesellschaft. Schwalbach, S. 218-234.

Lenz, G. (2003): Genderperspektiven. Eine Notwendigkeit in der Sozialen Arbeit. In: Beinzinger, D./ Diehm, I. (Hrsg.): Frühe Kindheit und Geschlechterverhältnisse. Konjunkturen in der Sozialpädagogik. Frankfurter Beiträge zur Erziehungswissenschaft, Band 6. Frankfurt a. M., S. 53-70.

Penta, L. J./Lienkamp, A. (2007): Ethik der Gemeinwesenarbeit. In: Lob-Hüdepohl, A./Lersch, W. (Hrsg.): Ethik Sozialer Arbeit. Ein Handbuch. Paderborn, S. 259-285.

Pötter, N./Spies, A. (2011): Individuelle Förderung: Bildung, Beratung, Anschlussfähigkeit. In: GEW (Hrsg.): Schulsozialarbeit wirkt! Individuelle Förderung. Frankfurt, S. 23-28

Prengel, A. (2008): Geschlechtergerechte Bildung? Von alten Gewissheiten zu neuen Fragen. In: Liebau, E./Zirfas, J. (Hrsg.): Ungerechtigkeit der Bildung. Bildung der Ungerechtigkeit. Opladen, S. 119-132.

Ragnarsdottir, H. (2010): Internationally Educated Teachers and Student Teachers in Iceland. Two Qualitative Studies. In: Canadian Journal of Educational Administration and Policy, (verfügbar unter: http://www.eric.ed.gov/PDFS/EJ883754.pdf; letzter Zugriff 17.10.2011).

Rendtorff, B. (2011): Bildung der Geschlechter. Stuttgart.

Rendtorff, B. (2006): Erziehung und Geschlecht. Eine Einführung. Stuttgart.

Speck, K./Olk, T. (Hrsg.) (2010): Forschung zur Schulsozialarbeit. Stand und Perspektiven. Weinheim und München.

Spies, A./Pötter, N. (2011): Soziale Arbeit an Schulen. Einführung in die Schulsozialarbeit. Wiesbaden.

Spies, A. (2012a): Care in Kooperation. Vernetzte Betreuungsformen als Ausdruck kommunaler Bildungsverantwortung. In: Wolf, A. et al. (Hrsg.): Cultures of Care. Eine geschlechterkritische Perspektive auf die Fremdbetreuung von Kindern in Geschichte und Gegenwart. Innsbruck. (i.D.)

Spies, A. (2012b): Genderfragen in der Schulsozialarbeit. Vom ‚Stiefkind' zum professionellen Standard im Rahmen intersektionaler Qualitätsmaßstäbe? In: Hollenstein, E./Nieslony, F. (Hrsg.): Handlungsfeld Schulsozialarbeit. Profession und Qualität. Baltmannsweiler. (i.D.)

Spies, A. (2013): Kommunale Bildungsverantwortung. Schulsozialarbeit als Kooperationspartnerin in der Grundschule. (i.E.)

Walter, P./Leschinsky, A. (2008): Überschätzte Helfer? Erwartungen an die Sozialpädagogik in der Schule. In: ZfPäd. 54. Jg. Heft 3/2008, S. 396-415.

Jürgen Budde

Geschlechtsbezogene Jungenpädagogik als Beitrag zur Demokratiepädagogik? Theoretische und empirische Überlegungen

Die Debatten um die Relevanz von Geschlecht im Bildungs- und Ausbildungssystem haben sich verändert. Inzwischen rücken Jungen als spezifische Problemgruppe in den Blick. Mit diesem Blickwechsel mehren sich auch die Befunde, die darauf hindeuten, dass sich tradierte Konzepte von Männlichkeiten in Bildungsinstitutionen als problematisch erweisen. Dementsprechend wird seit längerer Zeit gefordert, dass auch Jungen aufgrund ihrer geschlechtlichen Zugehörigkeit in der pädagogischen Praxis Beachtung finden und durch spezifische jungenpädagogische Angebote gefördert werden müssten. Aus demokratiepädagogischer Sicht ist in diesem Kontext weiter darauf hinzuweisen, dass demokratische (bzw. demokratiefeindliche) Einstellungen und Handlungsmuster immer schon vergeschlechtlicht sind (vgl. Claus et al. 2010). Orientierungen an autoritären und patriarchalischen Männlichkeitskonzeptionen lassen sich dabei auch hier als problematisch identifizieren, sodass aus dieser Perspektive ebenfalls spezifische jungenpädagogische Angebote als sinnvoll angesehen werden. Entsprechend werden (Geschlechter-)Gerechtigkeit, Partizipation und Gewaltprävention als zentrale demokratiepädagogische Herausforderungen für die schulische wie außerschulische Arbeit mit Jungen skizziert. Diese Zielperspektiven sind nicht in vermeintlich naturgegebenen Differenzen von Jungen bzw. Männern zu Mädchen bzw. Frauen begründet, sondern im sozialen Konstruktionscharakter von Geschlecht und Männlichkeit, denn der (traditionelle wie modernisierte) Begriff Männlichkeit beschreibt keinen ontologischen Wesenszug von Jungen bzw. Männern oder eine naturgegebene dauerhafte Tatsache. Männlichkeitskonzeptionen (Budde 2009) werden vielmehr sozial konstruiert: In sozialen Aushandlungsprozessen, in institutionellen Arrangements oder in symbolischen Ordnungen wird die Bedeutung von Männlichkeit immer erst hergestellt (vgl. Meuser 2002, Budde 2009a). Insofern sind die jeweiligen Konzepte von Männlichkeit wandel- und veränderbar, allerdings unter Bezug auf Bourdieu immer nur im Verhältnis zum Feld der Macht. Dies gilt sowohl auf der Makro- als auch auf der Mikroebene.

Dieser Beitrag thematisiert vor dem Hintergrund dieses Verständnisses von Männlichkeit die Frage, inwieweit geschlechtsbezogene Jungenpädagogik als Beitrag zur Demokratiepädagogik verstanden werden kann. Eröffnet Jungenpädagogik Möglichkeiten zur Thematisierung und Transformation von (auch aus demokratiepädagogischer Perspektive) problematischen Männlichkeitskonzeptionen, oder trägt diese eher zu einer Verfestigung bei? Zur Diskussion werden zentrale divergente theoretische Positionen innerhalb jungenpädagogischer Ansätze dargestellt. Anschließend wird unter Rückgriff auf Daten aus der wissenschaftlichen Begleitung des Projekts „Neue Wege für Jungs" dargelegt, dass entgegen der Zielperspektive, zu Geschlechterdemokratie beizutragen, die Jungenarbeiter selbst eher zur Verstärkung problematischer Männlichkeitskonzeptionen beitragen, während sich zahlreiche der teilnehmenden Jungen auf der handlungspraktischen Ebene gerade nicht an solchen Konzeptionen orientieren.

1. Jungenpädagogik in pädagogischen Institutionen

Weil die Orientierung am Modell hegemonialer Männlichkeit zunehmend als problematisch betrachtet wird und sich als dysfunktional für soziale Integrationsprozesse oder die Umsetzung von Geschlechtergerechtigkeit erweist, wird verstärkt eine pädagogische Förderung von Jungen in ihrem Sozialisationsprozess konzipiert. Seit Beginn von Jungenpädagogik in den 1980er-Jahren (vgl. HVHS Frille 1988) stellt Geschlechtshomogenität einen zentralen Aspekt der Arbeit dar. Spezielle Jungentage, -räume oder -angebote in der außerschulischen Jugendarbeit, Beratungsstellen oder -settings exklusiv für Jungen oder monoedukativer Unterricht dokumentieren den besonderen Stellenwert, welcher der pädagogischen Arbeit unter Jungen eingeräumt wird. Der Vorteil der pädagogischen Arbeit in geschlechtshomogenen Gruppen wird darin gesehen, dass es den meisten Jungen in einem solchen Kontext leichter falle, über Themen wie Freundschaft, Sexualität, Ängste oder Unsicherheiten zu sprechen. Die pädagogische Arbeit in der geschlechtshomogenen Gruppe ermögliche zudem, weiblich konnotierte Care-Tätigkeiten zu übernehmen und so alternative Handlungsräume zu erproben. Als weitere Argumente werden Interessensorientierung, Schutzfunktionen (von Mädchen vor Jungen), geringerer ‚Darstellungsdruck' sowie eine Abmilderung der heterosexuellen Matrix genannt (vgl. Cremers 2007).

Wengleich unter dem Begriff ‚crosswork' darüber nachgedacht wird, inwieweit und mit welchem Ertrag Frauen Jungenpädagogik mit Jungen durchführen können (vgl. Busche 2010), wird zumeist angestrebt, dass auch die beteiligten Pädagogen männlich sind. Manchmal wird Jungenpädagogik durch speziell ausgebildete Jungenpädagogen, manchmal durch engagierte pädagogische Fachkräfte durchgeführt. ‚Jungenarbeiter' lautet mittlerweile die zugehörige Berufsbezeichnung, entsprechende Qualifizierungsreihen werden von zahlreichen Bildungsstätten und -einrichtungen angeboten (vgl. Jantz/Grote 2003, Pech 2009).

Zwar sind wissenschaftliche Überprüfungen geschlechtshomogener Angebote die Ausnahme (vgl. Cremers/Budde 2009, Budde et al. 2013, Busche et al. 2010), in der Praxis wird jedoch von positiven Effekten ausgegangen. Dabei liegt ein wichtiger Schwerpunkt auf (Berufsorientierungs-)Angeboten am Girls' Day, aber auch zu anderen Gelegenheiten finden sich spezifische jungenpädagogische Aktivitäten. Das Angebot reicht vom Jungentag im Freizeittreff, über Haushaltskurse, Anti-Aggressionstrainings, Sexualpädagogik oder Sport-AGs für Jungen bis hin zu Beratungsstellen für männliche Opfer von Gewalt (vgl. Cremers/Budde 2009). Die Angebotslandschaft ist weit gefächert und von einheitlichen Qualitätsstandards noch weit entfernt. Zwar werden solche Konzepte zunehmend an Schulen realisiert, ihren Ursprung haben sie jedoch in der außerschulischen Jugendarbeit. Hier ist Jungenpädagogik aktuell stark vertreten und wird theoretisch und praktisch vergleichsweise intensiv diskutiert. Auch die in der Jungenpädagogik eingesetzten Methoden wie Selbsterfahrung, kognitive und selbstreflexive Elemente, Kooperationsübungen, Erlebnispädagogik, Körperarbeit oder theaterpädagogische Aspekte stammen überwiegend aus dem Repertoire der non-formalen Jugendbildungsarbeit und der sozialpädagogischen Gruppenarbeit. Durch geschlechtsbezogene Jungenpädagogik sollen Jungen die Möglichkeit erhalten, ihre Männlichkeitskonzeptionen zu reflektieren, soziale Kompetenzen zu erwerben, alternative Männlichkeitsentwürfe und Handlungsoptionen kennenzulernen (Sturzenhecker et al. 2002) und somit einen Beitrag zur (Geschlechter-)Demokratie zu leisten.

Jungenpädagogik steht mit den Zielperspektiven (Geschlechter-)Gerechtigkeit, Partizipation und Gewaltprävention im Kontext demokratiepädagogischer Überlegungen (vgl. Giesel et al. 2007, Gollwitzer et al. 2007). Eine Schwerpunktsetzung erfährt dabei der Bereich der Gewaltprävention, da häufig angenommen wird, dass Jungen aufgrund ihrer Geschlechtszugehörigkeit ein höheres Gewaltpotential aufweisen. Das kann sich jedoch als problematische Zielperspektive erweisen, wenn nicht der Zusammenhang zwischen Männlichkeitskonzeptionen und Gewalthandeln thematisiert wird, sondern beispielsweise davon ausgegangen wird, dass Jungen qua Geschlecht eine höhere Aggressionsbereitschaft aufweisen und ihnen entsprechende Angebote zum ‚Aggressionsabbau' gemacht werden. Ebenso gilt es in Bezug auf die Zielperspektive (Geschlechter-)Gerechtigkeit, Zusammenhänge zwischen Männlichkeitskonzeptionen und Ungleichheitsrelationen zu reflektieren und Gerechtigkeit nicht als ‚den Geschlechtern (in ihrer vermeintlichen Differenz) gerecht werden' zu erklären, sondern beispielsweise mit dem Konzept der Teilhabe zu fassen (Fraser/Honneth 2003). Jungenpädagogik ist also nicht per se demokratiepädagogisch orientiert, sondern nur soweit, wie sie eine Reflexion von Geschlecht und Männlichkeitskonzeptionen ermöglicht.

Als kritisches Moment von Jungenpädagogik lässt sich vor allem die Gefahr der Reifizierung der heterosexuellen Ordnung der Zweigeschlechtlichkeit bestimmen. Die mit Jungenpädagogik einhergehende „Dramatisierung von Geschlecht" (Faulstich-Wieland et al 2004, Budde 2006) kann zwar zu einer ‚Entdramatisierung nach Innen' führen (indem Differenzen innerhalb der Gruppe sichtbar gemacht werden, indem durch Abwesenheit der Mädchen eine Abgrenzungsfolie wegfällt etc.). Ebenso besteht jedoch das Risiko, Männlichkeiten gerade in den Vordergrund zu stellen. Jungen, die sich einer Jungengruppe zuordnen sollen, werden ermutigt, sich als männlich zu definieren. In der pädagogischen Praxis kann dies – häufig entgegen dem formulierten Anspruch – zur Etablierung einer männlichkeitssolidarischen Ebene führen. Gerade die homosoziale Gemeinschaft ist bevorzugter Ort der Inklusion in eine Art ‚Gemeinschaft der Gleichen', welcher der Aufrechterhaltung eigener Privilegien und wechselseitiger Selbstvergewisserung dient (Meuser 1998, Budde 2006). Damit einher geht eine Exklusion derjenigen, die gerade nicht den hegemonialen Vorstellungen von Männlichkeit entsprechen.

2. Stand der Forschung zur Jungenpädagogik

Der bisherige Forschungsstand zu Jungenpädagogik ist überschaubar. Zwar existieren einige Publikationen, die sich dem Thema widmen, diese sind aber in der Regel praxisorientiert (Sielert 1989, Sturzenhecker et al. 2002, Jantz 2003, Krall 2005, Holz 2008). Eine empirische Auseinandersetzung mit Jungenpädagogik liegt bislang im deutschsprachigen Raum noch gar nicht vor.

Innerhalb der Jungenpädagogik lassen sich seit den Anfängen mehrere Richtungen unterscheiden, grob verkürzt dominieren zwei Ansätze die Diskussion: ein eher identitätsorientierter und ein eher identitätskritischer (vgl. Tiemann 1999). Ersterer geht, vereinfacht formuliert, davon aus, dass Jungen im Zuge gesellschaftlicher Transformationen und damit einhergehender Ungewissheiten in ihrer geschlechtlichen Identität verunsichert seien. Somit müsste Jungenpädagogik die männliche Identität stärken. Genau dieses Vorhaben problematisieren identitätskritische Ansätze, die davon ausgehen, dass männliche Subjektivierungsprozesse mit Einschränkungen und normierenden Zuweisungen einhergehen und die Wahrnehmungs- und Handlungsoptionen einschränken. Beide Richtungen spiegeln sich beispielsweise in zwei aktuellen Sammelbänden wieder. Während einige Beiträge im „Handbuch Jungenpädagogik" (Matzner/Tischner 2008) identitätsorientierte Ansätze verfolgen, beziehen zahlreiche Artikel im Sammelband „Jungen und Jungenpädagogik" (Pech 2009) identitätskritische Positionen. Dahinter stehen ebenfalls unterschiedliche Konzeptionen von Männlichkeiten und vergeschlechtlichten Machtstrukturen. Während letztgenannte Ansätze unter Rekurs auf Konzepte wie „hegemoniale Männlichkeit" (Connell 1995) oder „männlicher Habitus" (Bourdieu 2005, Meuser 1998, Budde/Mammes 2009) explizit machtkritisch argumentieren, spielt dieser Aspekt in den anderen Ansätzen keine Rolle. Hier wird eher davon ausgegangen, dass Männer mittlerweile entmächtigt seien und aufgrund einer vermeintlichen „Feminisierung" gerade in den unterschiedlichen Institutionen des Bildungssystems benachteiligt würden (Tischner 2008, Guggenbühl 2008). Daraus resultieren unterschiedliche Perspektiven: Während die einen Ansätze auf eine Stärkungen einer stabilen männlichen Identität setzen, befürworten die anderen eine Erweiterung von Handlungsoptionen und kritisieren genau diese Vorstellung einer männlichen Identität. Die erste Position sieht Jungen vor allem als verunsichert und orientierungslos an und möchte durch männliche Vorbilder und ‚jungentypische' Angebote Orientierung geben. Die andere Position sieht Jungen stärker in ihren sozialen Kontext eingebunden und betrachtet eine Orientierung an Männlichkeit als problematisch.

Da aber gerade Bezugnahmen auf tradierte Männlichkeitskonzeptionen sowohl aus sozialisationstheoretischer, aus bildungstheoretischer als auch demokratiepädagogischer Perspektive problematische Auswirkungen zeitigen können, kann als Schlüsselfrage von Jungenpädagogik angesehen werden, inwieweit die Reflexion stereotyper Männlichkeitskonzeptionen intendiert und realisiert wird. Genau diese Reflexionsebene sollte ebenso in der theoretischen Anlage wie auch der methodischen Durchführung sichtbar werden. Allerdings, so die These in dem Beitrag, stellen sich diese Effekte nicht von selbst ein, im Gegenteil, unter exemplarischem Rückgriff auf empirische Daten aus einem Forschungsprojekt wird gezeigt, dass Jungenpädagogik die eigenen Ansprüche unterlaufen kann, wenn Männlichkeitsstereotype zugrunde gelegt werden.

3. Design der wissenschaftlichen Begleitung von „Neue Wege für Jungs"

Zur Diskussion der Effekte und zur Auseinandersetzung mit demokratiepädagogischen Perspektiven von Jungenpädagogik greift der Beitrag auf Daten aus der wissenschaftlichen Begleitung der zweiten Phase des Projekts „Neue Wege für Jungs" zurück. Das seit 2005 vom Kompetenzzentrum Technik – Diversity – Chancengleichheit e.V. durchgeführte und vom Bundesministerium für Familie, Senioren, Frauen und Jugend finanzierte Projekt „Neue Wege für Jungs" stellt einen weithin beachteten Ansatz zur Jungenpädagogik dar (Cremers 2008 Cremers/Budde 2009). „Neue Wege für Jungs" setzt mit der Erweiterung des Berufswahlspektrums, der Flexibilisierung der männlichen Rolle und der Förderung sozialer Kompetenzen drei thematische Schwerpunkte.

Die wissenschaftliche Begleitung der ersten Phase von „Neue Wege für Jungs" dokumentiert vor allem positive Effekte (Cremers/Budde 2009). Allerdings weist die Studie Blockaden bei der konkreten Umsetzung von Jungenangeboten sowie einen Mangel an qualitativen Befunden nach. Aus diesem Grund fokussiert das mehrperspektivische Design der wissenschaftlichen Begleitung der zweiten Phase vor allem auf die Perspektive der Akteure (Budde/Krüger 2010).[1] Insgesamt wurden sechs kontrastierende Jungenangebote untersucht

---

1 Die wissenschaftliche Begleitung wurde als Kooperation des Zentrums für Schul- und Bildungsforschung der Martin-Luther-Universität Halle-Wittenberg und Dissens e.V. Berlin von Katharina Debus und Olaf Stuve sowie Stefanie Krüger durchgeführt (Laufzeit: 01.2009 bis 12.2010).

(vgl. Kuckartz 2008). Es wurden zwei Angebote ausgewählt, bei denen die teilnehmenden Jungen ein Praktikum in sozialen Berufen, zwei Seminarangebote zur Berufs- und Lebensplanung und zwei jeweils eintägige Parcours zu sozialen Kompetenzen und Männlichkeitskonzeptionen absolvierten. Bei sämtlichen Angeboten wurde ethnografisch beobachtet, zusätzlich wurden insgesamt 14 Gruppendiskussionen mit teilnehmenden Jungen und 17 Interviews mit beteiligten Lehrkräften, Jungenpädagogen sowie regionalen Experten durchgeführt. Die Beobachtungen, Gruppendiskussionen und Interviews wurden nach der Methode der Grounded Theory ausgewertet (vgl. Glaser et al. 2008), indem die Daten mehreren sequentiellen Codierungsdurchläufen zur Bestimmung von minimalen und maximalen Kontrastierungen unterzogen und anschließend induktiv auswertungsleitende Kategorien gebildet wurden. Für die Frage nach dem demokratiepädagogischen Gehalt soll in der Auswertung vor allem auf die Frage von Männlichkeitskonzeptionen rekurriert werden.

4. Männlichkeitskonzeptionen in der Jungenpädagogik

4.1 Sichtweisen der pädagogischen Professionellen

Aus Perspektive der Jungenpädagogen zeigen sich in der Jungenpädagogik wiederholt problematische Untersetzungen mit gendersterotypisierenden Ansichten. Beispielhaft stehen dafür die Äußerungen von dem Lehrer Herr Schütte, der mit sämtlichen Jungen der Jahrgangsstufe 9 eines Gymnasiums einen Parcours zu Berufs- und Lebensplanung am Girls' Day durchführt. Alternativ gibt es das freiwillige Angebot, ein Praktikum im sozialen Bereich zu absolvieren, welches nur auf geringe Resonanz stößt. „Mit den Jungen der 9. Klasse kann man zum großen Teil Schnupperpraktika in Frauenberufen nicht machen, da gibt es zu viele Widerstände, die sind noch nicht so weit. Es wurde allen angeboten und vier machen das gerade, weil sie's gerne wollen, aber da gehört Mut zu, die werden als schwul und so bezeichnet" (Herr Schütte).[2]

Der Lehrer gibt an, dass die Jungen aus der 9. Klasse für Schnupperpraktika am Girls' Day nicht zu begeistern seien. Grund sind „Widerstände", die daher rühren, dass die Praktika in „Frauenberufen" durchgeführt werden sollen. Die Freiwilligkeit des Angebotes führe dazu, dass lediglich vier Schüler der Jahrgangsstufe die Möglichkeit nutzen, da sie „es gerne wollen". Diese Einstellung scheint prekär zu sein, denn der Lehrer betont, dass ihr gruppenabweichendes Verhalten „Mut" erfordere, da die vier Praktikanten von ihren Mitschülern als „schwul" bezeichnet

---

2 Alle Namen wurden anonymisiert.

würden, ihnen also die legitime Zugehörigkeit zu komplizenhafter Männlichkeit abgesprochen wird (vgl. Budde 2005).

Indem der Lehrer die Arbeit im Kindergarten als „Frauenberuf" bezeichnet, aktualisiert er die Einschätzung, dass diese Tätigkeit für Männer untypisch sei. Damit besteht eine Übereinkunft in der kollektiven Kodierung erzieherischer Tätigkeiten als unmännlich: aus Perspektive der Lehrkraft ein „Frauenberuf", aus Perspektive der Jungen „schwul". Wenngleich Frauen im ErzieherInnenberuf deutlich überrepräsentiert sind, beinhaltet die Bezeichnungspraxis doch die Gefahr, die geschlechtliche Kodierung zu verstärken und so die Ablehnung bei den Jungen zu vergrößern. Denn der Begriff „Frauenberuf" fungiert ebenso als geschlechtsbezogener Platzanweiser, indem die Botschaft transportiert wird, dass ‚richtige' Männer an einem solchen Beruf kein Interesse haben, er bleibt unkonkret und wirkt gerade deswegen für die Jungen als negative Projektionsfläche. Aus diesem Grund erstaunt auch nicht, dass die Tatsache, dass vier Jungen ein Schnupperpraktikum durchführen, in dieser Schilderung als etwas Außergewöhnliches erscheint, ja aus Geschlechterperspektive als Abweichung oder Durchkreuzung. So findet eine kollektive Aufladung der Schnupperpraktika mit Weiblichkeit statt, die eine Statusabwertung beinhaltet.

Spannend ist weiter, dass der Lehrer die Haltung der Jungen als Entwicklungsperspektive beschreibt: „Die sind noch nicht so weit". Naheliegend ist die Annahme, dass sie durch Jungenpädagogik dazu befähigt werden sollen, „so weit" zu kommen, in der Formulierung klingt ein Aufstieg an, ein Entwicklungsmodell, wobei unklar bleibt, wann sie denn „so weit seien", widerspruchsfrei ein Schnupperpraktikum in „Frauenberufen" zu absolvieren. Zu vermuten ist, dass der Lehrer hofft, die Jungen durch Jungenpädagogik dazu bewegen zu können, an Schnupperpraktika teilzunehmen und ihre Mitschüler nicht mehr als „schwul" zu bezeichnen. Hier macht der Lehrer einen Dreischritt: Zunächst unterstellt er den Jungen stereotypisierend eine distanzierte Haltung, sie sollen sich ja „weiter" entwickeln. Dann bewertet er diese als unreif und defizitär und zieht daraus drittens den Schluss, den Jungen seien Erfahrungen, die ihre vermeintlich distanzierte Haltung irritieren könnten, nicht zuzumuten. Aus diesem Dreischritt folgt in der pädagogischen Praxis das Angebot eines Jungen-Parcours zu Berufs- und Lebensplanung am Girls'Day, welche, so die implizite Annahme, keine Widerstände hervorrufe, sondern Zustimmung erfährt. Da die Widerstände ja mit der kollektiven Aufladung mit Weiblichkeit in Zusammenhang stehen, kann vermutet werden, dass das Alternativangebot auf dieser Ebene keine ‚Probleme' bereiten soll.

4.2 Sichtweisen der teilnehmenden Jungen

In anschließenden Gruppendiskussionen mit mehreren Jungen, die an dem Jungen-Parcours am Girls' Day teilgenommen haben, bestätigt sich diese Vermutung. Es wird deutlich, dass dieser in Durchführung und inhaltlichem Aufbau eher eine Nicht-Thematisierung bzw. Verstärkung von Männlichkeit impliziert. Zu einer Anregung von Auseinandersetzungen mit speziellen Jungenthemen, zum Girls' Day oder zu Männlichkeitskonzeptionen hat der Parcours nicht geführt. Die Frage an die Schüler, was der Parcours mit dem Thema Jungen zu tun habe, löst zuerst Irritation aus. Dann differenzieren die Schüler aus, dass fast alle Stationen des Parcours genauso von Mädchen hätten absolviert werden können, eine ‚Geschlechtstypik' ist also gerade nicht gegeben – entgegen der Erwartung der Lehrkräfte. Lediglich die Übung „Kollegencheck", bei dem die Gruppenmitglieder sich gegenseitig einschätzen sollen, wurde zunächst als jungenspezifisch identifiziert – allerdings aufgrund der verwendeten gendervereindeutigenden Bezeichnung „Kollege" und nicht wegen des Inhalts. Als ein Junge dann seine Mitschüler darauf hinweist, dass sich auch Mädchen untereinander als „Kollegen" bezeichnen, wird auch diese Zuordnung fallen gelassen. Es wird deutlich, dass die Hoffnung, die Jungen durch das Angebot „weiterzubringen" nicht erfüllt werden kann.

In der Einschätzung, dass es viele Widerstände gegen ein Schnupperpraktikum gibt, liegt der Lehrer – schaut man auf die zahlenmäßige Verteilung der Teilnahmequoten – richtig, lediglich vier Schüler der gesamten Jahrgangsstufe 9 absolvieren ein Schnupperpraktikum, 54 jedoch nicht. Damit ist allerdings nicht gesagt, dass alle 54 Nicht-Teilnehmenden tatsächlich Schnupperpraktika in „Frauenberufen" für „schwul" halten. Gerade aufgrund des in Jungengruppen herrschenden Peer-Gruppendrucks (Cremers/Budde 2009) kann davon ausgegangen werden, dass die freiwillige Teilnahme tatsächlich so freiwillig nicht ist, droht doch – wie die Beschimpfung als „schwul" deutlich macht – der Vorwurf der Unmännlichkeit. Daher kann vermutet werden, dass es jenseits der vier „Mutigen" weitere Interessierte und auch Unentschlossene gibt, die sich gerade aufgrund der Freiwilligkeit an den hegemonialen Mainstream anpassen (vgl. auch Kreienbaum 2009). Auch zeigten einige der Jungen aus der Schule von Herrn Schütte, die an dem Parcours teilgenommen haben, in der späteren Gruppendiskussion Interesse an einem Praktikum in einer Kindertagesstätte. Ihnen war jedoch im Vorfeld nicht klar, dass Berufe wie der des Erziehers als „Frauenberufe" gelten.

Darüber hinaus lässt sich die Unterstellung der pädagogischen Professionellen, dass das Verhältnis von Jungen zu sozialen Tätigkeiten von Distanz geprägt sei, aus Perspektive der Jungen pauschal nicht nachweisen. Bezieht man nämlich auch die Aussagen aus anderen von uns beobachteten jungenpädagogischen Angeboten mit ein, zeigt sich, dass sowohl die Positionierungen, als auch der tatsächliche Umgang der Jungen mit den in den Praktika und Parcours gestellten Anforderungen höchst unterschiedlich ist. So gibt es einige Jungen, die bereits Erfahrungen mit im weitesten Sinne sozialen Tätigkeiten vorweisen können, andere wiederum äußern Berufswünsche in weiblich konnotierten Arbeitsbereichen (Budde et al. 2009). Auch wenn die Mehrheit der Jungen in den Gruppendiskussionen geschlechterstereotype Berufswünsche nennt und so genannte ,Frauenberufe' nicht in Erwägung zieht, bedeutet dies gleichzeitig nicht, dass Jungen die damit verbundenen *Tätigkeiten* per se als unmännlich ablehnen: Fast alle Jungen in unserem Sample können sich vorstellen, ein Schnupperpraktikum in Kindergarten oder Altenheim zu absolvieren. Wird dieses verbindlich für alle durchgeführt, lassen sich in unserer Studie keine jener Widerstände feststellen, wie sie von Herrn Schütte im obigen Zitat angedeutet werden, sondern überraschte Begeisterung über die erlebte eigene Kompetenz.

4.3 Praxeologische Handhabung von Jungenpädagogik

Die divergierenden Sichtweisen von Jungen und pädagogischen Professionellen dokumentieren sich nicht nur auf der Ebene der in Interviews geäußerten Einstellungen. Auch auf der Ebene der praxeologischen Handhabung einer „Didaktik von Jungenarbeit" (Pech et al. 2009) finden sich immer wieder didaktische Settings, die problematische Bezüge auf traditionelle Männlichkeitskonzeptionen evozieren. Die bereits in den Interviews mit den Lehrkräften unterstellte Distanz der Jungen gegenüber weiblich konnotierten Tätigkeiten schlägt sich in der Praxis der Jungenpädagogen häufig in Strategien nieder, die als ,Überlistung' bezeichnet werden können, indem auf tradierte Männlichkeitskonzeptionen rekurriert wird. Als Anreize für Jungen scheinen die beobachteten Jungenpädagogen (Hetero-) Sexualisierungen und kompetitiven Spaß anzusehen. So wird beispielsweise im Vorbereitungsworkshop zu einem Schnupperpraktikum der geschlechtersegregierte Arbeitsmarkt mit folgendem Beispiel thematisiert: „Jonny (ein Jungenpädagoge, J.B.) stellt die Frage danach, in welchen Studienfächern die wenigsten Männer sind. Peter (zweiter anwesender Jungenpädagoge, J.B.) ergänzt: ,Ihr wollt im Studium eine Frau kennenlernen, wo habt ihr die geringste Konkurrenz?' Es gibt keine erkennbare Reaktion auf das Beispiel. Eher scheint die Langeweile größer zu werden, zumal sich die Jungen beim Raten der Studienplatzwahl recht schwer tun. Das nächste Beispiel zur Veranschaulichung lautet: ,Wo sieht man ganz viele Frauen und wenig Männer? Wenn man zur Tierärztin geht; das sind vor allem Frauen'. Jonny nennt die Quote. Wieder folgt die Ergänzung von Peter: ,Perfekt um die Frau für die Zukunft zu finden'. Die Jungen reagieren nicht darauf."

In dem Beispiel werden traditionelle Männlichkeitskonzeptionen in mehrfacher Weise eingesetzt. So wird zum einen ein heterosexueller Bezug unterstellt, zweitens wird davon ausgegangen, dass der Kontakt sexualisiert sei, denn schließlich sollen die Jungen an der Universität bzw. bei der Tierärztin „die Frau für die Zukunft finden". Ein nicht-sexualisierter Kontakt zwischen männlichen und weiblichen Studierenden wird nicht thematisiert. Zuletzt wird die Beziehung zwischen Männern in diesem heterosexualisierten Kontext als Konkurrenzverhältnis markiert. Es lässt sich vermuten, dass die Erklärung lustig gemeint sein soll; gleichzeitig wird hier Humor in einer spezifischen Weise ausgedeutet, die die Beispiele eben nicht nur ,als Spaß' erscheinen lassen, sondern als implizite Geschlechterbotschaften. Ähnliche Konstellationen zwischen den Versuchen von Jungenpädagogen, das Interesse von Jungen durch Heterosexualisierungen sowie durch Angebote zu wecken, die aufgrund ihrer Orientierung an kompetitiven Spaßvorstellungen oberflächlich bleiben und dem Interesse der Jungen an ernsthafter Auseinandersetzung und ihrem Unverständnis gegenüber der jeweiligen Didaktik von Jungenpädagogik, finden sich an zahlreichen Stellen in unseren Beobachtungen.

5. Fazit: Balanceakt Jungenpädagogik

Mit monoedukativer Jungenpädagogik wird die Hoffnung verbunden, einen Beitrag zur Transformation von Männlichkeitskonzeptionen zu leisten und so einen Beitrag zu demokratiepädagogischen Zielen zu leisten. Andererseits dient ein monoedukatives Setting nicht per se diesem Ziel. So macht Michael Meuser darauf aufmerksam, dass homosoziale Räume der gegenseitigen (habituellen, nicht bewussten) Vergewisserung dienen können (vgl. Meuser 2001). Hier wird die eingangs beschriebene Gefahr der Verstärkung von Männlichkeiten manifest. In diesem Sinne könnten die Interaktionen der Jungenpädagogen Jonny und Peter gerade auf die Herstellung männlicher Gemeinschaft zielen. Die Jungenpädagogen führen offensiv zweigeschlechtliche und hierarchisch kodierte Maßstäbe ein. Die Funktion des Spaßes an dieser Stelle ist es, die Jungen gleichsam zu überlisten, indem ihnen durch diese Form des Humors suggeriert wird, dass es dieser Form von Jungenpädagogik nicht um die Reflexion von Männlichkeitskonzeptionen gehe, sondern eine ,risikolose Vergemeinschaftung', um dahinter andere pädagogische Anliegen zu verschleiern und gleichsam ,schmackhaft' zu machen. Dahinter steht die Vermutung einer Distanz von Jungen gegenüber den Zielen von Jungenpädagogik, wie sie sich in dem Zitat von Herrn Schütte zeigt.

Der Umgang mit Männlichkeitskonzeptionen ist auf Seiten der pädagogischen Professionellen vor allem ein reifizierender und stereotypisierender. Dies führt zu Angeboten, die eher dazu angelegt sind, stereotype Männlichkeitskonzeptionen zu stabilisieren als sie zu erweitern. Paradoxerweise bringt Jungenpädagogik selbst diese spezifische Konstellation mit hervor. Denn berücksichtigen pädagogische Fachkräfte wie Herr Schütte die soziale Kategorie Geschlecht, nehmen sie Geschlechterdisparitäten in den Interessenslagen wahr, legen sie spezifische Beobachtungen zu männlichen Sozialisationsprozessen zugrunde (bemühen sie sich also kurz gesagt um geschlechtsbewusstes pädagogisches Handeln), dann riskieren sie reifizierende Effekte. Dies geschieht jedoch nicht automatisch, sondern erst in jenem Falle, wenn bei den pädagogischen Professionellen stabile und ontologisierende Erklärungsmuster dominieren.

Jungenpädagogik realisiert sich deswegen auf einem schmalen Grad zwischen der Erweiterung von Handlungsoptionen und der Verstärkung traditioneller Männlichkeit. Umso bemerkenswerter ist, dass die Re-Maskulinisierung bei den Jungen keine Reaktionen auslöst. In den Beispielen ‚ziehen sie nicht mit'. Der (oftmals unbewusste) Versuch, eine männlichkeitssolidarische Ebene zu etablieren, scheitert an den Jungen, die sich nicht so geschlechterstereotyp verhalten, wie ihnen implizit nahegelegt wird. Denn bei den Jungen sieht die Lage divergenter aus, ihre Sichtweisen differieren je nach Kontext: Geht es in den pädagogischen Methoden beispielsweise um verbal geäußerte Einstellungen zum abstrakten Thema Zukunft, dann rekurriert die Mehrzahl in der Tat häufig auf das traditionelle Konzept des männlichen Alleinernährers. Im Gegenwartsbezug interessiert sich jedoch die Mehrheit der Jungen dafür, Tätigkeiten auszuprobieren, die nicht ins traditionell männliche Repertoire fallen. Vor allem auf der Ebene der praxeologischen Handhabung finden sich somit zahlreiche Hinweise auf entstereotypisierende Handhabungen. Damit liegt sozusagen eine ‚doppelte Differenz' vor: Denn neben der immer wieder betonten ‚Unterschiedlichkeit unterschiedlicher Jungen' (Devise: „Alle Jungen sind anders") erscheint auch der gleiche Junge je nach sozialem Kontext unterschiedlich. In Umkehrung und Überspitzung des Bonmots von Beck, der in Bezug auf das Veränderungspotential bei Männern von ‚verbaler Aufgeschlossenheit bei relativer Verhaltensstarre' (Beck/Beck-Gernsheim 1990, S. 31) spricht, lässt sich für einen Teil der von uns untersuchten Jungen das Gegenteil konstatieren, nämlich Aufgeschlossenheit auf der konkreten Handlungsebene bei Verhaltensstarre in den kommunikativen Haltungen. Es bräuchte also keine Überlistung, sondern vielmehr einen Subjektbezug, der zur Kenntnis nimmt, dass Jungen unterschiedliche Interessen haben – wie Mädchen eben auch.

Für die Umsetzung von Jungenpädagogik ist aus diesem Grund ein Dreischritt hilfreich (vgl. Budde 2006). Dieser beinhaltet im *ersten Schritt* eine Dramatisierung von Männlichkeitskonzeptionen. In einem *zweiten Schritt* sollte dann ausdifferenziert werden, dass es nicht nur *die* Jungen gibt, sondern eine Bandbreite *innerhalb* der Gruppe. Längst nicht alle Jungen verhalten sich ‚jungentypisch', nicht alle Mädchen ‚mädchentypisch'. Da die Betonung von Geschlechterdifferenzen in der pädagogischen Praxis nicht unbedingt zu den gewünschten Effekten führt, liegen in einem *dritten Schritt* Perspektiven in einer stärkeren Entdramatisierung von Männlichkeitskonzeptionen, bei der der Blick stärker auf die individuellen Jungen gerichtet wird. Damit kommt Geschlecht eher der Status einer reflexiven Kategorie zu und nicht einer permanenten Technik der pädagogischen Praxis. Für demokratiepädagogische Ansätze bedeutet die Tatsache, dass der Versuch, durch Jungenpädagogik Männlichkeitskonzeptionen zu reflektieren und (Geschlechter-) Demokratie, Partizipation und Gewaltprävention zu befördern, nur teilweise aufgeht, zukünftig zu überlegen, in Jungenpädagogik tatsächlich stärker Partizipation und Mitbestimmung zu ermöglichen, indem die Männlichkeitskonzeptionen der

Jungen selbst in den Mittelpunkt der Arbeit gestellt werden und weniger die normativen Vorstellungen des Jungenpädagogen. Männlichkeitskonzeptionen seitens
der engagierten Pädagogen, die sich nicht an stereotypen Männlichkeitsbildern
(bzw. am Jungenbild) von gewalttätigen, homophoben und andere abwertenden
Jungen als Zielgruppe für demokratiepädagogische Arbeit orientieren, sondern
zurückhaltend mit eigenen Zuschreibungen sind, stellen somit eine adäquate
Basis für Demokratiepädagogik dar.

Literatur

Bourdieu, P. (2005): Die männliche Herrschaft. Frankfurt/M..
Beck, U./Beck-Gernsheim, E. (1990): Das ganz normale Chaos der Liebe. Frankfurt/M..
Budde, J. (2005): Männlichkeit und gymnasialer Alltag. Bielefeld.
Budde, J. (2006): Dramatisieren – Differenzieren – Entdramatisieren. In: Der Deutschunterricht,
    01/2006, S. 71-83.
Budde, J. (2009): Herstellung sozialer Positionierungen. Jungen zwischen Männlichkeit und Schule.
    In: Pech, D. (Hrsg.): Jungen und Jungenarbeit. Baltmannsweiler, S. 153-168.
Budde, J. (o.J.): Männlichkeitskonzeptionen. Enzyklopädie Erziehungswissenschaft Online (EEO),
    Fachgebiet Geschlechterforschung. www.erzwissonline.de/fachgebiete/geschlechterforschung/
    beitraege/17090008.htm (21.10.2010)
Budde, J./Böhm, M./Willems, K. (2009): Wissen, Image und Erfahrungen mit sozialer Arbeit – rele-
    vante Faktoren für die Berufswahl junger Männer? In: Zeitschrift für Sozialpädagogik, 03/2009,
    S. 264-283.
Budde, J./Mammes, I. (Hrsg.) (2009): Jungenforschung empirisch. Zwischen Schule, männlichem
    Habitus und Peerkultur. Wiesbaden.
Budde, J./Krüger, S. (2010): Mehrperspektivische Evaluationsstudie. Jungenförderung durch das
    bundesweite Projekt Neue Wege für Jungs. In: Zeitschrift für Evaluationsforschung, 01/2010, S.
    125-136.
Budde, J./Debus, K./Stuve, O./Krüger, S. (in Vorbereitung): Jungenförderung am Girls'Day . Empi-
    rische Befunde und theoretisch Perspektiven der wissenschaftlichen Begleitung von Neue Wege
    für Jungs. Opladen.
Claus, R./Lehnert, E./Müller, Y. (2010): Was ein rechter Mann ist. Männlichkeiten im Rechtsextre-
    mismus. Berlin.
Connell, R. (1995): Masculinities. Berkeley.
Cremers, M. (2008): Jungen auf traditionellen und neuen Wegen. In: Zeitschrift für Frauenforschung
    und Geschlechterstudien, 26. Jg., H. 3/4, S. 117-125.
Cremers, M./Budde, J. (2009): Geschlechterreflektierende pädagogische Förderstrategien zur Berufs-
    und Lebensplanung von Jungen. In: Deutsche Jugend, 57. Jg., H. 3, S. 107-116.
Faulstich-Wieland, H./Weber, M./Willems, K. (2004): Doing Gender im heutigen Schulalltag. Wein-
    heim.
Fraser, N./Honneth, A. (2003): Umverteilung oder Anerkennung? Eine politisch-philosophische
    Kontroverse. Frankfurt/M.
Giesel, K./de Haan, G./Diemer, T. (2007): Demokratie in der Schule. Frankfurt/M.
Glaser, B. G./Strauss, A. L. (²2008): Grounded theory. Bern.
Gollwitzer, M. et al. (2007): Gewaltprävention bei Kindern und Jugendlichen. Göttingen.
Guggenbühl, A. (2008): Die Schule – ein weibliches Biotop. In: Matzner/Tischner (Hrsg.): S. 150-169.
Holz, O. (2008): Jungenpädagogik und Jungenarbeit in Europa. Standortbestimmung – Trends – Un-
    tersuchungsergebnisse. Münster.

HVHS Frille (1988): Parteiliche Mädchenarbeit und antisexistische Jungenarbeit. Abschlußbericht des Modellprojektes „Was Hänschen nicht lernt, ... verändert Clara nimmer mehr!" Frille.

Jantz, O./Grote, C. (2003): Mann-Sein ohne Männlichkeit. Die Vielfältigkeit von Lebensentwürfen befördern. In: Dies. (Hrsg.): Perspektiven der Jungenarbeit. Opladen, S. 13–30.

Jantz, O./Grote, C. (Hrsg.) (2003): Perspektiven der Jungenarbeit. Opladen.

Krall, H. (Hrsg.) (2005): Jungen- und Männerarbeit. Wiesbaden.

Kreienbaum, M.-A. (2009): Die aktuelle ‚Jungen-Debatte' – bildungspolitisch gewendet. In: Budde, J./ Mammes, I. (Hrsg.): Jungenforschung empirisch. Wiesbaden, S. 25-34.

Kuckartz, U. (²2008): Qualitative Evaluation. Wiesbaden.

Matzner, M./Tischner, W. (Hrsg.) (2008): Handbuch Jungen-Pädagogik. Weinheim.

Meuser, M. (1998): Geschlecht und Männlichkeit. Opladen.

Meuser, M. (2002): „Doing Masculinity". Zur Geschlechtslogik männlichen Gewalthandelns. Herausgegeben von AIM Gender. www.fk12.tu-dortmund.de/cms/ISO/de/arbeitsbereiche/ soziologie_der_geschlechterverhaeltnisse/Medienpool/AIM-Beitraege_zweite_Tagung/meuser. pdf (21.10.2010)

Pech, D. (Hrsg.) (2009): Jungen und Jungenarbeit. Eine Bestandsaufnahme des Forschungs- und Diskussionsstandes. Baltmannsweiler.

Pech, D. et al. (2009): Eine Didaktik der Jungenarbeit? In: Ders., S. 243–262.

Sielert, U. (1989): Jungenarbeit. Weinheim.

Sturzenhecker, B./Winter, R. (Hrsg.) (2002): Praxis der Jungenarbeit. Weinheim.

Tiemann, R. (1999): Konzeptionelle Ansätze der Jungenarbeit auf dem Prüfstand. In: Deutsche Jugend, 47. Jg., S. 76–83.

Tischner, W. (2008): Bildungsbenachteiligung von Jungen im Zeichen von Gender-Mainstreaming. In: Matzner/Tischner, S. 343-365

III. Forum

III. Forum

Jürgen Gerdes

Demokratiepädagogik und die Krise der Demokratie

Postdemokratische Indizien

Eine demokratisch orientierte politische Bildung steht inzwischen vor der Herausforderung, dass die Demokratie selbst in Gefahr ist. Die wachsende Entfremdung von politischen Institutionen und Entscheidungen einerseits sowie von Gesellschaft und Bürgerinnen und Bürgern andererseits geht von beiden Seiten aus. Infolge von technologischen Entwicklungen und Globalisierungsprozessen werden politische Fragen – z.b. in den Bereichen der Umweltpolitik und der Steuerung ökonomischer Prozesse – zunehmend komplexer und politische Institutionen und Entscheidungsprozesse intransparenter. Mit der Diagnose der „Postdemokratie" (Crouch 2008) wird behauptet, dass jenseits von Wahlen und anderen intakten demokratischen Verfahren die eigentlichen politischen Entscheidungen längst hinter verschlossenen Türen stattfinden, wobei die Regierungen eng mit ökonomischen Eliten, Verbänden und Lobbyisten kooperieren. Gleichzeitig werden in der politischen Öffentlichkeit weitgehend entscheidungsirrelevante Themen verhandelt. Seit der Euro-Krise – die zugleich auch eine Krise Europas bedeutet – geraten nicht nur die bekannten Demokratiedefizite supranationaler Institutionen wieder stärker in den Blick, sondern europapolitische Maßnahmen zur Rettung des Euro beinträchtigen nunmehr auch nationalstaatlich etablierte demokratische Institutionen und parlamentarische Entscheidungskompetenzen. Die direkte Einschränkung der nationalen haushaltspolitischen Entscheidungsspielräume durch europäische Auflagen über Umfang und Fristen und z. T. auch Formen der Haushaltskonsolidierung (z.B. Privatisierungen) beschädigt unweigerlich die demokratische Souveränität der Empfängerländer des Euro-Rettungsschirms ESM. Aber selbst die Geberländer sind indirekt betroffen, weil einerseits die Entscheidungsprozesse über hochkomplexe Maßnahmen zunehmend beschleunigt werden, wodurch die Parlamente marginalisiert werden (Münkler 2012). Andererseits werden durch die vorrangig von der Exekutive bereit gestellten enormen Aufwendungen politische Gestaltungräume gerade der Parlamente nachhaltig eingeschränkt. Finanzielle Ressourcen, die neben Gesetzgebung und öffentlichen Appellen das entscheidende Mittel politischer Steuerung darstellen, können dann umso weniger zur Förderung anderer politischer Ziele aufgewendet werden.

Gleichzeitig sinkt die politische Beteiligung der Bürgerinnen und Bürger offensichtlich kontinuierlich. Die etablierten Parteien, bis auf die Grünen, haben in den letzten Jahren drastisch an Mitgliedern verloren. Die Wahlbeteiligung bei der letzten Bundestagswahl 2009 (70,8%) war so niedrig wie noch nie seit Bestehen der Bundesrepublik Deutschland. Die jeweiligen Tiefpunkte der Wahlbeteiligung bei Landtagswahlen liegen alle in den letzten zwölf Jahren; die Teilnahme an Europawahlen liegt bei etwas über 40%, obwohl die europäische Ebene eine immer größere politische Bedeutung hat. Die Wahlbeteiligung von Jugendlichen bis zum Alter von 29 Jahren bei Bundestagswahlen, die im Vergleich zur Gesamtbevölkerung ohnehin konstant um etwa 10 % niedriger liegt, ist von 2002 bis 2009 um etwa 10 % gesunken (Schneekloth 2010, S. 143 f.). Wenn man sich die Entwicklung der Wahlbeteiligung zudem nach sozialstrukturellen Merkmalen wie Einkommen und Bildungsabschluss ansieht, zeigt sich eine soziale Selektivität des Wahlbeteiligungsrückgangs (Merkel/Petring 2011): Es sind insbesondere die sozialen Gruppen mit unteren Einkommen und niedrigeren Schulabschlüssen, die sich den institutionalisierten Formen der Partizipation in unserer Demokratie wie v.a. dem Wahlrecht und dem Parteienwesen zunehmend mehr entziehen. Die dadurch bedingten Ungleichheiten in der politischen Repräsentation geraten in einen deutlichen Widerspruch zu dem fundamentalen demokratischen Grundprinzip staatsbürgerlicher Gleichheit (Dahl 2000). Der Reproduktionszusammenhang von sozialer und politischer Ungleichheit wird durch tatsächlich zunehmende unkonventionelle Partizipationsformen (van Deth 2009) noch zusätzlich verschärft, weil diese eher von Wählern als von Nichtwählern und eher von ressourcenstarken Bürgern als von ressourcenschwachen genutzt werden (Schäfer 2010).

Beteiligungsrückgang auf Seiten der Bürger sowie Veränderungen der politischen Probleme und Entscheidungsverfahren sind wahrscheinlich zwei Seiten einer Medaille: Einerseits führt die mangelnde politische Repräsentation insbesondere sozial benachteiligter Gruppen zu zunehmender Abwendung von der Politik, andererseits resultiert eine mangelnde politische Partizipation ohnehin benachteiligter Gruppen darin, dass ihre Anliegen seitens der etablierten politischen Eliten unzureichend wahrgenommen und berücksichtigt werden.

Um den demokratiewidrigen asymmetrischen Mustern politischer Partizipation und Repräsentation expliziter zu begegnen, sind jüngst verstärkte Anstrengungen unternommen worden, für „bildungs- und politikferne" Zielgruppen geeignete Ideen und Konzepte der politischen Bildung zu entwickeln (Kohl/Seibring 2012; Widmaier/Nonnenmacher 2012). Neben Konzepten, die am Gegenstand und ihrer medialen Vermittlung ansetzen und unter dem Stichwort der „Elementarisierung" in der Tradition kategorialer Politikdidaktik die Komplexität von Politik reduzieren wollen, gibt es in dieser Diskussion zunehmend Überlegungen, die verschiedene Aspekte einer „subjektorientierten und dialogischen politischen Bildung" (Scherr 2012) betonen. Die sozialwissenschaftlich informierte Einbeziehung der sozialen Situationen, Lebenswelten, Deutungsmuster und Artikulationsformen der Adressaten gilt hier als zentrale Voraussetzung einer zielgruppenorientierten politischen Bildung. Hier gibt es offensichtlich starke Überschneidungen mit der Demokratiepädagogik. Abgesehen von der Bedeutung des zentralen demokratiepädagogischen Arguments, dass der für das Überleben der Demokratie notwendige Erwerb demokratischer Kompetenzen geeigneter Sozialisationsbedingungen und Lernprozesse bedarf, kann gerade ein handlungs- und erfahrungsorientierter sowie über soziales Lernen vermittelter Zugang offenlegen, dass Politikabstinenz insbesondere bei sozial benachteiligten Jugendlichen zu einem wesentlichen Anteil eher in der Abwendung von etablierten politischen Institutionen und diesen korrespondierenden milieuspezifischen Sprach-, Verhaltens- und Präsentationsstilen der politischen Eliten besteht als an mangelnden Interessen an politischen und politikrelevanten Themen an sich (Calmbach/Borgstedt 2012; Scherr 1995). Zum anderen ist die Stärkung von Anerkennungsstrukturen und Selbstwirksamkeitsüberzeugungen im schulischen und sozialen Umfeld (Edelstein/Fauser 2001) wahrscheinlich eine notwendige, wenn auch keine hinreichende Bedingung für die Entwicklung eines größeren politisches Selbstvertrauens, welches wiederum die Voraussetzung für anhaltendes politisches Interesse und politische Partizipation darstellen dürfte.

Der demokratiepädagogische Anspruch, dass Demokratie- und Partizipationserfahrungen in und im Umfeld der Schule bereits einen wichtigen Teil politischer Bildung im demokratischen Staat ausmachen würden, hat jedoch eine seit etwa zehn Jahren andauernde mit z.T. erheblichem theoretischen und rhetorischen Aufwand geführte Debatte zwischen Demokratiepädagogen und Politikdidaktikern ausgelöst. In jüngerer Zeit hat es zwar vermehrt Beiträge gegeben, die zwischen beiden Richtungen vermittelnde Positionen einnehmen (Lange 2009, Widmaier 2009, Goll 2011, Himmelmann 2012), indem z.B. auf eine arbeitsteilige Ergänzung zwischen Politik im Unterricht und Demokratielernen als Aufgabe von Projekten und der Schulentwicklung verwiesen wurde. Andererseits sind einige grundlegende Meinungsverschiedenheiten, insbesondere hinsichtlich des angemessenen Politik- und Demokratiebegriffs, nicht beigelegt worden. Deswegen sollen im Folgenden einige zentrale Aspekte der Kontroverse noch einmal aufgegriffen werden.

Demokratie und Politikdidaktik

Dem Inhalt nach wurde der Demokratiepädagogik insbesondere die Übernahme eines „defizitären" Demokratiebegriffs (Massing 2002, S. 172; Juchler 2005) vorgeworfen, der letztlich zur Entpolitisierung führe (Massing 2004a), weil insbesondere die sich von lebensweltlichen Interaktionen stark unterscheidenden systemischen Mechanismen realer politischer Prozesse ausgeblendet würden.

Mittels selektiver Anleihen aus der Politikwissenschaft sind dabei verschiedene
Thesen über vermeintlich kategoriale Differenzen zwischen politischem System
und Lebenswelt vertreten worden, die selbst aus sozial- und politikwissenschaft-
licher Perspektive umstritten, insbesondere aber demokratietheoretisch hochgra-
dig problematisch sein dürften.

Eine fundamental differente Handlungslogik im politischen Bereich ist
beispielsweise im Hinblick auf das demokratische Repräsentationsprinzip behauptet worden. Während Abgeordnete aggregierte und organisierte Interessen
repräsentierten und nach gesellschaftsweit mehrheitsfähigen Lösungen suchen
müssten, würden sich Schüler und Schülernnen in Interaktionen und bei Kon-
fliktregulierungen immer nur selbst vertreten (Sander 2005, S. 344; 2007, S.
79 f.). Damit wird aber erstens das Demokratieverständnis auf repräsentative Mechanismen reduziert, zweitens ist nicht einsichtig, warum in gesellschaftlichen
Einheiten (Schule, Vereine) Teilgruppen nicht sinnvollerweise durch gewählte
Repräsentanten vertreten werden könnten – in der Schule z.B. allein schon
durch Klassensprecher und Schülervertretungen. Grundlegende Erfahrungen
in Kontexten von Delegation und Repräsentation, die z.B. in der Balancierung
der Verantwortlichkeit und Loyalität gegenüber der eigenen Gruppe und einer
kompromissbereiten Haltung gegenüber den Repräsentanten anderer Gruppen
bestehen, dürften auch im gesellschaftlichen Bereich gemacht werden können.

Ein anderes Argument lautet, dass mit dem demokratiepädagogischen Ansatz
harmonieorientierte Einstellungen aus der Privatsphäre in den öffentlichen
und politischen Bereich übertragen würden, was zu „Fehlbeurteilungen" (Behrmann et. al. 2004, S. 343) der spezifischen Logik politischen Handelns führen
würde. Abgesehen von der fragwürdigen Charakterisierung des Privaten als
harmonieorientiert, können die Kriterien der im Kontext der Gewährleistung
negativer Grund- und Menschenrechte auf Nichteinmischung sicher wichtigen
Trennung von privater und öffentlicher Sphäre wohl kaum politikwissenschaftlich vordefiniert werden, sondern sie sind selbst Gegenstand politischer
Debatten. Dies zeigen z.B. Diskussionen darüber, inwieweit private Hausarbeit, Kindererziehung und private Pflegeleistungen als wichtige Aufgaben
gesellschaftlicher Reproduktion stärker als bislang offiziell anzuerkennen und
im Rahmen politischer Regulierungen (z.B. in Form von Rentenanerkennungs-
zeiten, Erziehungsgeld, Pflegegeld, der Bereitstellung kostenloser Kita- und
Kindergartenplätze etc.) zu berücksichtigen sind. Auch die in diesen Zusammenhängen präsentierten Definitionen der politischen Sphäre mittels der Kategorien des Interessenkonflikts (Reinhardt 2006; 2009) und des strategischen
Parteienkampfs – Patzelt (2004, S. 72) z.B. charakterisiert Politik wesentlich
„machiavellisch" als „die Austragung von Konflikten und das erfolgshungrige
Niederringen des Gegners" – stellen ebenso eigenwillige Reduktionen dar, weil
die Aggregation, Organisation, Artikulation und Repräsentation von in der Ge-

sellschaft vorhandenen unterschiedlichen Interessen, Weltanschauungen und Lebensformen zwar eine wichtige Funktion des politischen Systems darstellen, deren Vermittlung andererseits aber nur auf der Grundlage von gemeinsam geteilten Normen (wie z.b. Menschenrechte, Demokratie, soziale Gerechtigkeit) und auf dieser Basis anerkannten politischen Verfahren stattfinden kann. Im Grunde genommen ist Konflikt eine gesellschaftliche Kategorie, während die korrespondierende politische Dimension eher in der zivilen, möglichst allseits akzeptablen und demokratischen Regulierung von Konflikten besteht.

Die politikdidaktische Kritik an der Demokratiepädagogik besteht darauf, dass politische Bildung in der Demokratie wesentlich auf Kenntnissen der eigensinnigen Logik des politischen Systems und in korrespondierenden kognitiven und analytischen Kompetenzen besteht, die weder im lebensweltlichen Alltag und im Kontext gesellschaftlicher Institutionen und Organisationen noch vorrangig durch handlungs- und partizipationsorientierte Methoden gelernt werden können. Eine unreflektierte Übertragung von demokratischen Prinzipien sowie korrespondierenden Orientierungen und Verhaltensweisen aus der Lebens- und Gesellschaftswelt (wie z.b. Toleranz, gegenseitige Achtung, Empathie, Kommunikations-, Kompromiss- und Verhandlungsfähigkeit) auf das politische System würde zu einer gefährlichen Idealisierung von Politik führen. Der polemische Höhepunkt der Kontroverse, dessen Vehemenz sich aus soziologischer Perspektive wahrscheinlich auch der Verteidigung berufsständischer Interessen und der Konkurrenz um Fördermittel verdankt (Sander 2007), besteht darin, dass vor dem Hintergrund solcher Idealisierungen Wahrnehmungen realer politischer Prozesse als von strategischen Kämpfen gekennzeichnetes „schmutziges Geschäft" genau die Enttäuschungen produzieren müssten, die zu Politik- und Demokratieverdrossenheit führen, die die Demokratiepädagogik gerade bekämpfen will (Massing 2004a, 2004b; Sander 2005). Abgesehen davon, dass die Entfremdung zwischen Bürgerschaft und Politik wohl eher durch politische Prozesse selbst verursacht wird als infolge von Anstrengungen politischer und demokratischer Bildung, gibt es insbesondere drei Gesichtspunkte, die bei dem Argument zugunsten der Vermittlung eines der politischen Funktionslogik angemessenen „realistischen" Politikbildes problematisch sind: Erstens haben die „Ideale" der Demokratie und Menschenrechte in demokratischen Staaten bekanntlich selbst einen Sitz in der Realität des politischen Systems, indem sie als geltende Normen und Prinzipien z.B. in Verfassungen, zentralen Gesetzen, Parteiprogrammen und ratifizierten internationalen Abkommen verankert sind. Die bloße Vermittlung von Kenntnissen über das aktuell gerade existierende Ensemble politischer Institutionen würde den Sinn der Demokratie als unvermeidliche Spannung zwischen „Faktizität und Geltung" (Habermas 1992) verfehlen.

Zweitens bleibt unklar, warum die Bürgerschaft in der Demokratie politische Prozesse vorrangig nach den selektiven Kriterien eines sich professionell verselbständigten Politikbetriebes oder einer politikwissenschaftlich inspirierten „realistischen" Politikperspektive bewerten sollten. Bürgerkompetenzen in einer demokratischen Gesellschaft dürften vorrangig weder in politik- oder sozialwissenschaftlichen Analysefähigkeiten noch in den speziellen Handlungsfähigkeiten professioneller politischer Eliten bestehen, sondern zunächst vor allem in Kenntnissen und Urteilskompetenzen darüber, ob und wie die einflussreichen politischen Akteure auf die eigenen Interessen aufmerksam gemacht werden können und inwiefern deren Programme und Regulierungsvorschläge die eigenen Ideen, Meinungen, Interessen und Anliegen sowie diejenigen anderer Bürger und Bürgerinnen berücksichtigen.

Drittens irritiert vor allem, dass die Beiträge der Politikdidaktik, die sich in Deutschland nach dem Zweiten Weltkrieg der Förderung demokratischer Kultur verpflichtet fühlt, mitunter eine derart rigorose Trennung von Staat und Gesellschaft zu rechtfertigen versuchen, obwohl Demokratie als „Regierung des Volkes durch das Volk für das Volk" (Abraham Lincoln) doch gerade eine starke Interdependenz von Staat und Gesellschaft impliziert. Politik in einer demokratischen Gesellschaft kann nur aus der Gesellschaft heraus legitimiert werden; und demokratische Politik sollte auf die Erwartung der Bürgerinnen und Bürger reagieren, dass politische Maßnahmen und gesetzliche Regelungen vorhandene gesellschaftliche Probleme lösen sollten; und dies gilt nicht erst seit Tendenzen zu beobachten sind, wie sie etwa in Begriffen und Konzepten wie „Subpolitik" (Beck 1986) oder einer „Entgrenzung des Politischen" (Lange 2011) zum Ausdruck kommen.

Demokratie und Demokratiepädagogik

Nun müssen die angedeuteten affirmativen Konsequenzen der in der Debatte vertretenen Positionen der Politikdidaktik nicht zwingend auch dementsprechende Intentionen widerspiegeln. Die Akzentuierung spezifisch politischer Handlungslogiken und gesellschaftlicher Konflikte könnte ebenso gut als Hinweis auf strukturelle Konfliktlinien (z.B. zwischen Kapital und Arbeit, Dominanz organisierter Interessen) und in politischen Institutionen inkorporierte Macht- und Herrschaftsverhältnisse verstanden werden, deren Analyse als eine Voraussetzung einer adäquaten politischen und demokratischen Bildung betrachtet wird. Dies wäre dann ein richtiger Hinweis.

Denn im Rahmen politisch-demokratischer Bildung kann kaum ausgeblendet werden, dass die jeweiligen gesellschaftlichen Institutionen im Bereich der Bildung, des Arbeitsmarktes, der sozialen Dienste, der Gesundheit usw. und Assoziationen (Vereine und Verbände) keinesfalls autonome Einheiten demokratischer Selbstregierung sind. Eine interne Demokratisierung gesellschaftlicher Institutionen und Organisationen, die soweit möglich gerade in freiheitlichen Gesellschaften sicher erstrebenswert ist, ist allein schon durch die politisch übergeordnete (möglichst demokratisch legitimierte) Zuweisung jeweils spezifischer Aufgaben wie z.B. Erziehung, Sozialisation, Bildung, die Bereitstellung öffentlicher und privater Güter und Dienstleistungen, gemeinschaftliche Ausübung von verschiedenen Freizeitinteressen, Weltanschauungen, Religionen usw. begrenzt. Daraus folgt, dass die strukturellen und rechtlichen Rahmenbedingungen der gesellschaftlichen und ökonomischen Institutionen – also etwa die Regulierung ökonomischer Verhältnisse, die Bedingungen der Arbeitsverhältnisse, die Organisation der Sozialversicherungssysteme und sozialen Dienste, das Aufenthalts- und Einbürgerungsrecht für Migranten, die sozial selektiven oder inklusiven und curricularen Bedingungen der Bildungsinstitutionen usw. – sich nur durch politische Partizipation beeinflussen lassen, die – wie vermittelt auch immer – in den politischen Bereich hineinreicht. Insofern muss man sicher einräumen, dass soziales Lernen und Handeln nicht mit politischem Lernen und Handeln gleichgesetzt werden kann. Demokratische Urteils- und Beteiligungskompetenz besteht nicht allein aus gesellschaftlichen Handlungskompetenzen, sondern ist deutlich komplexer zu veranschlagen (vgl. im Überblick Veith 2010) und beinhaltet mindestens auch politische Sachkompetenzen wie Fähigkeiten zur kognitiven Orientierung in der politischen Welt sowie politische Methodenkompetenzen, etwa Fähigkeiten der selbstständigen Beschaffung und kritischen Bewertung politischer Informationen (Massing 2002; 2004b).

Wenn Partizipationschancen weitaus stärker akzentuiert werden als deren politisch strukturierte Voraussetzungen und Grenzen, besteht gerade im Kontext aktueller politischer Entwicklungen die Gefahr, sich vom herrschenden Zeitgeist und dem ideologischen Paradigma des aktivierenden Staates instrumentalisieren zu lassen, in dem sich das prioritäre Ziel politischer Intervention von wirtschaftspolitischer Rahmensteuerung, der politischen Regulierung von Arbeitsmärkten und -verhältnissen und der Gewährleistung solidarischer Sicherungssysteme auf die Ausbildung und Entwicklung der Kompetenzen der einzelnen Personen verlagert hat. Dadurch sollen diese in die Lage versetzt werden, in einem größeren Maß marktkonform für sich selbst und in zivilgesellschaftlicher Initiative für andere zu sorgen (Gerdes 2006, Lessenich 2008), um so den fiskalisch bedrängten Staat von Aufgaben und Transferleistungen zu entlasten. Selbst wenn Forderungen nach mehr aktiver Beteiligung im Bildungsbereich gelegentlich auch auf der Basis von Grund- und Kinderrechten und mit dem generellen Hinweis auf „Demokratisierung" verteidigt werden, ist auffällig, dass sich die jeweils substanziellen Argumente auf die Erwartung richten, dass eine verstärkte aktive Beteiligung zu einem Erwerb von Kompetenzen beiträgt, die die individuellen beruflichen Perspektiven in einer zunehmend anspruchsvollen, flexibleren und wissensbasierten Arbeitswelt verbessern (vgl. Hartnuß/Heuberger 2009; Düx et al. 2008).

Die bürgergesellschaftliche Förderung von freiwilligem bürgerschaftlichen Engagement im Sinn der unentgeltlichen Übernahme gesellschaftlicher Aufgaben (wie z.B. die Betreuung und Unterstützung in verschiedener Hinsicht bedürftiger Personengruppen) verspricht offensichtlich auch eine Entlastung in klassisch staatlichen Politikbereichen wie Arbeitsmarkt-, Bildungs-, Gesundheits- und Sozialpolitik. Seit der Einsetzung der Enquete-Kommission zur „Zukunft des bürgerschaftlichen Engagements" hat sich hier ein neues Politikfeld „Engagementpolitik" (Olk et al. 2009) herausgebildet, in dessen Rahmen mittlerweile eine ganze Reihe von Initiativen, neuen Institutionen und Akteuren entstanden sind. Damit hat auch das sicher schon immer unscharfe Konzept der Zivilgesellschaft eine deutlich veränderte Akzentuierung erfahren. In der Hochzeit der Neuen sozialen Bewegungen existierte ein Verständnis von Zivilgesellschaft, das auf die Belagerung des politischen Systems ausgerichtet war, wobei zivilgesellschaftliche Assoziationen lebensweltliche Problemlagen an politische Öffentlichkeit und politische Akteure übermitteln sollten (Habermas 1992, S. 443). Inzwischen aber dominiert ein eher „kommunitaristisch" inspiriertes, an Tocqueville (1985) orientiertes Verständnis von Bürgergesellschaft, das ohne den Verweis der Einflussnahme auf politische Macht auszukommen scheint (Widmaier 2010). Hier geht es um eine eher von politischer Partizipation im engeren Sinn unabhängige und problemlösende Selbstorganisation der Gesellschaft, die in allen möglichen Formen von bürgerschaftlicher Selbst- und Nachbarschaftshilfe, beliebigen Vereinstätigkeiten und ehrenamtlichen Engagements schon einen Ausdruck der Zivilgesellschaft sieht. Eine pure Umwidmung von gesellschaftlich sicher wünschenswerten Formen bürgerschaftlicher gegenseitiger Hilfeleistungen in Politik aber würde den Unterschied von gesellschaftlicher und politischer Partizipation bis zur Unkenntlichkeit einebnen (vgl. Norris 2002; van Deth 2009), mit dem zweifelhaften Ergebnis, dass dann womöglich eine Abwendung von Politik gar nicht mehr als solche erscheinen würde. Auch in den Darstellungen der bürgerschaftliches Engagement fördernden pädagogischen Konzepte wie Service Learning ist auffällig, dass sich die für Lernprozesse wichtige Reflexionsebene eher auf die Optimierung der jeweiligen individuellen Handlungsleistungen unter vorgegebenen Rahmenbedingungen bezieht, als auf die jeweils strukturellen Grenzen des Handelns und die Möglichkeiten politischer Partizipation (Frank/Sliwka 2007; Sliwka 2004). Hier besteht die Gefahr, die inzwischen vorherrschende Ideologie des aktivierenden Staates zu bedienen, der strukturelle und systemische Bedingungen sozialer und politischer Ungleichheit auf die Ebene individueller Kompetenz- und Partizipationsdefizite und deren Bearbeitung verschiebt (Bittlingmayer et al. 2013).

Demokratie und Politik

Demokratiepädagogische Konzepte setzen an der richtigen Stelle an, wenn sie in Projekten mit unmittelbarer Handlungsorientierung einerseits zunächst vor allem Selbstvertrauen und Selbstwirksamkeitsüberzeugungen der Schülerinnen und Schüler stärken sowie andererseits im gemeinsamen Handeln Erfahrungen wechselseitiger Anerkennung und soziales Lernen ermöglichen. Partizipation ist ein zentrales Merkmal von Demokratie, aber Demokratie und Partizipation sind nicht dasselbe. Um Demokratie nicht nur als „Lebensform" oder „Gesellschaftsform", sondern auch als „Herrschaftsform" (Himmelmann 2001) angemessen zu berücksichtigen, wäre der Demokratiepädagogik einerseits zu empfehlen, systematischer auch Dilemmata und Ambivalenzen zwischen verschiedenen demokratischen Prinzipien (z.b. die Gefahr der „Tyrannei der Mehrheit") oder diese und andere institutionellen Voraussetzungen der Demokratie (wie z.b. Rechtsstaat und Sozialstaat) theoretisch wie pädagogisch zu bearbeiten. Um nur zwei Beispiele zu nennen:

In demokratischen Rechtsstaaten befinden sich Demokratie und Menschenrechte in einem permanenten Spannungsverhältnis, das insofern oft fraglich und interpretationsbedürftig ist, als in repräsentativen Demokratien – vor allem durch das Mehrheitsprinzip – demokratisch legitimierte staatliche Regulierungen in die durch Grund- und Menschenrechte gesicherten Freiheitsspielräume der Bürgerinnen und Bürger eingreifen dürfen, ohne dass diese Rechte in ihrem Grundgehalt beschädigt werden (Benhabib 2008).

Ein anderes grundlegendes Problem der Demokratie besteht darin, dass die Möglichkeit direktdemokratischer Verfahren und der relative Einfluss partizipierender Bürger umso größer ist, je kleiner die demokratische Gemeinschaft. Andererseits aber ist die potenzielle Fähigkeit, auf bedeutende Aspekte der Lebensumstände politisch effektiv einzuwirken, insbesondere unter Bedingungen der Globalisierung politischer Probleme, in kleineren Einheiten eher gering. Dies würde eher komplexere institutionelle Arrangements und repräsentative Verfahren erfordern (Dahl 2000, S. 109 ff.).

Um im Kontext von Partizipationsförderung den Bezug zu sozialstrukturellen, institutionellen und politischen Rahmenbedingungen nicht zu verlieren, innerhalb derer handlungs- und erfahrungsorientierte Lernprozesse erfolgen, müsste andererseits die explizit politische Dimension der jeweils bearbeiteten Themen konzeptionell stärker verankert werden. In diesem Sinn zielführend wäre ein soziales und politisches Lernen integriererendes Konzept, das es ermöglicht, verschiedene Kompetenzen wie etwa erfahrungsorientierte Handlungskompetenzen, kognitive Sachkompetenzen, praktische Methodenkompetenzen und politische Partizipationskompetenzen an ein- und demselben Thema zu lernen (vgl. dazu die gleichgerichteten Vorschläge bei Koopmann 2005, Widmaier 2009,

Nonnenmacher 2009, Reinhardt 2012).[1] Konkreter formuliert würde das bedeuten, dass im Fall der Förderung eines gesellschaftlichen Engagements im Bereich
der Betreuung älterer Mitbürger oder der Unterstützung benachteiligter Bevölke-
rungsgruppen auch genügend Kenntnisse über die gegenwärtige politische Organisationsform der Systeme sozialer Leistungen und ihrer Alternativen erarbeitet
werden. Genauso müsste bei Projekten des Service Learning zur Unterstützung
von Flüchtlingen oder Kindern und Jugendlichen mit Migrationshintergrund
die Migrations- und Integrationspolitik ein explizites Thema sein. Das wäre eine
entscheidende Voraussetzung dafür, dass die Demokratiepädagogik sich nicht
von einer Aktivierungsideologie vereinnahmen lässt und bestehende politische
Herrschaftsverhältnisse nicht mit demokratischem Etikett legitimiert, statt sie
kritisch zu reflektieren . Zu verstärkten Anstrengungen der Förderung politischer
Partizipation, insbesondere bei „politikfernen" Zielgruppen, bestehen angesichts
von Indizien zumindest des allmählichen Verschwindens des etablierten national-
staatlichen Modells der repräsentativ-parlamentarischen Demokratie (Münkler
2012) keine Alternativen, wenn Demokratie eine Zukunft haben soll.

Literatur

Beck. U. (1986): Risikogesellschaft. Auf dem Weg in eine andere Moderne. Frankfurt/M.

Behrmann, G. C./Grammes, T./Reinhardt, S. (2004): Politik: Kerncurriculum Sozialwissenschaften
in der gymnasialen Oberstufe. In: Tenorth, H.-E. (Hrsg.): Kerncurriculum Oberstufe II: Biologie,
Chemie, Physik, Geschichte, Politik. Weinheim/Basel, S. 322-406.

Benhabib, S. (2008): Kosmopolitismus und Demokratie. Eine Debatte. Hrsg. von Robert Post.
Frankfurt/M.

Beutel, W./Fauser, P. (Hrsg.) (2007): Demokratiepädagogik: Lernen für die Zivilgesellschaft, Schwal-
bach/Ts.

Beutel, W./Fauser, P./Rademacher, H. (Hrsg.) (2012): Jahrbuch Demokratiepädagogik 2012. Schwal-
bach/Ts.

Bittlingmayer, U. H./Gerdes, J./Sahrai, D./Scherr, A. (2013): Entpolitisierung wider Willen? An-
merkungen zum Spannungsverhältnis von schulischen Social- und Life Skills-Programmen und
politischer Bildung. In: Bremer, H./Kleemann-Göring, M./Trumann, J. (Hrsg.) (2012): Politische
Bildung – Politisierende Bildung – Politische Sozialisation. Weinheim/München.

Calmbach, M./Borgstedt, S. (2012): „Unsichtbares" Politikprogramm? Themenwelten und politisches
Interesse von „bildungsfernen" Jugendlichen. In: Kohl, W./Seibring, A., S. 43-80.

Dahl, R. A. (2000): On Democracy. New Haven/London.

Deth, J. W. van (2009): Politische Partizipation, in: Kaina, V.; Römmele, A. (Hrsg.): Politische Soziologie. Wiesbaden, S. 141-161.

Düx, W./Prein, G./Sass, E./Tully, C. J. (2008): Kompetenzerwerb im freiwilligen Engagement. Eine
empirische Studie zum informellen Lernen im Jugendalter. Wiesbaden.

---

[1] Diese Programmatik wird in verschiedenen Projekten an der PH Freiburg verfolgt, jedoch nur
in der bescheidenen Reichweite der Entwicklung außercurricularer Unterrichtsprogramme
[siehe dazu: https://www.ph-freiburg.de/soziologie/forschung/laufende-projekte.html], Abruf v.
11.03.2013

Edelstein, W./Fauser, P. (2001): Demokratie-Lernen als Aufgabe politischer Bildung. Gutachten zum BLK-Programm. Bonn.

Frank, S./Sliwka, A. (2007): Service Learning und Partizipation. In: Eikel, A./De Haan, G. (Hrsg.): Demokratische Partizipation in der Schule. Schwalbach/Ts., S. 42-59.

Gerdes, J. (2006): Der „Dritte Weg" als ideologische Kolonialisierung der Lebenswelt. Die Sozialdemokratie in der Wissensgesellschaft. In: Bittlingmayer, U. H./Bauer, U. (Hrsg.): Die „Wissensgesellschaft". Mythos, Ideologie oder Realität?. Wiesbaden, S. 553-613.

Goll, T. (Hrsg.) (2011): Bildung für die Demokratie. Beiträge von Politikdidaktik und Demokratiepädagogik, Schwalbach/Ts., S. 101-123.

Habermas, J. (1992): Faktizität und Geltung: Beiträge zur Diskurstheorie des Rechts und des demokratischen Rechtsstaats. Frankfurt/M.

Hartnuß, B./Heuberger, F. W. (2009): Ganzheitliche Bildung in Zeiten der Globalisierung: Bürgerschaftliche Perspektiven für die Bildungspolitik. In: Olk, T./Klein, A./ Hartnuß, B. (Hrsg.), S. 459-490.

Himmelmann, G. (2001): Demokratie Lernen als Lebens-, Gesellschafts- und Herrschaftsform. Schwalbach/Ts.

Himmelmann, G. (2012): Perspektiven des Zusammenwirkens von Politischer Bildung und Demokratiepädagogik. In: Beutel, W./Fauser, P./Rademacher, H. (Hrsg.), S. 112-124.

Juchler, I. (2005): Worauf sollte die politische Bildung zielen: Demokratie-Lernen oder Politik-Lernen? In: Politische Bildung 38, H. 1, S. 100-109.

Kohl, W./Seibring, A. (2012): „Unsichtbares" Politikprogramm? Themenwelten und politisches Interesse von „bildungsfernen" Jugendlichen. Bonn.

Koopmann, F. K. (2005): Sich demokratisch durchsetzen lernen mit Projekt: aktive Bürger. In: Himmelmann, G./Lange, D. (Hrsg.): Demokratiekompetenz. Beiträge aus Politikwissenschaft, Pädagogik und politischer Bildung. Wiesbaden, S. 153-163.

Lange, D. (2009): Demokratiepädagogik und Politische Bildung. Zwischen Fachlichkeit und Schulprinzip. In: Beutel, W./Fauser, P. (Hrsg.): Demokratie, Lernqualität und Schulentwicklung. Schwalbach/Ts., S. 43-54.

Lessenich, S. (2008): Die Neuerfindung des Sozialen. Der Sozialstaat im flexiblen Kapitalismus. Bielefeld.

Massing, P. (2002): Demokratie-Lernen oder Politik-Lernen? In: Breit, G./Schiele, S. (Hrsg.): Demokratie-Lernen als Aufgabe der politischen Bildung. Schwalbach/Ts., S. 160-187.

Massing, P. (2004a): „Demokratie-Lernen" und „Politik-Lernen" – ein Gegensatz? Eine Antwort auf Gerhard Himmelmann. In: Politische Bildung 37(4): S. 130-135.

Massing, P. (2004b): Der Kern der politischen Bildung? In: Breit, G./Schiele, S. (Hrsg.): Demokratie braucht Bildung. Schwalbach/Ts., S. 81-98.

Merkel, W./Petring, A. (2011): Partizipation und Inklusion, in: Demokratie in Deutschland 2011 – Ein Report der Friedrich-Ebert-Stiftung, http://www.wzb.eu/sites/default/files/zkd/dsl/partizipation_und_inklusion.pdf [Zugriff vom 10.09.2011]

Münkler, H. (2012): Die rasenden Politiker. Vom absehbaren Ende der parlamentarischen Demokratie. Der Spiegel, H. 29/2012, S. 100-101.

Nonnenmacher, F. (2009): Politische Bildung in der Schule. Demokratisches Lernen als Widerspruch im System. In: Kluge, S./Steffens, G./Weiß, E. (Hrsg.): Entdemokratisierung und Gegenaufklärung. Jahrbuch für Pädagogik 2009; Frankfurt/M. u.a., S. 269-279.

Norris, P. (2002): Democratic Phoenix. Reinventing Political Activis. Cambridge.

Olk, T./Klein, A./Hartnuß, B. (Hrsg.) (2009): Engagementpolitik: Die Entwicklung der Zivilgesellschaft als politische Aufgabe. Wiesbaden.

Patzelt, W. J. (2004): Demokratieerziehung oder politische Bildung? Eine Auseinandersetzung mit Peter Fauser. In: Kursiv: Journal für politische Bildung 8, H. 4, S. 66-76.

Reinhardt, S. (2006): Konfliktfähigkeit als Demokratiekompetenz. In: Gesellschaft-Wirtschaft-Politik (GWP), H. 1/2006, S. 101-113.

Reinhardt, S. (2009): Ist soziales Lernen auch politisches Lernen? Eine alte Kontroverse scheint entschieden. In: Gesellschaft-Wirtschaft-Politik (GWP). H. 1/2009, S. 119-125

Reinhardt, V. (2012): Demokratie-Lernen und Politik-Lernen. Politikvernetzte Projektarbeit aus Sicht von Lehrerinnen und Lehrern. In: Beutel, W./ Fauser, P./Rademacher, H. (Hrsg.) (2012), S. 161-173.

Sander, W. (2007): Demokratie-Lernen und politische Bildung. Fachliche, überfachliche und schulpädagogische Aspekte. In: Beutel, W./Fauser, P. (Hrsg.), S. 71-85.

Sander, W. (2005): Demokratie in der politischen Bildung – politische Bildung in der Demokratie. Bemerkungen zu nötigen und unnötigen Kontroversen. In: Massing, P./Roy, K.-B. (Hrsg.): Politik. Politische Bildung. Demokratie. Schwalbach/Ts., S. 338-347.

Schäfer, A. (2010): Die Folgen sozialer Ungleichheit für die Demokratie in Westeuropa. Zeitschrift für vergleichende Politikwissenschaft 4, S. 131-156.

Scherr, A. (2012): Pädagogische Grundsätze für die politische Bildung unter erschwerten Bedingungen. In: Widmaier, B./Nonnenmacher, F. (Hrsg.), S. 62-76.

Scherr, A. (1995): Soziale Identitäten Jugendlicher. Politische und berufsbiografische Orientierungen von Auszubildenden und Studenten. Opladen.

Schneekloth, U. (2010): Jugend und Politik: Aktuelle Entwicklungstrends und Perspektiven. In: Shell Deutschland Holding (Hrsg.): Jugend 2010, 16. Shell Jugendstudie. Frankfurt/M., S. 129-164.

Sliwka, A. (2004): Service Learning: Verantwortung lernen in Schule und Gemeinde. In: Edelstein, W./Fauser, P. (Hrsg.) (2001): Beiträge zur Demokratiepädagogik. Eine Schriftenreihe des BLK-Programms „Demokratie lernen & leben".

Tocqueville, A. de (1985): Über die Demokratie in Amerika. Stuttgart.

Veith, H. (2010): Das Konzept der Demokratiekompetenz. In: Lange, D./Himmelmann, G. (Hrsg.): Demokratiedidaktik: Impulse für die Politische Bildung. Wiesbaden, S. 142-156.

Widmaier, B. (2009): Soziales Lernen und Politische Bildung. In: Kursiv: Journal für politische Bildung 13, H. 1, S. 54-60.

Widmaier, B. (2010): Postdemokratische Politische Bildung: Führt der „engagierte Bürger" in eine politikdidaktische Sackgasse? In: Praxis Politische Bildung 14, H. 4, S. 245-252.

Widmaier, B./Nonnenmacher, F. (Hrsg.) (2012): Unter erschwerten Bedingungen: Politische Bildung mit bildungsfernen Zielgruppen. Schwalbach/Ts.

Wolfgang Edelstein

Bildungsgerechtigkeit und Schule[1]

1. Bildungsgerechtigkeit

Bildungsgerechtigkeit: ein hoher Ton, ein großes Wort. Bildungsgerechtigkeit hat in der Tat mit Schule zu tun, mit einer fairen Schule, mit Fairness in der Schule, doch dies ist kein einfacher, kein selbstevidenter Sachverhalt. Wir müssen dem Sachverhalt, dem Verhältnis von Bildungsgerechtigkeit und Schule erst auf die Spur kommen; wir müssen prüfen, was dieser Begriff überhaupt bedeuten soll. Ist Bildung ein Gut, das gerecht und fair oder aber ungerecht und unfair verteilt werden kann? Und was ist das dann für ein Gut - ein definiertes Werkstück mit einem definierten Wert, etwa ein Bildungszertifikat, das allen gleichermaßen zukommt, aber nicht gleich, und das heißt gerecht, verteilt wird? Oder das ungleich, aber gerecht, und das heißt: einem einsichtigen, rationalen und fairen Kriterium gemäß verteilt wird, also leistungsgerecht oder politiktheoretisch gesprochen: meritokratisch. Oder ist es gerade umgekehrt: Handelt es sich bei Bildung vielleicht um ein wertvolles Gut, das zu besitzen für das Leben folgenreich ist, und das deshalb gerade nicht leistungsgerecht und kriterienkonform verteilt werden muss, sondern kompensatorisch, also ausgleichend, und das heißt: Gleichheit herstellend, Gleichheit schaffend, sodass diesem Ziel entsprechend für die Benachteiligten mehr aufgewendet werden muss als für die Bessergestellten - also Differenz der Ressourcen aus Solidarität mit den weniger Privilegierten?

Man erkennt alsbald, dass der Begriff der Bildungsgerechtigkeit ganz unterschiedliche Gestalten und Gestaltungen der Schule implizieren kann, mit unterschiedlichen normativen Erwartungen und unterschiedlichen Ausprägungen des Systems Schule einerseits, der in ihr ablaufenden Prozesse andererseits. Ist es ein den Leistungen der Bewerber entsprechender *Zugang* zu den unterschiedlichen Bildungsgängen, der Bildungsgerechtigkeit verbürgt, oder ist es vielmehr die *Herstellung* gleicher Leistungen? Und sollten diese Leistungen zu einem *frühen* Zeitpunkt festgestellt sein oder vielmehr erst zu einem *späteren* Zeitpunkt eines gemeinsamen Bildungsgangs erreicht bzw. evaluiert werden? Oder ist Bildungsgerechtigkeit das Ergebnis eines nach unterschiedlichen Gesichtspunkten *inhaltlich*,

---

[1] Vortrag auf der Bildungskonferenz der Stadt Nürnberg und der Evangelischen Akademie Tutzing „Schule und Bildungsgerechtigkeit", Nürnberg, 21.-22. Oktober 2011.

z.B. nach individuellen Merkmalen der Schüler modulierten oder auch gegliederten Bildungsgangs? Es gibt offensichtlich viele alternative Möglichkeiten, den Begriff der Bildungsgerechtigkeit mit Sinn, mit systemischem, mit strukturellem Inhalt zu füllen, aber auch entsprechend viele alternative Möglichkeiten, Bildungsgerechtigkeit zu verfehlen, kritische Fehlleistungen des Systems Schule zu identifizieren: hinsichtlich seiner Struktur, hinsichtlich seiner Ausgestaltung, hinsichtlich der Prozesse, die darin ablaufen. Und dabei berühren all diese Strukturen, Gestaltungen, Prozesse sowie deren Dimensionierungen die Lebensformen, Leistungen und Selbstverwirklichungschancen der Kinder, um derentwillen das gesamte System der Organisation von Bildungsprozessen in Schulen aufgebaut und entwickelt wurde und dessen Gestaltung deswegen politisch umkämpft, dessen Effizienz wissenschaftlich analysiert, geprüft und getestet und nicht zuletzt pädagogisch und sozialwissenschaftlich höchst kontrovers beurteilt wird. Fassen wir zusammen: Das System Schule wird im Blick auf Inhalt, Form und Prozessgestalt, unter Gesichtspunkten von Angemessenheit, Effizienz und Fairness, vor allem aber im Blick auf Gerechtigkeit strittig diskutiert und höchst unterschiedlich bewertet.

Kein Wunder also, dass der Aktionsrat Bildung in seinem ersten von der Vereinigung der Bayerischen Wirtschaft (2007) herausgegebenen Jahresgutachten mit dem Titel „Bildungsgerechtigkeit" folgendermaßen urteilt: „Bildungsgerechtigkeit ist - neben dem Leistungsstand der Schüler - das Hauptdefizit des deutschen Bildungssystems ... Es gibt Disparitäten im deutschen Bildungssystem, die dazu führen, dass soziale Herkunft, Migrationshintergrund und Geschlecht (neuerdings zuungunsten von Jungen) die Bildungskarriere der Individuen massiv determinieren" (ebd., S. 135). Und ich füge hinzu: Das ist gerechtigkeitswidrig und ungerecht. Doch was heißt hier tatsächlich „ungerecht"? Was impliziert der Begriff der Bildungsgerechtigkeit in diesem Zusammenhang? Doch wohl Teilhabe der Gesellschaftsmitglieder an Bildung unabhängig von Disparitäten. Das heißt: Chancengerechtigkeit unabhängig von sozialen Unterschieden - nach dem offensichtlich meritokratischen Konzept des Aktionsrats Gewinn im Bildungswettkampf bei gleichen kriterialen, also entsprechend ausgewiesenen und gemessenen Fähigkeiten, unabhängig von Unterschieden der Herkunft, der ethnischen Kultur und des Geschlechts. Folglich stellt es eine Benachteiligung, also einen Verstoß gegen die Bildungsgerechtigkeit dar, wenn die Schule Menschen bei gleicher kognitiver Ausgangslage nicht die gleichen Bildungschancen bietet; und umgekehrt: wenn Menschen mit ungleichen kognitiven Ausgangslagen ohne entsprechende kognitive Rechtfertigung, also ungerechtfertigt, privilegiert werden. Denn das Ziel der Herstellung von Bildungsgerechtigkeit ist es, den Mitgliedern der Gesellschaft unabhängig von Herkunft, sozialem Status und sozialen Merkmalen gleiche Chancen zur Teilhabe am gesellschaftlichen Leben, an den für Teilhabe relevanten Gütern zu geben.

Damit prämiiert der Aktionsrat eines der erwähnten Konzepte der Bildungsgerechtigkeit: das unserem, dem gegliederten, Schulsystem kontrafaktisch zugrunde gelegte Konzept einer meritokratisch, d.h. am Kriterium der Leistung fundierten Chancengleichheit im Selektionsprozess für privilegierte Positionen. Bildungsgerechtigkeit wird begriffen als Chancengleichheit oder Chancengerechtigkeit im Blick auf die leistungsgerechte Verteilung unterschiedlich gestalteter, qualitativ unterschiedlich wertvoller und folgenreicher Positionen im System gegliederter Bildungsgelegenheiten bzw. Bildungsangebote.

Angesichts dieser Struktur – gerechte Verteilung von Bildungsgelegenheiten auf der Grundlage des Kriteriums gleicher Leistung – gibt es viele Möglichkeiten fundierter Kritik: Bietet das System überhaupt die funktionalen Voraussetzungen für eine solche Verteilung? Sind die Ausleseprozesse überhaupt begründet, sind sie einigermaßen fehlerfrei – können sie das im Hinblick auf Alter und Entwicklung der Teilnehmer am Ausleseprozess (9- oder 10-jährige oder auch 12-jährige Kinder) überhaupt sein? Können die Kriterien der Auswahl im Hinblick auf deren Ziel überhaupt valide sein? Wie fehlerhaft ist die Diagnostik, wie problematisch sind die Urteile und Bewertungen? Welche didaktischen Kompetenzmängel beeinträchtigen die Vorbereitung differenziell, d.h. im Blick auf die unterschiedlichen Voraussetzungen, die Kinder mitbringen, im Blick auf die unterschiedlichen Entwicklungsstände der Kinder zum Zeitpunkt der Entscheidung – und stellen damit Gültigkeit und Verlässlichkeit des Kriteriums in Frage? Auch sind systemkritische Einwände gegen Angebote und Anforderungen der Schulen im Rahmen des Systems, gegen pädagogische Maximen und Praktiken denkbar und realistisch.

Wir sprechen hier von kritischen Merkmalen unseres selektiven und gegliederten Systems, von den evidenten Verletzungen der Bildungsgerechtigkeit, die dieses System verursacht. Auch in anderen Systemen würde es Verstöße gegen die Normen der Bildungsgerechtigkeit geben – Verstöße, die diesen Systemen entsprechen würden, weil alle Systeme, wenn auch in unterschiedlichem Umfang, gegen Normen der Bildungsgerechtigkeit verstoßen. So würde auch eine gemeinsame Schule für alle Kinder und Jugendlichen bis 16 nach dem skandinavischen Modell, eine differenzierende comprehensive highschool nach dem kanadischen Modell, eine individuell typisierende Schule nach dem niederländischen Modell gegen Maximen der gerechten Verteilung von Bildungserfolg oder gegen Normen fairer Verhältnisse in der Gestaltung der Schulen und der darin waltenden Prozesse verstoßen können. Andere Schulen repräsentieren andere Realisationen der Bildungsgerechtigkeit und damit zugleich andere Chancen, aber entsprechend auch andere potenzielle Defizite, andere Verletzungen der Norm, andere Reformbedürfnisse. Bildungsgerechtigkeit ist eine Aufgabe aller Schulsysteme und aller Schulen, und so durchschlagend wichtig der Standard der meritokratischen Chancengleichheit ist, vor dem unser System so kläglich versagt, so wichtig bleibt

es auch, in jedem System das Bewusstsein zu kultivieren, in Schulen gerechte Verhältnisse zu entwickeln und zu wahren, die schultypischen Gerechtigkeitsdefizite
zu identifizieren und sie möglichst nachhaltig zu kompensieren.

Doch kehren wir noch einmal zu den Problemen und Defiziten unseres selektiven und gegliederten Systems zurück: Bildungsgerechtigkeit und Leistung
sind nach Aussage des Aktionsrats Bildung die beiden großen Defizitbereiche
des Schulsystems in Deutschland. Auf diese Problembereiche richten sich die
Fragen der quantitativen Bildungsforschung als Schulleistungsforschung zum
allergrößten Teil: PISA, IGLU, LAU und andere Studien. Worum geht es dabei?
Zunächst geht es um die Fehlallokation von 50 Prozent der Übergänger aus den
Grundschulen – meist nach vierjähriger Grundschulzeit – in das dreigliedrige
Schulsystem. Rund die Hälfte der Schülerinnen und Schüler landen also in einer Schulart, die ihren Lernmöglichkeiten nicht hinreichend entspricht. Wobei
beides, die Allokation und der Fehler an den intrinsischen, kognitive Geltung
beanspruchenden Kriterien des Schulerfolgs, gemessen wird! Dabei haben die
im Selektionsprozess Privilegierten je nach Situation, Bundesland, soziale Herkunft, Bildungsstatus der Eltern und je nach Kategorie der Privilegien bzw. je
nach Unterscheidungsmerkmal die zweifach, vierfach, sechsfach oder sogar die
zehnfach größere Wahrscheinlichkeit, den Übergang erfolgreich zu meistern als
die Angehörigen der jeweils benachteiligten Gruppen. Dies sogar bei gemessener
Gleichheit von Kriterien wie Intelligenz! Das heißt: gleich intelligente, gleiche
Leistung erbringende, gleich befähigte Kinder werden je nach sozialer Herkunft,
Bildungsstatus des Elternhauses, ethnisch-kultureller Herkunft, Geschlecht, Bundesland oder aufgrund einer Verbindung bzw. Wechselwirkung zwischen diesen
Kriterien deutlich ungleich bewertet. Bildungsgerechtigkeit wird also im Hinblick
auf eine gerechte Verteilung des Erfolgs in Ansehung des Kriteriums der Fähigkeit,
an dem dieser Erfolg angeblich gemessen wird, massiv verletzt. Bei diesem kriteri-
al inadäquaten, d.h. ungerechten Urteil spielen mindestens sechs systemweite und
schulkulturell wirksame Aspekte eine bedeutsame Rolle:
• Begabungsstereotype
• diagnostische Kompetenz bzw. Inkompetenz der Lehrerinnen und Lehrer
• Überbewertung des Sprachhabitus der Schüler und Übergeneralisierung seiner
  Folgen und Implikationen
• Kultur des Elternhauses
• Vorurteile gegen Migranten
• Elternmacht und Elterneinfluss
und dazu kommt eine Anzahl schulintern wirksamer Faktoren, etwa:
• differenziell wirksame Beteiligung und Benachteiligungen im Unterricht
• mangelhafte Ausbildung der Lehrer im Hinblick auf die spezifische Prob-
  lemlage Bildungsgerechtigkeit als Implikation und Folge ihres beruflichen
  Handelns

- Bedingungen des Lernens im Halbtagessystem, besonders die rigide Zeitstruktur des Unterrichts – in Widerspruch zu den „organischen" Abläufen konstruktiver Lernprozesse
- Ergebnisstandards statt Prozessstandards
- Fehlallokation finanzieller Ressourcen im Blick auf die Herstellung von Bildungsgerechtigkeit

und sicher weitere im Schulsystem wirksame Bedingungen und Gründe, die in der heute gängigen, vorwiegend testbasierten und ebenso erfolgreichen wie folgenreichen Bildungsforschung bisher kein Forschungsinteresse mobilisiert haben.

Alles in allem ist es so, als würde nach wie vor die Aussage eines hohen Beamten des Preußischen Departements für Kultur und Unterricht aus dem Jahr 1835 Gültigkeit beanspruchen: „Wir bedürfen nicht einer künstlichen Gleichheit der Volkserziehung, sondern vielmehr einer naturgemäßen Ungleichheit der Standeserziehung", so zitiert es Ernst Rösner im September 2008 in Hamburg im Kontext der Auseinandersetzungen um die Hamburger Schulreform. Und da wiederum kann man wohl nur in ein Plädoyer gegen das dreigliedrige Schulsystem einstimmen und für eine inklusive Schule und für ein gemeinsames längeres Lernen in heterogenen Lerngemeinschaften in differenzierten Schulen individueller Förderung plädieren (Herrmann 2010, S. 155), mit dem Ziel vor Augen, die institutionellen Anlässe zur Aktivierung von Bildungsungerechtigkeit in lebensrelevanten Entscheidungssituationen systemisch zu verringern – z.B. eine punktuelle Auslese mit lebenslangen Folgewirkungen zu vermeiden.

Wir haben das Problem der Bildungsgerechtigkeit an unserem Schulsystem und an einem zentralen Problem desselben festgemacht: am Problem der leistungsgerechten Verteilung von Gelegenheiten zum Lernen in den weiterführenden Zweigen unseres Schulsystems – ein zentrales Gerechtigkeitsproblem des Schulsystems, wenn auch gewiss nicht das einzige. Es ist zudem weltweit einzigartig, weil es ein entsprechend strukturiertes Schulsystem praktisch nicht noch einmal gibt. Auch andere Systeme haben Gerechtigkeitsprobleme, die mit der Beschaffenheit ihrer Schulsysteme, der Herkunft ihrer Schüler, der Professionalität ihrer Lehrer, dem System der Leistungsbewertung etc. zu tun haben, den je nach System unterschiedlichen und unterschiedlich für die Verletzung von Normen der Verteilungsgerechtigkeit anfälligen Kriterien von Schulerfolg. Wir wollen es indessen bei unserem weltweit herausragenden, ja: einmaligen Beispiel für die Relevanz von Chancengerechtigkeit bei der Verteilung von Zugangschancen zu weiterführender Bildung belassen: als lehrreiches Beispiel für die wechselseitige Verflechtung struktureller Bedingungen und individueller Dispositionen bei der Realisierung von Bildungsgerechtigkeit, die zu verwirklichen ein ebenso zentraler Zweck des professionellen Handelns und der entsprechenden professionellen Kompetenzen der Lehrpersonen, der strukturellen Gegebenheiten und vor allem der Potenziale der Organisation Schule ist. Doch schließlich ist die Realisierung von Bildungsgerechtigkeit vor allem Gegenstand der legitimen Rechte und Erwartungen der Kinder, um die es dabei zuvörderst geht, welche gesellschaftlichen, ökonomischen, sozialen, kulturellen Zwecke auch immer die Schule verfolgt.

Bei all diesen Fragen und Überlegungen lässt sich der Sinn von Bildungsgerechtigkeit immer auf das Prinzip gleicher Chancen für gleichberechtigte Individuen im Wettbewerb um Anerkennung und um Zugang zu einem für das Leben relevanten Gut zurückführen: die Lern- und Bildungsvoraussetzungen für ein gutes, ja sogar für ein privilegiertes Leben, also letztlich sozialen Statuserhalt für die Privilegierten und sozialen Aufstieg bei den weniger Privilegierten. Es geht bei der Auslese der Zehnjährigen tatsächlich um die Weichenstellung für ihr ganzes zukünftiges Leben weit über die Schule hinaus. So wird Bildungsgerechtigkeit in der Regel in unserem Kontext definiert, so verstehen wir sie letztendlich im Alltag der pädagogischen und insbesondere der wissenschaftlichen Diskussion um eine gute, um eine leistungsfähige, um eine funktional erfolgreiche Schule.

2. Aspekte der Ungerechtigkeit

Als Antwort auf die Frage nach dem Sinn des Begriffs der Bildungsgerechtigkeit steht also, wie wir gesehen haben, die gerechte Verteilung von Chancen im Leistungswettbewerb in und um eine funktions- und chancengerechte Schule.[2] Doch Bildungsgerechtigkeit kann ebenfalls, wenn auch selten so thematisiert, die Bedeutung von Bedürfnisgerechtigkeit im institutionellen Bildungsprozess der Betroffenen annehmen. Werden die in der Institution Schule organisierten Bildungsprozesse und ihre schulischen Organisationsformen den legitimen, den Lebensbedürfnissen der Kinder gerecht, wie sie im Verlauf ihrer Entwicklung in den langen Jahren ihrer Schulzeit teils konstant, teils variabel, stets aber berechtigt von ihnen empfunden werden – eine Berechtigung, die durch die Kinderrechtskonvention der Vereinten Nationen 1989 und neuerdings (2009) auch von der Bundesrepublik explizit als geltendes Recht anerkannt worden ist. Ich subsumiere hier die im Schulkontext viel häufiger zitierte Behindertenrechtekonvention der Vereinten Nationen den Kinderrechten, obwohl die Behindertenrechte vielleicht offensichtlicher die strukturelle Gleichberechtigungsproblematik ins Licht rücken, welche die Sonderbeschulung der so genannten Behinderten aufwirft. Die Kindergerechtigkeit der Schule hat indessen, anders als ihre Leistungsgerechtigkeit, kaum institutionenkritische Forschung stimuliert, während sie seit hundert Jahren – seit der Ausrufung des Jahrhunderts des Kindes durch Ellen Key – die eigentlichen schulreformerischen Diskurse aktiviert und die reformpädagogischen Schulversuche motiviert hat – die in jüngster Zeit aufgrund

---

2 Abschnitt II ist eine überarbeitete Fassung eines Teils des Texts von W. Edelstein, R. Bendig, O. Enderlein: Schule: (2011).

schwerwiegender Verstöße gegen pädagogische wie moralische Normen sehr zu Unrecht diskreditiert worden sind, was wiederum ein anderes Thema ist.

Der Zufall will, dass wir seit Kurzem über einen wissenschaftlichen Datensatz verfügen, den Kinder- und Jugendreport (AGJ 2010), der zumindest indirekt über den kinderrechtlich relevanten Aspekt der Bildungsgerechtigkeit Auskunft geben kann – über die Kindergerechtigkeit der Schule. Da geht es nicht vorrangig um die Verletzung der Chancengerechtigkeit von Kindern als Folge und Effekt der Selektion für ein mehrgliedriges Schulsystem auf der Basis unklarer Kriterien einer weltweit einmalig ultrakurzen Grundschule oder als Folge und Effekt einer hierarchisch organisierten Institution und der dadurch die Chancen bestimmenden Parameter der schulischen Erfahrung oder schließlich als Folge der konventionellen Organisation der Lernprozesse in rigiden Zeitstrukturen und im fragend-entwickelnden lehrerdominierten Frontalunterricht mit seinen Kollateralschäden für den Schulerfolg von weniger privilegierten Schülern. Da geht es vielmehr um die Sicht der Kinder und Jugendlichen auf die Schule als Lebensraum und als Lebensform; auf Schule als den traurigen Spitzenreiter auf der Liste der Orte, an denen Kinderrechte, Kindeswohl und Kinderschutz verletzt oder vorenthalten werden. Dies wurde übrigens nicht nur, wenn auch nachdrücklich und konzentriert, im Ersten Kinder- und Jugendreport von 2010 oder im Bericht der UNICEF von 2007 konstatiert. Auch in Abschlussdokumenten von Kinder- und Jugendkonferenzen, Positionspapieren von Schülerbündnissen, Ideenwerkstätten in Schulen, Jugendverbänden und in Berichten über Beteiligungsveranstaltungen durch Kinderbeauftragte und Kinderbüros finden sich darin weithin übereinstimmende Aussagen junger Menschen, weitgehend unabhängig von Schulform, Alter und schulischer Leistung. Die Aussagen in diesen Erhebungen und die Ergebnisse der Kindheitsforschung weisen übereinstimmend auf folgende Problembereiche hin:

- die psychische Belastung und Beeinträchtigung des Wohlgefühls
- die zeitliche Beanspruchung und Überlastung
- das gespannte Miteinander – sowohl in den Beziehungen unter Schülern als auch in den Beziehungen zwischen Schülern und Lehrern
- unfaire Behandlung und ungerechte Verteilung von Gelegenheiten zur Selbstverwirklichung
- ungenügend Spielraum für Bewegung, mangelnde Erholung, unzulängliche Pausen, unfreundliche Räume
- fehlende Beteiligung im Unterricht, Partizipationsdefizite
- die Dominanz der Schule und der Imperative schulischer Leistungsanforderungen über alle Lebensbereiche auch außerhalb der Schule.

Diesen kinderrechtlich relevanten Klagen und Kriterien in allen Schularten werden wir im Folgenden in der gebotenen Kürze nachgehen.

Psychische Belastung: Im Ersten Kinder- und Jugendreport steht der Leistungs-
druck, der Angst und Stress hervorruft, mit an vorderster Stelle der Kinderrechtsverletzungen durch das System Schule. Kinder leiden unter dem Druck der
Schule und viele reagieren bereits im Grundschulalter mit psychosomatischen
Symptomen. So hat etwa jedes dritte Kind seit Eintritt in die Schule stressbeding-
te Kopfschmerzen. Im Zusammenhang mit dem Übergang in die weiterführende
Schule nimmt die Zahl stressbedingter Schmerzen weiter zu. Es ist die größte
Angst deutscher Schulkinder, in der Schule nicht gut genug zu sein und schlech-
te Noten zu erhalten. Mit zunehmendem Alter entwickeln Schüler Strategien,
um mit dem Druck fertig zu werden: Mädchen neigen dazu, mit Depressionen,
Selbstzweifeln, Essstörungen und psychosomatischen Symptomen gleichsam
nach innen zu reagieren. So weist jedes dritte der 14- bis 17-jährigen Mädchen
Symptome von Essstörungen auf. Jungen reagieren ihren Druck eher nach außen
ab und fallen durch motorische Unruhe, Aggressivität, renitentes Verhalten auf.
Druck und Angst bewältigen zu müssen geht auf Kosten von Konzentration
und Lernfähigkeit: Die Leistungen der betroffenen Mädchen und Jungen werden
in der Schule mit zunehmendem Alter eher schlechter als besser, und dadurch
nimmt der psychische Druck weiter zu. Zugleich aber nehmen ihre Erfolgschan-
cen ab. Hier sehen wir ein eindrucksvolles Beispiel dafür, wie Kindergerechtigkeit
und Chancengerechtigkeit als unterschiedliche Aspekte der Bildungsgerechtigkeit
in Wechselwirkung miteinander treten.

Zeitliche Beanspruchung: Neben dem psychischen Druck, den die Schule ausübt, steht im Kinder- und Jugendreport die Verletzung des Rechts auf Spiel und
Freizeit durch die Schule an erster Stelle der Kinderrechtsverletzungen. Hierüber
klagen über 50 Prozent aller Kinder und Jugendlichen im Alter von 6-18 Jahren.
Weil die Arbeit für die Schule nach der Schule weitergeht, bleibt für viele Schülerinnen und Schüler wenig Zeit, sich mit anderen zu treffen und auszutauschen.
An Hausaufgaben, Lern- und Vorbereitungsverpflichtungen arbeiten viele Kinder
über 60 Stunden in der Woche für die Schule. Folglich unterhalten sich Jugendliche über das Internet, pflegen ihre sozialen Kontakte virtuell an ihrem häuslichen
Arbeitsplatz. Die Zeiten, die Kinder im Sitzen verbringen, haben in den letzten
Jahren ebenso zugenommen, wie die Zeiten aktiver Bewegung abgenommen
haben. Ärzte warnen vor den orthopädischen und internistischen Folgeerkran-
kungen. Hierbei wird das vielleicht folgenreichste Zeitproblem der Schule, das
rigide Zeitreglement des Unterrichts, das die kognitiven, sozialen und konstruktiven Prozesse produktiven Lernens sowohl situativ als auch entwicklungswidrig
einschnürt, noch gar nicht erwähnt, weil der Stundenplan als solcher wohl eher
als naturgegeben hingenommen wird.

Das Miteinander in der Schule – Mobbing und Beschämung: Psychische Gesundheit, Wohlbefinden, Selbstwertgefühl, Schulleistung von Kindern hängen mit dem Klassenklima, der sozialen Einbindung, der Wertschätzung durch Lehrkräfte und angemessenen Leistungsanforderungen zusammen. An vielen Schulen erleben Schülerinnen und Schüler demütigende und kränkende Umgangsformen von Seiten der Lehrkräfte. So gab in einer Befragung des LBS-Kinderbarometers Deutschland (LBS 2009) jedes fünfte Kind der Klassenstufen 5 bis 9 an, in der Woche vor der Befragung von einer Lehrperson beschämt worden zu sein. Bei einem Treffen zur Vorbereitung des Ersten Kinder- und Jugendreports berichtet ein arabischstämmiger Junge über die Vorurteile seines Lehrers, der ihm gar nicht zutraute, dass er etwas leisten könnte. „Das ist doch ganz normal", entgegnet ein anderer Junge. „Unsere Lehrerin sagte immer: Ihr seid die dümmsten Schüler, die ich je hatte." „Ist doch nichts Besonderes." Andere stimmen zu, bis einer der Jugendlichen sagt: „Eigentlich sollte das alles nicht normal sein."

Daraus erwächst die Erkenntnis: Kinder und Jugendliche nehmen Beschämungen, Demütigungen und Kränkungen oft gleichsam als normal hin. Zwei 15-jährige Jungen aus der Arbeitsgruppe entwickeln nun eine Befragung für den Ersten Kinder- und Jugendreport. Aus rund 500 Fragebögen und zahlreichen Gesprächen mit Kindern und Jugendlichen entsteht eine Sammlung von Zitaten folgender Art: „Du bist grottenschlecht, ich weiß gar nicht, was du in der vierten Klasse machst." Regelmäßig wird von Kindern und Jugendlichen das Recht auf gewaltfreies Aufwachsen genannt, das auch den Lebensraum Schule einbezieht. Und oft sind damit Klassen- oder Schulkameraden gemeint: „Ich werde von meinen Mitschülern geschlagen und beleidigt." „Sie beleidigen mich und schließen mich aus." In einer Online-Befragung der Universität Landau 2009 gaben rund 40 Prozent der Schülerinnen und Schüler an, direkt von Mobbing betroffen zu sein, das „sich in gezielter und wiederholter körperlicher Gewalt, verbalen Angriffen oder dem Ausschließen von Schwächeren aus einer Gruppe" zeigt. Grundschulkinder erleben solche Kränkungen noch häufiger als Jungen und Mädchen in weiterführenden Schulen. Junge Menschen beklagen fehlende Unterstützung durch die Lehrkräfte und regelmäßig ergeht der Wunsch an Erwachsene, sie in Konfliktsituationen zu unterstützen. „Nicht so weggucken bei Mobbing." „Dass die Lehrer einen nicht beschützen! Die älteren Kinder schlagen zu, und kein Lehrer macht was." Bislang von Erwachsenen vernachlässigte Orte des Miteinanders im positiven wie im negativen Sinne sind darüber hinaus Online-Communities wie Facebook. Erst in jüngster Zeit werden Erwachsene darauf aufmerksam, dass auch hier massiv Kinderrechtsverletzungen stattfinden, insbesondere in Form von Cyber-Mobbing. Nach der Studie des Medienpädagogischen Forschungsverbundes Südwest hat jeder vierte jugendliche Internet-Nutzer bereits Cyber-Mobbing erlebt.

Unfaire Behandlung: Der Sonderberichterstatter der Vereinten Nationen für das Menschenrecht auf Bildung, Vernor Muñoz, hat das Recht auf Chancengleichheit in seinem Deutschlandbericht (Munoz 2007) mit Nachdruck angemahnt, wobei er insbesondere die frühe Selektion für die weiterführenden Schulen und die hohe Zahl von Kindern ohne Schulabschluss kritisierte. Besonders bemängelte er die Sonderbeschulung von Kindern mit Behinderung. Wir haben bereits auf die eklatante Benachteiligung von Kindern aus den unteren sozialen Schichten im Selektionsprozess hingewiesen. Kinder mit Migrationshintergrund sind davon besonders betroffen, so wie sie auch disproportional häufig in Sonderschulen geschickt werden. Diese Beeinträchtigung der Chancengerechtigkeit können wir zugleich als Verletzung der Normen einer den Kindern gerecht werdenden Haltung der Erwachsenengesellschaft betrachten und bewerten. Die Erfahrung, nicht fair, gleich und gerecht behandelt zu werden, spielt eine wichtige Rolle im Schulalltag vieler Jungen und Mädchen. Folgende Äußerungen stehen exemplarisch für viele ähnlich lautende: „Die Schüler, die gute Leistungen zeigen, werden besser behandelt als die anderen. Und statt dass man die nicht so Guten motiviert, werden sie noch mehr fertiggemacht! Die Schüler empfinden da nur Wut!" „Alle Schüler müssten komplett gleichbehandelt werden und es dürfte keine Lieblingsschüler von Lehrern geben." „Es wird einem nicht immer geholfen, wenn man etwas nicht versteht! Manche Leute werden bevorzugt." „Unsere Lehrerin ist viel zu streng. Wir dürfen keine Fragen stellen, ohne angemeckert zu werden."

Das LBS-Kinderbarometer weist auf die schulische Überforderung vieler Kinder im Alter zwischen 9 und 14 Jahren hin. Vor allem Kinder mit Migrationshintergrund fühlten sich „oft" oder „immer" von Lehrern und Lehrerinnen überfordert. Auch die Erfahrungen von etwa 20 Prozent der Kinder, nur „selten" und von weiteren 20 Prozent „nur manchmal" von Lehrkräften unterstützt zu werden, wenn es Probleme mit dem Lernstoff gibt, weist auf die Alltäglichkeit der Erfahrung ungleicher Chancen hin – eine Erfahrung, die gewiss nicht kindgerecht ist und gewiss nicht den Bedürfnissen der Kinder gerecht wird.

Bewegungsmangel, mangelnde Erholung, unzulängliche Pausen, unfreundliche Räume: Der soziale und emotionale Druck, den Kinder in der Schule erleben, hängt auch mit der herkömmlichen Zeit- und Raumstruktur zusammen. In vielen Schulen ist es auch heute noch üblich, dass rund 30 junge Menschen bis zu acht Stunden am Tag in beengten Klassenräumen sitzen und sich bei kräftezehrender Lautstärke, schlechter Luft, ungünstigem Licht, in einem fremdbestimmten zeitlichen Rahmen auf fremdbestimmte Inhalte konzentrieren müssen. Vor allem im Grundschulalter wirkt sich der Bewegungsmangel auf das Verhalten und die Konzentrations- und Lernleistung von Kindern negativ aus. Die eingeschränkten Bewegungsmöglichkeiten machen es vielen Kindern im Schulalter schwerer als früher, ihr Bewegungs- und Kommunikationsbedürfnis zu stillen. Vielfach greifen Kinder aus sozial belasteten Familien zu Computerspielen, die wenigstens am Bildschirm das Bedürfnis nach Selbstbehauptung, Auseinandersetzung und Wettstreit befriedigen. Der körperliche Bewegungshunger aber bleibt ungestillt, und der emotionale und körperliche Stress, der durch Bewegung im Freien und das Zusammensein mit Freunden abgebaut werden könnte, nimmt am Bildschirm noch zu. Nervosität, Unruhe, schlechte Laune, Aggression stauen sich auf und es wird schwer, am nächsten Tag in der Schule ruhig zu sitzen und sich zu konzentrieren: eine Herausforderung für die Lehrkraft, die oft zur Überforderung führt. Auch der für das Wohlbefinden wichtige Austausch untereinander wird im Unterricht meist unterdrückt. Wenn Schüler im Frontalunterricht vorwiegend den Rücken der anderen vor den Augen haben, ist Kommunikation systematisch erschwert. Die in der herkömmlichen Halbstagsschule üblichen Pausenzeiten sind viel zu kurz, um das Bedürfnis nach Begegnung und Austausch zu befriedigen. An zahlreichen weiterführenden Schulen wird den Schülern zwischen Vor- und Nachmittagsunterricht eine Mittagspause von gerade einmal 15 Minuten zugestanden. Vielen jungen Menschen wird in heruntergekommenen Räumen eine „Arbeitsumgebung" zugemutet, die kein Erwachsener hinnehmen würde; Klagen über unzumutbare Toiletten sind landesweit bekannt. Die unterschwellige Botschaft an die Schüler lautet: Ihr seid nicht relevant!

Partizipation: Über 60 Prozent der Antworten im Ersten Kinder- und Jugendreport sehen das Recht der Kinder auf Beteiligung „manchmal" oder „oft verletzt". Weder bei der Gestaltung der Räumlichkeiten, des Schulhofs, des alltäglichen Miteinanders noch bei der Gestaltung des Kerngeschäfts der Schule, des Unterrichts, sehen Kinder und Jugendliche Möglichkeiten der Einflussnahme. Sie bemängeln die gremienfixierten Mitbestimmungsformen, die häufig nur einen kleinen Teil der Schülerinnen und Schüler überhaupt einbeziehen. „Wenn man nicht Klassensprecher ist, hat man kaum die Möglichkeit mitzubestimmen." Der Klassenrat, der eine basisdemokratische Mitbestimmung in der Lebenswelt der Schulklasse und diskursiv gestaltete Teilhaberegeln an der Schulkultur zugleich als Wahlkörper für die SV ermöglichen würde, ist noch eine relativ seltene Ausnahme. Dabei ist eine demokratiepädagogisch strukturierte Erfahrungswelt die sozialisatorische Voraussetzung für den sozialen Zusammenhalt in einer durch den globalen Wettbewerb gefährdeten Erwachsenenwelt.

Auswirkungen auf andere Lebensbereiche: Das Wohlbefinden vieler Kinder wird von einem negativen Rückkopplungseffekt zwischen Schul- und Familienatmosphäre bestimmt. Bei schlechten Schulleistungen der Tochter oder des Sohnes wächst die Angst der Eltern vor dem Schulversagen des Kindes. Das belastet den häuslichen Frieden in vielen Familien. Verschiedene Studien belegen den Zusammenhang zwischen dem Wohlbefinden der Kinder und dem Familienklima einer-

seits, dem Wohlbefinden in der Schule andererseits. Negative Schulerfahrungen
verstärken das Risiko eines schlechten Familienklimas. Probleme in der Familie
belasten Leben und Leistung in der Schule. Ein negativer Kreislauf!

3. Eine Schule für Kinder

Die Konvention der Vereinten Nationen für die Rechte des Kindes ist ein konstruktiver, durch alle Lebensbereiche führender Leitfaden zum Schutz der Kinder.
Im Zusammenhang der Schule geht es dabei vor allem um Bildungsgerechtigkeit – das Recht der Kinder auf „angemessene" Bildung, auf Chancengleichheit,
doch darüber hinaus auf Lebensverhältnisse, die Kindern gerecht werden, die
Gesundheit und Entwicklung sichern und fördern. Wir haben das oben Bedürfnisgerechtigkeit genannt, auf die Schule ebenso verpflichtet ist wie auf Chancengerechtigkeit. Wir haben gesehen, dass die schulischen Verhältnisse oft gegen beides
verstoßen – Chancengerechtigkeit wie Bedürfnisgerechtigkeit – und so de facto
kinderfeindliche Umwelten konstituieren, obwohl dies gewiss nicht den Absich-
ten der Beteiligten entspricht. Doch Strukturen, Institutionen und Traditionen,
die Chancengleichheit beschränken, erzeugen oft Bedingungen und Verhältnisse,
d.h. Lebenswelten, die das Recht auf entwicklungsgerechte Formen und Räume
des Aufwachsens verletzen. Insofern sind beide Aspekte der Bildungsgerechtigkeit
betroffen: in unserem Schulsystem, dessen Struktur die Chancengerechtigkeit unmittelbar und direkt durch Systemeigenschaften verletzt; durch institutionelle und
organisatorische Bedingungen, teils als direkte Folgen der Systemstrukturen, teils
als indirekte Folgen dieser Strukturen, welche die Lebenswelten der Schulkinder
kinderrechtswidrig einengen, beschädigen oder verstören. Der Zusammenhang
der beiden Bedingungsstrukturen, der systemischen und der lebensweltlichen,
wurde übrigens im Jahr 2010 in einem Film des Bayerischen Rundfunks über
vier Familien mit Kindern im vierten Schuljahr, dem Jahr des Übergangs und der
Auslese, eindrucksvoll – und für mich unvergesslich – dargestellt. Niemand, der
diesen Film verstehend angeschaut hat, wird den Status quo in unserem System
weiterhin vertreten. Es war kein Propagandafilm für Schulreform. Es war kein
Horrorfilm. Es war ein Film über die Lebensverhältnisse der Familien im Verlauf
der Vorbereitungszeit auf die Übergangsauslese für die weiterführenden Schulen
im vierten Schuljahr. Ganz normal, eine zeitlich gestreckte Verletzung der Kinderrechte, der Chancengerechtigkeit wie der Bedürfnisgerechtigkeit!
  Es dürfte klar geworden sein: Die Verletzung der Chancengerechtigkeit durch
das Schulsystem kann nur durch eine Reform des Systems behoben werden.
Diese Reform muss zugleich die Lebenswirklichkeit der Kinder in der Schule
verändern und verbessern. Bildungsgerecht und zugleich kinderrechtlich an die
Wurzel gehend, also radikal, wäre längeres und auslesefreies gemeinsames Lernen
in heterogenen Gruppen mit hoher Individualisierung und individueller Förde-

rung unter maximaler Beteiligung der Kinder und Jugendlichen an curricularen, didaktischen, organisatorischen Entscheidungen, Projekten und Maßnahmen in den Lernprozessen und im institutionellen Kontext. Davon sind wir in Deutschland – auch im Vergleich zu vielen anderen Ländern – sehr weit entfernt. Schritte auf diesem Weg wären etwa: Verlängerung der Grundschule, Verringerung der Gliedrigkeit, Abschulungsverbot, Inklusion, Individualisierung der Lernprozesse, Förderung statt Auslese, Auflösung des rigiden Zeitreglements des Stundenplans in der Halbtagsschule, kooperatives Lernen, Feedback statt Noten, Portfolios, Lernberichte, Diversifizierung der curricularen Angebote, konstruktiv gestaltete und konstruktivistisch begriffene Lernprozesse, ein kompetenzbasiertes Verständnis von Schulleistung, eine beteiligungsorientierte Klassen- und Schulkultur mit Klassenrat, Jahrgangsversammlung und Schulgemeinde, kommunalen Schulprojekten und Mitbestimmung. Und nicht zuletzt eine Lehrerbildung, die nicht bloß Fachkompetenz für Schulfächer vermittelt, sondern auf professionelles Handeln in kompetenzfördernden pädagogischen Umwelten vorbereitet.

Das ist – gegen alle Erwartung – eine durchaus realistische Vision, zwar sicher nicht für eine systemweite Schulreform, jedoch mit potentiell systemweit wirksamen Schlüsselelementen für Teilreformen und pädagogische, didaktische und organisatorische Teil- und Fortschritte in einzelnen Schulen, Schule für Schule: Dazu gehören die Einrichtung von Ganztagsschulen, peer-to-peer learning und Projektdidaktik. Im Lichte der Kinderrechte und ihrer Norm der Bildungsgerechtigkeit kann tatsächlich jede (oder fast jede) Schule, bei Einverständnis ihres Kollegiums und mit dem Engagement ihrer Leitung, im Rahmen geltender Regeln oder in Absprache über deren Auslegung oder ihre Modifikation, die eigenen Strukturen pädagogisch leistungswirksam und zugleich kinderrechtlich progressiv in Richtung zunehmender Bildungsgerechtigkeit demokratiepädagogisch effektiv und zugleich bedürfnisgerecht für Kinder weiterentwickeln. Wäre das nicht eine bildungspolitisch konstruktive Herausforderung für die Entwicklung einer kommunalen Bildungslandschaft? Und zugleich kann damit jede einzelne Schule, wenn sie das wirklich will, die je eigene Schulwirklichkeit im Kontext einer solchen Bildungslandschaft in eine Lebenswelt transformieren, in der Kinder sich unbeschädigt entwickeln können; in der sie die zahllosen Stunden und langen Jahre der Kindheit und Jugend, die sie heute vielfach gelangweilt, unter Druck und sogar nicht selten in einer feindseligen Umwelt erleben, bei konstruktiver Arbeit an der Entwicklung ihrer Kompetenzen in der Lebenswelt einer Schule zubringen, in einer entwicklungsgerechten Schule, die den Kindern – der sentimentale, ja kitschverdächtige Topos sei mir gestattet – eine befriedigende, ja sagen wir es einfach rückhaltlos: eine einigermaßen glückliche Kindheit ermöglicht.

Literatur

AGJ – Arbeitsgemeinschaft für Kinder- und Jugendhilfe (Hrsg.) (2010): Erster Kinder- und Jugendreport zur UN-Berichterstattung über die Umsetzung der UN-Kinderrechtskonvention in Deutschland. Ein Zeugnis für die Kinderrechte in Deutschland. Berlin.

Edelstein, W./Bendig, R./Enderlein, O. (2011): Schule: Kindeswohl, Kinderrechte, Kinderschutz. In: Fischer, J./Buchholz, T./Merten, R. (Hrsg.): Kinderschutz in gemeinsamer Verantwortung von Jugendhilfe und Schule. Wiesbaden, S. 117-140.

Herrmann, U. (2010): Das dreigliedrige Schulsystem darf keine Zukunft haben. In: Ders. (Hrsg.): Schulen zukunftsfähig machen. Bad Heilbrunn, S. 155-164.

LBS – Bundesgeschäftsstelle der Landesbausparkassen (Hrsg.) (2009): LBS-Kinderbarometer Deutschland 2009. Stimmungen, Trends und Meinungen von Kindern aus Deutschland. Berlin.

Munoz, V. (2007): Mission to Germany. New York.

Vereinigung der Bayerischen Wirtschaft e.V. (Hrsg.) (2007): Bildungsgerechtigkeit. Jahresgutachten des Aktionsrats Bildung. Wiesbaden.

Hermann Veith

Die gesellschaftlichen Funktionen des Bildungssystems

Reformpädagogisch gestimmte Theoretiker, Forscher und Praktiker sehen sich häufig dem Vorwurf ausgesetzt, dass ihre methodologische Grundentscheidung, pädagogisches Handeln „vom Kinde aus" zu denken, zwar ehrenwert, aber letztlich doch naiv sei. Man würde schlicht die Tatsache ignorieren, dass Schulen mit gesellschaftlichen Anforderungen konfrontiert sind, die erkennbar einer anderen, „nicht-kindorientierten" Logik folgen (Trautmann/Wischer 2011, S. 35 bzw. 90 ff). „Ob wir wollen oder nicht", so der mahnende Hinweis, erfüllt die Schule „innerhalb des Gesamtgefüges moderner Gesellschaften" (Terhart 2009, S. 40) Funktionen, die deutlich über das hinausgehen, was Pädagogen und Pädagoginnen idealerweise fördern und ermöglichen möchten. Tatsächlich werden im Berufsfeld Schule eine Vielzahl von organisatorischen Normierungen wirksam, die in deutlichem Kontrast zu den professionellen Autonomieansprüchen von Lehrerinnen und Lehrern, aber auch zu den Subjektinteressen heranwachsender Kinder und Jugendlicher stehen (Helsper 1996). Dabei belasten vor allem die selektiven Mechanismen, die das System Schule über viele Jahrzehnte geprägt haben, die pädagogische Handlungspraxis. Auf der einen Seite stehen die Schülerinnen und Schüler beständig unter Beobachtung und unter Erfolgsdruck, auf der anderen Seite müssen die Lehrerinnen und Lehrer tagtäglich die Verantwortung für gelingende oder misslingende Bildungskarrieren übernehmen (Luhmann 1996).

Wer also die Schule gestalten oder gar reformieren will – und im demokratiepädagogischen Ansatz artikulieren sich beide Interessen –, ist gut beraten, solche kritischen Stimmen ernst zu nehmen und die gesellschaftlichen Funktionen des Bildungssystems in Betracht zu ziehen. Dieses soll im Folgenden in vier Schritten geschehen. Zunächst werden die grundlegenden Theoreme, die im deutschsprachigen Raum vor allem von Helmut Fend formuliert wurden, vorgestellt (1). Da sich Fend bei seiner Beschreibung der Beiträge der Schule zum gesellschaftlichen Systemerhalt an der strukturfunktionalistischen Theorie des amerikanischen Soziologen Talcott Parsons orientierte, sollen anschließend im Rückgriff auf dessen bildungssoziologische Arbeiten die zentralen Parsons'schen Problemstellungen rekonstruiert werden (2). Erst in der Kontrastierung beider Perspektiven wird sichtbar, dass die von Fend beschriebenen Funktionen des Bildungssystems auf analytisch fragwürdigen empirischen Generalisierungen basieren (3). Unter demokratiepädagogischen Vorzeichen erscheinen sie in Teilen sogar diffus oder pseudokritisch (4).

1. Die gesellschaftlichen Funktionen des Schulsystems nach Helmut Fend

Für das Verständnis des Bildungssystems im gesellschaftlichen Gesamtkontext waren und sind die Arbeiten von Helmut Fend bis heute richtungweisend und grundlegend. Dies gilt insbesondere auch für seine Darstellungen der gesellschaftlichen Funktionen des Schulsystems. Man zitiert sie nicht einfach nur, sondern beruft sich auf sie, um mit Nachdruck zu betonen, dass es im schulischen Berufsfeld ein Geflecht von normativen Rahmenbedingungen gibt, die mit imperativem Anspruch die pädagogische Praxis entscheidend beeinflussen. Seiner ersten in der „Theorie der Schule" (Fend 1980) zusammenfassend dargestellten Funktionsbeschreibung folgte nach 25 Jahren eine revidierte Version (Fend 2006), die sich erneut am strukturfunktionalistischen Ansatz von Talcott Parsons orientierte.

1.1 Qualifikation, Selektion und Integration

Fend geht von der Annahme aus, dass die funktionale Ausdifferenzierung von Bildungssystemen in modernen Gesellschaften in engem Zusammenhang steht mit der Durchsetzung liberalkapitalistischer Wirtschaftsformen und der Erosion ständischer Lebenswelten. Wenn die zum Leben erforderlichen Handlungsfähigkeiten und Identitätsmuster nicht mehr im Mitvollzug sittlich verankerter Lebenspraktiken erworben werden können, so die These, dann müssen hier Bildungseinrichtungen einspringen, um sicherzustellen, dass die Heranwachsenden sich die grundlegenden Kulturtechniken zu eigen machen und dabei auch begreifen, dass sie für sich selbst verantwortlich sind. Insofern leisten Schulen funktional notwendige, zur Bestandserhaltung und Weiterentwicklung komplexerer Sozialsysteme erforderliche Beiträge.

Fends erste Beschreibung dieser funktionalen Beiträge datiert aus den 1970er-Jahren. Ausgehend von Talcott Parsons' Studie über die „Schulklasse als soziales System" (Parsons 1959) schlägt Fend vor, die Leistungen, die das Schulsystem für die Gesellschaft erbringt, unter einem doppelten Blickwinkel zu betrachten. Einerseits geht es darum, über die Organisation schulischer Lernprozesse sicherzustellen, dass die nachwachsenden Generationen die „Bereitschaften und Fähigkeiten für die spätere Rollenerfüllung" (Fend 1974, S. 161) ausbilden können. Fend spricht in diesem Zusammenhang wie Parsons von der „Sozialisationsfunktion des Schulsystems". Anders als dieser jedoch unterteilt er die Sozialisationsfunktion in eine Qualifikations- und eine Integrationsfunktion. Während sich die Qualifikationsfunktion auf die Leistungen bezieht, die zur Schaffung von Arbeitsvermögen erforderlich sind, beschreibt die Integrationsfunktion die Beiträge zur „Erzeugung sozialintegrativer Bewusstseinslagen", die „zu einer Stützung der Sozialverhältnisse und im engeren Sinne der politischen Verhältnisse der Gesellschaft führen" (ebd., S. 161). Andererseits wird vom Bildungssystem – und hier vor allem von der Schule – erwartet, dass die Leistungen, die die Schülerinnen und Schüler im Unterricht erbringen, hinreichend verlässlich bewertet werden, um als Grundlage für eine gerechte Auswahl und Verteilung der Einzelnen auf soziale Positionen dienen zu können. Insofern haben Schulen eine Selektions- und Allokationsfunktion. Unter Berufung auf die „These von Schelsky, wonach die Schule als zentraler Verteilungsmechanismus von Lebenschancen" (ebd., S. 162) fungiert, gibt Fend der Bezeichnung Selektionsfunktion den Vorrang.

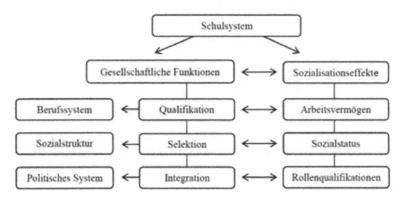

Abb. 1: Gesellschaftliche Funktionen des Schulsystems

In seiner vielzitierten „Theorie der Schule" (Fend 1980) fasst Fend seine Überlegungen noch einmal systematisch zusammen und erweitert sie um eine Darstellung der funktionsbedingten sozialisatorischen Effekte (Abb. 1).

• Qualifikationsfunktion: In Bezug auf das Berufssystem bestehen die Leistungen des Bildungssystems darin, die Qualifikationen und Haltungen zu vermitteln, die zur Teilhabe am wirtschaftlichen System und an ökonomischen Austauschprozessen erforderlich sind.

• Selektionsfunktion: In Bezug auf die Sozialstruktur besteht der Beitrag des Bildungssystems darin, die Einzelnen auf der Basis ihrer schulischen Leistungen und losgelöst von ihrer sozialen Herkunft in unterschiedliche Bildungslaufbahnen einzufädeln und über die damit verbundenen Berechtigungen das meritokratische System der Positions- und Statusverteilung durchzusetzen.

• Integrationsfunktion: In Bezug auf das politische System tragen Bildungssysteme sowohl zur Reproduktion der politischen Ordnung als auch zur sozialen Integration bei. Da Bildungseinrichtungen zumeist unter staatlicher Obhut

stehen, dienen sie in der Regel auch zur Rechtfertigung etablierter Herrschaftsverhältnisse. Darin besteht ihre Legitimationsfunktion. In demokratischen
Gesellschaften geschieht dieses durch die Vermittlung von universalistischen
Werten und Normen. Indem sie den Einzelnen dabei Wege zur mündigen Teilhabe am politischen und gesellschaftlichen Leben eröffnen, unterstützen vor
allem die Schulen den individuellen Erwerb sozialer Handlungsfähigkeit (Rol-
lenqualifikationen) und fördern dadurch den gesellschaftlichen Zusammenhalt.
Da diese aus der Einbettung des Bildungssystems in übergeordnete gesellschaftliche Systemzusammenhänge sich ergebenden „Leistungserwartungen" in Gestalt
normativer Rahmenbedingungen auch die pädagogische Arbeit in den unterschiedlichen Bildungseinrichtungen erfahrbar beeinflussen, ist die eingangs zitierte Kritik an der reformpädagogischen Orientierung „vom Kinde aus" vor diesem
Hintergrund zumindest verstehbar. Die Frage, ob sie auch haltbar ist, kann hier
noch nicht beantwortet werden.

1.2 Qualifikation, Integration, Allokation und Enkulturation

In seiner im Jahr 2006 erschienenen „Neuen Theorie der Schule" hat Fend eine
Revision und Erweiterung seines früheren Ansatzes vorgenommen. Auf den ersten Blick scheint es so, als hätte er lediglich bei der Thematisierung der Selektionsfunktion die Präferenz geändert, weil er nunmehr den fraglichen Zusammenhang
unter der Perspektive der Allokation betrachtet und zudem seine funktionale
Analyse um die Dimension der Enkulturation erweitert. Bei genauerer Betrachtung jedoch wird deutlich, dass er sich dabei etwas enger an Parsons' Theorie der
sozialen Systeme orientiert.

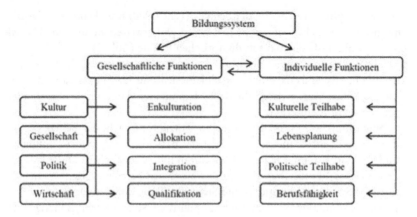

Abb. 2: Gesellschaftliche Funktionen des Bildungssystems

„Bildungssysteme", so die These, stehen in „modernen Gesellschaften in der Regel unter der Obhut des Staates [...]. Sie sind deshalb teils ein eigenständiges, teils ein dicht mit dem politischen System verbundenes Subsystem" (Fend 2006, S. 36). Sie stehen darüber hinaus in einem „Austauschverhältnis zur Wirtschaft, zur Sozialstruktur, zum politischen System und zum kulturellen System insgesamt" (ebd., S. 36), wobei die daran geknüpften gesellschaftlichen Funktionen nicht nur zur Systemreproduktion beitragen, sondern auch bewirken, dass die Einzelnen die zur gesellschaftlichen Teilhabe erforderlichen Kompetenzen erwerben können. Fend spricht in diesem Zusammenhang von den individuellen Funktionen des Bildungssystems (Abb. 2). Die gesellschaftlichen Funktionen indessen bestimmt er folgendermaßen:

- Qualifikationsfunktion: In Bezug auf das Wirtschaftssystem müssen Bildungssysteme die Vermittlung von Fertigkeiten und Kenntnissen sicherstellen, „die zur Ausübung ‚konkreter' Arbeit erforderlich sind" (ebd., S. 50) und damit wesentlich zur Gewährleistung von Wettbewerbsfähigkeit beitragen.

- Integrationsfunktion: In Bezug auf das politische System bestehen die Integrationsleistungen zum einen in der Sicherstellung der Legitimation der politischen Institutionen durch die „Schaffung von Zustimmung zum politischen Regelsystem" und die „Stärkung des Vertrauens in seine Träger" (ebd., S. 50). Zum anderen müssen Bildungssysteme mit ihren Angeboten zur inneren „Kohäsion" der Gesellschaft beitragen und durch die „Schaffung einer kulturellen und sozialen Identität" gewährleisten, dass insbesondere die nachwachsenden Generationen die gesellschaftlich geltenden Normen, Werte und Weltsichten verinnerlichen.

- Allokationsfunktion: In Bezug auf die Sozialstruktur der Gesellschaft besteht „die Aufgabe, die Verteilungen auf zukünftige Berufslaufbahnen und Berufe vorzunehmen". Fend spricht in diesem Zusammenhang jetzt ausdrücklich nicht mehr von „Selektion", „da nicht die Ausschließung aus erwünschten Berufslaufbahnen im Vordergrund stehen kann, sondern eine legitimierbare Allokation von Personen mit bestimmten Qualifikationen zu Aufgaben mit bestimmten Anforderungen" (ebd., S. 50).

- Enkulturationsfunktion: In Bezug auf die Kultur, die Fend in Anlehnung an Parsons' nun als eigenen Systemkontext sieht, stehen Bildungssysteme in der Pflicht, zu gewährleisten, dass die nachwachsenden Generationen dazu befähigt werden, mit Symbolsystemen wie der Sprache (in Wort und Schrift) umzugehen, zudem ein Verständnis für Welt und Person entwickeln, Werte verinnerlichen und sich moralisch verantwortlich fühlen. „Durch diese Kulturinitiation werden Kinder in ihrer jeweiligen Kultur heimisch. Sie bleiben nicht Fremde im eigenen symbolischen Umfeld" (ebd., S. 49).

Diesen „gesellschaftlichen Funktionsleistungen" des Bildungssystems entspricht nach Fends Auffassung „die individuelle Funktionen der Herstellung von Handlungsfähigkeit, die sich in Qualifikationserwerb, Lebensplanung, sozialer Orientierung und Identitätsbildung entfaltet" (ebd., S. 53):

- Berufsfähigkeit: Mit der Qualifikationsfunktion ist die Chance verbunden, „Wissen und Fähigkeiten zu erwerben, die eine selbstständige berufliche Lebensführung ermöglichen" (ebd., S. 53). Fend spricht von Berufsfähigkeit.
- Soziale Orientierung: Die Integrationsfunktion verweist auf die „Chance der Begegnung mit den kulturellen Traditionen eines Gemeinwesens" (ebd., S. 53). Personen gewinnen dadurch ihre soziale Identität. Die mit der Integrationsfunktion verbundene Legitimationsfunktion eröffnet die Chance der politischen Teilhabe durch die Identifikation mit dem Gemeinwesen.
- Lebensplanung: Die Allokationsfunktion verweist auf die Möglichkeit, „den beruflichen Aufstieg in die berufliche Stellung durch eigene Lernanstrengungen und durch schulische Leistungen in die Hand zu nehmen" (ebd., S. 53). Für den Einzelnen wird das Bildungssystem dadurch „zum zentralen Instrument der Lebensplanung" (ebd., S. 53).
- Kulturelle Teilhabe: Die Enkulturationsfunktion korrespondiert mit den individuellen Entwicklungsperspektiven und diese verweisen auf die Chance der Einzelnen ihre Autonomie „im Denken und Handeln zu stärken" (ebd., S. 53). Fend spricht in diesem Zusammenhang von der Möglichkeit kultureller Teilhabe und der Identitätsbildung.

Da moderne Gesellschaften zu ihrer eigenen Bestandssicherung und Weiterentwicklung in Bildungssysteme investieren müssen, um die Teilhabechancen ihrer Mitglieder auch und gerade im Wechsel der Generationen durch die Institutionalisierung und vorausschauende Planung von Lernprozessen zu gewährleisten, scheint auch diese Beschreibung der gesellschaftlichen und individuellen „Doppelfunktion" (ebd., S. 53) sehr eingängig. Betrachtet man beides jedoch im analytischen Rahmen des Parsons'schen Theorie, auf die sich Fend bezieht, werden sofort Unstimmigkeiten sichtbar, deren Thematisierung angesichts der Verbreitung der Fend'schen Theoreme nicht nur notwendig, sondern auch aufschlussreich ist.

2. Talcott Parsons' Beitrag zur Analyse der gesellschaftlichen Funktionen von Schule

Obwohl in der sozialwissenschaftlichen Diskussion die Auffassung vorherrscht, dass die Rezeption der Arbeiten von Talcott Parsons heute mehr zum Verständnis der historischen Entwicklung der Soziologie als Wissenschaft als zur Analyse der Gegenwartsgesellschaft beitragen (Brock et al. 2009), lohnt sich das Quellenstudium noch immer. Von Parsons lernen heißt, sich auf seine Fragestellungen einzulassen und dort, wo aktuell auf sie Bezug genommen wird, auch den theoretischen Kontext seiner Argumentation zu rekonstruieren. Dies geschieht im Folgenden in drei Schritten. Zuerst geht es darum, die Konstruktionslogik der Parsons'schen

Theorie der sozialen Systeme zumindest in Umrissen verständlich zu machen (1). Vor diesem Hintergrund werden sodann im zweiten Schritt die Funktionen des Bildungssystems im Parsons'schen Bezugsrahmen dargestellt (2). Dieser ist deutlich breiter angelegt und eröffnet, wie im dritten Schritt gezeigt werden soll, eine demokratiepädagogisch höchst bedeutsame analytische Perspektive (3).

2.1 Zur Theorie des sozialen Systems moderner Gesellschaften

Ausgehend von der These, dass in jedem sozialen System kontinuierlich Probleme der Umweltanpassung, der Zielerreichung, der Integration und der Strukturerhaltung bearbeitet werden müssen, erschien es Parsons zu Beginn der 1950er-Jahre möglich, Sozialsysteme jedweder Art unter der Perspektive ihrer funktionalen Leistungen zu analysieren (Parsons 1951). So zeichnen sich zum Beispiel komplexe Systeme wie Gesellschaften dadurch aus, dass sie zur Bearbeitung der mit den einzelnen Funktionen verbundenen Aufgaben spezialisierte Subsysteme entwickelt haben. Das ökonomische Subsystem (Wirtschaft) ist für die Anpassung des Gesamtsystems an vorgefundene Umweltbedingungen zuständig, indem es die zur Reproduktion der Lebensgrundlagen erforderlichen Güter und Dienstleistungen organisiert. Das politische Subsystem (Politik) übernimmt primär die Aufgabe der Zielverwirklichung durch Machtdurchsetzung. Die Integrationsleistungen des Gemeinschaftssystems – Parsons spricht von der „societal community" – bestehen in der Erneuerung solidarischer, auf der Anerkennung gegenseitiger Rechte und Pflichten basierender Bindungen. Das sozio-kulturelle Subsystem – von Parsons zur Abgrenzung vom Kultursystem als „fiduciary system" bezeichnet – dient als symbolische Ressource zur Strukturerhaltung übergreifender lebensweltlicher Sinnzusammenhänge und gemeinschaftlicher Wertbindungen.

2.2 Leistungsanforderungen an moderne Bildungssysteme

Auf diesen systemanalytischen Unterscheidungen von Wirtschaft, Politik, Sozialgemeinschaft und Kulturgemeinschaft aufbauend eröffnen sich zwei Betrachtungsweisen.[1] Historisch lässt sich zeigen, dass die Entstehung moderner Bildungssysteme in engem Zusammenhang mit der Auflösung ständegesellschaftlicher Lebensformen und der Durchsetzung der kapitalistischen Wirtschaftsweise stand. In der Nachfolge der großen Hauswirtschaften waren die auf ihre Kernstrukturen reduzierten Familiensysteme nicht mehr in der Lage, eine bruchlose Integration der nachwachsenden Generationen durch eine auf Erfahrung, Beobachtung,

---

1   Ich verwende hier anstelle der Begriffe „societal community" und „fiduciary system" ausdrücklich
    die Bezeichnungen „Sozialgemeinschaft" und „Kulturgemeinschaft", um hervorzuheben, dass es
    sich um zwei Subsysteme des sozialen Systems handelt.

Nachahmung und Habitualisierung im pragmatischen Mitvollzug gegründete Sozialisation zu gewährleisten. Mit Parsons gesprochen definierten und legitimierten sich die neu entstehenden Bildungseinrichtungen gerade dadurch, dass sie in zunehmendem Maße die von den marodierenden ständegesellschaftlichen Hauswirtschaften nicht mehr zu erbringenden Allokations- und Integrationsleistungen übernahmen. Mit dem Auf- und Ausbau des Elementar- und Volksschulsystems wurde zudem eine „Bildungsrevolution" (Parsons 1971, S. 120) in Gang gesetzt, die eine breitenwirksame Expansionsdynamik mit inklusiver Sogwirkung entfaltete. Als Grundlage und Triebkraft gesellschaftlicher Veränderungen war Bildung nun nicht mehr eine exklusive Angelegenheit von Kindern privilegierter Eliten, sondern ein Gemeingut – wobei über die Regelung der Zugänge ein bis heute nicht gelöster Konflikt und politischer Streit entbrannte.

Verbindet man diese historische Sichtweise mit der systemanalytischen Perspektive, lassen sich mit Blick auf die einzelnen sozialen Subsysteme systematisch folgende, auch bildungsrelevante Modernisierungsmuster rekonstruieren:

• Im ökonomischen System verändern sich, angeheizt durch eine geradezu sprunghaft verlaufende technologische Fortschrittsdynamik mit der Durchsetzung von Finanz-, Waren- und Arbeitsmärkten die Strukturen der Erwerbstätigkeit grundlegend. In der Tendenz entsteht ein breit gefächertes, funktional differenziertes Berufssystem mit neuartigen, in vielen Bereichen wissenschaftlich-technisch voraussetzungsreichen Qualifikationsanforderungen. Die damit verbundenen Lernansprüche zielen in Richtung einer zunehmenden Verwissenschaftlichung von Schule und Ausbildung, wobei dieser Prozess von langanhaltenden heftigen Kontroversen zum Verhältnis von Volks- und Allgemeinbildung, von Berufs- und Hochschulbildung begleitet wurde.

• Im politischen System lässt sich im Mainstream der westlichen Gesellschaftsentwicklung – trotz antimodernistischer Gegenbewegungen, autoritärer Widerstände und totalitärer Zivilisationsbrüche – eine starke Tendenz zur Demokratisierung beobachten. Mit der damit verbundenen Institutionalisierung verfassungsförmig gesicherter staatsbürgerlicher Grund- und Beteiligungsrechte wurden universalistische Werte mithilfe der Politik auch im Bildungssystem verankert. In demokratischen Systemen sind die öffentlichen Bildungseinrichtungen gerade im Hinblick auf die Einlösung der Ansprüche auf kulturelle Teilhabe, soziale Rechtsgleichheit, politische Gleichberechtigung und ökonomische Chancengleichheit legitimationspflichtig. Die damit assoziierten Inklusionsansprüche indessen wurden (und werden vielerorts noch immer) im politischen System über den „Steuerungsmechanismus des Berechtigungswesens" (Herrlitz et al. 2005, S. 36) strategisch eingedämmt – und sind deshalb und dadurch bis heute ein Politikum.

• Integrationsfunktion: Für das soziale Gemeinschaftssystem bedeutete die Einführung von Bildungszertifikaten den Bruch mit dem traditionellen System der sozialen Platzierung nach geburtsständischer Herkunft. In modernen, liberal-kapitalistischen Markt- und Bürgergesellschaften ist der Statuserwerb an individuelle Leistungen und sozialisierte Habitusformen gebunden. Damit werden die individuellen Zugangschancen zu beruflichen Laufbahnen entscheidend vom persönlichen Bildungserfolg abhängig. Dass die Schule dadurch auch selektive Wirkungen erzeugt, ist nach Parsons' Ansicht unvermeidlich. Umso mehr jedoch – und darin besteht die eigentliche Pointe der Parsons'schen Analyse – ist es erforderlich, dass das Bildungssystem in wettbewerbsorientierten individualisierten Gesellschaften zur sozialen Integration beiträgt: vertikal, indem es Leistung und Erfolg prämiert, ohne sozialständische oder klassengesellschaftliche Differenzattitüden zu bekräftigen; horizontal, indem die Einzelnen befähigt werden, die mit ihrer Individualrolle in der Gesellschaft verbundenen Rollenwechsel und Verantwortungsübernahmen zu meistern. Parsons sprach in diesem Zusammenhang vom „institutionalisierten Individualismus" und hob hervor, dass im Schulsystem vor allen dann soziale Gemeinschaftsbindungen erzeugt werden, wenn die Einzelnen Gelegenheiten erhalten, ihre Kompetenzen zum Rollenhandeln zu erweitern, ohne in Egoismus zu verfallen. Nur durch die Einbeziehung in neue Verantwortlichkeiten lernen die Heranwachsenden soziale Mitgliedschaften zu generalisieren und damit ihre Solidarbindungen an das Gemeinwesen reflexiv zu bekräftigen.

• Enkulturationsfunktion: Im Sog der Steigerung der marktgesellschaftlichen Mobilität begann eine zunächst schleichende Auflösung traditioneller Lebensformen. In Verbindung mit der unter nationalen Vorzeichen betriebenen Neuorganisation der Kulturgemeinschaften wurden bürgerliche Weltbilder und Wertbindungen zur Neubegründung einer kollektiven Identität in Stellung gebracht – teilweise als Gegengewichte zur fortschreitenden Säkularisierung und Rationalisierung, die von vielen auch als kulturelle Verarmung erlebt wurde. Dem Bildungssystem und hier insbesondere der Schule wuchs die Aufgabe zu, kulturgemeinschaftliche Traditionen beispielsweise über den Lehrkanon und die Sprachenpolitik zu festigen und zu erneuern. Die Heranwachsenden sollen nicht nur die grundlegenden Kulturtechniken erlernen, sondern auch in gemeinschaftsstiftende, symbolisch vermittelte lebensweltliche Praktiken eingeführt werden. In der kommunikativen Begegnung mit den vorherrschenden kulturgemeinschaftlichen Lebensformen realisiert sich die Enkulturationsfunktion des Bildungssystems.

Nutzt man diesen analytischen Rahmen, den Parsons in seinen bildungssoziologischen Arbeiten aufgespannt hat, lässt sich zusammenfassend feststellen, dass im sozialen Systemzusammenhang moderner Gesellschaften die Institutionalisierung, Ausdifferenzierung und Verselbstständigung der Organisation von Bildung vor allem dem Zweck dient, durch Qualifikation, Inklusion, Integration und Enkulturation die nachwachsenden, zugewanderten oder sonst wie einzubindenden

Personen auf eigenständige Mitgliedschaften in unterschiedlichen systemischen und lebensweltlichen Kontexten vorzubereiten. Die Frage, wie dieses tatsächlich geschieht indessen, ist eine empirische und keine theoretische.

3. Die gesellschaftlichen Funktionen des Bildungssystems

Im Vergleich zur Fend'schen Darstellung der Beiträge des Schulsystems zur gesellschaftlichen Reproduktion eröffnet die funktionale Analyse der stabilisierenden und erneuernden Leistungen des Bildungssystems im Parsons'schen Begriffsrahmen erkennbar andere Perspektiven. In funktional ausdifferenzierten, marktwirtschaftlich organisierten, demokratisch verfassten, individualistisch und pluralistisch strukturierten Gesellschaften müssen Bildungssysteme den Qualifikations-, Inklusions-, Integrations- und Enkulturationsanforderungen der einzelnen Subsysteme Rechnung tragen – und sie tun dieses auf der Grundlage einer wissenschaftlich begründeten, pädagogisch legitimierten und professionell verantworteten Planung, Strukturierung und Kontrolle von Sozialisationsprozessen im Rahmen institutionell veranstalteter Lernangebote.

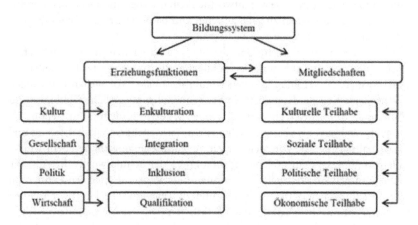

Abb. 3: Erziehungsfunktionen des Bildungssystems

Durch die zielgerichtete Gestaltung von Lernumgebungen und Lernprozessen sollen Menschen auf problematisch gewordene zukünftige Mitgliedschaften in unterschiedlichen Sozialsystemen vorbereitet werden. Deshalb lassen sich die gesellschaftlichen Funktionen viel konkreter als Erziehungsfunktionen bestimmen (Abb. 3).

• Qualifikationsfunktion: Unter marktgesellschaftlichen Bedingungen im kapitalistischen Wirtschaftssystem ist es funktionsnotwendig, dass im Bildungssystem kontinuierlich Lösungen zur vorausschauenden Gewährleistung ökonomischer Teilhabechancen, also der Beschäftigungsfähigkeit potenzieller Wettbewerber auf dem Arbeitsmarkt entwickelt werden. Da die beruflichen Tätigkeiten unter dem Einfluss rasanter technologischer Veränderungen einem beschleunigten Wandel unterliegen, besteht die auch von Fend so genannte Qualifikationsfunktion heute darin, die Bildung von Kompetenzen zu ermöglichen, die so allgemein sind, dass sie zugleich das Flexibilitätspotenzial für alle weitergehenden Spezialisierungen sicherstellen.

• Inklusionsfunktion: In demokratisch verfassten Gesellschaften besteht der funktionale Beitrag des Bildungssystems im Kern darin, in legitimationspflichtigen Formen darauf hinzuwirken, dass vor allem Kinder und Jugendliche die zur politischen Teilhabe erforderlichen Kompetenzen erwerben. Es geht dabei nicht darum, die politische Bildung zur Rechtfertigung bestehender Herrschaftsverhältnisse zu funktionalisieren, sondern im Gegenteil darum, Bedingungen für „Demokratielernen" herzustellen. Um es mit Parsons zu formulieren: Es geht um den Aufbau von Infrastrukturen für eine „citizenship-education". Diese so grundlegende Form der demokratischen Integration setzt voraus, dass unterschiedslos allen in einem Gemeinwesen zusammenlebenden Menschen gleichberechtigte Zugänge zur Bildung eröffnet werden (vgl. Parsons 1971, S. 121). So gesehen ist es oder wäre es die vordringlichste Aufgabe moderner Bildungssysteme, die Teilhabe am politischen und gesellschaftlichen Leben durch die Einbeziehung aller zu sichern und nicht durch postständische Selektionspraktiken zu begrenzen. Über die Inklusionsfunktion werden im Bildungssystem die Bildungsansprüche der Einzelnen als Grundrechte eingelöst. Für die Demokratiepädagogik ist es dabei besonders bedeutsam, darauf hinzuweisen, dass es in der deutschsprachigen Literatur in diesem Zusammenhang üblich ist, vor allem auf die Legitimations- und Loyalisierungsfunktionen des Bildungssystems hinzuweisen. Was in den späten 1960er-Jahren durchaus kritisch gemeint war, weil es sich gegen die Ideologisierung und Verschleierung von (scheindemokratischen) Herrschaftsverhältnissen richtete, hat aus heutiger Sicht auch zur Folge gehabt, dass zwar die politische Bildungsfunktion, also die „Mündigkeit" anerkannt wurde, aber darüber hinaus die auf Partizipation ausgerichteten demokratiepädagogischen Aspekte systematisch vernachlässigt wurden.

• Integrationsfunktion: In individualistisch orientierten Gesellschaften müssen Bildungssysteme auf Probleme Antworten finden, die sich sowohl aus dem institutionalisierten „Rollen-Pluralismus" (Parsons 1971, S. 23) als auch aus den sozialstrukturellen Ungleichheitslagen ergeben. Fend und Parsons sprachen in diesem Zusammenhang von der Allokations- und der Selektionsfunktion des Bildungssystems. Nach Fend konfrontiert das Erfordernis, „Verteilungen auf zukünftige Berufslaufbahnen und Berufe" (Fend 2006, S. 50) vornehmen zu müssen, die Schulen – nach Parsons' Auffassung sogar „notwendigerweise" (Parsons 1971, S. 121) – mit Selektionsaufgaben. Die daraus resultierenden Spannungen und Konflikte werden, so die gängige Auffassung, durch die meritokratische Vorstellung, dass für die Auslese ausschließlich die Leistungen maßgeblich sind, reduziert und legitimiert. Die Schule ist und bleibt deshalb das, was Helmut Schelsky – auf den man sich interessanterweise bis heute in diesem Zusammenhang beruft – treffsicher beschrieben hat: die „entscheidende und nahezu einzige soziale Dirigierungsstelle für Rang, Stellung und Lebens-Chancen des einzelnen in unserer Gesellschaft" (Schelsky 1957, S. 18). Diese Beschreibung, die sich vor allem auf einen dominanten Modus der politischen Funktionalisierung von Schule bezieht, geht jedoch vollständig an der Parsons'schen Problemstellung vorbei. Tatsächlich stellt sich im Bildungssystem mit Bezug auf die Teilhabe am sozialen Gemeinschaftssystem – und nur darum geht es hier – die Aufgabe, die Einzelnen auf den mit dem „institutionalisierten Individualismus" verbundenen „Rollen-Pluralismus", also auf mannigfaltig mögliche soziale Mitgliedschaften vorzubereiten. Wenn im Schulsystem die Lernenden nach ihren Leistungen unterschieden werden, dann darf dieses nicht dazu führen – wie es im Umkreis der amerikanischen Re-Education-Debatte, an der Parsons beteiligt war, formuliert wurde –, dass die sozialen Bindungen zerbrechen, weil die Leistungsstarken ein Überlegenheitsgefühl entwickeln, während die Schwächeren sich selbst als Verlierer empfinden. Aber nicht nur in der vertikalen, sondern auch in der horizontalen Dimension sind individualisierte Gesellschaften auf die Integrationsleistungen des Bildungssystems angewiesen. Denn wechselnde Mitgliedschaften in unterschiedlichen Sozialwelten erfordern die Befähigung zum eigenständigen Umgang mit sozialer Heterogenität, aber auch mit kultureller Pluralität. Insofern besteht die Integrationsfunktion des Bildungssystems in Bezug auf das soziale Gemeinschaftssystem gerade heute darin, das Gefühl sozialer Zugehörigkeit zu stärken und generalisierungsfähige Solidarbindungen zu erzeugen.

• Enkulturationsfunktion: In pluralistisch ausdifferenzierten Gesellschaften sind die Grenzen kulturgemeinschaftlicher Lebenswelten porös. Es gibt sehr unterschiedliche soziale Milieus, Gruppen und Vereinigungen mit entsprechend verschiedenartigen Wissensbeständen, Werteordnungen, Glaubensüberzeugungen, Alltagspraktiken und Sprachkulturen. Bildungssysteme stehen hier vor dem Problem, tradierte und identitätsstiftende kulturgemeinschaftliche Sinnbestände und Orientierungen so zu vermitteln und weiterzugeben, dass kulturelle Teilhabe möglich wird – also die Einzelnen die Kompetenz erwerben, Alltagssituationen auch losgelöst von partikularen Lebensformen sinnhaft zu verstehen. Dieses gilt nicht nur für die Lernenden. Das ist der Kern der Enkulturationsfunktion des Bildungssystems. Diese basiert entscheidend auf Kommunikation und beinhaltet neben der wissensförmigen Erneuerung kultureller Überlieferungen die Erschließung differenter kultureller Lebenswelten sowie die Vermittlung elementarer Kulturtechniken einschließlich dessen, was als Grundbildung bezeichnet wird.

Im Bildungssystem werden die Gesellschaftsmitglieder aber nicht nur auf die zukünftige Teilhabe am wirtschaftlichen, politischen, sozialen und kulturellen Leben vorbereitet, sondern auch dazu motiviert, die mit den antizipierten Rollen und Tätigkeiten verbundenen Wertorientierungen unmittelbar zu übernehmen. Um beide Dimensionen, d.h. die antizipierten Mitgliedschaften und die motivationalen Bereitschaften, analytisch klarer zu unterscheiden, hat Parsons – viel klarer als Fend – zwischen den erzieherischen und den sozialisatorischen Funktionen des Bildungssystems unterschieden.

4. Schultheoretische und demokratiepädagogische Folgerungen

Stellt man die beiden Ansätze vergleichend gegenüber, wird deutlich, dass Fend dem Bildungssystem ähnlich wie Parsons die Aufgabe zuschreibt, Lernangebote zum Aufbau von Qualifikationen bereitzustellen, die die spätere Teilhabe am wirtschaftlichen System ermöglichen. Darüber hinaus jedoch werden vor allem Unterschiede sichtbar. Einige davon sollen abschließend diskutiert werden.

4.1 Politische Integration oder Inklusion

Nach Fend ist die Schule in demokratischen Gesellschaften „eine Übungsstätte für demokratisches Handeln und ein Ort der reflektierten politischen Bildung" (Fend 2006, S. 45). Mit Blick auf die politische Funktion der Schule im Bildungssystem erscheint diese Beschreibung plausibel. Zu den politischen Aufgaben rechnet er aber auch „die Schaffung politischer Identifikationen zur Integration und Legitimation der Gesellschaft" (ebd., S. 47). Zudem gehört zur „Festigung eines Gemeinwesens und zum Gefühl der Zusammengehörigkeit" auch die „Identifikation mit der Kultur und Geschichte" (ebd., S. 47). Diese wird vor allem über den Unterricht durch die „Einführung in kulturelle Traditionen, das gezielte Erarbeiten eines Verständnisses der gegenwärtigen politischen Welt, die Einübung in die zu Grunde liegenden Normen und Werte" (ebd., S. 47) erreicht. Auch diese Beschreibung erscheint empirisch evident. Analytisch jedoch ist sie aus dem Parsons'schen Blickwinkel betrachtet alles andere als trennscharf.

Weder die „Einführung in kulturelle Traditionen" noch die „Einübung in die zu Grunde liegenden Normen und Werte" können als originäre Leistungen des Schulsystems für das politische System verstanden werden. Was das politische System unter demokratischen Vorzeichen vom Bildungssystem erwartet, sind keine Enkulturations- oder soziale Integrationsleistungen, sondern Beiträge zur Sicherung und Erneuerung der demokratischen Institutionen, also zukunftgerichtete

Erwartungen an Wertebildung, Handlungskompetenz und Loyalitäten zur pluralen und offenen Gesellschaft. Diese Beiträge beschränken sich zudem nicht auf „das gezielte Erarbeiten eines Verständnisses der gegenwärtigen politischen Welt", also auf politische Bildung, sondern sie erfordern vielmehr demokratiepädagogische Infrastrukturen für Demokratielernen. Dies setzt einerseits voraus, dass die Einrichtungen des Bildungssystems allen Schülerinnen und Schülern in gleicher Weise offenstehen. Sie müssen, wie Fend selbst einräumt, „die Inklusion aller Individuen in den menschlichen Verantwortungszusammenhang" (Fend 2006, S. 52) sicherstellen. Andererseits muss dafür Sorge getragen werden, dass in den einzelnen Institutionen die Grundprinzipien demokratischen Handelns die Praxis des gemeinsamen Miteinanders strukturieren. Politische Teilhabe erfordert die Einbeziehung aller sowie vielfältige Gelegenheiten zur Einübung, Erprobung und Entwicklung von Demokratiekompetenz.

4.2 Allokation und Selektion oder soziale Integration

In modernen Gesellschaften ist der „Zugang zu Berufen" (Fend 2006, S. 38) an schulisch vermittelte Qualifikationen gebunden. Die Möglichkeiten der Positionierung im sozialen Schichtungssystem hängen damit vom individuellen Bildungserfolg ab. Dieser ist jedoch nicht alleine von der Leistungsfähigkeit der einzelnen abhängig, vielmehr wird er über soziale Milieueinflüsse vermittelt. Der soziale Status der Herkunftsfamilie wirkt sich umso stärker aus, je früher die Kinder in Bildungswege mit unterschiedlichen Berechtigungen eingefädelt werden. Insofern haben Bildungssysteme – wie Fend zu Recht bemerkt – in „allen hoch industrialisierten Gesellschaften eine soziale Verteilungsfunktion" (Fend 2006, S. 44). Soweit die empirische Befundlage. Fend bezieht nun interessanterweise die Allokationsfunktion nicht auf das Erwerbssystem, sondern auf das vertikal differenzierte Gefüge der gesellschaftlichen Sozialstruktur. Die entsprechende Leistung des Bildungssystems würde darin bestehen, „Bildungslaufbahnen und Berufslaufbahnen" vorzustrukturieren und dadurch frühzeitig Perspektiven für eine individuelle Lebensplanung zu eröffnen. Mit dieser auf den Arbeitsmarkt bezogenen Fokussierung jedoch verliert er das gesellschaftliche Gemeinschaftssystem und die dortigen Individualisierungsprozesse aus dem Blick. Parsons' Interesse an der Frage, ob die Schule als Sozialwelt hinreichend viele Beteiligungsmöglichkeiten bietet, um die sich bei den Schülerinnen und Schülern entwickelnden sozialen Systembindungen über vertikale und horizontale Differenzierungen hinaus zu verallgemeinern, bleibt unerwidert. Stattdessen schrumpft die Schule zur „Dirigierungs-Stelle" von Lebenschancen – und unter selektiven Prämissen wird sie nur noch als „Rüttelsieb" (ebd., S. 44) zur Reproduktion der Strukturen sozialer Ungleichheit wahrgenommen. Statt um Solidarität und Zugehörigkeit, wie es Parsons' Theorie nahelegt, geht es primär um die Verteilung von Humanressourcen auf das Beschäftigungssystem und um politische Mechanismen der Öffnung und Schließung des Bildungssystems. Allokation und Selektion sind jedoch keine systemadäquaten Lösungen für die Integrationsprobleme individualisierter Sozialgemeinschaften. Im Gegenteil: Die damit einhergehende Funktionalisierung der Schule als Instrument der kontrollierten Bildungsbegrenzung erzeugt eine bis tief in die Familien hineinreichende Bildungssorge, die mit Zukunftsängsten verbunden der überkommenen dreigliedrigen Stofflernschule in die Hände spielt, obwohl es hier doch um gemeinschaftliches Lernen und um Solidarbindungen geht, die in hochindividualisierten Bürgergesellschaften bekanntermaßen leicht zerbrechlich sind.

4.3 Enkulturation und Bildung

Obwohl Fend und Parsons in Bezug auf die kulturelle Gemeinschaft dem Bildungssystem eine Enkulturationsfunktion zurechnen, gibt es auch hier erhebliche Differenzen bei der Konkretisierung der damit verbundenen Leistungen. Fend spricht davon, dass die Übertragung des angehäuften, „in Symbolsystemen" festgehaltenen Wissens, „von Fähigkeiten und von Kulturprodukten" auf die nachwachsenden Generationen über den Weg der „Resubjektivierung" (Fend 2006, S. 48) des damit verbundenen Sinngehalts erfolgt. Er unterscheidet dabei aber nicht die Formen der damit einhergehenden Aneignungsprozesse. Folgt man Parsons, dann bezeichnet der Modus der Enkulturation die an kulturgemeinschaftliche Traditionen gebundene kommunikative Weitergabe von Weltbildern, technischen und praktischen Lebensregeln, Wertorientierungen und Glaubensüberzeugung im Medium der Sprache. Statt Weitergabe wäre wechselseitiges Verstehen heute sicherlich die angemessenere Form. Der grundlegende Lernmechanismus dafür ist die Identifikation von und mit gemeinschaftlichen Symbolen im Rahmen von sozialen Rollenbezügen. Erst die Fähigkeit zur Generalisierung gemeinschaftsbezogener kultureller Wertbindungen eröffnet den Zugang zu dem, was Parsons in Abgrenzung von der „Kulturgemeinschaft" unter dem „kulturellen System" versteht. Die individuelle Auseinandersetzung mit dem in eigenständige Wertsphären ausdifferenzierten Kultursystem erfolgt im Modus der Bildung und basiert auf dem, was auch Fend als „Fähigkeiten der Reflexion, der eigenständigen Urteilsbildung und der moralischen Entscheidungsfähigkeit" (ebd., S. 52) beschreibt. Im Unterschied zur gemeinschaftsbezogenen Enkulturationsfunktion besteht die eigentliche Bildungsfunktion des Bildungssystems also darin, das Verhältnis von Mensch und Welt symbolisch zu durchdringen und die Einzelnen zu befähigen, sich kritisch und reflexiv mit Sinn- und Geltungsfragen auseinanderzusetzen. Bildung benötigt darum Freiräume für individualisiertes Lernen und reflexive Distanz zur Kulturgemeinschaft, um sich auf Kultur einzulassen. In dem Maße, in dem die sprachlich vermittelte Weitergabe kulturgemeinschaftlicher Deutungsschemata, von Lebensregeln, Wertorientierungen und Glaubensüberzeugung nicht mehr selbstverständlich ist, weil beispielsweise Kinder und Jugendliche gleichzeitig in unterschiedlichen lebensweltlichen und sprachgemeinschaftlichen Kontexten heranwachsen und aufgrund der damit verbundenen Differenzen sich – wenn überhaupt – nur sehr eingeschränkt als „Ihresgleichen" wahrnehmen, müssen zur Bearbeitung der damit verbundenen Enkulturationsstörungen neue Formen der kommunikativen Vergewisserung von kulturellen Traditionen gefunden werden.

4.4 Vom Kinde aus?

Wenn reformpädagogisch orientierte Theoretiker, Forscher und Praktiker heute erkennbar auf Beeinträchtigungen der Leistungsfähigkeit des Bildungssystems in den Bereichen der politischen und sozialen Integration, aber auch der Enkulturation hinweisen, dann tun sie dieses schon längst nicht mehr ausschließlich „vom Kinde aus". Wer dieses behauptet, hat die Entwicklungen in diesen Bereichen nur unzureichend zur Kenntnis genommen. Gerade der demokratiepädagogische Ansatz stellt mit Blick auf die Reproduktions- und Erneuerungserfordernisse demokratischer Gesellschaften die Stärkung der partizipativen, inklusiven und kommunikativen Infrastrukturen erzieherischen Handelns ins Zentrum. Mit seinem systemisch begründeten, normativen Anspruch, Lerngelegenheiten zu schaffen, die soziale Verantwortungsübernahme und individuelle Autonomie ermöglichen, kommt er den Entwicklungsbedürfnissen von Heranwachsenden entgegen, ohne sie naiv oder pädagogisch provinziell zu verabsolutieren. Demokratische Gesellschaften sind auf Menschen angewiesen, die frühzeitig gelernt haben, ihr Zusammenleben in legitimen Formen gemeinschaftlich zu regeln – eine aufgeklärte Erziehungswissenschaft, eine reflexive Pädagogik und letztlich auch eine kompetenzorientierte Didaktik politischer Bildung sollten sich daran in ihrem Anspruch und in ihrer Arbeit messen lassen.

Literatur

Brock, D./Junge, M./Diefenbach, H./Keller, R./Villányi, D. (2009): Soziologische Paradigmen nach Talcott Parsons. Eine Einführung. Wiesbaden.

Fend, H. (1974): Drei Reproduktionsfunktionen des Schulsystems. In: Bauer, U./Bittlingmayer, U. H./ Scherr, A. (Hrsg.) (2012): Handbuch Bildungs- und Erziehungssoziologie. Wiesbaden, S. 161-166.

Fend, H. (1980): Theorie der Schule. München, Wien, Baltimore.

Fend, H. (2006): Neue Theorie der Schule. Einführung in das Verstehen von Bildungssystemen. Wiesbaden.

Helsper, W. (1996): Antinomien des Lehrerhandelns in modernisierten pädagogischen Kulturen: Paradoxe Verwendungsweisen von Autonomie und Selbstverantwortlichkeit. In: Combe, A./Helsper, W. (Hrsg.): Pädagogische Professionalität. Untersuchungen zum Typus pädagogischen Handelns. Frankfurt/M., S. 521-569.

Herrlitz, H.-G./Hopf, W./Titze, H./Cloer, E. (⁴2005): Deutsche Schulgeschichte von 1800 bis zur Gegenwart. Eine Einführung. Weinheim, München.

Luhmann, N. (2002): Das Erziehungssystem der Gesellschaft (herausgegeben von Dieter Lenzen). Frankfurt/M.

Parsons, T. (1951): The social system. London.

Parsons, T. (1959): Die Schulklasse als soziales System: Einige ihrer Funktionen in der amerikanischen Gesellschaft. In: ders. (1968): Sozialstruktur und Persönlichkeit. Frankfurt/M., S. 161-193.

Parsons, T. (1972): Das System moderner Gesellschaften. München.

Schelsky, H. (1957): Schule und Erziehung in der industriellen Gesellschaft. Würzburg.

Terhart, E. (2009): Theorie der Schule. Auf der Suche nach einem Phantom? In: Wischer, B./Tillmann, K.-J. (Hrsg.): Erziehungswissenschaft auf dem Prüfstand. Schulbezogene Forschung und Theoriebildung von 1970 bis heute. Weinheim, S. 35-50.

Trautmann, M./Wischer, B. (2011): Heterogenität in der Schule. Eine kritische Einführung. Wiesbaden.

Gernod Röken

Lehrerkooperation und Demokratie-Lernen – vernachlässigte Elemente in der Lehrerinnen- und Lehrerausbildung

In manchen Bundesländern ist die Lehrerausbildung vor dem Hintergrund des Bologna-Prozesses (BA/MA-Studiengänge an den Hochschulen; vgl. Behrmann 2009, S. 181ff.), der von der KMK am 16.12.2004 beschlossenen „Standards für die Lehrerausbildung: Bildungswissenschaften" und den „Ländergemeinsamen inhaltlichen Anforderungen für die Fachwissenschaften und Fachdidaktik in der Lehrerbildung" (KMK-Vereinbarung vom 08.12.2008) neu geordnet und strukturiert worden. Andere Bundesländer befinden sich noch auf dem Weg dahin oder gehen völlig andere Wege, z. B. beim Praxissemester als gravierende Veränderung in der ersten Phase der Ausbildung. Mit dem Begriff der Bildungswissenschaften soll ein Umbau des Professionswissens in der Ausbildung von Lehrkräften vollzogen werden, bei dem Erziehung eine spezielle Handlungsform neben anderen wird. Dies ist aus Sicht einer demokratischen Erziehung problematisch, da sich der Perspektive einer evidenzbasierten Bildungswissenschaft zunächst entzieht, dass es um mehr geht als um wirksame Interventionen in utilitaristischer Perspektive. Demokratische Erziehung will belastbare und alltagstaugliche Haltungen hervorbringen, die für ein demokratisches Zusammenleben von Bedeutung sind. Sie muss sich daher kritisch zu einem bildungspolitischen Trend verhalten, der angesichts eines beschleunigten gesellschaftlichen Wandels die dafür nachgefragten Qualifikationen funktionell zur effizienteren Steuerung und zur outputorientierten Verbesserung der Leistungsfähigkeit gesellschaftlicher Teilsysteme nutzen will. Davon ist auch die zweite Phase, der Vorbereitungsdienst an den Studienseminaren (bzw. in NRW jetzt: Zentren für schulpraktische Lehrerausbildung, kurz: ZfsL) und an den Schulen betroffen. Beide Phasen verändern sich. Diese Innovationen sollen der landes- und bundesweiten Vergleichbarkeit und Sicherung der Qualität der Ausbildung dienen.

In Nordrhein-Westfalen ist dieser Umstrukturierungsprozess in einem neuen Lehrerausbildungsgesetz (LABG vom 12. Mai 2009) und einem Kerncurriculum aufgenommen und in ein Reformkonzept zur Stärkung des Berufs- und Praxisbezugs der Lehrerinnen- und Lehrerausbildung für den Vorbereitungsdienst umgesetzt worden.

Dabei sind unter dem Gesichtspunkt des Demokratie-Lernens sinnvolle Ansätze zu erkennen, z.b. die Personenorientierung, eine auch überfachliche Aus-
bildungsberatung, die ebenso Elemente einer demokratisch-partizipativen Schulentwicklung enthalten könnte, oder auch ein professionsorientierter Austausch
der Lehramtsanwärter im Rahmen fester Lerngemeinschaften, die eine dauerhaft
kooperative und reflexive Grundhaltung im Lehrerberuf ermöglichen sollen.
Wobei vorhandene „Webfehler" dieser Reform nicht übersehen werden, z.b. die
Reduzierung der (Aus-)Bildungszeit der Lehramtsanwärter bei gleichzeitiger Erhö-
hung der Anforderungen. Diese richtigen und unzweifelhaft wichtigen Schritte
unter dem Anspruch von Demokratie-Lernen reichen keineswegs aus. Dies soll
an zwei Beispielen aufgezeigt werden: an einer unzureichenden Ermöglichung
von Lehrerinnen- und Lehrerkooperation sowie an einer fehlenden inhaltlichen
Ausrichtung aller Lehrämter auf das Demokratie-Lernen.

1. Lehrerkooperation und Demokratie-Lernen

Das Ziel, dass die Schule in einem demokratischen Gemeinwesen Lernort für
Demokratie sein soll, ist in der Einzelschule nicht hinreichend konzeptionell und
organisationspädagogisch ausformuliert, nicht institutionell verankert und somit
kaum vorhanden. Demokratie-Lernen gehört als Einheit von politischer Bildung
und demokratischer Erziehung jedoch für alle Lehramtsanwärter zur grundlegenden Qualifikation. Ein wichtiges Element demokratischer Schulqualität ist die Kooperation von Lehrerinnen und Lehrern. Sie sind diejenigen, die die Demokratie
als das Leben mit Dissens, als „angemessene Dialektik zwischen Gemeinsamkeit
und Widerstreit" (Reichenbach 2001, S. 401) und in demokratieförderlichen Umgangsformen vorleben. Sie nehmen damit entscheidenden Einfluss auf die Schule
als Lernort für Demokratie: „Schulische Demokratie, die Verhaltensvereinbarun-
gen schafft, lebt von Orten, an denen die Beteiligten zusammenkommen, um
mit einem Höchstmaß an Kommunikation und Konfliktlösungskompetenz an
gemeinsamen Aufgabenstellungen zu arbeiten" (Altrichter/Rauscher 2008, S. 41).
    Demokratische Schulentwicklung vollzieht sich durch gemeinsam erworbene
Verbindlichkeit, die von den Beteiligten selbst geschaffen wird. Ein solches ko-
existenzielles Aufeinanderangewiesensein durch gemeinsames Bearbeiten von
Konflikten, durch Deliberation und durch das Aushalten von Dissens eröffnet
Chancen, um auch das Schulklima im Sinne eines gelebten demokratischen Ethos
auszugestalten. Eine kokonstruktive Form der Zusammenarbeit der Lehrpersonen
mit sich und anderen Mitgliedern der Schulgemeinde kann auch dabei helfen,
Unterricht, hier vor allem den Politikunterricht, in diese Richtung zu entwickeln,
weil gemeinsam verbindliche Maßstäbe für eine systematische Unterrichtsentwicklung unter dieser Perspektive mittels diskursiver Erörterung festgelegt werden.

2. Das Erlernen von Lehrerkooperation

Lehrerkooperation ist aber nicht nur zur gelingenden Entwicklung demokratischer Kultur in der Schule unverzichtbar. Auch für die Qualität von Schule und Unterricht und für eine erhöhte pädagogische Verantwortungsübernahme gegenüber den Schülern gilt die Zusammenarbeit im Kollegium als zentraler Indikator, auch wenn die Kooperation schon per se und unabhängig von der mikropolitischen Situation der Schule gut ist (vgl. Baum/Idel/Ulrich 2012, S. 13). Aber sie ist nichtsdestoweniger die entscheidende Grundlage dafür, dass die Schule sich zu einer „Lernenden Organisation" entwickelt (Terhart 2002, S. 101) und Innovationen in ihr möglich werden. Nur wenn Lehrerinnen und Lehrer gelernt haben zu kooperieren, kann auch die Organisation lernen (Senge 1996, S. 19). Sie müssen die Einsicht gewinnen und erlebt haben, dass die Probleme, die die Schule bedrängen, nur noch durch pädagogische Abstimmung über Festlegung kooperativer Ziele und Aufgaben gelöst werden können (Röken 1998, S. 19) und zwar auch, um Belastungen zu reduzieren und größere Arbeitszufriedenheit zu erreichen. Notwendig ist eine Kooperation auf horizontaler Ebene von Klassen- und Jahrgangsteams und auf vertikaler Ebene der Fachkonferenzen (Röken 2011, S. 412 ff.; Röken 2000, S. 32 ff.; Röken 2001, S. 103 ff.), die beide miteinander verzahnt werden sollten und die sich im Idealfall zu „Professionellen Lerngemeinschaften" (Bonsen/Rolff 2006; Röken 2011, S. 442 ff.) weiterentwickeln bzw. kokonstruktive Arbeitsformen anstreben (Gräsel et al. 2006, S. 210 f.).

Angehende Lehrkräfte müssen deshalb bereits in der Ausbildung als Lerner im Team verstanden werden, um v.a. zu lernen, gemeinsam mit Unsicherheit und neuen Problemen lösungsorientiert und im Hinblick auf verbesserte Erziehungs- und Lernwirksamkeit umzugehen: „Man muss sich der Tatsache stellen, dass der Umgang mit Zielkonflikten und unvorhergesehenen Ereignissen das zentrale Charakteristikum des Lehrerberufs ist, und nicht eine ungünstige Randbedingung, die irgendwann verschwindet. Komplexen Problemen kann man nur begegnen, wenn man über eine Vielfalt von Handlungsmöglichkeiten verfügt und diese auch aktivieren kann" (Stern 2009, S. 364).

Es kommt hinzu, dass auch die Umwandlung der Halbtagsschule in eine Ganztagsschule auf Kooperation und Koordination angewiesen ist. Das neue „Lehrerausbildungsgesetz" (LABG) in NRW vom Mai 2009 und die „Ordnung des Vorbereitungsdienstes und der Staatsprüfung an Schulen" vom April 2011 bieten erste und doch noch sehr zaghafte Schritte in die Richtung, ein professionelles Selbstkonzept von Lehrerinnen und Lehrern auf der Grundlage von Kooperation und Reflexion zu entwickeln.

Dass Kooperation auf eine institutionell geprägte Grundlage in der Schule und in den ZfsL angewiesen ist, wird mit dem Hinweis auf stabile Lerngemeinschaften und feste Hospitationsgruppen alleine keineswegs erfüllt. Es dominiert weiterhin ein ungebrochener Individualismus in der Ausbildung. Zukünftigen Lehrkräften wird suggeriert, wenn sie ihren Unterricht formal sezieren und exakt planen könnten, wären sie gut ausgebildet. Es dominiert ein Verständnis von Lehrerausbildung nach dem Meister-Novizen-Modell bzw. nach dem Konzept des wissenden Ausbilders gegenüber dem noch nicht wissenden Lehramtsanwärter.

Demokratie-Lernen, realisierte Kooperationserfahrungen und ein auf die gesamte Einzelschule als „Lernendes System" ausgerichtetes Organisationslernen unter Einschluss von Kenntnissen der Organisationspädagogik bleiben weitgehend unberücksichtigt. Ihre erste Berufstätigkeit nehmen Lehramtsanwärter an ihrer neuen Schule ohne Erfahrungen und Kenntnisse über Teamentwicklungsprozesse, über gelingende Fachkonferenzarbeit, über Demokratie-Lernen oder gar über demokratisch-partizipative Schulentwicklung auf. Sie werden durch ihre Ausbildung kaum in die Lage versetzt, ihr demokratisches Ethos selbstbewusst zu entwickeln.

3. Änderungsnotwendigkeiten in der zweiten Phase der Lehrerausbildung

Eigentlich benötigen wir eine grundsätzliche Neuorientierung, die die Schule als „Lernende Organisation" und als Ort des Demokratie-Lernens berücksichtigt. Dazu müssten folgende Schritte eingeleitet werden:
- Die Ausbildung müsste sich verstärkt auf die gesamte Schule, auf sie als System und ihre organisationspädagogischen Handlungsebenen und deren Gestaltung, auf demokratisch-partizipative Schulentwicklung und auf gemeinsames Lernen, Reflektieren und Entwickeln ausrichten: „Schulleben und Unterricht – nur der Zusammenhang bildet politisch und demokratisch" (Reinhardt 2009, S. 860). Dieser Maxime hat insbesondere die fachspezifische Ausbildung so Rechnung zu tragen, dass die Begrenzung auf eine rein unterrichtsbezogene Perspektive aufgegeben wird zugunsten einer Weitung auf die schulische (Schule als Cité) und außerschulische Dimension. Natürlich müssen Lehramtsanwärter das Unterrichten lernen, aber immer im Kontext von Unterrichts- und Schulentwicklung und in Kooperation und Reflexion mit anderen. Hier geht es um die Kritik am „circensischen" Charakter der Einzelstunde, bei der zu sehr auf kurzfristige Ergebnisse, aber nicht genügend auf langfristige Aspekte, auf Nachhaltigkeit, auf die prozessuale Dimension des Unterrichtens und auf eine Veränderung der schulischen und unterrichtlichen Lernkultur insgesamt geachtet wird.
- Lehrerkooperation und Teamentwicklung sind nicht nur als Inhalte im Haupt- (jetzt überfachliche Ausbildung) und Fachseminar (hier fachbezogenen) zu behandeln, sondern müssen in den Ausbildungsgruppen erfahren, geübt und reflektiert werden. Es sind entsprechende verbindliche Kooperationsgruppen nicht nur im Seminar, sondern auch in der Schule einzurichten und entspre-

chende Organisationsformen mit den Lehramtsanwärtern zu vereinbaren, um die „Architektur der Kooperation" und die aktive Gestaltung von Arbeitsprozessen mit dem Fokus auf Erziehung, Unterricht und auf demokratisch-partizipative Schulentwicklung zu lernen.

- Lehramtsanwärter sollten nur noch solchen Schulen zugewiesen werden, die die Möglichkeiten der horizontalen und vertikalen Kooperation in institutionalisierter Form bieten bzw. die ihre Schulentwicklung mittels Schulprogramm so vollziehen wollen. Sie müssen erleben können, dass der Weg von der individualisierten zur kooperativen Schule mit demokratisch geprägten Interaktionsformen gegangen wird, sodass auch im schulischen Ausbildungssegment eine gelebte demokratische Binnenstruktur erfahrbar wird.

- Lehramtsanwärter sollten von ihren Ausbildern nicht nur hinsichtlich ihres Unterrichts „beraten" werden, sondern bekommen durch Besuche der Ausbildungsbeauftragten der Schulen in Kooperation mit den Seminarausbildern in den Fachkonferenzen und in den Jahrgangsteams Rückmeldungen zu ihrer Teamfähigkeit und zu ihrer Fähigkeit, demokratisch-partizipative Schulentwicklung mit auf den Weg zu bringen. In Kooperation mit den Lehramtsanwärtern und mit den Ausbildungsschulen werden Kriterien zur gelingenden Teamfähigkeit vereinbart. Unterrichten wird im „Modus des Lernens" (Schratz 2011, S. 19) und stets im Kontext von Unterrichts- und Schulentwicklung gesehen und vermittelt. Die Fähigkeit zur Kooperation und zur Teilnahme an Schul- und Unterrichtsentwicklung geht unter Beachtung der genannten Aspekte dann in eine lernförderliche Leistungsbeurteilung (Beutel, S.-I. 2010, S. 57 ff.) bei den Lehramtsanwärtern ein. Teamlernen unter den Bedingungen institutionalisierter Absicherung bekäme so die ihm zustehende Relevanz.

- Die Ausbildungsschulen werden darin unterstützt, horizontale und vertikale Kooperation und Demokratie-Lernen in ihrem Schulprogramm zu verankern und dies im Schulleben und in den unterrichtlichen Settings zu realisieren.

- Planungs- und Reflexionsprozesse von Demokratie-Lernen auf den unterschiedlichen Handlungsebenen der Schule, das Gestalten und Auswerten von Unterricht und das erzieherische Handeln unter einer pädagogischen Perspektive werden in der Lehrerausbildung gemeinsam gelernt und erprobt, ebenso das Leiten von Teamsitzungen, das Planen von Fachkonferenzen, die Erstellung von Jahresarbeitsplänen für die Fachkonferenzen oder die jahrgangsbezogenen Teams und die Mitarbeit in Steuergruppen sowie die Kooperation mit der Schülervertretung.

4. Demokratie-Lernen als Grundelement der Lehrerausbildung

Da „Demokratie kein zivilisatorisches Niveau ist, das – einmal erreicht – für immer stabilisierend ist" (Sliwka 2008, S. 12), hat die allgemeinbildende Schule einen

Beitrag dazu zu leisten, dass in ihr eine vom demokratischen Ethos geprägte
Haltung erworben wird, dass die Schüler aber ebenso interessante Zugänge zur
Politik, zu ihrem Verstehen und zu ihrem Beurteilen vermittelt bekommen. Denn
bislang „sind in der alltäglichen Schul- und Unterrichtspraxis wenig Spuren demokratischen Lernens zu finden" (Kansteiner-Schänzlin 2010, S. 350).

Es gilt, schon in der Ausbildung die Demokratie in all ihren Formen – als
Lebens-, Gesellschafts- und Herrschaftsform (Himmelmann 2007) – mit verste-
henden, einübenden und reflektierenden Dimensionen zu einem wichtigen Inhalt
zu machen. Was braucht eine gelingende Lehrerausbildung im Bereich des Demokratie-Lernens, wenn schon in der ersten Phase die fachdidaktische Ausbildung
im Bereich der sozialwissenschaftlichen Bildung eher als unzureichend kritisiert
wird? Demokratie-Lernen sollte also nicht nur in der Schule, sondern auch in der
Ausbildung eine dreifache Rolle übernehmen: in der fachbezogenen Ausbildung,
als Unterrichtsprinzip aller Fächer und als Schulprinzip (vgl. Henkenborg 1997,
S. 84). Im Kernseminar (überfachliche Ausbildung) sind durch eine Beschäftigung
mit den vorhandenen Konzeptualisierungen schulischen Demokratie-Lernens
Möglichkeiten zu schaffen, über Visionen nachzudenken und kritisch zu reflektieren, wie eine demokratische und innovationsfreudige Schule realisiert werden
kann. Im Rahmen der überfachlichen Ausbildung sind die verschiedenen schulpraktischen Realisierungsmöglichkeiten für ein Demokratie-Lernen als Grundlage
von Lehrerhandeln aufzugreifen. Neben der bereits diskutierten Lehrerkooperation sowie der Einbeziehung von Erziehungsberechtigten und Schülern sind vor
allem die Möglichkeiten anzubieten, die sich auf der schulischen Systemebene für
Lehrende aller Fächer ergeben. Schon in der zweiten Phase sollte darauf geachtet
werden, dass alle Bemühungen darauf abzielen, die Schule als organisationspäda-
gogisches Ganzes und als öffentlichen Raum zu verstehen.

Ein wichtiges Teilelement einer solchen Schule des Demokratie-Lernens, das
in der Lehrerausbildung für alle Lehrämter und Fächer einbezogen werden sollte,
ist der Klassenrat. Da alle Lehrerinnen und Lehrer in Klassen unterrichten, meist
auch Klassenlehrer werden, wäre es gut, den Klassenrat mit seinen Möglichkeiten
und Grenzen des Demokratie-Lernens früh intensiv zu studieren, ebenso wie die
Formen demokratischer Partizipation und deren Ambivalenzen auf der institutionellen Ebene der Schülervertretung und der Schülerparlamente (Röken 2011,
393 ff.). Um die innerschulischen und außerschulischen Gelingensbedingungen
für Demokratie-Lernen kennenzulernen, gehört auch die Auseinandersetzung
mit der didaktisch-methodischen Großform „Projekt" dazu. Lehramtsanwärter
müssen darauf vorbereitet und vor allem dazu angehalten werden, das schulische
Lernfeld durch Projekte, die eine politische Dimension erreichen, zu erweitern,
um den Schülern Angebote machen zu können, durch kooperative Beteiligung
in authentischen Auseinandersetzungen und Aushandlungen politisch zu lernen
und einen Zuwachs an Mitsprache zu erreichen.

Schließlich sollte die Ausbildung in die Schulprogrammarbeit – hier unter dem Aspekt des Demokratie-Lernens – eingeführt werden, die aufzeigt, wie mittels des Koordinierungs- und Steuerungsinstrumentes Schulprogramm eine systematische Reflexion, Planung und Entwicklung der Schule vollzogen werden kann. Lehramtsanwärter aller Fächer müssen unter der Zielperspektive demokratischer Erziehung und politischer Bildung lernen, dass dies nur systematisch und unter Verzahnung der unterschiedlichen schulischen Handlungs- bzw. Organisationsebenen gelingen kann.

In der fachbezogenen Ausbildung steht Demokratie-Lernen bezogen auf das Fach Politik im Vordergrund. In der Arbeit im Fachseminar sind daher alle die Elemente zu thematisieren, gemeinsam zu erproben und zu reflektieren, die dafür relevant sind. Die wichtigsten Elemente werden hier stichwortartig erwähnt. Dabei werden unterschiedliche politikdidaktische und demokratisch-erzieherische Ansätze integriert. Durch die Realisierung dieser Merkmale, die den Anspruch haben, eine veränderte Unterrichtskultur zu fördern, die sich „lernerseits" oder „verständnisintensiv" versteht, könnte gerade der Politikunterricht zum Zentrum für schulisches und außerschulisches Demokratie-Lernen werden. Damit allerdings sind vor allem die Fachseminare Sozialwissenschaften – in anderen Bundesländern „Politik (und Wirtschaft)" – gefordert. Dazu gehört, dass im Sinne eines kritischen Demokratieverständnisses – „Demokratie-Lernen ist Kritik der Demokratie" (Henkenborg 2005, S. 269) – der schulische Anspruch, zur demokratischen Mitentscheidung und zur Übernahme von Verantwortung hinzuführen, mit der schulischen Wirklichkeit und den spezifischen Formen und Institutionalisierungen von Schule in seinen Widersprüchlichkeiten konfrontiert und zum Gegenstand der Ausbildungsseminare gemacht wird.

Soll eine Subsumtion der Lehrerbildung unter die Logik gesellschaftlicher Funktionalität verhindert werden, bedeutet dies, dass die Lehramtsanwärter Gelegenheit bekommen sollten, sich kritisch-reflexiv mit fremd verfügten Ansprüchen, Erwartungen und Einflüssen zu beschäftigen. Das Ziel sollte die eigenverantwortliche Gestaltungsfähigkeit sein, damit die Ansprüche an demokratischer Teilhabe und das Mitwirken an der eigenen Ausbildung erfahrbar werden. Die Teilhabe an einer demokratisch-partizipativen Schulentwicklung bietet die Möglichkeit, sich dafür stark machen zu können, dass Demokratie inner- und außerschulisch auf den Weg gebracht werden kann. Die Lehramtsanwärter müssen lernen, zu prüfen, wie ihre Vorstellungen der Lehrtätigkeit unter dem Aspekt des Demokratie-Lernens mit den Bedingungen ihrer Ausbildung zusammenzubringen sind, wo sie sich ausschließen und wie sie Möglichkeiten eröffnen, einen Beitrag zur Erweiterung selbstbestimmten individuellen und gesellschaftlichen Handelns im Wertekontext von Grundrechten und Grundgesetz zu leisten.

So ist auch unter lerntheoretischen Gesichtspunkten in pädagogischer Perspektive darauf hinzuweisen, dass sich Lernen nicht als reibungslose Anpassung,

sondern als zeitraubende Irritation vollzieht, dass es dort beginnt, „wo das Ver-
traute brüchig und das Neue noch nicht zur Hand ist" (Meyer-Drawe 2008, S.
213). Schon in der Ausbildung sollte konstruktiv erfahren werden können, dass
die Ermöglichung von Dekonstruktion (Warum ist es so? Könnte es anders sein?)
und das ermutigende Unterstützen von Widerstandsfähigkeit bei gleichzeitigem
Aushalten von unzureichender bzw. falscher Wirklichkeit zur unverzichtbaren
Zielperspektive der Lehrerausbildung gehört. Eine solche Lehrerausbildung muss
beanspruchen, zu bilden und darf nicht nur ausbilden wollen. Insofern ist von
den Ausbildern alles zu tun, um bei den Auszubildenden die Selbstermächtigung,
ihr kritisch-distanziertes Urteilsvermögen zu stärken und vermeintliche oder reale
Anpassungszwänge in der Ausbildung zu hinterfragen.

Die Lehrerausbildung in der zweiten Phase stellt sich so dem Anspruch, den
Lehramtsanwärtern Angebote zu unterbreiten unter den Maximen „Etablierung
und Weiterentwicklung einer demokratischen Gesellschaft, die zur Selbststeuerung im öffentlichen Diskurs fähig ist" (Nonnenmacher 2010, S. 467). Diese
Aufgabe wird immer wieder unter widersprüchlichen Konstellationen und Bedingungen der Lehrerausbildung und einer ihre gesellschaftlichen Funktionen erfül-
lenden Schule als organisierte Zwangsanstalt gegen solche Zweckbestimmungen
erstritten werden müssen. Dass dies vermehrter Anstrengungen bedarf, ist klar.
Gleichwohl wird darin die Chance gesehen, sich z.B. mit der scheinbaren Objektivität von Leistungsbeurteilungen zu beschäftigen, sowohl im Hinblick auf die
Lehramtsanwärter als auch als Transferprodukt bezogen auf die Schüler (Beutel,
S.-I. 2010, S. 45 ff.). Ziel muss es sein, Demütigungen und Verletzungen zu vermeiden. Die Transparenz der Beurteilungskriterien spielt dabei eine wichtige Rolle.

Ist damit auf einer grundsätzlichen Ebene geklärt, wie sich die Lehrerausbildung unter den Bedingungen des Demokratie-Lernens verändern muss, so soll
jetzt skizziert werden, welche Elemente des Politikunterrichts in der fachspezifischen Ausbildung im Fachseminar Sozialwissenschaften für ein Mehr an
Demokratie-Lernen berücksichtigt werden sollten. Lehramtsanwärter sollten
lernen, dass es ein Ensemble von verschiedenen Gelegenheitsstrukturen gibt, die
dazu beitragen können, ein belastbares Demokratiebewusstsein und eine kritische
Demokratiebildung zu erreichen. Die dafür noch zu nennenden Merkmale sind
als Prüfbausteine für einen Politikunterricht zu verstehen, der sich diesen Zielen
verpflichtet fühlt. Es geht um Elemente einer „Didaktik der Demokratie" (Beutel,
W. 2010, S. 71). Solche Elemente sind:

• Ausreichende Zeitkontingente, z. B. kontinuierlicher Politikunterricht in allen
  Jahrgangsstufen der Sekundarstufe I von mindestens zwei Unterrichtsstunden
  echter Lernzeit.
• Die Grundlegung eines Politikunterrichts in bildungstheoretischer Absicht,
  der nach Möglichkeitsbedingungen für eine bessere Praxis fragt (Benner 2001,
  S. 159).

- Die Fundierung des Politikunterrichts durch allgemeindidaktische und vor allem fachdidaktische Reflexionen inklusive der Auseinandersetzung mit der Geschichte der politischen Bildung und mit der Kontroverse Demokratiepädagogik versus politische Bildung.
- Die Beschäftigung mit der Prozessqualität unterrichtlicher Arrangements, ohne dabei eine „Flucht in Methoden" (Massing 2002, S. 29) anzutreten und die kategoriale Bildung zu vernachlässigen.
- Das Verständnis von politischer Bildung als Lerntheorie (Lange 2006, S. 39), die von den alltagspolitischen Lebenswelten bzw. vom Alltagsbewusstsein der Lernenden und von elementaren demokratisch-politischen Erfahrungen ausgeht und diese im Hinblick auf eine Zunahme reflexiver politischer Erkenntnis- und Urteilsformen erweitert. Es geht darum, dass die Lernenden die Möglichkeit erhalten, ihre Vorstellungen von Herstellung und Durchsetzung allgemeiner Verbindlichkeit zu erörtern und nach den demokratischen Gestaltungsmöglichkeiten zu fragen, dem Konzept von „Demokratie-Lernen als Hermeneutik der Demokratie" (Henkenborg 2009b, S. 287) folgend.
- Die Qualifizierung des Politikunterrichts als politischer Unterricht, in dem politisches Handeln als dasjenige Handeln konzipiert wird, das unterschiedliche Interessen in allgemeine Verbindlichkeit transformiert. Damit ist „Politik" vom sozialen Lernen abgrenzbar, aber dennoch nicht etatistisch verkürzt und nur auf das Regierungshandeln und die Staatsform beziehbar, sondern vor allem den wechselseitigen Bezug und den Zusammenhang von Gesellschafts- und Herrschaftsform thematisierend.
- Der Vollzug eines Paradigmenwechsel, der eine Transformation von der Belehrung zu einer Unterrichtskultur des Verstehens realisiert sowie die Lernenden aktiv in die Planung, Gestaltung und Reflexion des Politikunterrichts einbezieht und ihnen Mitverantwortung übergibt, weil nur so Lernprozesse als vollständig zu bezeichnen sind, bspw. im Konzept der „Politikwerkstatt" (Moegling 2003).
- Die implizite Voraussetzung, Mündigkeit jenseits einer „Hypersubjektperspektive" (Reichenbach 2001, S. 468) zu ermöglichen, also kein übergeordnetes normatives Konzept zu verbreiten, sondern diese Mündigkeit gesellschaftlich in unserer gegenwärtigen Demokratie kritisch mit den Schülerinnen und Schülern zu konzipieren.
- Die Realisierung demokratischer Erziehung im Hinblick auf eine demokratisch basierte Identitätsbildung und als Einführung in die demokratische Lebensform durch bspw. Formen demokratischen Sprechens.
- Die Ermöglichung von Konzeptwechsel und die dominante Ausrichtung auf Konflikt-, Kontroversitäts-, Widerspruchs- und Problemorientierung, sodass die Analyse- und Problemlösekapazität der Lernenden aktiviert wird und politische Sinnbildungsprozesse unterstützt werden.

- Das sinnvolle Zusammenbringen von Adressatenorientierung, von politischen Alltagslogiken mit den sozialwissenschaftlichen Sachlogiken mittels der genetischen Politikdidaktik und der damit verbundenen Bearbeitung des sog. „Brückenproblems", demzufolge Alltagserfahrung und Politik nicht direkt miteinander zusammenhängen (Lange 2007, S. 108).
- Die Gestaltung des Politikunterrichtes als Ort der diskursiven Verständigungspraxis, als Ort des kontroversen und offenen Aushandelns von politischen Deutungsmustern und Auffassungen in interaktiver Praxis im Sinne der Kommunikativen Didaktik (Grammes 1998b, S. 104; Grammes 2000), wobei deutlich wird, dass Wirklichkeit veränderbar ist.
- Die Beachtung des Implikationszusammenhanges von Gegenstand und Methode, sodass Methoden hinsichtlich der Passung zu Zielen und Inhalten geprüft werden, aber auch hinsichtlich des „sozialen Ort(es) der Lernenden" (Lapp 2010, S. 381).
- Die positive Nutzung der Vielfalt von Lernausgangslagen im Sinne eines konstruktiven Umgangs mit Diversität mittels adaptiver Gestaltung von Unterricht.
- Die Anleitung und Aufforderung zur Eigenaktivität und zum „selbstständigen" Lernen.
- Die Reflexion über die Rolle der Politiklehrerinnen und -lehrer (z.B. als Lernbegleiter oder als Wissensvermittler) im Zusammenhang mit der Annäherung an demokratische Verkehrsformen im Unterricht.
- Die Herstellung einer Kultur der Anerkennung (Henkenborg 1997, S. 67 ff.) und eines Lernklimas der Ermutigung, der Wertschätzung, der Achtung, des Respektes und des Selbstvertrauens.
- Die Einführung von Schüler-Feedback als Element einer tendenziell demokratischen Art und Weise, mittels Verständigung Einfluss auf den Politikunterricht gewinnen zu können und Mitverantwortung zu übernehmen.
- Die umfassende Ausbildung einer systematischen, regelgeleiteten und ergebnisoffenen politischen Urteilsfähigkeit, die lehr- und lernbar gemacht wird.
- Die Öffnung für eine angemessene Handlungsorientierung (Röken 2011, S. 359 ff.) und die Einführung in die didaktische Großform Projekt (Projektdidaktik), in fächerverbindendes Lernen sowie die Einbeziehung des schulischen Umfeldes als politisches und demokratisches Handlungsfeld (bürgerschaftliches Engagement unter Einbeziehung von politischer Analyse und Reflexion).
- Die Beschäftigung mit der Politikwahrnehmung und dem Demokratieverständnis von bildungsbenachteiligten jungen Menschen sowie mit der Frage, wie gerade diese Gruppe von Jugendlichen durch politische Bildung und demokratische Erziehung in die Lage versetzt werden kann, ihre politischen Interessen besser wahrzunehmen und ihre Handlungsoptionen zu nutzen (Calmbach/ Kohl 2011).

Inhaltlich gehört zu einem Demokratie-Lernen in der zweiten Phase der Lehrerausbildung im Fachseminar Sozialwissenschaften aber auch das Aufgreifen von transkulturellem und antirassistischem Lernen bzw. eine „migrationspolitische Bildung" (Lange 2010), die Beschäftigung mit Demokratietheorien, aber auch demokratieskeptischen Positionen, das Aufgreifen der kritischen Demokratietheorie (Lösch 2005, Weiß 2009) und auch die Auseinandersetzung mit Menschenrechten. Denn „Demokratie ist die gesellschaftlich organisierte und kontrollierte Verwirklichung der Menschenrechte" (Fauser 2009, S. 33). Aus dem Bereich der Demokratiepädagogik können das Trainieren von Zivilcourage, Verfahren zur Gewaltprävention und der Konfliktbearbeitung in die Ausbildung übernommen werden.

Grundregel für die gesamte Ausbildung sollte sein, dass sich alle Beteiligten damit beschäftigen, die Ausbildungsbedingungen, die eigene Bildungsarbeit und sich selbst kritisch zu hinterfragen. Für die Entwicklung eines demokratiefähigen Habitus sind neben der Verständigungsorientierung, neben dem Leben mit und dem Aushalten von Dissens die kritische Reflexion des eigenen Handelns und die kokonstruktive Weiterentwicklung der professionellen Kompetenzen des Lehrerinnen- und Lehrerberufs unverzichtbar. Dazu bedarf es in der Ausbildung der stetigen Aufforderung zur Wahrnehmung der individuellen Chancen und Möglichkeiten der Verständigung sowie der solidarischen und gleichberechtigten Kooperation mit anderen, ohne deren Entwicklungspotentiale einzuschränken, um noch als pädagogische Utopie wahrgenommene Ziele „durch gegenseitige Hilfe schon jetzt beginnen" (Heydorn 2004, S. 295) zu lassen.

5. Die Bilanz

Mit einer solchen Erweiterung und systematischen Umorientierung der Lehrerausbildung in der zweiten Phase unter der Forderung des Demokratie-Lernens sollen die Grenzen der gerade erst „reformierten" Lehrerausbildung deutlich werden. Gleichzeitig ist hier sichtbar gemacht worden, wie das bestehende und in der aktuellen Reform konzipierte Konstrukt sukzessive erweitert und transformiert werden sollte, um Demokratie-Lernen zu einem zentralen Anliegen sowohl in den Zentren für schulpraktische Lehrerausbildung als auch in Schulen zu machen. Dass bis dahin vermutlich noch ein weiter Weg beschritten werden muss, soll nicht bestritten werden. Allerdings wird der Problemdruck in Richtung auf einen solchen systematischen Perspektivwechsel und eine Veränderung des schulischen Arbeitsplatzes inzwischen größer.

Ein paar Schritte dahin konnten aufgezeigt werden. Dass es dabei notwendig wird, sich partiell einer funktionalen Qualifizierungslogik im Sinne eines effizienten Outputs und einer stromlinienförmigen Anpassung an eine formierte und restringierte Berufsauffassung zu entziehen, wird gesehen und bedarf auch in

der Ausbildung der Thematisierung. Erste Schritte in diese Richtung sind schon
dokumentiert (Schrieverhoff 2010).

Die Widersprüche und Verbesserungsnotwendigkeiten der bisherigen und der
gerade veränderten Lehrerausbildung zu erörtern und erfahrbar zu machen wird
als eine wichtige Aufgabe der Ausbilder angesehen, die sich selbst als Lernmodell
und darüber hinaus in grundsätzlicher Weise ermutigend und unterstützend im
Hinblick auf den Erwerb eines solchen widerstandsfähigen professionellen Selbstkonzepts der Lehrkräfte sowie dessen Qualifizierung für den umfassenden Auftrag
des schulischen Demokratie-Lernens verstehen sollten. Sie können entscheidend
an der Selbstkorrektur der Reform in der Lehrerausbildung so arbeiten, dass eine
andere Wirklichkeit tendenziell möglich wird und sich Chancen für ein kritisch-
reflexives Bildungsverständnis mit gegenhegemonialen Vorstellungen ergeben.

Literatur

Altrichter, H./Rauscher, E. (2008): Schulleitung und neue Steuerungskultur. In: Warwas, J./Sembill,
    D. (Hrsg.): Zeitgemäße Führung – zeitgemäßer Unterricht. Baltmannsweiler, S. 29-44.
Bastian, J. (2010): Pädagogische Schulentwicklung. In: Bohl, T./Helsper, W./Holtappels, H. G./Schel-
    le, C. (Hrsg.): Handbuch Schulentwicklung. Theorie – Forschungsbefunde – Entwicklungsbefunde
    – Methodenrepertoire. Bad Heilbrunn, S. 93-99.
Baum, E./Idel, T.-S./Ullrich, H. (Hrsg.) (2012): Kollegialität und Kooperation in der Schule. Theoreti-
    sche Konzepte und empirische Befunde. Wiesbaden 2012. Zur Einleitung in diesen Band, S. 9-13
Behrmann, G. C. (2009): Skepsis und Engagement. Arbeiten zur Bildungsgeschichte und Lehrerbil-
    dung. Potsdam.
Benner, D. (⁴2001): Allgemeine Pädagogik. Eine systematisch-problemgeschichtliche Einführung in
    die Grundstruktur pädagogischen Denkens und Handelns. Weinheim/München.
Beutel, S.-I. (2010): Im Dialog mit den Lernenden. Leistungsbeurteilung als Lernförderung und demo-
    kratische Erfahrung. In: Beutel, S.-I./Beutel, W. (Hrsg.): Beteiligt oder bewertet? Leistungsbeurtei-
    lung und Demokratiepädagogik. Schwalbach/Ts., S. 45-60.
Beutel, W. (2010): Demokratiepädagogik und Verantwortungslernen. In: Lange, D./Himmelmann, G.
    (Hrsg.): Demokratiedidaktik: Impulse für die Politische Bildung. Wiesbaden, S. 70-85.
Bonsen, M./Rolff, H.-G. (2006): Professionelle Lerngemeinschaften von Lehrern. In: ZfPäd, Heft
    2/2006, S. 167-183.
Calmbach, M./Kohl, W. (2011): Politikwahrnehmung und Politikverständnis von „bildungsfernen"
    Jugendlichen. In: Polis, Heft 3/2011, S. 10-12.
Fauser, P. (2009): Warum eigentlich Demokratie? Über den Zusammenhang zwischen Verständnisin-
    tensivem Lernen, Demokratiepädagogik und Schulentwicklung. In: Beutel, W./Fauser, P. (Hrsg.):
    Demokratie, Lernqualität und Schulentwicklung. Schwalbach/Ts., S. 17-42.
Göhlich, M. (2011): Reflexionsarbeit als pädagogisches Handlungsfeld, ZfPäd, 57. Beiheft, S. 138-152.
Gräsel, C./Fußangel, K./Pröbstel, C. (2006): Lehrkräfte zur Kooperation anregen – eine Aufgabe für
    Sisyphos? In: ZfPäd, Heft 2, S. 205-219.
Grammes, T. (1998): Kommunikative Fachdidaktik Politik – Geschichte – Recht – Wirtschaft. Opladen.
Grammes, T. (2000): Kommunikative Fachdidaktik. In: Kursiv, Journal für politische Bildung, Heft
    2, S. 28-31.

Henkenborg, P. (1997): Die Selbsterneuerung der Schule als Herausforderung: Politische Bildung als eine Kultur der Anerkennung. In: Politische Bildung, Heft 3, S. 60-90

Henkenborg, P. (2005): Demokratie-Lernen – eine Chance für die politische Bildung. In: Massing/Roy (Hrsg.): Politik – Politische Bildung – Demokratie. Schwalbach/Ts., S. 261-271

Henkenborg, P. (2009a): Demokratie-Lernen – eine Philosophie der Politischen Bildung. In: Österreichische Zeitschrift für Politikwissenschaft, Heft 3, S. 277-291.

Henkenborg, P. (2009b): Demokratie-Lernen zwischen Anspruch und Wirklichkeit. In: Oberreuter, H. (Hrsg.): Standortbestimmung Politische Bildung. Schwalbach/Ts., S. 93-116.

Heydorn, H.-J. (2004): Werke in 9 Bänden, Studienausgabe. Hrsg. v. Heydorn, I./Kappner, H./Koneffke, G./Weick, E, hier Bd. 3. Wetzlar.

Himmelmann, G. (³2007): Demokratie-Lernen als Lebens-, Gesellschafts- und Herrschaftsform. Ein Lehr- und Studienbuch, Schwalbach/Ts.

Kansteiner-Schänzlein, K. (2010): Demokratisches Lernen. In: Bohl, T./Helsper, W., Holtappels, H. G./Schelle, C. (Hrsg.): Handbuch Schulentwicklung. Bad Heilbrunn, S. 349-352.

Ladenthin, V. (2007): Einmaligkeit, Selbigkeit, Individualität. Zur Problematik pädagogischer Leitbegriffe. Wien.

Lange, D. (2007): Politik im Alltag. In: Lange, D./Reinhardt, V. (Hrsg.): Basiswissen politische Bildung. Handbuch für den sozialwissenschaftlichen Unterricht, Bd.2, S. 108-114.

Lange, D. (2006): Politik- oder Politikbewusstsein? Zum Gegenstand der Politikdidaktik. In: Besand, A. (Hrsg.): Politische Bildung Reloaded. Perspektiven und Impulse für die Zukunft. Schwalbach/Ts., S. 31-42.

Lange, D. (2010): Migrationspolitische Bildung. Entwicklungen und Perspektiven. In: Polis, Heft 3, S. 7-10.

Lapp, M. (2010): Das Anliegen formulieren. Inhaltlicher Anspruch und Methodenwahl im Politikunterricht. In: Lösch, B./Thimmel, A. (Hrsg.): Kritische Politische Bildung. Ein Handbuch. Schwalbach/Ts., S. 377-388.

Lortie, D. C. (1975): Schoolteacher. A Sociological Study. Chicago.

Lösch, B. (2005): Deliberative Politik. Moderne Konzeptionen von Öffentlichkeit, Demokratie und politischer Partizipation. Münster.

Massing, P. (2002): Demokratietheoretische Grundlagen der politischen Bildung im Zeichen der Globalisierung. In: Butterwegge, C./Henges, G. (Hrsg.): Politische Bildung und Globalisierung. Opladen, S. 25-44.

Meyer-Drawe, K. (²2008): Illusionen von Autonomie. Diesseits von Ohnmacht und Allmacht des Ich. München.

Moegling, K. (2003): Die Politikwerkstatt. Ein Ort politischen Lernens in der Schule. Schwalbach/Ts.

Nonnenmacher, F. (2010): Analyse, Kritik und Engagement. Möglichkeiten und Grenzen schulischen Politikunterrichts. In: Lösch, B./Thimmel, A. (Hrsg.): Kritische politische Bildung. Ein Handbuch. Schwalbach/Ts., S. 459-470.

Reichenbach, R. (2001): Demokratisches Selbst und dilettantisches Subjekt. Demokratische Bildung und Erziehung in der Spätmoderne. Münster.

Reinhardt, S. (2009): Schulleben und Unterricht – nur der Zusammenhang bildet politisch und demokratisch. In: ZfPäd, 55. Jg., S. 860-870.

Röken, G. (1998): Von der Teambildung zur Teamfähigkeit. In: Schulmanagement, Heft 1, S. 19-28.

Röken, G. (2000): Die Arbeit der Fachkonferenz Erziehungswissenschaft an der Gesamtschule Waltrop. Arbeitsweisen, Aufgaben und Ziele. In: Pädagogikunterricht, Heft 4, S. 32-41.

Röken, G. (2001): Und sie bewegt sich doch – hoffentlich! Die Arbeit der Fach-, Bildungsgangs- oder Lernbereichskonferenzen als Motor der Qualitätsentwicklung in der Politischen Bildung vor dem Hintergrund der „Rahmenvorgabe Politische Bildung". In: Politisches Lernen, Heft 4, S. 103-113.

Röken, G. (2004): Teamarbeit als Lern- und Reflexionsprozess. Chance zur Professionalisierung der Lehrertätigkeit und Möglichkeit zur Verbesserung der Unterrichtsqualität. In: SchulVerwaltung spezial, Heft 4, S. 21-24.

Röken, G. (2011): Demokratie-Lernen und demokratisch-partizipative Schulentwicklung als Aufgabe für Schule und Schulaufsicht. Wie kann ein Lernen über, durch und für Demokratie in der Schule mit Unterstützung der Schulaufsicht in der Schule gelingen? Münster.

Schratz, M. (2011): Schulinterne Curriculumentwicklung lernseits von Unterricht. In: Journal für Schulentwicklung, Heft 2, S. 14-23.

Schrieverhoff, C. (2010): Demokratiepädagogik als Qualitätsbaustein für Demokratiekompetenz. Chancen in der Zweiten Lehrerausbildungsphase in NRW. In: Beutel, W./Meyer, H./Ridder, M. (Hrsg.): Demokratiepädagogik – Grundlagen, Praxis, Schulprojekte, Service. Münster.

Senge, P. M. (1996): Die fünfte Disziplin. Kunst und Praxis der lernenden Organisation. Stuttgart.

Sliwka, A. (2008): Bürgerbildung. Demokratie beginnt in der Schule. Weinheim/Basel.

Stern, E. (2009): Implizite und explizite Lernprozesse bei Lehrerinnen und Lehrern. In: Zlatkin-Troitschanskaia, O./Beck, K./Sembill, D./Nickolaus, R./Mulder, R. (Hrsg.) Lehrprofessionalität. Bedingungen, Genese, Wirkungen und ihre Messung. Weinheim/Basel, S. 355-364.

Terhart, E. (2002): Wie können die Ergebnisse von vergleichenden Leistungsstudien systematisch zur Qualitätsverbesserung in Schulen genutzt werden? In: ZfPäd, Heft 1/2002, S. 91-110.

Weiß, E. (2009): Aspekte einer kritischen Demokratietheorie. In: Jahrbuch für Pädagogik, S. 41-59.

Arila Feurich, Mario Förster, Michaela Weiß

Mitbestimmung als Voraussetzung zur Teilhabe am demokratischen Gemeinwesen.
Eine Analyse der Partizipationsmöglichkeiten von Jenaer Schülerinnen und Schülern[1]

Die gesellschaftlichen Entwicklungen und der technische Fortschritt der letzten Jahrzehnte führen dazu, dass junge Menschen heute mehr denn je von rasanten Veränderungsprozessen betroffen sind. Traditionelle Vorstellungen von familiären Strukturen lösen sich weiter auf und werden durch neue Lebensmodelle ergänzt. Erweiterte Kommunikationsmöglichkeiten erlauben den Zugriff auf große Wissensbestände und laden zum ständigen Austausch mit Freunden, Kollegenschaft, Bekannten und gesellschaftlichen Gruppen ein – virtuell und auch real. Die Arbeitslosenquote in Deutschland ist im Herbst 2011 auf den niedrigsten Stand seit der politischen Wende 1989 gesunken – sieht man von der Umgestaltung der Arbeitsverhältnisse ab. Dennoch stellt sich die Frage nach der Stetigkeit der so umrissenen sozialen Verhältnisse angesichts der globalen Finanz- und Wirtschaftskrise, die seit 2007 die Weltwirtschaft dominiert. Was bedeuten vor diesem Hintergrund gesellschaftliche Verantwortung und Gemeinsinn als Ziele demokratischer Erziehung? Trotz einer vielfach postulierten Krise der Demokratie (Walk 2009) und niedriger Wahlbeteiligung in den westlichen Demokratien ist das Bedürfnis nach einer gerechten Gesellschaft unter Einbeziehung aller ihrer Mitglieder keinesfalls obsolet. Es zeigt sich, dass es in einer Gesellschaft der Vielfalt und der Mitbestimmung unumgänglich ist, die Entwicklung des demokratischen Bewusstseins zu fördern, um diskriminierenden, rassistischen oder antisemitischen Vorstellungen entgegenzuwirken. Die Stärkung der Initiativen, die sich für Vielfalt einsetzen, ist dabei ebenso wichtig wie die Unterstützung von Schulen, die eine demokratiefördernde Lernumgebung entwickeln.

Der Suche nach Antworten auf diese Herausforderungen darf sich die Schule nicht verschließen. Sie ist die Institution, die die Mehrheit der Kinder und Jugendlichen erreicht und als Sozialisationsinstanz wesentlich auf das Erwachsenwerden mit all den verbundenen Aufgaben und Chancen einwirkt (Veith 2008).

---

1   Der Beitrag ist zum Teil eine überarbeitete Fassung der Beiträge in Feurich et. al. (2012): Partizipation an Jenaer Schulen 2011.

Partizipation von Kindern und Jugendlichen

In den letzten 20 Jahren hat die Partizipation von Kindern und Jugendlichen stetige Aufwertung erfahren. Sie ist Gegenstand aktueller gesellschaftlicher und wissenschaftlicher Debatten (Albert et al. 2010). Gestärkt wird diese Entwicklung durch die UN-Kinderrechtskonvention von 1989, die von Deutschland 1992 ratifiziert wurde. Neben dem dort postulierten Anspruch auf gesicherte Lebensverhältnisse und Schutz vor Gewalt setzt sie mit ihren Beteiligungsrechten einen Schwerpunkt. Mit der normativen Stärkung der Rechte von Kindern und Jugendlichen wurden weltweit zahlreiche Reformprozesse unterstützt.

In Deutschland hat sich der Begriff Demokratiepädagogik inzwischen durchgesetzt, der als Sammelbegriff „die gemeinsame Aufgabe zivilgesellschaftlich ausgerichteter Initiativen, Konzepte, Programme und Aktivitäten in Praxis und Wissenschaft [beschreibt], die das Ziel verfolgen, die Erziehung zur Demokratie zu fördern. Demokratie und Menschenrechte sind als umfassende und grundlegende Gestaltungsnormen eng miteinander verbunden und können nur miteinander verwirklicht werden. Wie die Menschenrechte, so ist auch die Demokratie eine historische Errungenschaft, deren Verständnis, Bedeutung und praktische Geltung durch politisches wie durch pädagogisches Handeln immer wieder aktiv erneuert und verwirklicht werden muss – als Regierungsform, als Gesellschaftsform und als Lebensform" (Beutel/Fauser 2007, S. 202, vgl. auch Himmelmann 2005).

Dem damit systematisch entstehenden Bedarf nach einer sich an den Werten von Demokratie orientierenden schulischen Bildung wird bislang jedoch noch nicht ausreichend begegnet. Entwicklungen der jüngeren Vergangenheit deuten darauf hin, dass die Schule sich dieser Aufgabe in Zukunft in Deutschland stärker widmen wird. So hat die Kultusministerkonferenz im März 2009 eine Empfehlung zur „Stärkung der Demokratieerziehung" beschlossen (KMK 2009). Einen weiteren wichtigen Impuls hat jüngst die Arbeitsgruppe „Demokratie" der SPD-Bundestagsfraktion gesetzt. Hier wurden Vorschläge für die Schule unterbreitet, die explizit darauf eingehen, dass Schülerinnen und Schüler in der Schule die Möglichkeiten haben müssen, sich aktiv zu engagieren und Verantwortung zu übernehmen, indem sie bspw. an Schülerzeitungen, Schulradios sowie sozialen und kulturellen Projekten partizipieren. Schule soll aber nicht nur Handlungsfeld gelebter Demokratie sein, sondern „muss in sich demokratisch organisiert sein" (SPD Bundestagsfraktion, AG Demokratie 2011). Die Arbeitsgruppe schlägt daher vor, Lehrkräfte, Eltern und die Schülerschaft zu gleichen Teilen an allen wichtigen Entscheidungen des Schulalltags zu beteiligen. Aus diesem Grund müssen die Partizipationsmöglichkeiten in den Schulen gestärkt werden „und ernsthafte Mitwirkungs-, Mitsprache- und Mitentscheidungskompetenzen in Schulangelegenheiten erhalten" (ebd.). Mit Blick auf Thüringen hat insbesondere die seit August 2011 gültige Schulordnung mit der Einführung der Direktwahl der Schülersprecher einen wichtigen Impuls für die aktive Mitbestimmung von Schülerinnen und Schülern gegeben.

Der Begriff „Partizipation" erfährt im schulischen Kontext eine Erweiterung: Politische Teilhabe an Entscheidungsakten allein reicht nicht aus, sondern bezieht sich zusätzlich auf die Übernahme von Verantwortung durch Mitgestaltung in Kooperationen und Aushandlungsprozessen mit allen an Schule Beteiligten. So ist es auch keine Überraschung, dass Jugendliche, die sich bereits sozial engagieren, eine höhere Bereitwilligkeit zeigen, sich politisch zu engagieren (Reinders 2005). Dass eine aktive Schülerschaft vielfach positiv wirkt, zeigen auch die Schulen des Deutschen Schulpreises. Zwar teilen der Deutsche Schulpreis und PISA entscheidende Kriterien und beurteilen die Qualität von Schulen recht ähnlich. Dennoch nimmt der Schulpreis primär die Einzelschule in den Blick. Es geht nicht darum, „die Position im internationalen Ranking zu verbessern, sondern mehr für die Zukunft unserer Schülerinnen und Schüler zu tun" (Fauser et al. 2008, S. 25). Die betrachteten Qualitätsbereiche sind Leistung, Vielfalt, Unterricht, Verantwortung, Schulleben und Schulentwicklung. Eine entscheidende Rolle bei all diesen Kriterien spielt die aktive Schülerschaft, die in der Lage ist, Verantwortung zu übernehmen.

Die Erfahrungen des „Förderprogramms Demokratisch Handeln" zeigen darüber hinaus, dass sich bereits im Kleinen viel erreichen lässt und nicht sofort eine gesamte Schule beteiligt sein muss, um Schülerinnen und Schülern Lerngelegenheiten für aktive und engagierte Mitbürgerlichkeit zu geben. Bereits seit 1990 lädt der Wettbewerb mit der Aufforderung „Gesagt! Getan: Gesucht werden Beispiele für Demokratie. In der Schule und darüber hinaus" Kinder und Jugendliche aller allgemeinbildenden Schulen ein, sich zu beteiligen. Inzwischen kann der Wettbewerb auf rund 5000 Projekte aus Schulen und von freien Initiativen blicken. Es zeigt sich, dass gute Schulprojekte von Lehrkräften lediglich begleitet, aber in Eigenverantwortung der beteiligten Heranwachsenden organisiert und gestaltet werden. Die Problemlösekompetenz und Kreativität wird so unkompliziert und gleichzeitig intensiv gestärkt und gefördert.

Jena: Pädagogische Traditionen, Konzepte und innovative Schulentwicklung

Jena blickt auf eine bedeutsame Bildungshistorie zurück. Als ein Zentrum der Reformpädagogik und der Erwachsenenbildung sind in der thüringischen Universitätsstadt grundlegende Erfahrungen in Praxis von Erziehung und Bildung gesammelt worden, die mit Personen wie Peter Petersen, Herman Nohl, Wilhelm Flitner, Wilhelm Rein, Adolf Reichwein verbunden sind, um nur Einige zu nennen (Flitner 2007). Die durch die politische Wende von 1989 notwendig gewordene Neukonstituierung des Erziehungs- und Bildungswesen hat nach den

Jahren der sozialistischen Einheitsschule zu bemerkenswerten Entwicklungen und Innovationen in der Jenaer Schullandschaft geführt. Aus dem gegliederten Schulsystem, das dem einheitlichen Schulsystem der DDR folgte, ist inzwischen eine Schullandschaft erwachsen, in der alle Sekundarschulen zur Allgemeinen Hochschulreife führen. Aus den bisherigen Regelschulen entwickeln sich gegenwärtig Gemeinschaftsschulen, die sich an reformpädagogischen Ideen wie z.b. des Jenaplans oder der Montessoripädagogik orientieren (Schenker 2011). Zu erwähnen ist, dass zwar – wie auch in anderen Kommunen – in Jena die Schülerzahlen gesunken sind. Blickt man jedoch auf die Anzahl der Grundschülerinnen und Grundschüler, dass die Zahl der Schulanfänger durch höhere Geburtenraten und Zuzug in den letzten zehn Jahren um etwa 65% gestiegen ist und somit den Schulschließungen der 2000er-Jahre nun Schulgründungen folgen müssen, die die vielfältige Schullandschaft weiter bereichern (Stadt Jena 2010a).

Unterstützung zur weiteren Entwicklung der Jenaer Schulen kann die Förderung durch den Lokalen Aktionsplan (LAP) für Demokratie, Toleranz und für ein weltoffenes Jena sein, der seit 2012 die Beteiligungsmöglichkeiten von Schülerinnen und Schülern in der Schule stärken und darüber hinaus Initiativen der politischen Soziokultur unterstützen will. Ziele des LAP Jena sind Demokratiebildung und der Einsatz gegen gruppenbezogene Menschenfeindlichkeit (LAP 2011).

In diesem Rahmen bestand die Möglichkeit zur Durchführung einer Analyse der Partizipationsmöglichkeiten von Schülerinnen und Schülern in den Schulen Jenas durch entsprechende Fördermittel. Ziel der Untersuchung war es, die bestehenden Beteiligungsmöglichkeiten von Kindern und Jugendlichen an den weiterführenden staatlichen Schulen aufzuzeigen und den Bedarf sowie das Potenzial zu benennen, die sich zur weiteren Fortführung der städtischen Bemühungen für ein aktives Gemeinwesen finden lassen und notwendig sind.

Die Analyse „Partizipation an Jenaer Schulen 2011"

Absicht der Analyse war eine Bestandsaufnahme der Teilhabeintensität von Schülern, Lehrkräften, Schulsozialarbeitern, Schulleitung und Eltern an Jenaer Schulen. Die Untersuchung wurde in Form von Gruppeninterviews und unter Nutzung eines Interviewleitfadens im November und Dezember 2011 durchgeführt. Mit dem Ziel einer Momentaufnahme lag der Fokus auf der Zustandsbeschreibung und subjektiven Wahrnehmung der partizipativen Möglichkeiten am schulischen Geschehen. Im Mittelpunkt standen also Geschehnisse aus zeitlich parallelen, jedoch unterschiedlichen Perspektiven. Obwohl für Planung und Durchführung nur wenig Zeit zur Verfügung stand, konnten 65 Personen zu ihren Erfahrungen und Wünschen befragt werden. Die größte Gruppe waren die Schülerinnen und Schüler, von denen insgesamt 50 Interviews vorliegen. Schwieriger gestaltete sich die Befragung der weiteren Akteure. So konnten nur ein Schulleiter und zwei Lehrkräfte einbezogen werden. Bei den Eltern und Schulsozialarbeitern konnten jeweils sechs Personen teilnehmen. Deshalb beziehen sich die folgenden Darstellungen vor allem auf die Gruppe der Schülerinnen und Schüler. Aufgrund der Stichprobengröße und des explorativen Charakters der Analyse kann kein Anspruch auf Repräsentativität erhoben werden. Die Studie kann jedoch einen Beitrag dazu leisten, Einblicke in die schulische Lebenswelt der beteiligten Akteure zu ermöglichen und zukünftige Maßnahmen in der Stadt Jena zielgruppenorientiert zu planen. Die Leitfadeninterviews umfassten bei allen Befragten die Kategorien „Unterricht", „Schulleben" und „Wünsche". Trotz der Vorgabe der drei Schwerpunktthemen bestand stets die Gelegenheit, die eigene Sichtweise und Schwerpunktsetzung im Gespräch hervorzuheben. Alle Interviews wurden transkribiert und im Tandem analysiert.

Ergebnisse

Bezogen auf Unterricht interessierten die Mitgestaltungsmöglichkeiten der Schülergruppe hinsichtlich behandelter Themen und Arbeitsweisen. Die Berücksichtigung aktueller Themen und Ereignisse sowie die Gelegenheit zu individuellen Arbeitsformen im Unterricht standen dabei ebenso im Fokus wie das Verhältnis zwischen Lehrkräften und Schülerschaft. Darüber hinaus wurden die Schüler gebeten, einzuschätzen, inwieweit ihre Meinung im Unterrichtsgeschehen Beachtung findet und Entscheidungen in der Klasse getroffen werden. Die Auswertung der Interviews zeigt einen Zusammenhang von Altersentwicklung und Partizipationsintensität: Je älter die befragten Schülerinnen und Schüler sind, desto eher können sie Themen des Unterrichtes mitbestimmen. Ihr Einfluss auf Rahmenthemen und Arbeitsweisen des Unterrichts ist eher gering. Das Verhältnis zwischen Lehrkräften und Schülern wird zumeist positiv beschrieben. Die Meinungen der Schüler spielen eher eine untergeordnete Rolle. Auf sie wird meist nur eingegangen, wenn Zeit vorhanden ist. Zeitmangel stellt im Unterrichtsalltag ein fortwährendes Problem dar. Die Lehrpersonen orientieren sich vor allem am Lehrplan und an der Vermittlung von Fachwissen. Je höher der Druck oder der gefühlte Leistungsanspruch, desto weniger Zeit steht für Außerunterrichtliches – und damit eben auch für demokratiepädagogisch bedeutsame Gelegenheiten – zur Verfügung. Die Mitbestimmung innerhalb der Klasse ist demnach größer bei außerunterrichtlichen Angelegenheiten (Klassenfahrten, Wandertagen) als bei unterrichtlichen Aspekten (Themen, Noten, Lernformen).

Die Mitgestaltung des schulischen Lebens ist ein zentraler Aspekt des Schulalltags. Die Befragten wurden daher gebeten, ihre eigene Rolle bzw. den eigenen Einfluss in der Schule einzuschätzen. Ebenso interessierte die Einflussgröße der Schulkonferenz und der Schülervertretung an der jeweiligen Schule. Darüber hinaus wurde nach der Projektkultur an den verschiedenen Einrichtungen gefragt.

Ziel war es, so die reellen Gestaltungsmöglichkeiten der einzelnen Akteure zu erfassen und die tatsächlichen Formen der Beteiligung zu identifizieren. Deutlich wird, dass die Mitgestaltungsmöglichkeiten im Bereich Schulleben für die Schülerschaft durchaus ausbaufähig sind. Dies schließt auch das Wissen über rechtliche Sachverhalte sowie Aufgaben und Tätigkeitsbereiche der regulären Gremien in der Schule ein. Zum Abschluss der Interviews bekamen alle Befragten die Gelegenheit, über ihre Wünsche hinsichtlich der Mitgestaltungsmöglichkeiten an ihrer Schule zu sprechen. Dafür wurden die Mitgestaltungsräume Unterricht und Schulleben betrachtet sowie die Verantwortung in Ämtern und Gremien. Auch hier zeigt sich: Die befragten Schüler wünschen sich mehr Mitgestaltungsmöglichkeiten bei der Planung und Organisation des schulischen Alltags, von Festen oder Wander- und Projekttagen. In der Kommunikation wünschen sich die Schüler mehr Transparenz und einen verbesserten Austausch zwischen Schülerschaft, Lehrkräften, Schulleitung und Schulsozialarbeitern. In der Schülervertretung sehen sie ein wichtiges Gremium der Mitbestimmung und Mitwirkung. Dennoch sollte diese insgesamt von allen am Schulleben Beteiligten noch ernster genommen werden.

Mit Blick auf die Beteiligungsmöglichkeiten von Jenaer Schülerinnen und Schülern ergibt die Studie kein einheitliches Bild. Neben der Differenz zwischen verschiedenen Schulformen trägt die heterogene Jenaer Schullandschaft mit ihren unterschiedlichen Schulkonzepten dazu bei, dass sich nicht nur die Partizipationsangebote an den befragten Schulen erheblich unterscheiden. Exemplarisch zeigt dies folgende Schüleräußerung: „Ich war davor an einer anderen Schule und das war schon, also es ist ein extremer Unterschied. Es ist viel entspannter, aber ich habe nicht das Gefühl, dass man weniger lernt. Ich habe eher das Gefühl, dass man entspannter lernt und sogar mehr in den Kopf hineinbekommt."

Der Blick auf die Einzelschule und deren Bedingungen für eine demokratiefördernde Umgebung lohnt durchaus, da diese erheblichen Einfluss auf die Prävention von rassistischen und antidemokratischen Einstellungen hat. Die Anerkennungskultur der Schule, soziales Lernen und Mitbestimmungsmöglichkeiten scheinen einen stärkeren Einfluss auf die Verhinderung rassistischer Einstellungen zu haben, als dies die Vermittlung durch fachspezifische Unterrichtsinhalte leisten kann (Fritzsche et al. 2012).

Auch einige schulform- und schulartübergreifende Tendenzen lassen sich herauslesen. Die Arbeit der Schülervertretung wird - unabhängig von der tatsächlichen Qualität - von der Schülerschaft zumeist positiv bewertet. Auch wenn Kenntnisse über den Inhalt und die Gestaltungsräume der Schülervertretung nicht in vollem Umfang vorhanden sind, ist die Schülerschaft mit ihrer gewählten Vertretung zufrieden. Zu kritisieren ist, dass die Schülerinnen und Schüler von Lehrenden und der Schulleitung zumeist nicht als aktive Partner, sondern als passive Empfänger im schulischen Kontext gesehen werden. Eine weitere Tendenz, die aus den Gesprächen abgeleitet werden kann, ist der Eindruck, dass Schulen mit scheinbar niedrigerem Leistungsanspruch den Schülerinnen und Schülern mehr Mitbestimmung ermöglichen.

Darüber hinaus ist zu beobachten, dass Lehrpersonen und Schulleitung eher selten außerunterrichtliches Engagement der Schülerschaft anerkennen und etwa bei der Leistungsbeurteilung berücksichtigen. Daher ist es auch nachvollziehbar, wenn die Schule von vielen beteiligten Akteuren als reiner Ort des fachlichen Lernens und der Wissensvermittlung angesehen wird. Oftmals haben die Schülerinnen und Schüler wenig Zeit und Raum für Gelegenheitsstrukturen der Mitbestimmung im Unterricht und Schulleben. Dieser Leistungsanspruch steht der Wahrnehmung partizipativer Angebote häufig im Wege. Ein offener und vertrauensvoller Austausch bzw. eine wertschätzende Kommunikationskultur findet nicht in jeder Schule statt.

Zusammenfassung und Ausblick

Zusammenfassend lässt sich feststellen, dass einerseits die Kenntnisse über Partizipationsmöglichkeiten sehr unterschiedlich sind, andererseits alle an der Schule Beteiligten die Möglichkeit haben, aktiv zu werden. Dass sich die Jenaer Schullandschaft fortentwickelt, zeigen nicht nur Schulneugründungen, die seit 2009 die lokale Bildungslandschaft erweitern. So konnte als ein Ergebnis der vorgestellten Analyse in Kooperation des LAP Jena mit dem „Förderprogramm Demokratisch Handeln" ein Workshop während der Regionalen Lernstatt Thüringen im März 2012 durchgeführt werden, bei dem neben Schülerinnen und Schülern auch Elternvertreter teilgenommen haben. Ziel war neben der Vorstellung des Lokalen Aktionsplanes die Entwicklung erster Ideen, für deren Umsetzung finanzielle Unterstützung beantragt werden kann, um in die Vernetzung der Kinder und Jugendlichen außerhalb der bisher vorhandenen Möglichkeiten zu intensivieren.

Zudem müssen die zwei neu gegründeten Schulen angesprochen werden, die in kommunaler Trägerschaft der Stadt Jena sind und als Schulversuche durch das Land Thüringen gefördert werden. Die Schulen befinden sich in Lobeda – dem bevölkerungsreichsten Stadtteil Jenas, der im Vergleich zu anderen Stadtteilen Jenas eine soziokulturell weniger günstige Ausgangslage hat. Die Hälfte der in Lobeda wohnenden Kinder lebt in Ein-Elternteil-Familien und/oder in Familien, die Hilfen nach dem SGB II beziehen. Für die Entwicklungsbedingungen der Kinder und Attraktivität des Stadtteils sind die Schulgründungen bedeutsam und erfüllen den im Leitbild der Stadt formulierten Eigenanspruch der Kommune, nach dem „die Bildungsangebote bedarfsgerecht weiter zu entwickeln [...] [sind und eine] ständige Anpassung an sich verändernde gesellschaftliche Bedingungen dabei selbstverständlich [ist]" (Stadt Jena 2010b, S. 9).

Die Konzepte der neu gegründeten Kulturschule Jena und der Staatlichen Gemeinschaftsschule Jenaplanschule Lobeda legen explizit ihre Schwerpunkte auf Demokratieerziehung, Inklusion, Partizipation und Heterogenität. Die Rhythmisierung des Schulalltages und offene Lernformen sollen die verantwortungsbewusste Arbeitsweise der Schülerinnen und Schüler fördern. Zusätzlich soll durch die Öffnung der Schulen für verschiedene Kooperationen zwischen allen am Schulleben Beteiligten die Gestaltung einer transparenten und engagierten Institution erreicht werden. Ein weiteres Merkmal der Schulen ist die Eigenverantwortung bei der Personalentwicklungen und Budgetierung durch die Schulen selbst. Aufgrund der kommunalen Trägerschaft kann Personal nach den Bedürfnissen der Schulen und zum Schulprofil passend eingestellt sowie die Verwaltung der Gelder schulintern geregelt werden. Hierbei ist eine enge Zusammenarbeit zwischen Kommune und Schule zwingend, um damit verbundene Chancen zu nutzen und Herausforderungen zu begegnen.

Die von der Stadt Jena unterstützten Schulkonzepte zeigen die Gestaltungsmöglichkeiten der Schulträger in Bezug auf pädagogische Innovationen. Die Analyse zur Partizipation in Jenaer Schulen unterstreicht den Innovationsanspruch und deutet vielfältige Möglichkeiten demokratiepädagogischer Schulentwicklung an. So könnte die aktuelle Situation der Schule in Jena belegen, dass Schule und Bürgergesellschaft zwei untrennbare Elemente lebendiger Demokratie sind und regionale Bildungslandschaften in der Zusammenarbeit von Kommune und Schule ihren Anfang nehmen. Zudem dürfte das stärkere, pädagogisch profilierte Engagement der Stadt im Rahmen eines Schulversuchs „Erprobung neuer Steuermöglichkeiten der Optimierung pädagogischer Prozesse in Sozialräumen mit hohen Belastungsfaktoren" möglicherweise ebenfalls Hinweise darauf geben, wie nicht nur die Gestaltung von Bildungsangeboten und Schule verantwortlich vor Ort zur Demokratiekompetenz beiträgt, sondern auch neue Perspektiven auf demokratiepädagogische Profilierungsmöglichkeiten der beteiligten Schulen erbringen.

Literatur

Albert, M./Hurrelmann, K./Quenzel, G./TNS Infratest (2010): Jugend 2010. 16. Shell Jugendstudie. Frankfurt/M.

Beutel, W./Fauser, P. (Hrsg.) (2007): Demokratie, Lernqualität und Schulentwicklung. Schwalbach.

Fauser, P./Prenzel, M./Schratz, M. (Hrsg.) (2008): Was für Schulen! Profile, Konzepte und Dynamik guter Schulen in Deutschland. Seelze-Velber.

Feurich, A./Förster, M./Haldrich, F./Pfletscher, J./Weiß, M. (2012): Partizipation an Jenaer Schulen 2011. Jena.

Flitner, A. (2007): Das pädagogische Jena. In: John, J./Ulbricht, J. H. (Hrsg.): Jena – ein nationaler Erinnerungsort? Köln u.a., S. 139-146.

Fritzsche, S./ Helsper, W./ Krüger, H.-H./Pfaff, N./Sandring, S/Wiezorek, C. (2012): Politische Orientierungen von Jugendlichen im Spannungsfeld von schulischer Anerkennung und Peer-Kultur. In: Heitmeyer W./Imbusch P (Hrsg.): Desintegrationsdynamiken. Integrationsmechanismen auf dem Prüfstand. Wiesbaden, S. 261–287.

Himmelmann, G. (2005): Demokratie Lernen als Lebens-, Gesellschafts- und Herrschaftsform. Schwalbach.

KMK (Hrsg.) (2009): Stärkung der Demokratieerziehung, Beschluss der Kultusministerkonferenz von 06.03.2009.

LAP Jena (2011): Förderantrag, http://tinyurl.com/965oawj abgerufen am: 27.08.2012.

Reinders, H. (2005): Jugend. Werte. Zukunft. Wertvorstellungen, Zukunftsperspektiven und soziales Engagement im Jugendalter. Stuttgart.

Schenker, F. (2011): „Schullandschaft als Reformlandschaft", http://tinyurl.com/9g44ozu abgerufen am: 27.08.2012.

SPD Bundestagsfraktion, AG Demokratie (Hrsg.) (2011): Vorschläge der AG-Demokratie: Demokratie erneuern, Demokratie leben, http://tinyurl.com/9q37yah abgerufen am: 27.08.2012.

Stadt Jena (2010a): Schulnetzplanung der Stadt Jena für die Schuljahre 2011 bis 2015, http://tinyurl.com/94dp7ey abgerufen am: 27.08.2012.

Stadt Jena (2010b): Bildung gemeinsam verantworten, http://tinyurl.com/9l9a5pq; abgerufen am: 27.08.2012.

Veith, H. (2008): Sozialisation. München.

Walk, H. (2009): Krise der Demokratie und die Rolle der Politikwissenschaft. In: Aus Politik und Zeitgeschichte 52/2009, S. 22-28.

Monika Buhl, Hans Peter Kuhn, Hermann Josef Abs

Bedingungen der Entwicklung von politischem Wissen und politischem Kompetenzerleben

Einleitung

Für das Jugendalter wird in klassischen Entwicklungstheorien (z.b. Havighurst 1972) die Aufgabe formuliert, einen Platz in einer sozialen Gruppe zu finden und die Rolle als Staatsbürgerin bzw. Staatsbürger einzunehmen. Hierzu treten die Heranwachsenden mehr und mehr aus dem Kreis der Familie heraus und suchen in aktiver Auseinandersetzung mit der Umwelt Antwort auf die Frage „Wer bin ich? Wer bin ich nicht?" (Erikson 1950). Im Zuge dieses allgemeinen Identitätsfindungsprozesses und unter Rückgriff auf die im Jugendalter wachsenden Fähigkeiten, abstrakt und hypothetisch zu denken, entwickeln die jungen Menschen zunehmend politische Kompetenzen sowie Interesse an politischen Themen und eine steigende Bereitschaft, politisch aktiv zu werden. Sozialisationsinstanzen, die diesen Prozess begleiten und mitgestalten, sind zum einen die Familie, mit zunehmendem Alter dann mehr und mehr die Gleichaltrigen sowie die Schule als Institution, die von allen Heranwachsenden durchlaufen wird. Die Medien als Informations- und zunehmend auch interaktive Auseinandersetzungsplattformen prägen ebenfalls den Alltag junger Menschen (Buhl 2007).

Der politischen Sozialisation im Schulkontext lassen sich zwei grundlegende Wirkmechanismen zuschreiben. Zum einen ist Schule traditionell der Ort der politischen Bildung. Auch wenn die Bedeutung des Schulfaches im Vergleich zu zahlreichen anderen schulischen Anforderungen strittig ist, werden in den Bildungsplänen der verschiedenen Länder hohe Ziele gesteckt, die sowohl für den fachspezifischen Unterricht, als auch als fächerübergreifende Aufgabe definiert werden (Sander 2008). Eine qualitative Teilstudie der Ende der 1990er-Jahre publizierten IEA Civic Education Study zeigte, dass aus Sicht von in Interviews befragten Expertinnen und Experten die schulische Realität jedoch weit hinter den curricular gesetzten Zielen zurück bleibt (Oesterreich 2002, Steiner-Khamsi/ Torney-Purta/Schwille 2002). Neben dem eher fachbezogenen Zugang, in dem Schule stärker als Informations- und Wissensressource definiert wird, soll Schule als Institution, in der das gemeinsame Lernen von Kindern und Jugendlichen unterschiedlicher Altersstufen organisiert wird, auch als demokratischer Erfahrungsraum Bedeutung haben. Hier erleben Heranwachsende das gemeinsame Agieren, die gemeinsame Lösung von Konflikten sowie schulische Möglichkeiten der Mitbestimmung und der Mitgestaltung. Für den Ansatz von Schule als gesellschaftlichem Erfahrungsraum lassen sich entsprechende positive Befunde ausmachen (z.B. Diedrich 2006, Hahn 1999, Ichilov 1991). Die Ergebnisse des quantitativen Teils der IEA Civic Education Study verweisen jedoch auf die Verbindung von Schule als Informationsressource und Schule als demokratischem Erfahrungsraum. Die Zusammenfassung der Ergebnisse zeigt, dass Schulen hinsichtlich der Förderung von bürgerschaftlichem Engagement dann die besten Resultate erzielen, wenn sie umfassend politische Inhalte und Fähigkeiten vermitteln, insbesondere die Bedeutung der Beteiligung an politischen Wahlen. Gleichzeitig wird die politische Identitätsbildung durch grundsätzliche Strukturen der Mitbestimmung und Mitgestaltung von Schule gefördert, ebenso wie durch ein offenes und diskursorientiertes Unterrichtsklima. Lernen bedeutet in diesem Sinne eine wechselseitige Verpflichtung, das Wissen aller zu nutzen, und durch die Diskussion im Klassenkontext die damit verbundenen Erfahrungen für die Einzelnen bedeutsam zu machen (Torney-Purta 2002, S. 209).

Fragestellung

An der oben skizzierten Verknüpfung von Schule einerseits als Informationsressource und Schule andererseits als demokratischer Erfahrungsraum setzt der hier vorliegende Beitrag an. Auf den Grundlagen der Evaluationsdaten des BLK-Modellprogramms „Demokratie lernen & leben" (Edelstein/Fauser 2001) soll untersucht werden, in welcher Weise hinsichtlich zweier zentraler Bestandteile der politischen Identitätsbildung – zum einen das politische Wissen, zum anderen das Selbstkonzept politischer Kompetenz – sowohl schulische aber auch außerschulische Faktoren eine Rolle spielen. Bei den untersuchten Bedingungen werden einerseits Aspekte, die den Heranwachsenden als Informationsressource dienen, und andererseits Aspekte, die Schule als demokratischen Erfahrungsraum beschreiben, herangezogen. Mit den Analysen soll gezeigt werden, auf welche Weise Schulen das politische Wissen ihrer Schülerinnen und Schüler prägen und unter welchen Bedingungen an Schulen das Selbstkonzept politischer Kompetenz gefördert werden kann.

Studie

Grundlage der hier präsentierten Analysen sind die Daten der Evaluation des BLK-Modellprogramms „Demokratie lernen & leben", die am Deutschen Institut für Internationale Pädagogische Forschung (DIPF) in Frankfurt am Main durchgeführt wurde. Die Evaluationsstudie umfasst zwei in den Jahren 2003 und 2006 durchgeführte Fragebogenuntersuchungen an den am Programm beteiligten Schulen. Die Erhebungen richteten sich an Schulleitungen, das Kollegium und die Schülerschaft. In den hier vorliegenden Beitrag fließen die Informationen der Schülerinnen und Schüler ein. Bei beiden Erhebungen wurden an den beteiligten Schulen jeweils bis zu vier Klassen der achten bis zehnten Jahrgangsstufe befragt. Mit diesem Design wurde kein individueller Längsschnitt (die gleichen Personen werden zu unterschiedlichen Zeitpunkten befragt), sondern lediglich ein institutioneller Längsschnitt (an den gleichen Schulen werden Schülerinnen und Schüler der jeweils gleichen Jahrgangsstufen in unterschiedlichen Schuljahren befragt) realisiert. Entsprechend ist es mit den vorliegenden Daten nicht möglich, individuelle Entwicklungen aufzuzeigen. Der Einbezug beider Messzeitpunkte erlaubt vielmehr – auf Grundlage der Aussagen von jeweils einem Teil der Schülerschaft – die Analyse von Veränderungen der Schulen auf Grundlage der Daten der Schülerinnen und Schüler. Während bei der Eingangserhebung vor allem die unterschiedlichen Voraussetzungen und Ausgangsbedingungen der beteiligten Schulen erfasst wurden, hatte die zweite Befragung das Ziel, Veränderungen der Schulen während der Umsetzung des Programms aufzuzeigen. Eine ausführliche Dokumentation der beiden Studien, der Ergebnisse und der eingesetzten Instrumente findet sich in den Berichten (Klieme et al. 2004; Abs/Roczen/Klieme 2007) und den Skalendokumentationen (Diedrich/Abs/Klieme 2004; Abs/Diedrich/Sickmann/Klieme 2007).

Stichprobe

Von den 150 Programmschulen wurden 61 für eine vergleichende Analyse zu den beiden Messzeitpunkten ausgewählt. Die Stichprobe umfasst 4.146 Schülerinnen und Schüler, die bei der zweiten Befragung im Jahr 2006 teilgenommen haben. 50,8% der Befragten sind weiblich, 50,6% sind in der höheren Jahrgangstufe (9. oder 10. Klasse), 37,1% besuchen das Gymnasium. 80,9% der Befragten sprechen zu Hause überwiegend deutsch und 54,0% geben an, im Haushalt mehr als 100 Bücher zu besitzen. Ersteres kann als Indikator für Migration, letzteres für das kulturelle Kapital der Familie herangezogen werden. Die Heranwachsenden verteilen sich auf 197 Schulklassen an 61 Schulen. Für diese 61 Schulen kann auch auf Daten der ersten Befragung im Jahr 2003 zurückgegriffen werden. Die Angaben der Schülerinnen und Schüler aus der ersten Befragung können auf Schulebene aggregiert in die Analysen einfließen und ermöglichen so eine längsschnittliche Betrachtung auf Institutionenebene.

Eingesetzte Instrumente

Als zu erklärende abhängige Variablen wird der Fragestellung entsprechend ein Maß für das politische Wissen und ein Maß für das Selbstkonzept politischer Kompetenz herangezogen. Der politische Wissensstand wird über sieben der IEA Civic Education Study entnommenen Multiple-Choice-Fragen erfasst (Torney-

Purta et al. 2001, Oesterreich 2002). Die Fragen beziehen sich auf demokratische Grundwerte und Funktionen. So wurde zum Beispiel gefragt „Was ist die wichtigste Funktion von regelmäßigen Wahlen?". Als Antwortalternativen war vorgegeben (A) Das Interesse der Bürger/innen an der Regierung zu steigern, (B) Einen gewaltfreien Wechsel der Regierung zu ermöglichen, (C) Im Land bestehende Gesetze beizubehalten und (D) Den Armen mehr Macht zu geben. Für die jeweils richtige Antwort wurde ein Punkt vergeben, über die sieben Fragen hinweg der Mittelwert berechnet, der maximal den Wert 1 annehmen konnte, wenn alle Antworten richtig waren. Insgesamt wurden 77% der Fragen richtig beantwortet. dies bedeutet, dass im Mittel mehr als 5 der 7 Fragen von den einzelnen Schülerinnen und Schülern richtig gelöst wurden (M=0.77; SD=.26; Cronbachs α =.74). Zur Erfassung des politischen Selbstkonzepts wurde auf ein von Krampen (1991) entwickeltes und mehrfach bewährtes Instrument zur Erfassung des „Selbstkonzept(s) politischer Kompetenz" zurückgegriffen. Hier wurden sieben Items wie zum Beispiel „Die Teilnahme an Diskussionen über politische Themen fällt mir leicht", die auf einer Antwortskala von (1) stimme nicht zu bis (4) stimme zu eingestuft werden mussten, zu einer Gesamtskala zusammengefasst. Im Mittel liegt das Selbstkonzept politischer Kompetenz bei M=2.37 (SD=.62; Cronbachs α =.81).

Als Indikatoren zur Erklärung von politischem Wissen und Selbstkonzept politischer Kompetenz werden wie eingangs erläutert sowohl Konstrukte herangezogen, die politische Informationsressourcen beschreiben, als auch Konstrukte, die Schule als demokratischen Erfahrungsraum operationalisieren.

Schule als politische Informationsressource

Als Informationsressource wird auf der Individualebene die Häufigkeit von politischen Diskussionen mit Eltern und Freunden erfragt. Die konkreten beiden Fragen lauteten hier „Wie oft diskutierst du über das, was in Deutschland passiert?", bzw. bei der zweiten Fragenvariante „was in der internationalen Politik passiert?". Als Antwortalternativen wurden jeweils (A) Eltern oder andere erwachsene Familienangehörige und (B) Gleichaltrige vorgegeben, für die jeweils die Diskussionsintensität auf einer Skala von (1) nie bis (4) oft eingestuft werden sollte. Der über die vier Einzelfragen errechnete Mittelwert liegt bei M=2.86 (SD=.57; Cronbachs α =.77). Auf Klassenebene wurde der über gängige Medien wie Zeitung, TV und Internet erfolgende Politische Informationsgrad als Grundlage für den Informationsaustausch im Klassenkontext herangezogen. Hier mussten Fragen wie zum Beispiel „Wie oft liest du Artikel in der Zeitung über das, was in anderen Ländern passiert?" erneut auf der Skala von (1) nie bis (4) oft eingestuft werden. Der Mittelwert dieses Konstrukts liegt bei M=2.78 (SD=.79; Cronbachs α =.77). Auf Schulebene fließen Angaben zu Fragen nach der Intensität der Auseinandersetzung über innerdeutsche und internationale Politik (siehe oben) mit Lehrerinnen und Lehrern ein. Der Mittelwert dieser beiden Fragen liegt bei M=2.09 (SD=.84; Cronbachs α =.86). Bereits die hier berichteten deskriptiven Befunde zeigen, dass der politische Informationsaustausch stärker mit Eltern und Gleichaltrigen erlebt wird, ähnlich häufig politische Medien genutzt werden und etwas seltener ein Austausch über Politik mit Lehrerinnen und Lehrern erfolgt.

Schule als demokratischer Erfahrungsraum

Zur Operationalisierung von Schule als demokratischem Erfahrungsraum wurde auf Individualebene das Gefühl diskursiver Wirksamkeit (Oser et al. 2001) erfasst. Das Konstrukt wurde über sieben das Schulklima beschreibende Items wie zum Beispiel „Ich werde oft gefragt, was ich über dieses oder jenes denke" erfasst, die auf einem Antwortspektrum von (1) stimme nicht zu bis (4) stimme zu eingestuft werden mussten. Der Mittelwert des Gefühls diskursiver Wirksamkeit liegt bei M=2.67 (SD=.66; Cronbachs α =.66). Auf Klassenebene wurde die Beschreibung des demokratischen Unterrichtsklimas, ein Instrument aus der IEA Civic Education Study, in die Analysen mit einbezogen (Torney-Purta et al. 2001). Hierzu wurden sechs Fragen gestellt, für die Antworten von (1) nie bis (4) oft ausgewählt werden mussten. Ein Beispielitem für dieses Konstrukt ist die Aussage „Schülerinnen und Schüler werden dazu ermuntert eigene Meinungen zu bilden". Im Mittel lag der Zuspruch zu den Fragen bei M=3.00 (SD=.53; Cronbachs α =.70). Auf Schulebene wurde die jeweilige Zielvariable, die gleichfalls bei der ersten Befragung erfasst worden war, aggregiert in die Analysen mit einbezogen. Auf diese Weise kann untersucht werden, inwieweit das schulische Niveau des politischen Wissens bzw. des Selbstkonzepts Politischer Kompetenz der Schülerschaft im Jahre 2003 Einfluss auf das schulische Niveau des Wissens bzw. des Selbstkonzepts drei Jahre später (2006) nimmt.

Analysestrategie

Der hierarchischen Struktur der Daten Rechnung tragend, erfolgen die Auswertungen mehrebenenanalytisch mit dem Softwareprogramm HLM 6 (Raudenbusch/Bryk/Cheong/Congdon 2004). Es wird zwischen der Individualebene, der Klassenebene und der Schulebene differenziert. Individualdaten, die über die Schülerinnen und Schüler erfragt wurden, werden auf der jeweiligen Ebene aggregiert. Bei den Analysen werden verschiedene Modelle miteinander verglichen, in die schrittweise den theoretischen Überlegungen entsprechend unterschiedliche Variablengruppen einbezogen werden. Mehrebenenanalytische Verfahren berücksichtigen die genestete Struktur von Daten (Schülerinnen und Schüler bilden eine Klasse, mehrere Klassen bilden eine Schule) und sind vor allem dann aussagekräftig, wenn sich Schülerinnen und Schüler einer Klasse bzw. einer Schule von

Schülerinnen und Schülern anderer Klassen bzw. anderer Schulen unterscheiden. Deshalb wird zunächst für die beiden zu erklärenden Variablen ermittelt, wie viel Varianz auf Klassen- bzw. Schulebene gebunden ist (Intraclass Correlation ICC). Durch diese Aufteilung der Varianzanteile auf unterschiedliche Ebenen wird deutlich, inwieweit sich Schulklassen bzw. Schulen voneinander unterscheiden und einen definierbaren Anteil auf das Ausmaß der untersuchten Merkmale haben.

Bei den einzelnen Analysemodellen wird zunächst der Zusammenhang mit zentralen Kontrollvariablen wie Geschlecht, Jahrgangsstufe, Schulart, Sprache zu Hause und Anzahl der Bücher zu Hause untersucht. In die weiteren Modelle fließen schrittweise zunächst die Konstrukte auf Schulebene, dann die auf Klassenebene und zuletzt auf Individualebene ein. So wird einerseits deutlich, wo ein Zusammenhang mit Aspekten der Schul- und Klassenebene besteht, gleichzeitig jedoch auch ersichtlich, inwieweit dieser von Merkmalen der Individualebene überlagert wird.

Ergebnisse für politisches Wissen

Zur Erklärung des politischen Wissens der Schülerinnen und Schüler wurden in einem ersten Schritt die Varianzanteile (ICC) der verschiedenen Untersuchungsebenen ermittelt. Die Verteilung zeigt, dass 18% der Varianz hinsichtlich des politischen Wissens auf Klassenebene und 20% auf Schulebene gebunden sind. Dies macht deutlich, dass sich die mittleren Wissensstände von Schülerinnen und Schülern einzelner Schulklassen und Schülerinnen und Schülern einzelner Schulen erheblich unterscheiden. Anschließend wurden in dem Analysemodell schrittweise zunächst klassische Kontrollvariablen geprüft und danach schrittweise die Prädiktoren auf Schul-, Klassen- und Individualebene aufgenommen. Tabelle 1 gibt die β-Koeffizienten für die verschiedenen Modelle wieder.

In einem ersten Analyseschritt (Modell 1) wurden zur Erklärung des politischen Wissens die Bedeutung von individuellen Merkmalen der Schülerinnen und Schüler wie Geschlecht, Jahrgangsstufe und Schulart in das Modell aufgenommen. Darüber hinaus wurden Merkmale der Herkunftsfamilie wie die zu Hause gesprochene Sprache und die Anzahl der sich im Haushalt befindenden Bücher untersucht. Es zeigt sich, dass vor allem die Schulart und die Jahrgangsstufe einen großen Erklärungsbeitrag aufweisen. Schülerinnen und Schüler der höheren Jahrgangsstufen verfügen über ein höheres Wissen und insgesamt ist das politische Wissen am Gymnasium höher als an den anderen Schularten. Statistisch bedeutsame, jedoch eher geringe Zusammenhänge mit politischem Wissen weisen die zu Hause gesprochene Sprache und die Anzahl der Bücher auf: Heranwachsende, die angeben, zu Hause überwiegend Deutsch zu sprechen, verfügen über höheres Wissen, ebenso wie diejenigen, die von mehr als 100 Büchern im Haushalt berichten.

	Modell 1	Modell 2	Modell 3	Modell 4
Individualebene (4076<n<4146; ICC=62%)				
Geschlecht (= männlich)	.03	.03	.03	n.s.
Sprache zu Hause (= deutsch)	.07	.07	.07	.08
Bücher zu Hause (>100)	.11	.11	.11	.08
Politische Diskussion mit Eltern und Peers				.11
Gefühl diskursiver Wirksamkeit				n.s.
Klassenebene (n=197;ICC=18%)				
Jahrgang (>8. Jahrgangsstufe)	.27	.26	.19	.18
Politischer Informationsgrad			.10	.08
Demokratisches Unterrichtsklima			.12	.10
Schulebene (n=61; ICC=20%)				
Schulart (=Gymnasium)	.30	.13	.06	.07
Politische Diskussionen mit Lehrkräften		n.s.	n.s	n.s.
Politisches Wissen an der Schule in 2003		.28	.32	.32

Tab. 1: Hierarchische Drei-Ebenen-Modelle zu Vorhersage von Politischem Wissen[1]
[1]*angegeben sind alle signifikanten β-Koeffizienten (p<.05); n.s.=nicht signifikant*

Im nächsten Schritt wurden in die Analyse schulische Merkmale aufgenommen (Modell 2). Hierzu zählen zum einen die politischen Diskussionen mit Lehrkräften (Informationsressource), zum anderen das politische Wissen an der Schule drei Jahre zuvor (Erfahrungsraum). Die Prädiktoren der Individualebene (Geschlecht, Sprache, Bücher) und der Klassenebene (Jahrgang) bleiben in Modell 2 stabil. Auf der Schulebene geht die Bedeutung der Schulart deutlich zurück, der β-Koeffizient ist mit .13 jedoch nach wie vor bedeutsam. Während die politischen Diskussionen mit Lehrkräften keinen statistisch bedeutsamen Einfluss haben, zeigt sich eine hohe Vorhersagekraft durch das politischen Wissen an der Schule drei Jahre zuvor (β-Koeffizient .28). Hier kann von einer längsschnittlichen Wirkung auf Institutionsebene gesprochen werden: der Wissensstand an einer Schule im Jahr 2003 bildet einen wichtigen Prädiktor für den im Jahr 2006 erfassten Wissensstand der in dieser Erhebungswelle befragten Heranwachsenden.

In einem weiteren Schritt (Modell 3) wurden in das Analysemodell die auf Klassenebene aggregierten Prädiktoren aufgenommen: zum einen der politische Informationsgrad (Informationsressource), zum anderen das demokratische Unterrichtsklima (Erfahrungsraum). Während erneut die Prädiktoren auf Individualebene stabil bleiben, geht in Modell 3 auf Klassenebene die Erklärungskraft der Jahrgangsstufe von .26 auf .19 zurück. Jeweils mittlere Effekte zeigen hier die beiden neu in die Analyse aufgenommenen Konstrukte politischer Informationsgrad (.10) und demokratisches Unterrichtsklima (.12).

Im abschließenden Analyseschritt (Modell 4) werden zwei weitere Konstrukte auf Individualebene in das Modell integriert. Zum einen die politischen Diskussionen mit Eltern und Peers (Informationsressource), zum anderen das Gefühl diskursiver Wirksamkeit (Erfahrungsraum). Die Analysen zeigen einen mittleren Einfluss der Diskussionsintensität mit Eltern und Peers. Die politischen Diskussionen mit Lehrkräften im Schulkontext dagegen haben keinen signifikanten Einfluss auf das politische Wissen. Die Koeffizienten der anderen Modellvariablen bleiben relativ stabil. In diesem die Analysen abschließenden Modell wird deutlich, dass politisches Wissen am stärksten vom Ausmaß des Wissens an der Schule drei Jahre zuvor erklärt wird. Dieser Einfluss ist deutlich größer als der der Schulart, des politischen Informationsverhaltens, der zu Hause gesprochenen Sprache und der Anzahl der Bücher oder des Geschlechts, dessen Koeffizient im letzten Modell nicht mehr signifikant ist. Eine mittlere Wirkung hat nach wie vor das demokratische Unterrichtsklima, die politischen Diskussionen mit Eltern und Peers sowie auch die Jahrgangsstufe.

Ergebnisse für das Selbstkonzept politischer Kompetenz

Die Analysen zum Selbstkonzept politischer Kompetenz folgen dem gleichen Schema wie die Analysen zum politischen Wissen. Bereits die Ermittlung der Varianzaufteilung macht hier jedoch deutlich, dass dieses Konstrukt andere Erklärungsmuster aufweist. Lediglich 4% und 5% der Varianz sind auf Klassen- bzw. Schulebene gebunden. Hiermit erreicht die zu erklärende Variable nur knapp die Kriterien, die ein mehr ebenenanalytisches Vorgehen überhaupt sinnvoll machen. Der hohe Anteil der auf Individualebene gebundenen Varianz (91%) macht deutlich, dass es sich beim Selbstkonzept politischer Kompetenz um ein Merkmal handelt, das nur in recht geringem Umfang auf Klassen- und Schulebene zu erklären ist.

Die Überprüfung zentraler Kontrollvariablen (Tab. 2, Modell 1) zeigt, dass insbesondere das Geschlecht einen hohen Einfluss auf das Selbstkonzept politischer Kompetenz aufweist. Jungen geben hier höhere Werte an. Zudem wirkt sich das kulturelle Kapital der Familie, gemessen über die Anzahl der Bücher zu Hause, positiv auf das Selbstkonzept aus, ebenso die höhere Klassenstufe. Nur ein sehr geringer Zusammenhang zeigt sich mit der zu Hause gesprochenen Sprache.

Bei der Hinzunahme weiterer Prädiktoren auf Schulebene (Tab. 2, Modell 2) zeigen sich sowohl für die politischen Diskussionen mit Lehrkräften (Informationsressource) als auch für das Selbstkonzept der politischen Kompetenz an der Schule drei Jahre zuvor (Erfahrungsraum) nur recht geringe Zusammenhänge. Die übrigen Koeffizienten im Modell bleiben stabil. Im dritten Modell werden weitere Prädiktoren auf Klassenebene eingeführt. Hier zeigt sich ein mittlerer Effekt für den auf Klassenebene aggregierten Politischen Informationsgrad (Informationsressource), sowie ein kleiner Effekt für das demokratische Unterrichtsklima (Erfahrungsraum). Der Effekt des Selbstkonzepts an der Schule drei Jahre zuvor ist jetzt nicht mehr signifikant.

	Modell 1	Modell 2	Modell 3	Modell 4
Individualebene (4076<n<4146; ICC=91%)				
Geschlecht (= männlich)	.26	.26	.26	.23
Sprache zu Hause (= deutsch)	.03	n.s.	n.s.	n.s.
Bücher zu Hause (>100)	.16	.16	.15	.07
Politische Diskussion mit Eltern und Peers				.44
Gefühl diskursiver Wirksamkeit				.07
Klassenebene (n=197; ICC=5%)				
Jahrgang (>8. Jahrgangsstufe)	.11	.11	.06	n.s.
Politischer Informationsgrad			.15	.09
Demokratisches Unterrichtsklima			.06	n.s.
Schulebene (n=61; ICC=5%)				
Schulart (=Gymnasium)	.13	.12	.07	.04
Politische Diskussionen mit Lehrkräften		.06	.05	.05
Selbstkonzept der Schule in 2003		.05	n.s.	n.s.

Tab. 2: Hierarchische Drei-Ebenen-Modelle zu Vorhersage von Selbstkonzept politischer Kompetenz[1]
[1]*angegeben sind alle signifikanten β-Koeffizienten (p<.05); n.s.=nicht signifikant*

Das abschließende Modell 4, in das weitere Konstrukte auf Individualebene aufgenommen werden, zeigt nun mit einem β-Koeffizienten von .44, dass die politischen Diskussionen mit Eltern und Peers (Informationsressource) einen sehr starken Einfluss auf das Selbstkonzept politischer Kompetenz haben. Das Gefühl diskursiver Wirksamkeit (Erfahrungsraum) weist nur einen kleinen Effekt auf. Insgesamt bleibt im Modell auch der Einfluss des Geschlechts deutlich. Auch die Konstrukte Bücher zu Hause, politischer Informationsgrad auf Klassenebene, die Schulart und die politischen Diskussionen mit Lehrkräften weisen hier nur noch kleine Effekte auf. Alles in allem zeigt sich, dass das Selbstkonzept politischer Kompetenz weniger mit den hier einbezogenen Aspekten von Schule erklärt werden kann, sich stattdessen jedoch sehr deutliche Zusammenhänge mit dem Geschlecht und insbesondere mit den politischen Diskussionen mit Eltern und Peers zeigen.

Zusammenfassung

Ziel der vorgestellten Analysen war es, die Bedeutung von Schule im politischen Sozialisationsprozess zu untersuchen. Dies sollte sowohl hinsichtlich der Bedeutung verschiedener Informationsressourcen als auch hinsichtlich der Bedeutung von Schule als demokratischem Erfahrungsraum erfolgen. Für beide untersuchten Kompetenzbereiche lassen sich Effekte der Schul- und Unterrichtsqualität ausmachen. Es zeigen sich jedoch recht unterschiedliche Erklärungsmuster, die sich bereits bei der Aufteilung der Varianzkomponenten auf die Untersuchungsebenen andeuten.

Das individuelle Selbstkonzept politischer Kompetenz scheint sich nicht primär im Bereich von Schule auszubilden. Hierfür spricht vor allem auch, dass das im Jahr 2003 ermittelte mittlere Niveau des Selbstkonzepts an den einzelnen Schulen nicht im Zusammenhang mit dem Ausmaß im Jahre 2006 steht. Zwar zeigen sich kleine positive Effekte des Gefühls diskursiver Wirksamkeit im Unterricht, des Ausmaßes an politischem Informationsgrad auf Klassenebene und der politischen Diskussionen mit Lehrkräften. Wesentlich bedeutsamer ist jedoch der Einfluss des Geschlechts und insbesondere der politischen Diskussionen mit Eltern und Gleichaltrigen. Beim Selbstkonzept politischer Kompetenz scheinen also eher klassische Sozialisationsmechanismen (Jungen schätzen ihre Kompetenzen höher ein als Mädchen, auch wenn dies objektiv nicht unbedingt der Fall ist) und die Familie als außerschulische Sozialisationsinstanz zu wirken. Der Einfluss von Gleichaltrigen lässt sich nicht klar von schulischen Interaktionen trennen, da Heranwachsende recht häufig ihren Freundeskreis in der Schule rekrutieren.

Politisches Wissen dagegen steht viel stärker mit Merkmalen der Schule in Zusammenhang. Hier scheint sowohl die Bedeutung von Schule als Informationsressource (z.B. politischer Informationsgrad auf Klassenebene) als auch die Bedeutung als demokratischer Erfahrungsraum (z.B. demokratisches Unterrichtsklima) eine Rolle zu spielen. Die deutlichsten Zusammenhänge zeigen sich jedoch hinsichtlich des Alters. Die höheren Jahrgangsstufen weisen ein deutlich höheres Wissen auf. Dies kann als Hinweis darauf gelesen werden, dass Schulen eine bedeutsame Funktion im Aufbau politischen Wissens zukommt. Besonders interessant ist hier auch die Wirkung der Einzelschule über die Zeit. Schulen, die bereits bei der Befragung im Jahr 2003 einen hohen Wissensstand ihrer Schülerinnen und Schüler vorweisen konnten, liegen auch im Jahr 2006 auf einem hohen Wissensniveau. Das allgemeine Wissensniveau einer Schule ist dabei teilweise entkoppelt von der Schulart und verweist auf Gestaltungsmöglichkeiten der Bildungsinstitutionen jenseits des vorgegebenen Bildungsgangs. Unabhängig von der Schulart und soziodemografischen Merkmalen der Schülerschaft, kann es der einzelnen Schule gelingen, das politische Wissen ihrer Schülerschaft als Ganzes über längere Zeit zu fördern und eine entsprechende Kultur an der Schule zu etablieren.

Literatur

Abs, H. J./Diedrich, M./Sickmann, H./Klieme, E. (2007): Evaluation im BLK-Modellprogramm Demokratie lernen & leben: Skalen zur Befragung von Schüler/-innen, Lehrer/-innen und Schulleitungen. Frankfurt/M. (Materialien zur Bildungsforschung, 20).

Abs, H. J./Roczen, N./Klieme, E. (2007): Abschlussbericht zur Evaluation des BLK-Programms „Demokratie lernen & leben". Frankfurt/M. (Materialien zur Bildungsforschung, 19).

Buhl, M. (2007): Politische Sozialisation. In: Fuchs, D./Roller, E. (Hrsg.): Lexikon Politik. Hundert Grundbegriffe. Stuttgart, S. 128–130.

Diedrich, M. (2006): Connections between quality of school life and democracy in German schools. In: Sliwka, A./Diedrich, M./Hofer, M. (Hrsg.): Citizenship education. Theory, research, practice. Münster, New York, S. 121–134.

Diedrich, M./Abs, H. J./Klieme, E. (2004): Evaluation im BLK-Modellprogramm Demokratie lernen & leben. Skalen zur Befragung von Schüler/-innen, Lehrer/-innen und Schulleitungen; Dokumentation der Erhebungsinstrumente 2003. Frankfurt/M. (Materialien zur Bildungsforschung, 11).

Edelstein, W./Fauser, P. (2001): Demokratie lernen & leben. Gutachten zum Programm. Bonn (Materialien zur Bildungsplanung und zur Forschungsförderung, 96). Online verfügbar unter http://blk-demokratie.de/fileadmin/public/dokumente/Expertise.pdf; Abruf v. 12.03.2013

Erikson, E. H. (1995, c1963): Childhood and society. Rev. ed. London.

Fuchs, D./Roller, E. (Hrsg.) (2007): Lexikon Politik. Hundert Grundbegriffe. Stuttgart.

Hahn, C. L. (1999): Citizenship Education: An empirical study of policy, practices and outcomes. In: Oxford Review of Education 25 (1-2), S. 231–250.

Havighurst, R. J. ([3]1972): Developmental tasks and education. New York.

Ichilov, O. (1999): Political Socialization and Schooling Effects among Israeli Adolescents. In: Comparative Education Review (3), S. 430–446.

Klieme, E./Abs, H. J./ Diedrich, M. (2004): Evaluation des BLK-Modellprogramms Demokratie lernen & leben. Erster Bericht über die Ergebnisse der Eingangserhebung 2003. Frankfurt/M..

Oesterreich, D. (2002): Politische Bildung von 14-jährigen in Deutschland. Studien aus dem Projekt Civic Education. Opladen.

Oser, F./Biedermann, H. Ullrich, M. (2001): Teilnehmen und Mitteilen. Partizipative Wege in die res publica. Beobachtungen in 14 institutionellen Kontexten im Rahmen des Projekts „Education à la Citoyenneté Démocratique (ECD)" des Europarats. Freiburg.

Raudenbush, S. W./Bryk, A. S./Cheong, Y. F./Congdon, R. T., JR. (2007): HLM 6. Hierarchical linear and nonlinear modeling. [Nachdr.]. Lincolnwood, Ill: Scientific Software International.

Sander, W. ([2]2007): Politik entdecken – Freiheit leben. Didaktische Grundlagen politischer Bildung. Schwalbach/Ts.

Sliwka, A./Diedrich, M./Hofer, M. (Hrsg.) (2006): Citizenship education. Theory, research, practice. Münster, New York.

Steiner-Khamsi, G./Torney-Purta, J./Schwille, J. (2002): New paradigms and recurring paradoxes in education for citizenship. An international comparison. Amsterdam.

Torney-Purta, J. (2002): The School's Role in Developing Civic Engagement: A Study of Adolescents in Twenty-Eight Countries. In: Applied Developmental Science 6 (4), S. 203–212.

Torney-Purta, J./Lehmann, R./Oswald, H./Schulz, W. (2001): Citizenship and education in twenty-eight countries. Civic knowledge and engagement at age fourteen. Amsterdam.

IV. Praxis

IV. Praxis

Christian Wild

Schülerfeedback als Element der Unterrichtsentwicklung

Auf den ersten Blick scheint es, als sei Schülerfeedback etwas ganz Besonderes im Schulalltag. Aber Feedback, eine Rückmeldung zum Unterricht, findet von Schülerseite laufend statt: von schwacher Beteiligung bis zu zufriedenen Gesichtern, von Rückmeldung zum Lernerfolg („Jetzt habe ich es verstanden") bis zu abfälligen Bemerkungen, von den indirekten Botschaften, die von Eltern beim Elternsprechtag übermittelt werden, bis zu spickmich.de. Die meisten dieser Rückmeldungen sind eher ziellos und unstrukturiert, versacken im Schulalltag, werden vielleicht nicht ernst genommen und bleiben wirkungslos.

Vor etwa 20 Jahren habe ich Fragebögen entwickelt, um von den Schülerinnen und Schülern meiner Klassen Rückmeldungen zu meinem Unterricht zu erhalten. Ich habe mir die Schülerantworten angeschaut - ausgezählt - der Klasse zurückgemeldet - und war (meistens...) zufrieden; mehr passierte in der Regel nicht. Parallel gab es dann noch die Kolleginnen und Kollegen, die etwas skeptisch fragten, warum ich das mache.

Inzwischen sind in Schulen verschiedene Arten von Rückmeldungen zu finden, die dazu beitragen sollen, den Unterricht weiterzuentwickeln: die kollegiale Hospitation, die Schulinspektion, Unterrichtsbesuche von Seiten der Schulleitung, Selbstbeobachtungsbögen etc. Auch das Feedback von Schülerinnen und Schülern steht nicht mehr nur im Fokus Einzelner, sondern hat sich an einigen Schulen als systematischer Baustein etabliert.

Warum Feedback von Schülerinnen und Schülern?

Gerade von Schülerinnen und Schülern Feedback zum Unterricht einzuholen (und auf dieser Grundlage den Unterricht mit ihnen ggf. zu verändern) ist eigentlich sehr naheliegend: Zum einen sind sie die Zielgruppe des Unterrichts - sie sollen etwas lernen; zum anderen laufen die Prozesse des Unterrichts zwischen Lehrkräften sowie Schülerinnen und Schülern ab. Beide Seiten gestalten diesen Prozess, wenn auch natürlich in ganz unterschiedlichen Rollen: Die Lehrkräfte bereiten vor und haben einen Plan (und dennoch läuft manchmal alles ganz anders) und auch Schülerinnen und Schüler haben „ihren Plan", ihren eigenen Lernkontext, den sie in den Unterricht mitbringen bzw. der im Unterricht wirkt.

Schülerinnen und Schüler sind zunächst keine Experten in Sachen Evaluation oder Unterrichtsbeobachtung. Aber sie sind Experten ihres Lernprozesses; sie wissen oder spüren,

- was ihnen gut gelingt oder wo sie Schwierigkeiten haben;
- welche Aspekte ihren Lernprozess eher fördern oder eher behindern: von der methodischen Gestaltung des Unterrichts bis zur Atmosphäre in der Klasse;
- an welchen Stellen sie von wem ggf. Unterstützung benötigen und wie diese aussehen könnte bzw. was sie selbst beitragen könnten.

Schülerinnen und Schüler verbringen annähernd 10 000 Unterrichtsstunden in der Schule. Sie können also auf einen großen Erfahrungsschatz zurückgreifen, haben sich selbst über Jahre in der Schule erlebt und sie haben oft Erfahrungen mit vielen verschiedenen Lehrerinnen und Lehrern gemacht.

Hier besteht eine große Chance, dieses Potenzial nutzbar zu machen und es – im Gegensatz zu den anfangs genannten Beispielen – produktiv in einen Kommunikations- und Veränderungsprozess einzubinden; eine Chance, dadurch den Schülerinnen und Schülern in diesem für sie bedeutsamen Lebensbereich Mitgestaltungsmöglichkeiten zu eröffnen. Dies ist eine zentrale Aufgabe des Feedbackprozesses, auch wenn die Rahmenbedingungen in der Regel von Seiten der Lehrkräfte gestaltet werden.

Vom Feedback zur Unterrichtsveränderung

Die gezielte Auswertung und Weiterverarbeitung des Feedbacks ist das Herzstück; wenn diese fehlen oder zu kurz kommen, wird sich kaum etwas verändern. Insofern ist das Einholen des Feedbacks in diesem Kontext Mittel zum Zweck. Es sollte primär darauf ausgerichtet sein, Anstöße und eine aussagekräftige Grundlage für darauf aufbauende Überlegungen zu Veränderungen des Unterrichts zu bieten. Das bedeutet, den gesamten Prozess vom Ziel her zu denken und zu planen: Was muss ich wissen, um Aussagen darüber treffen zu können, an welchen Stellen der Unterricht für die Beteiligten zufriedenstellend ist und wo ggf. Änderungen anstehen (möglichst schon mit ersten Hinweisen, in welche Richtung solche Veränderungen gehen könnten)? Das Feedback muss die Grundlage bieten, um mit den Schülerinnen und Schülern konstruktiv über Zielsetzungen und Formen des Unterrichts zu kommunizieren und zu gemeinsamen Vereinbarungen für die weitere Arbeit zu gelangen. Werden diese Schritte nicht von Anbeginn mitgedacht, kann der Prozess insgesamt in einer Sackgasse landen und das Feedback wird folgenlos bleiben.

Voraussetzungen und Rahmenbedingungen für einen erfolgreichen Prozess

Schülerfeedback ist ein komplexer und sensibler Prozess, da er viele unterschiedliche Ebenen des Schulalltags, der Institution Schule berührt. Die folgenden Ausführungen sollen Anregungen und Hilfestellungen geben, Rahmenbedingungen zu schaffen, die einen zielgerichteten und ertragreichen Feedbackprozess ermöglichen. Dafür sind folgende Aspekte von zentraler Bedeutung:

- *Eine vertrauensvolle und geklärte Beziehung zwischen Schülerinnen und Schülern sowie Lehrerinnen und Lehrern:* Es braucht eine Atmosphäre des Vertrauens, damit die Schülerinnen und Schüler die Bereitschaft haben, sich konstruktiv und offen zu äußern und in dem Gesamtprozess mitzuarbeiten. In dieser Form im Kontext Schule befragt zu werden und mitzugestalten ist für die Schülerinnen und Schüler nicht selbstverständlich. Sie wollen wissen: Was möchte der Lehrer/ die Lehrerin erreichen? Geht er/sie vertrauensvoll mit den Ergebnissen um? Wie reagiert der Lehrer/die Lehrerin bei kritischen Antworten? In dem Zusammenhang geht es auch um die Klärung von Rollen. Lehrkräfte sowie Schülerinnen und Schüler begegnen sich in Schule nicht auf gleicher Ebene, vor allem da die Lehrkräfte die schulischen Leistungen der Schülerinnen und Schüler kontinuierlich bewerten. An dieser Stelle soll es aber nicht um Bewertung, sondern um Kommunikation darüber gehen, wie der Unterricht erlebt und gesehen wird und welche Schritte zur Veränderung des Unterrichts ggf. auf den Weg gebracht und vereinbart werden können. Dies muss den Schülerinnen und Schülern vermittelt werden, damit sie ihre Rolle sehen und annehmen können.

- *Klärung der Zielsetzungen und der Themenbereiche des Feedbacks:* Lehrerinnen und Lehrer müssen für sich und im Austausch mit den Schülerinnen und Schülern klären,
  - welche Bereiche des Unterrichts im Fokus stehen sollen, wo Themen (es müssen nicht immer ‚Schwierigkeiten' sein) im Raum stehen, die intensiver betrachtet werden sollen und wo evtl. Veränderungen anstehen;
  - auf welche Fragen das Feedback Antworten oder Anregungen geben soll; was die Beteiligten wissen möchten und müssen, um gemeinsam über mögliche Veränderungsschritte nachdenken zu können;
  - welche Eckpfeiler des Unterrichts auf Grund institutioneller Bedingungen ggf. vorgegeben sind und wenig oder keinen Handlungs- bzw. Veränderungsspielraum bieten.

  Voraussetzung ist in jedem Fall, dass die Lehrerinnen und Lehrer selbst bereit sind, den Unterricht an den fraglichen Stellen zu ändern; sonst werden sich die Schülerinnen und Schüler nicht ernst genommen fühlen.

- *Herstellen von Transparenz über die Zielsetzungen und den Prozess:* Für die Schülerinnen und Schüler muss deutlich werden, dass sie nicht ein Feedback abgeben, von dem sie nie wieder etwas hören und das folgenlos bleibt. Wichtig zu besprechen ist deshalb: Wie werden die Ergebnisse an die Schülerinnen und Schüler zurück gekoppelt? Wie soll sich der weitere Prozess der Auswertung der Ergebnisse gestalten? Wie gelangen alle Beteiligten zu Vereinbarungen über mögliche Veränderungen im Unterricht? Wenn das Ganze auch der Prozess der Schülerinnen und Schüler sein soll, müssen sie gefragt werden, was ihnen im Gesamtprozess des Feedbacks wichtig ist und welche Zielsetzungen sie dabei haben. Insofern ist es wichtig, die Schülerinnen und Schüler schon in der Planungsphase und bei der Gestaltung der inhaltlichen und organisatorischen Rahmenbedingungen zu beteiligen.

• *Auswahl von Methoden des Feedbacks, die auf die Schülerinnen und Schüler und auf die Zielsetzungen angepasst sind:* Das Einholen des Feedback muss so gestaltet sein, dass für die Weiterarbeit ergiebige Ergebnisse zu erwarten sind:
   – Soll es eher anonym sein, da die Schülerinnen und Schüler sonst z.B. zu zurückhaltend antworten?
   – Sollten die Schülerinnen und Schüler ihr Feedback kommunikativ in Kleingruppen erstellen, um entsprechend fundierte, reflektierte Antworten zu erhalten?
   – Wie können Fragen so formuliert werden, dass die Antworten möglichst aussagekräftig sind: Vorgegebene Formulierungen oder Bewertungsstufen beschleunigen bei Fragebögen den Prozess der Bearbeitung und des Auszählens und erleichtern Vergleiche. Offene Fragen können mehr Differenzierungen oder auch wichtige, unerwartete Hinweise hervorbringen.

Planungsraster zur Erhebung und Auswertung des Feedbacks

Um den Gesamtprozess des Einholens und der Auswertung des Feedbacks möglichst planvoll zu gestalten, ist es hilfreich, sich als Lehrkraft zuerst einmal zu verdeutlichen, in welchen Stufen der Gesamtprozess ablaufen soll. Folgende Fragestellungen können dabei hilfreich sein:

Fragestellungen zur Vorbereitung der Erhebung des Feedbacks	Anmerkungen zur Vorbereitung
In welcher Klasse soll das Feedback durchgeführt werden? Und: warum in dieser Klasse? *Bsp.: Suche nach neuer Orientierung; Klasse XY ist besonders offen für Veränderungen; erst mal mit „dem Leichteren" anfangen.*	
Zielsetzungen: um was geht es mir? Wo stehen ggf. Veränderungen an – und sind möglich? *Bsp.: Unterricht soll lernintensiver werden; stärkere Förderung Leistungsschwacher.*	
Was will ich konkret erfragen? Welche Aspekte sollen im Mittelpunkt stehen? *Bsp.: zu Hausaufgabenverhalten; zu Verständnisproblemen im Unterricht*	
Welche Methode soll angewandt werden? Warum ist diese Methode in diesem Fall geeignet? *Bsp.: Fragebogen; Schüler „erarbeiten" in Gruppen eine Rückmeldung; Bepunktung auf einer Zielscheibe*	

Welche Fragen, Vorschläge usw. haben die Schülerinnen/Schüler?	
Vorschläge/Wünsche der Klasse zum Feedback bzw. zum Prozess: Zielsetzungen, Ablauf, Weiterarbeit mit den Ergebnissen	
Worauf sollte ich als Lehrkraft besonders achten? Was ist mir in dem Prozess wichtig? *Bsp.: Anonymität; Beteiligung aller; Art der Kommunikation*	
Mögliche Stolpersteine beim gesamten Procedere? *Bsp.: Schülerantworten bleiben zu allgemein-freundlich; zeitliche Rahmenbedingungen*	
Mögliche Schritte zur Vermeidung der genannten Schwierigkeiten? *Bsp.: Befragung auf aussagefähige Antworten ausrichten; Anonymität?; Vorgespräch über Nutzen konstruktiver Kritik*	

Fragestellungen zur Vorbereitung der Auswertung des Feedbacks	Anmerkungen zur Vorbereitung
Wie und von wem sollen der Prozess insgesamt bzw. einzelne Phasen moderiert werden? *Bsp.: selbst; von Schülerinnen/Schülern; ,extern' von einer Kollegin/einem Kollegen*	
Wie kommen die Ergebnisse an die Klasse zurück? *Bsp.: Vorlesen; ,automatisch' (z.B. bei Zielscheibe); Übertragen von Individualergebnissen (Fragebogen) auf Großformat?*	
Wie gestalte ich den ersten Blick auf die Ergebnisse? *Bsp.: Dank an Klasse; erste eigene Eindrücke rückmelden; Sonderstunde?*	
Wie vereinbare ich mit den Schülerinnen/Schülern, welche Aspekte intensiver besprochen werden? *Bsp.:(Vor-) Entscheidung als Lehrer/in; Bepunktung durch Klasse; nur ,auffällige' Ergebnisse?*	
Was will ich – mit welchen Intentionen – zur Sprache bringen? *Bsp.: kleine Anfangsschritte einleiten; positive Elemente sichern; Konflikte offen legen?*	
Wie können die Schülerinnen/Schüler Vorschläge für Vereinbarungen einbringen? *Bsp.: (vorstrukturierte) Diskussion in Gruppen; Klassengespräch; Vorschläge durch Lehrer/in?*	
Wie werden die Ergebnisse/die Vereinbarungen zur Weiterarbeit festgehalten? *Bsp.: mündlich; schriftlich; Vertrag?*	
Was kann ich dafür tun, dass mit den Vereinbarungen gearbeitet wird? *Bsp.: nach vereinbarter Frist gemeinsamer Blick auf Veränderungen; Rückmeldungen der Klasse einholen?*	
Mögliche Stolpersteine beim gesamten Procedere? *Bsp.: Vereinbarungen wirken nicht wie erhofft*	
Mögliche Schritte zur Vermeidung der genannten Schwierigkeiten? *Bsp.: Problem mit Klasse besprechen; Unterstützung/Gespräch mit Kolleg/innen; Beratung einholen?*	
... und worauf ich sonst noch achten will; was mir sonst noch wichtig ist. *Bsp.: kleine Schritte; nur wirklich Veränderbares*	

Vom Einzelfeedback zur Feedback- und Schulkultur

Der dargestellte Prozess von Feedback als Anstoß zur Weiterentwicklung des Unterrichts berührt grundlegende Fragen des Selbstverständnisses von Schule:

• In welchem Kontext wird das Thema „Weiterentwicklung des Unterrichts" in der Schule bearbeitet?
• Welche Rolle spielen dabei die Schülerinnen und Schüler?
• Wie begegnen sich Schülerinnen/Schüler und Lehrkräfte?
• Werden Schülerfeedback und Unterrichtsentwicklung als gesamtschulische Themen verstanden?

Oft braucht es die Vorbilder und ersten Gehversuche Einzelner, um schulische Veränderungen anzustoßen. Aber nachhaltig wirksam wird Feedback nur dann sein, wenn darüber in der Schule, im Kollegium, mit der Schulleitung ein Verständigungsprozess läuft, sodass es nicht die Sache einzelner Lehrkräfte bleibt, sondern ein Teil des Schulalltags wird: Die Schülerinnen und Schüler spüren, es ist keine Einmalveranstaltung, sondern Teil des Unterrichts, es wird von der Schule ernst genommen, sie werden von der Schule ernst genommen; ihr Feedback hat Konsequenzen. Viele Schulen haben in den letzten Jahren ein breites und stabiles System von Schülerfeedback entwickelt: Es ist fest im Jahresplan etabliert, mit stufenweise weiter entwickelten – oft internetgestützten – Formen des Schülerfeedbacks und mit vereinbarten Formen der Auswertung des Feedbacks.

Eine Auswertung findet dann nicht nur mit den Schülerinnen und Schülern statt, sondern auch im Kollegenkreis, um zu schauen,

• an welchen Stellen schulischer Entwicklungsbedarf besteht;
• wo ggf. Unterstützung z.B. in Form von Prozessbegleitung möglich und notwendig ist;
• ob der Prozess insgesamt auf Grund der Erfahrungen modifiziert werden muss.

In diesem Prozess und an dieser Stelle verändert sich die Rolle der Schülerinnen und der Schüler in der Schule. Die übliche Arbeitsteilung wird infrage gestellt: Die Lernenden haben Einfluss auf die Gestaltung des Unterrichts. Sie schauen auf ihren Lernprozess und überlegen, welche Veränderungen sinnvoll und hilfreich sind; an welchen Stellen sie selbst dazu beitragen können, und wie die Lehrkräfte durch eine veränderte Gestaltung des Unterrichts ihren Lernprozess besser unterstützen können. Sie drücken Ärger und Enttäuschung nicht nur durch Passivität aus, sondern können Spielräume für Veränderungen nutzen und übernehmen dadurch Mitverantwortung für ein gelingendes Lernen.

Wenn es gelingt, schrittweise eine wirksame Feedbackkultur in der Schule zu entwickeln, ist dies auch ein Beitrag zu einer veränderten Schulkultur, in der Schülerinnen und Schüler gezielt und aktiv in Fragen der Gestaltung von Schule und Unterricht einbezogen werden – mit ihren Erfahrungen, Zielsetzungen, Schwierigkeiten und Wünschen.

Literatur

Bastian, J. et al. (2005): Feedback-Methoden. Weinheim und Basel.

Berger, C. et al. (Projektteam ue[2]; ESF-Projekt) (2007): Unterrichtsentwicklung durch Unterrichtsevaluation. Aktionshandbuch. PI des Bundes in Wien, Pinkafeld.

Diel, E. (2010): Feedbackinstrumente zur Steuerung und Bilanzierung von Prozessen. Wiesbaden.

Diel, E./Höhner, W. (2008): Fragebögen zur Unterrichtsqualität. Wiesbaden.

Diener, U. W. (2012): GrafStat (Software zur Erstellung und Auswertung von Fragebögen; http://www.grafstat.de). Ratingen.

Helmke, A. et al. (2011): EMU – Unterrichtsdiagnostik (www.unterrichtsdiagnostik.de). Landau.

Schreiber, D. (2007): Einführung von Feedbackkultur als Türöffner für Veränderungsprozesse. In: Demokratie erfahrbar machen. LISUM Berlin-Brandenburg, S. 118-133.

Hans-Wolfram Stein

„Lernen und Arbeiten im ehemaligen KZ Sachsenhausen" – ein Rückblick nach 16 Jahren

„Wie Politik praktisch gelernt werden kann" (Beutel/Fauser 2001) nannten die Träger des „Förderprogramms Demokratisch Handeln" nach zehn Jahren der dort gesammelten Erfahrung die Summe aus dieser Form demokratiepädagogischer Projektarbeit „Demokratischen Handelns" in einer Veröffentlichung des Jahres 2001. Gleichzeitig fand dieser Ansatz der Demokratiepädagogik Eingang in das BLK-Modellprogramm „Demokratie lernen & leben" (Edelstein/Fauser 2001). Beides rief Widerspruch aus den Reihen der Politikdidaktik hervor und löste eine wissenschaftliche Debatte zwischen Vertretern der Demokratiepädagogik und der Politikdidaktik aus, die sehr kontrovers geführt wurde und erst heute langsam abklingt. Sie mündete seitens der Politikdidaktik in die These: „Politik kann nicht praktisch gelernt werden" (Breit 2005, S. 58). Gotthard Breit kommt zu diesem Schluss auch auf Basis einer Auseinandersetzung u.a. mit einem Bremer Schulprojekt, das schon seit mehr als zehn Jahren von einer Berufsschule in Henningsdorf/Brandenburg mitgetragen wird und in dem Auszubildende der Bauberufe bei der Sanierung der KZ-Gedenkstätte Sachsenhausen handwerkliche Arbeit mit politischer Bildung verknüpfen. Nun verkörpert gerade dieses Projekt in seiner nunmehr schon 16 Jahre währenden Tradition, Erfahrung und Weiterentwicklung so etwas wie einen Musterfall erfahrungsstarker demokratischer Erziehung und politischer Bildung. Angesichts der gegenwärtigen Debatten um den großen Graben zwischen politischer Bildung und bildungsfernen Schichten (Widmaier/Nonnenmacher 2012) ist dies mehr als verwunderlich. Ohne die Kontroverse zwischen Demokratiepädagogik und politischer Bildung weiter zuspitzen zu wollen, gehe ich dennoch in Betrachtung dieses nachhaltigen, schulprofilprägenden und ergebniswirksamen Projektes davon aus, dass Projekte wie dieses in Blick auf die Wirksamkeit demokratiepädagogischer und damit schulbezogener Arbeit für Formen der Mündigkeit und der wachen Zeitgenossenschaft im beruflichen Schulwesen positive Beachtung finden müssen. Dies gilt zumal in einem Kontext, in dem die Komplexität der Demokratie nicht durch Buchstudien und unterrichtliche Belehrung erreicht werden kann – klassische politische Bildung durch fachwissenschaftlich orientierten Unterricht also zwangsläufig besondere Erschwernisse moderieren muss. Angesichts der inzwischen über 16 Jahre systematisch auch durch das Förderprogramm „Demokratisch Handeln" dokumentierten und öffentlich dargestellten Projektarbeit sollen hier die Projektgenese, die Entwicklungsschritte und die Ergebnisse des Projektes sichtbar werden.

„Lernen und Arbeiten im ehemaligen KZ Sachsenhausen"

Es handelt sich hier um eines der am besten dokumentierten Projekte im „Förderprogramm Demokratisch Handeln". Seit dem Projektstart 1994 wurde jedes Jahr eine Dokumentation eingereicht, die vor allem aus Materialien der Schülerschaft besteht. Es gibt also derzeit 16 Projektbeschreibungen in diesem Kontext, die fachlich zugänglich sind. Das Projekt wurde wiederholt bei diesem Bundeswettbewerb ausgezeichnet. Es erhielt mehrere weitere Auszeichnungen, zuletzt im Jahr 2010 den „Toleranzpreis der Stadt Oranienburg und der Gedenkstätte und des Museums Sachsenhausen" (Stadt Oranienburg 2011). Über das Projekt wurde in mehreren wissenschaftlichen Veröffentlichungen berichtet (Gries/Stein 2001; 1997; Stein /Gries 1997; Stein/Beutel/Gries 2010). Die These von Gotthard Breit war für den Autor Anlass, alle vorliegenden Projektdokumentationen erneut nachzulesen, mit der verantwortlichen Lehrkraft Hans-Joachim Gries zu sprechen und die Untersuchung zur Nachhaltigkeit des Projekts zu studieren, um unter der kritischen politikdidaktischen Perspektive die Bilanz zu prüfen.

Zur Kritik am Projekt: Handeln ohne Nachdenken

„Die Demokratiepädagogik bemüht sich darum, bei den Jugendlichen zivilgesellschaftliches Engagement zu wecken. Unterricht und Schule sollen so umgestaltet werden, dass die Heranwachsenden im Unterricht, in der Schule und im gesellschaftlichen Nahraum der Schule Gelegenheit zum Handeln erhalten. Die beim Handeln gewonnenen Erfahrungen bilden den Lernerfolg. Das Leben in der Schule und im Nahraum der Schule stellt sich den Jugendlichen als Sammlung von Gelegenheiten zu sozialen" - d.h. also aus meiner Sicht explizit nicht politischen - „Kontakten und Handlungen in und für die Gesellschaft dar" (Breit 2005, S. 44). Es geht demokratiepädagogischen Projekten in dieser Sicht ausschließlich um Handeln, es geht nur um Unterricht, Schule und den „Nahraum von Schule". Das beträfe nur die Ebenen der Demokratie als Lebensform und allenfalls als Gesellschaftsform - gemeint ist das „zivilgesellschaftliche Engagement im Nahraum der Schule". Die Demokratie als Herrschaftsform hingegen, für die Politikdidaktik die entscheidende Ebene der Politik und der politischen Beteiligung, bleibt von diesem Projekt aus deren Sicht anscheinend völlig unbeachtet. Zum Glück gibt es dagegen den „Politikunterricht, (in dem) die Schülerinnen und Schüler eine Vorstellung von Politik und Demokratie erwerben, die sie zur politischen Beteiligung und damit zur Wahrnehmung ihrer Bürgerrolle in der Demokratie" (Darmstädter Appell 1995, S. 6) befähigt. Dazu thematisiert der Politikunterricht „vornehmlich soziale bzw. gesellschaftliche und politische Inhalte mit dem Ziel, die Heranwachsenden zum sozialen und politischen Sehen, Beurteilen und Handeln zu befähigen. Die Projektarbeit zielt also auf Handeln, der Politikunterricht dagegen versucht, in eigenständiges Denken und Handeln einzuüben" (a.a.O.). Folgt man – zugegeben zugespitzt – dieser Gedankenspur, dann fehlt es dem Projekt am eigenständigen Denken und an einem Handeln, dass die „Jugendlichen zum Nachdenken über die Demokratie als Herrschaftsform" (ebd., S. 47) befähigt.

Ein politisches Problem muss gelöst werden: Erhalt der Gedenkstätte Sachsenhausen

Wie hätte ein Projekt auf der Ebene der „Demokratie als Herrschaftsform" an Stelle eines Projekts „zivilgesellschaftlichen Engagements durch handwerkliche Arbeit" angesichts der zu Projektbeginn 1994 gegebenen Voraussetzungen und Gelegenheitsstruktur aussehen können, das sich damals zum Ziel setzte und bis heute setzt, einen tatsächlichen Beitrag zur Lösung des vorliegenden Problems anzugehen – und worin bestand dieses? Gehen wir kurz zurück: In einer Zeit der rassistischen Brandanschläge von Solingen und Mölln war der Auslöser für die Initiative an dem Bremer Berufsschulzentrum ein Artikel im örtlichen Weser-Kurier vom 22. September 1993. Dort wurde berichtet, dass Gedenkstätten der NS-Zeit wie etwa die KZ-Gedenkstätte Sachsenhausen verfielen und „saniert werden müssen". Ursache waren zunächst die zurückliegenden Versäumnisse der DDR-Regierung, dann entsprechende Kürzungen im Bundeshaushalt und schließlich auch direkt Brandanschläge aus der Neonazi-Szene auf die Gedenkstätte.

Zunächst, könnte man sagen, ist es eine staatliche Aufgabe auf Bundes- und Landesebene, die Gedenkstätten zu erhalten, zu sanieren und vor Anschlägen zu schützen. Ich erlaube mir deshalb ein Gedankenspiel: Ein Politiklehrer hätte seiner Klasse also vorschlagen können, den gegebenen Verfallszustand zu analysieren und in einem Brief die verantwortlichen Politiker auf Bundes- und Landesebene aufzufordern, durch umfangreichere Mittel zu sanieren und für mehr Polizeischutz zu sorgen. Wenn er ein richtig gutes Projekt hätte machen wollen, hätte er seine Schülerinnen und Schüler in das Dickicht der Bundes- und Landeshaushalte führen müssen. Deren Untersuchung wäre notwendig geworden mit dem Ergebnis konkreter Kostenaufstellungen sowie praktischer Kostenverschiebungs- und Deckungsvorschläge für die Politik etwa durch Kürzungen in anderen Bereichen oder durch Einnahmesteigerungen mittels Steuererhöhungen. Dazu hätte möglicherweise auch eine Begründung gehört, weshalb angesichts der deutschen Geschichte diese Gedenkstätten zu erhalten notwendig ist. Mit einem solchen Brief und dem Haushaltsvorschlag für die verschiedenen Ebenen der staatlichen Macht wäre die Ebene der „Demokratie als Herrschaftsform" wunderbar integriert – es hätten nur noch die dazu notwendigen Begriffe in Kursform vermittelt werden müssen. Anschließend hätte man sich mit den Politikern auseinandersetzen und einiges über die politischen Machtstrukturen in einer pluralistischen Gesellschaft und die Chancen der Bürgerbeteiligung lernen können. Ein Problem im Rahmen des Politikunterrichts allerdings hätte darin bestanden, dass es sich hier nicht um einen fünfstündigen Politikleistungskurs an einer gymnasialen Oberstufe handelte, sondern um den zweistündigen Politikunterricht an einer Berufsschule für die Bauberufe, der nicht ganzjährig wöchentlich, sondern in Form von Blockunterricht erteilt wurde, wobei die Blockphasen durch die betriebliche Ausbildung unterbrochen wurden. Ein Problem hätte auch darin liegen können, dass alle diese Untersuchungen von Berufsschüler/innen hätten geleistet werden müssen, deren Eingangsvoraussetzungen für die Berufsausbildung nicht einmal den Hauptschulabschluss vorsah und deren Lese- und Schreibkompetenz teilweise mangelhaft war. Das Hauptproblem aber wäre gewesen: Wie hätte ein Lehrer solche Schüler/innen für diesen Weg der Problemlösung motivieren können? Denn es ist ja nicht davon auszugehen, dass ein entsprechender Vorschlag von diesen Berufsschüler/innen hätte kommen können. Dahinter steckt bei den Azubis eine realistische politische Einschätzung: Ein solches Projekt versprach weder 1994 noch 2010 irgendeinen nachhaltigen Beitrag zur Lösung des Problems.

Die Problemlösung und eine Sichtweise der Politikdidaktik

Die Schülerinnen und Schüler sowie ihre Lehrkräfte sind 1994 in Bremen einen anderen Weg zur Lösung des Sanierungsproblems der KZ-Gedenkstätte Sachsenhausen gegangen. Dabei haben sie seit 1998 eine brandenburgische Bauberufsschule kooperativ im Boot: Sie führten alljährlich das Projekt „Lernen und Arbeiten im ehemaligen KZ Sachsenhausen" durch.

Breit schildert es so: Die „Jugendlichen (fahren) in das ehemalige Konzentrationslager Sachsenhausen, um dort eine Woche lang unentgeltlich praktische Arbeit zu leisten und dabei die NS-Vergangenheit auf sich einwirken zu lassen. Durch die siebentägige praktische Arbeit vor Ort gewinnen die Jugendlichen eine Erfahrung mit der NS-Herrschaft und lernen so über die Geschichte des Dritten Reichs. Dafür wird den Jugendlichen und der Schule in der Öffentlichkeit Anerkennung zuteil" (Breit 2005, S. 45). Allerdings: In diesem Projekt „wissen die Jugendlichen spontan, was sie Gutes tun wollen. Nachdenken darüber ist nicht erforderlich. (Sie) gewinnen bei ihrem Handeln Erfahrungen. Diese Erfahrungen stellen das Lernergebnis dar. Wohin, womit und wie diese Erfahrungen durch Reflexionsprozesse erweitert werden, darüber erfährt man in keinem Projektporträt etwas" (ebd., S. 58). Ein genaues Studium der Projektunterlagen belehrt eines Besseren: In jeder Projektdokumentation, jedem Zeitungsartikel und Projektporträt – auch in dem von Breit kritisierten - wird betont: „Dennoch steht das Lernen an erster Stelle" (Gries/Stein 2007, S. 137).

Lernen steht an erster Stelle! Wie wird das umgesetzt?

Zunächst zu den Voraussetzungen: Je nach Schulart steht das Thema Faschismus in den Lehrplänen der Klassen 9 oder 10 der heutigen Oberschule. Jeder Azubi in Bremen, meist zu Ausbildungsbeginn in Klasse 11, sollte dieses Thema nach den Maßstäben der Politikdidaktik bereits durchlaufen haben, die wichtigsten Begriffe müssten durch den Politikunterricht der Sekundarstufe I vermittelt worden sein. Da das Projekt weder als Klassenfahrt noch unterrichtsbegleitend durch eine einzelne Klasse durchgeführt werden kann, bleibt als Weg nur eine Projektwoche, die einmal jährlich im September allen Schülerinnen und Schülern der Schule angeboten wird. Die Teilnehmenden dieses Projekts kommen daher aus unterschiedlichen Klassen, Berufsausbildungen und Altersgruppen. Eine systematische, gerade theoretische Vorbereitung aller Beteiligten im Unterricht ist daher nicht möglich. Es bleibt bei einer Vorstellung des Projekts in den Klassen von zwei bis vier Stunden. „Wir möchten gern mehr davon vermitteln, können es aber angesichts der Projektstruktur nicht", erklärt der Projektleiter in einem Gespräch mit dem Autor. Gleichwohl bemühen sich die am Projekt beteiligten Lehrkräfte, das Thema vorab in ihren Klassen im Unterricht zu behandeln. Aber das kann nicht systematischer Bestandteil des Projekts sein. Hinzu kommt, dass ein vor allem theoriegeleiteter Unterricht ohnehin auf Probleme bei dieser Schülerklientel stößt.[1]

Das Projekt habe ihn langfristig beeinflusst, schreibt ein Teilnehmer von 1997, „weil ich ein eindrucksvolleres Bild über Gräueltaten in KZs bekommen habe, als ich damals in der 10. Klasse (mit Thema NS-Zeit) hatte" (106/03). „Früher fand ich Geschichte ziemlich langweilig. Ich hatte überhaupt keine Vorstellung davon, was in einem KZ geschehen konnte", sagt der Maler Steffen (Märkische Allgemeine 2003). Sven erklärt 2005: „Im Film oder Buch ist es immer weit weg, etwas das nicht real ist. Hier ist alles real, und deshalb wird vorstellbar, was hier geschehen ist. Dann nimmt man das Geschehene gleich ganz anders wahr" (Generalanzeiger 30.09.2005). Und 2004 schreibt die Malerin Yvonne in ihrem persönlichen Bericht: „Ich finde es viel besser hier sich alles anzukucken und sich bildlich vorzustellen, als nur theoretisch in der Schule durchzunehmen" (107/04). An diesen Bildungsvoraussetzungen der Schülerinnen und Schüler setzt das Projekt an: „Es ist für uns vorrangig ein Projekt für Auszubildende, die nicht über ‚Spu-

---

1 Die im folgenden Text enthalten Äußerungen von Schülerinnen und Schülern sind entweder Zeitungsberichten entnommen oder direkt den Projektdokumentationen der Jahre 1994 bis 2010, die im Archiv von „Demokratisch Handeln" einsehbar sind. Diese Projekte werden nach ihrem Archivschlüssel nachgewiesen – also der Projektnummer verbunden mit dem Jahrgangskürzel: 93/06 steht also für die Dokumentation Nr. 93 aus der Ausschreibungsrunde 2006. Manche Zitate wurden den Fragebogen entnommen, die den Schülerinnen und Schülern 2002/2003 in dem Projekt „Das ist eingebrannt" (169/03) vorgelegt wurden (vgl. Stein/Beutel/Gries 2010, dort Fußnote 10). Die Erfahrungsberichte der Jugendlichen wurden sowohl in den Projektdokumentationen als auch in diesem Text sprachlich und orthografisch nur geringfügig verändert.

rensuche' in Archiven zu motivieren sind." (Stadt Oranienburg 2011, S. 13). „Die
künftigen Anstreicher, Maurer oder Tischler sind keine Theoretiker", sagt Hans-
Joachim Gries. Sie seien nur „über ihr handwerkliches Können zu erreichen" (Die
Norddeutsche 25.9.2004), „über das, was sie können, lernen sie dann die Inhalte"
(Die Norddeutsche 10.10.2007). Sie „können" mauern, anstreichen, tischlern und
lernen parallel dazu und ausgelöst durch dieses Engagement über den deutschen
Nationalsozialismus und den Rechtsextremismus. Wie funktioniert dieser Lern-
prozess? „Es ist etwas anderes die Gebäude zu sehen als es theoretisch in der Schu-
le erklärt zu bekommen" sagt 2006 der Maurer Daniel und fährt hinsichtlich des
Krematoriums fort: „Wenn man versucht sich den Geruch vorzustellen der in der
Gegend in der Luft gelegen haben muss, wird einem ganz anders" (93/06). Den
Maurer Benjamin hat „der Eindruck beschäftigt, dass ich vielleicht auf Leichen
gearbeitet habe" (a.a.O.). Und der Fliesenleger Mirko schreibt 2004: „Nach der
Arbeit haben mich am meisten die Einschusslöcher an den Mauern beschäftigt,
an denen wir gearbeitet haben und die Menschen, auf die diese Kugeln gefeuert
wurden. Jede Kugel ein Schicksal". Der Straßenbauer Hasan hatte 2005 „nicht
schlaffen können weil ich es nicht fassen kann, wie damals die Häftlinge so prutal
behandelte, als wären sie nix (93/06)".

All dem kann sich auch Breit nicht entziehen: „Die Verarbeitung dessen, was sie
bei der Arbeit eine Woche lang gesehen, gespürt und gefühlt haben, führt sie zum
Nachdenken. Sie versuchen aus ihren Erfahrungen zu lernen. Offenkundig haben
Lehrer ihnen bei der Überführung ihrer subjektiven Wahrnehmung geholfen"
(Breit 2005, S. 46). An anderer Stelle heißt es dagegen, die Projektorganisatoren
hielten „Nachdenken darüber (für) nicht erforderlich. Wohin, womit und wie diese
Erfahrungen durch Reflexionsprozesse erweitert werden", das fehle (ebd., S. 54).

Es soll deshalb hier festgehalten werden, wie das Nachdenken über und das Lernen von Inhalten organisiert ist: Den Beteiligten werden zu Beginn der Projektwoche in der Regel Filme über die Geschichte des Lagers gezeigt. Es finden dazu Vorträge und Führungen durch „Museumspädagogen" im Lager statt. Ausstellungen,
die im Lager zu den verschiedenen geschichtlichen Etappen des Lagers erarbeitet
wurden, also z.B. auch zur Funktion des Lagers in der Sowjetzeit, werden besucht.
In all dem werden natürlich auch die Begriffe angewandt und gegebenenfalls erläutert, die die Politikdidaktik beim Thema Faschismus für wesentlich hält. In der
Regel gibt es während der Arbeitswoche die Möglichkeit zu einem Gespräch mit
einem Zeitzeugen, meist einem Überlebenden des KZs. Die Berichte der Schülerinnen und Schüler drücken sehr häufig das große Interesse aus, das sie an diesen
Schilderungen haben. „Dass die Schüler 120 Minuten mucksmäuschenstill waren
und zuhörten, das gelingt uns in der Schule nie", erklärte der Projektleiter Gries
nach einem solchen Vortrag (Märkische Allgemeine v. 12.09.2009).

Die Arbeitsgruppen schreiben täglich Berichte, die nicht nur die vorgenomme-
nen Arbeitsgänge in ihrer Bedeutung erläutern, sondern auch die Empfindungen

und Erfahrungen der Jugendlichen und jungen Erwachsenen festhalten. Am Ende der Woche gibt es eine Reflexionsphase, in der die Schülerinnen und Schüler ihre persönliche Motivation und ihre Eindrücke kommentieren – auch im Blick auf Rechtsextremismus heute. All das ist begleitet von täglichen Gesprächen während der Arbeit und am Abend bei der „Freizeit" in der Jugendherberge. Hier finden häufig die angeregtesten und politischsten Debatten statt. Andere ziehen es vor, selbst weiter zu recherchieren: „Mich haben die Kommandanten des Lagers sowie das Lagerbordell und die Menschenversuche beschäftigt, sodass ich abends noch viel im Internet zusammengetragen habe", berichtet der Hochbaufacharbeiter Ronny (Stadt Oranienburg 2011, S. 5).

Regelmäßig fanden informierende Gespräche und Vorträge mit dem Leiter der Gedenkstätte, Professor Morsch, statt. Er sah nicht die kostengünstige „unentgeltliche Arbeit" der Schüler/innen, sondern bezog sie in den Forschungsprozess zur Aufarbeitung der Geschichte ein: „Als im Sommer 2001 absehbar war, dass die Sanierung der originalen Steinbaracken des NS-Sonderlagers bis zur Ausstellungseröffnung des Speziallagermuseums kaum zu schaffen war, baten wir die ‚Bremer und Veltener' um Hilfe. Die Jugendlichen waren sofort bereit. Sie reparierten unter Anleitung ihrer Ausbilder die Dachkästen und begannen die Wände der Steinbaracken zu verfugen. 2003 wird auch diese Arbeit fortgesetzt und erweitert. Bei der Vorbereitung der Fugen wurde ein kleiner Forschungsauftrag gleich mit erledigt: Sie suchten und entdeckten auf den Mauersteinen Einritzungen von russischen Häftlingen des Speziallagers. Als sie im nächsten Jahr die Arbeiten fortsetzten, sahen sie, was aus ihren ‚Entdeckungen' geworden war – ein Exponat in der Ausstellung" (106/03). Solche Entdeckungen werden immer wieder von den Auszubildenden beschrieben. Bei der Sanierung der Lagermauern, die von den Häftlingen selbst gebaut werden mussten, stellten sie in einem Tagesbericht fest: „Sie ließen sich aber auch nicht alle unterdrücken, sondern suchten die Möglichkeit zum Widerstand, z.B. durch geschickte Sabotage der Mauerfundamente" (Stein/Gries 1997, S. 360).

Werden desinteressierte und rechtsorientierte Auszubildende erreicht?

Für Breit ist die Antwort klar und erneut Anlass, das hohe Lied des Politikunterrichts und der Politikdidaktik zu singen: „Zur Beteiligung an dem Projekt haben sich die Jugendlichen freiwillig entschieden. Mit dem Projekt kann man also nicht diejenigen Heranwachsenden erreichen, die desinteressiert oder schon dem rechtsextremen Denken mit seiner Ideologie der Ungleichheit und seiner Gewaltbereitschaft verfallen sind. Im Unterschied zur Projektarbeit bemüht sich der Politikunterricht auch um diese Jugendlichen. Die Demokratiepädagogik stellt sich nicht die Aufgabe darauf zu reagieren, wenn Schülerinnen in aufreizender

Passivität verharren, Gewalt gegen andere gut heißen oder gar selbst praktizieren"
(Breit 2005, S. 47).

Wie beurteilen nun die Schülerinnen und Schüler des Projekts den Aspekt, ob
es einen Beitrag gegen Rechtsextremismus leistet? In mancher Hinsicht stimmt
z.b. der Maler Michael 2007 den politikdidaktischen Einschätzungen zu. Er
glaubt nicht, dass man unmittelbar etwas gegen Rechtsextreme erreicht, „denn
Menschen die diese Einstellung gegenüber Ausländern haben, würden nicht an
diesem Projekt teilnehmen". Auch die Tischlerin Heidi sieht das 2006 so: „Menschen, die mit dem faschistischen Gedankengut sympathisieren, würden sich von
vornherein nicht für dieses Projekt entscheiden" (93/06). Beide kommen nach
dieser ersten Beurteilung – letztlich trotzdem zu einem anderen Urteil.

In beiden Schulen bemüht man sich, solche Schüler zu integrieren. In der bran-
denburgischen Schule konnten des Öfteren auch bekannterweise rechtsextrem
orientierte Mitschüler für eine Beteiligung am Projekt gewonnen werden. Auch in
den Dokumentationen finden sich immer wieder Hinweise darauf, dass der erste
Eindruck nicht stimmt. So sagt ein Ausbaufacharbeiter ebenfalls im Bericht 2006:
„Dazu möchte ich mich nicht äußern weil ich beide kenne die linken und rechten" (ebd.). Die Tischlerin Anna beklagt sich im gleichen Jahr: „Ich konnte mit
den meisten Teilnehmerinnen nicht darüber sprechen, warum z.B. die Aussage
‚Kanaken sind das Allerletzte' rassistisch ist. ‚Jetzt lass ihm doch seine Meinung'
waren die Antworten". Öfter begründen Schülerinnen und Schüler wie z.B. der
Tischler Einar ihre Einschätzung, letztlich helfe nichts gegen eine rechtsextreme
Einstellung, ganz „demokratisch" mit dem Recht auf Meinungsfreiheit: „Jeder
Mensch hat seine eigene Meinung und die kann man nicht verbieten" (ebd.). 2010
berichtet der Maurer André erneut: „Ich habe auch rassistische Bemerkungen
gehört und das sollte nicht sein" (27/10). Etwas unterschwelliger ging es 2004 zu,
wie der Stahlbetonbauer Magnus schreibt: „Tagsüber arbeite ich im KZ – abends
höre ich Böhse Onkelz – erschreckender hier erlebter Widerspruch" (107/04). Die
Tischlerin Katrin, die wiederholt teilnahm, analysiert treffsicher, was in solchen
Fällen passieren kann: „Es ist für mich immer wieder sehr erfreulich, wenn ich
beobachten kann, dass vereinzelte Auszubildende, die zwar Geschichtswissen mitbringen, aber trotzdem der NS-Zeit immer noch Positives abgewinnen können,
sich intensiv mit der Gedenkstätte auseinandersetzen und man beobachten kann,
wie ihr verfälschtes Bild langsam aber sicher zu bröseln beginnt" (169/03). Auch
in solchen Fällen kann das Projekt also positive Wirkung gegen rechtsextremistische Einstellungen zeigen.

Die Schülerinnen und Schüler werden regelmäßig nach ihrer Motivation für
das Projekt gefragt. Fast alle geben an, sie wollten persönlich einen Beitrag zum
Erhalt der Gedenkstätte leisten. Sie sehen in diesem Erhalt in der Regel auch
einen Beitrag gegen den Rechtsextremismus. Das wird manchen direkt bei der
Arbeit bewusst: „Ja, unser Projekt tritt dem Rechtsradikalismus entgegen, da wir

beispielsweise in diesem Jahr zu einem sehr großen Teil an der jüdischen Baracke 38 gearbeitet haben, die in den Neunzigern von Rechtsradikalen in Brand gesetzt wurde" (230/07), schreibt ein Teilnehmer. Was die Neonazis zerstören, bauen die Projektteilnehmer wieder auf; wenn die Fronten so offen liegen, ist man sich bewusst, wo man selber steht.

Das Gelernte nach außen politisch vertreten

Es gibt ein Nachtreffen der Teilnehmer, die Erfahrungen werden erneut verarbeitet und in einer Ausstellung aufbereitet, die in der Schule gezeigt wird und dort Diskussionen auslöst. So wird versucht, das Erfahrene und Gelernte zu sichern und für die weitere politische Bildung in der Schule zu nutzen. In der Laudatio des Oranienburger Toleranzpreises heißt es hierzu: „Im Anschluss an die Projektwoche stellen die Teilnehmerinnen ihr Projekt in den Berufsschulklassen vor. Begleitend wird das Thema Nationalsozialismus schwerpunktmäßig im Fach Wirtschafts- und Sozialkunde aufgegriffen. Und insbesondere in Hinblick auf aktuelle neonazistische Strömungen in der Jugendszene bearbeitet" (Stadt Oranienburg 2011, S. 12).

Das gleiche gilt von der Pressearbeit: Jedes Jahr treten Schülerinnen und Schüler in den Pressekonferenzen zum aktuellen Projektverlauf vor die Journalisten und stellen ihre Erfahrungen und Lernfortschritte zur Diskussion. Das findet teilweise noch in Sachsenhausen statt und wird in Bremen wiederholt. Sie nutzen die Gelegenheit, über die Massenmedien ihre Inhalte in die Öffentlichkeit zu tragen. Auch damit bleibt ihr Erkenntnisfortschritt nicht auf die Gruppe der Projektteilnehmenden beschränkt. Das geschieht ebenfalls bei den häufigen Treffen mit politischen Entscheidungsträgern. Fast jeder der verschiedenen Bildungssenatoren in Bremen während der langen Projektlaufzeit hat in den letzten 15 Jahren zumindest einmal den Auszubildenden bei ihrem Einsatz in Sachsenhausen einen Besuch abgestattet. Das gilt auch für das Land Brandenburg. Die Senatspräsidenten Scherf und Böhrnsen haben sich mit ihnen auseinandergesetzt und auch der bremische Parlamentspräsident Weber war zuletzt 2007 in Sachsenhausen dabei. Die Schüler und Schülerinnen suchen dabei auch stets die Auseinandersetzung mit der Politik um die Frage, wie der Staat die Erhaltung und Sanierung der Gedenkstätten sichern kann. Sie können einschätzen, wie teuer und wertvoll ihre Arbeit ist, dass sie angesichts der Sparzwänge kaum durch reguläre Bauaufträge ersetzt werden kann. „Ausstemmen der alten bröckelnden Mauerfugen und frisches Verfugen sind bei den endlos langen Mauern äußerst personalintensiv und daher unbezahlbar" (Stein/Gries 1997, S. 54), so ein Azubi in der Anfangsphase des Projekts. Andererseits stellen die Projektleiter stets dar, unter welchen finanziellen Zwängen das Projekt arbeitet, wie schwierig es ist, Sponsoren zu finden. So kommt der Bremer Bürgerschaftspräsident Weber bei seinem Projektbesuch zu folgender Aussage: „Es ist wirklich sehr beeindruckend, was die jungen Menschen hier handwerklich leisten und was sie als politisch-historischen Hintergrund an diesem Ort vermittelt bekommen" (Oranienburger Generalanzeiger v. 26.9.2007). Er nimmt also nicht nur die „unentgeltliche Arbeit", das Handeln wahr, sondern auch das Lehren und Lernen über die geschichtlichen und politischen Hintergründe. Auf dieser Basis kommt er zu einer ganz anderen Einschätzung als die politische Bildung: „Was hier geleistet wird, ist beispielhaft für schulische Bildung und Erinnerungskultur in Deutschland" (Die Norddeutsche v. 10.10.2007).

Begriffliche Leere?

Für den Tischler Heinz war die von den Nazis nicht akzeptierte Gleichheit der Menschen die eindrucksvollste Erfahrung: „Ich kann bis jetzt nicht nachvollziehen, was in einem Menschen vorgeht, wenn er in anderen nur ‚Untermenschen' sieht" (106/03). Für einen anderen Projektteilnehmer ist „meine stärkste Erinnerung an Sachsenhausen das Verstehen, dass der Mensch (Jude etc.) damals als Mensch nicht gesehen wurde, bzw. nichts wert war, außer seine Goldzähne, die nach der Hinrichtung herausgerissen wurden" (44/97). Der Trockenbauer René schreibt, ihn habe berührt, „wie man die Würde eines Menschen so dermaßen in den Wind stellen kann. Es waren schließlich auch nur Menschen mit einem anderen Glauben" (93/06). Die Holzmechanikerin Katrin erlebt in Anschauung „die Perfektion der Lagerplanung, die auf totale Überwachung und Beherrschung der Internierten abzielte. Die ganze Verachtung der nazistischen Ideologie für die Würde des Menschen wird in der Ausgestaltung des Lagers erfahrbar" (20/05). Unmittelbare Anschauung, Erläuterung der Lagerarchitektur und politische Begrifflichkeit werden hier in zwei Sätzen zusammengefasst. Inga will Erfahrungen aus Sachsenhausen „mit in den Alltag nehmen, z.B. meinen Mitmenschen, egal welcher Nationalität, mit mehr Respekt und Mitgefühl entgegen zu treten" (60/02). Der Zimmermann Christian stellt am Beispiel der Meinungsfreiheit eine Verbindung vom Nationalsozialismus zu heute her: „Wir können froh sein, dass diese Zeit vorbei ist und wir in einer Demokratie leben und nicht gleich, wenn wir eine andere Meinung haben, weggesperrt werden" (93/06). Ein Umschüler ist überzeugt, etwas gegen den Rechtsextremismus zu tun, denn „hier wird ohne Übertreibung der Darstellungen gezeigt, wohin politisch gesteuerter Rassismus führen kann. Die Stärke eines demokratischen Verständnisses sich gegen Arroganz und Unterdrückung von Minderheiten zu wehren und das Individuum anzuerkennen [...]. Meines Erachtens sollte noch mehr auf das Recht der persönlichen Freiheit und deren Anerkennung [...] hingearbeitet werden" (60/02). Katrin fasst das Lernen und die Arbeit in Sachsenhausen so zusammen: „Die Gedenkstätte ist für mich ein Mahnmal für die Menschenrechte. Dass der Schutz der Würde des Menschen, die individuelle

Freiheit und die gegenseitige Toleranz immer aufs Neue bewahrt und verteidigt werden müssen, ist für mich die eigentliche Erfahrung aus dem Projekt" (20/05). Auf unterschiedlichem intellektuellen und sprachlichen Niveau formulieren die Schüler und Schülerinnen immer wieder diese Erfahrungen und die politischen Konsequenzen, die sie daraus ziehen.

Versuch einer Bilanz nach sechzehn Jahren Projektlaufzeit

Dieser Blick quer durch die Selbsteinschätzung von Lernen und Wertebildung der beteiligten Schülerinnen und Schüler, die sich in diesen vielen und kontinuitäts-abbildenden Projektdokumentationen aufzeigen lassen, führt mich zu folgender Zusammenfassung:

- Über einen Zeitungsartikel werden Schüler und Schülerinnen der Bauberufe in Bremen mit einem Problem der „großen Politik" konfrontiert: Die KZ-Gedenk-stätte Sachsenhausen verfällt, weil der Bund und das Land Brandenburg nicht genügend Geld für die Sanierung und den polizeilichen Schutz zur Verfügung stellen. Es wird durch Anschläge von Neonazis verschärft.
- Angeleitet durch ihre Lehrkräfte beschließt eine Gruppe von Schülern und Schülerinnen, durch eigene Sanierungsarbeit einen Beitrag zur Lösung dieses politischen Problems zu leisten. Dieser Beitrag zur Sanierung, hunderte Meter restaurierter Lagermauern, Instandsetzung von Gebäuden, Anlage von Rasen-flächen etc. wird durch ihr Handeln realisiert, ist vor Ort erkennbar, wird als Beitrag zur Lösung des politischen Problems von staatlichen Stellen und gesell-schaftlichen Gruppen erkannt und respektiert.
- Dieser Beitrag zur Lösung eines politischen Problems liegt, von der Fächer-struktur der Schule aus betrachtet, nicht nur in Händen der Politiklehrkräfte. Im Gegenteil: Es ist ein Beitrag, in dem das Fach Politik natürlich eine Rolle spielt, vor allem aber auch die berufsorientierenden Fächer erheblich zum Tragen kommen. Wie bei der Lösung fast aller politischen Probleme müssen verschiedene Erkenntnisse aus verschiedenen Fachwissenschaften, an der Schu-le aus verschiedenen Fächern, in die Problemlösung einfließen. Es handelt sich also um ein fächerübergreifendes Projekt zur Lösung eines politischen Problems, in dem Politik eben praktisch gelernt wird. Dies ist bei den meisten Schulprojekten demokratischen Handelns so (Stein 2011).
- In ihrer Arbeit machen die Jugendlichen die Erfahrung, dass sie im Team, durch Kooperation verschiedener Berufe mehr erreichen, dass sie durch mehr selb-ständige Entscheidungen bei der Organisation und Durchführung der Arbeit – im Vergleich zu ihren betrieblichen Erfahrungen – ihre berufliche Kompetenz steigern und die Quantität und Qualität ihrer Arbeit erhöhen. Sie organisieren sich als Team und gewinnen damit im Rahmen ihres Projekts wichtige lebens-weltliche und demokratiebedeutsame Erfahrungen.

- Die Projektteilnehmenden müssen sich mit ihren Arbeitgebern sowie ihren Kolleginnen und Kollegen auseinandersetzen, um teilnehmen zu können, sie brauchen deren Genehmigung, besser deren Unterstützung. Sie sind eingebunden in das Finden von Sponsoren z.b. aus Unternehmen und Verbänden, um das Projekt zu finanzieren. Dazu beteiligen sie sich an der öffentlichen Darstellung der Projektziele und -inhalte in der Schule, in den Medien, gegenüber den Sponsoren. Sie gewinnen damit wichtige gesellschaftliche Erfahrungen.
- Die Schülerinnen und Schüler in Sachsenhausen arbeiten nicht nur. Ihre Arbeit ist vielmehr Anlass und Ausgangspunkt für Nachdenken und gemeinsamen Austausch über die geschichtlichen und politischen Hintergründe der Gedenkstätte. Dieser Reflexionsprozess wird unterstützt durch angeleitete Führungen, Vorträge, Ausstellungsbesuche und Diskussionen mit Zeitzeugen. Insgesamt steht das Lernen im Projekt an erster Stelle. Bei diesem Lernprozess geht es den Projektleitern insbesondere um die Erkenntnis, dass im KZ Sachsenhausen die Verletzung der Menschenwürde, der Menschenrechte und die Zerstörung der Demokratie begriffen werden kann.
- Ausgangspunkt dieses Begreifens ist die Anschauung in der Arbeits- und Lebenswelt der Azubis. Ziel des Erkenntnisprozesses ist die Sensibilisierung der Projektteilnehmenden gegenüber Diktaturen, Rechtsradikalismus und NS-Ideologie und – damit verbunden – die Förderung demokratischer Werthaltungen und des belastbaren Eintretens für die Demokratie bei den Schülerinnen und Schülern.
- In diesem Kontext arbeitet das Projekt daran, die politische Handlungsbereitschaft der Teilnehmenden von der Arbeit für den Erhalt der Gedenkstätte auszuweiten auf den Widerstand gegen rechtsextremistische Positionen in der Gesellschaft, insbesondere im jugendlichen Umfeld der Schüler/innen. Die Auseinandersetzung damit findet sich in jeder Projektdokumentation.
- Das Projekt ist im Kern kein Unterrichtsprojekt, es findet nicht in der Schule statt, auch wenn die Erfahrungen dorthin zurückgetragen, weiter verarbeitet werden und in verschiedene Schulfächer einfließen, natürlich auch in das Fach Politik. Es wird extern durchgeführt und greift in den Diskurs über die Bedeutung der Gedenkstätten ein.

Es ist ein Projekt, das „große Politik" thematisiert. Dies kommt nicht zuletzt darin zum Ausdruck, dass die Schüler und Schülerinnen ihre Erfahrungen und Ziele regelmäßig in die politische Öffentlichkeit, in die Medien und entsprechende öffentliche Veranstaltungen tragen. Dabei treten sie sehr häufig in Kontakt zu Politikern aller politischen Ebenen. Das selbstständige politische Handeln der Schülerinnen und Schüler bleibt in diesem Projekt keine Leerformel der politischen Bildung. Es manifestiert sich vielmehr in ihren Sanierungserfolgen im ehemaligen KZ Sachsenhausen und in ihren politischen Diskursbeiträgen zu dem Problem. Sie gewinnen die politisch wichtige Erfahrung, dass man selbst einen Beitrag zur

Lösung politischer Probleme leisten kann. Ein Schüler erklärt: „Seitdem (wurde) mein Interesse an Politik geweckt" (Stein/Beutel/Gries 2010, S. 45). Die vorliegende Evaluation spricht dafür, dass dies kein Einzelfall ist.

Literatur

Beutel, W./Fauser, P. (Hrsg.) (2001): Erfahrene Demokratie. Wie Politik praktisch gelernt werden kann. Opladen.

Breit, G. (2005): Demokratiepädagogik und Politikdidaktik – Gemeinsamkeiten und Unterschiede. In: Weißeno, G. (Hrsg.): Politik besser verstehen. Wiesbaden, S. 43-61.

Darmstädter Appell (1995): Aufruf zur „Reform der Politischen Bildung in der Schule"; abgedruckt in: Politische Bildung, Heft 4, S. 139-143.

Die Norddeutsche vom 10.10.2007

Generalanzeiger vom 30.09.2005

Gries, H./Stein, H.-W. (1997): Politisches Wissen durch berufliches Tun. In: Pädagogik 49, H. 7-8, S. 50-54.

Gries, H./Stein, H.-W. (2001): Politische Bildung durch handwerkliche Arbeit. In: Beutel/Fauser, S. 136-147.

Märkische Allgemeine vom 12.09.2009

Stadt Oranienburg – Der Bürgermeister (Hrsg.) (2011); Eine Dokumentation zur Verleihung des ersten Oranienburger Toleranzpreises 2010. Oranienburg.

Stein, H.-W. (2011): Es ist normal verschieden zu sein – Fächerübergreifende Projektarbeit zur Inklusion von Menschen mit Behinderungen in der Jahrgangsstufe 11 an der Bremer Gesamtschule Ost. In: Artmann, M./Herzmann; P./ Rabenstein, K. (Hrsg): Das Zusammenspiel der Fächer beim Lernen. Immenhausen, S. 213 - 234.

Stein, H.-W./Beutel, W./Gries, H. (2010): „Das ist eingebrannt". Eine Untersuchung zur Nachhaltigkeit eines Bremer Schulprojekts. In: Beutel, W./Stein, W. (Hrsg): Demokratisch Handeln in Bremen. Jena, S. 38-50.

Stein, W./Gries, H. (1997): Politische Bildung durch eigenes Tun. In: Die Deutsche Schule 89, S. 353-364.

Weser-Kurier vom 22. September 1993.

Widmaier, B./Nonnemacher, F. (2012) (Hrsg.): Unter erschwerten Bedingungen. Politische Bildung mit bildungsfernen Zielgruppen. Schwalbach/Ts.

Wolfgang Beutel

Demokratiepädagogische Praxis – Projekte demokratischen Handelns

Auf die Ausschreibung 2011 des Wettbewerbs „Förderprogramm Demokratisch Handeln" wurden 300 Projekte eingereicht, die dokumentiert werden konnten. Eine Jury hat aus diesen Bewerbungen 75 Projekte als besonders herausragend ausgewählt. Davon wurden 65 zur Abschlussveranstaltung „Lernstatt Demokratie" im Juni 2012 in die IMAGINATA Jena eingeladen, 54 Projektgruppen konnten schließlich nach Jena kommen. Dort haben Schülerinnen und Schüler mit ihren Lehrkräften die Projekte präsentiert und diskutiert. Hier wird von dieser Vielfalt demokratiepädagogischer Lern- und Engagementerfahrung eine Auswahl von zehn Projekten vorgestellt. Diese Projekte repräsentieren die Breite möglicher Themen, Handlungsformen und auch Akteure – also Schularten und Schulformen sowie außerschulischer Einrichtungen und Initiativen.

Die nachfolgenden kompakten Porträts sollen einen Eindruck von den Chancen, natürlich auch von den Grenzen dieser Projekte demokratischen Handelns widerspiegeln. Sie sollen Anschaulichkeit und Anregungskraft zugespitzt vermitteln. Dass damit durch die Darstellung ein enger Rahmen für die meist sehr komplexen projektdidaktischen und schulischen Wirkungskontexte gezogen ist, liegt auf der Hand. Die Texte beruhen auf den von den Schulen bzw. den Projektgruppen eingesandten Dokumentationen, die als individuell gestaltete schriftliche Berichte mit ergänzendem Dokumentationsmaterial (Presse, Fotos, Videos, neue Medien wie CD-ROM-Dokumentationen, PowerPoint-Präsentationen etc.) vorgelegt worden sind. Sie wurden – soweit möglich – mit dem jeweiligen Einsender abgestimmt und basieren damit in der Regel auf einer mit den Projektverantwortlichen geteilten Sichtweise.

Bei den Entwürfen und der redaktionellen Bearbeitung dieser Projektskizzen haben in den Erstfassungen viele studentische Mitarbeiterinnen und Mitarbeiter des Förderprogramms Demokratisch Handeln mitgewirkt. Allen an dieser Arbeit Beteiligten, besonders aber den Schülerinnen und Schülern sowie den die Projekte betreuenden Lehrkräften der Projektschulen, die die hierfür zugrunde liegenden Dokumentationen zusammen gestellt haben, gilt unser besonderer Dank.

Handy Recycling – Für die Umwelt und einen guten Zweck

Die Schülerinnen und Schüler der Klasse 8a der Stadtteilschule Hamburg-Stellingen entwickeln im Gesellschaftsunterricht ein Projekt zum Recycling von alten Handys. Mit dem Erlös von einem Euro pro Handy unterstützen sie drei verschiedene soziale Projekte.

Als die Jugendlichen das Thema „Ökologie – Recycling" im Themenfeld „Gesellschaft" behandeln, finden sie heraus, dass in gebrauchten und ausgesonderten Handys nicht nur schädliche Giftstoffe, sondern vor allem auch wertvolle Edelmetalle enthalten sind. Da Handys deshalb nicht in den Restmüll geraten dürfen, konzipieren sie eine Kampagne gegen die unsachgemäße Handy-Entsorgung. Sie wollen damit einerseits die Öffentlichkeit über die Gefahren einer nicht sachgerechten Entsorgung und über den Recyclingprozess selbst aufklären. Andererseits verwirklichen sie damit ihre Idee, alte oder defekte Handys zu sammeln und dem Recycling-Prozess zuzuführen, um mit dem zu erzielenden Geld-Erlös ein soziales Projekt zu unterstützen.

Zunächst recherchieren sie ein entsprechendes Recycling-Unternehmen. Über die Stadtreinigung wird ihnen die Firma „AURUBIS" empfohlen, das weltweit größte Kupfer-Recycling-Unternehmen. Um den Aufbau ihrer Umwelt-Kampagne zu finanzieren, stellen die Jugendlichen einen Förderantrag beim „Jugendumweltgipfel". Obwohl sie erst mit dem Hamburger Recycling-Unternehmen kooperieren wollen, entscheiden sie sich schließlich dafür, die gesammelten Handys bei der Stadtreinigung abzugeben, die ihrerseits Mobiltelefone über das Unternehmen Vodafone entsorgt. Denn von dieser Entscheidung ist die „StartUp"-Förderung abhängig – immerhin rund 1.700 Euro. Sie werden zudem vom Landesinstitut für Lehrerbildung und Schulentwicklung unterstützt.

Im nächsten Schritt entwerfen die Jugendlichen gemeinsam mit einem Grafiker Flyer, Aufkleber und Plakate. In den Schulferien stellen sie 150 Recycling-Boxen her, in denen sie die Handys sammeln wollen. Als Kooperationspartner kann die Hamburger Drogeriekette „Budnikowsky" und die Bäckerei „Nur Hier" gewonnen werden. Beide Betriebe stellen in ihren stadtweit verbreiteten Filialen die Recycling-Boxen auf.

Die Schüler und Schülerinnen wollen das Projekt schnell nicht nur auf ihr Umfeld begrenzen, sondern auf ganz Hamburg ausdehnen. Als Schirmherr gewinnen sie den Ersten Bürgermeister Hamburgs, Olaf Scholz. Um weitere Öffentlichkeit für ihre Aktion zu gewinnen, präsentieren die Jugendlichen ihr Anliegen auch auf dem Jugendumweltgipfel sowie dem „Umwelthauptstadt Dialog". Die Schülergruppe sieht ihr Projekt als zeitoffen an, sie will weiter auf Nachhaltigkeit sowie auf die große, derzeit noch eher „verborgene" ökologische Dimension des Handy-Konsums aufmerksam machen. Im September 2011 sind die Recycling-Boxen zunächst eingesammelt worden. Der Erlös von einem Euro pro Handy gelangt zu je einem Drittel an die Hamburger Tafel, an den Verein „Kinder helfen Kindern e.v." und an ein Gymnasium in Sarajevo, mit dem ein Schüleraustauschprojekt besteht.

Den Schülerinnen und Schülern gelingt es, auf ein bisher wenig beachtetes, gleichwohl zentrales ökologisches Problem im Umgang der gegenwärtigen Medientechnik aufmerksam zu machen. Sie entfalten eine beachtliche Initiative und sind federführend in der Durchführung der Aktion. Durch ihre bemerkenswerte Öffentlichkeitsarbeit können sie Kooperationspartner in Wirtschaft und Politik gewinnen sowie eine breite Öffentlichkeit erreichen.

Kontaktadresse: Stadtteilschule Stellingen, Brehmweg 60, 22527 Hamburg, Mail: stadtteilschule-stellingen@bsb.hamburg.de, www.stadtteilschule-stellingen.de (3/11)[1]

Schülerrat und Kinderbüfett

Parallel zur Neugestaltung des Schulhofes der Heiligenbergschule, einer Grundschule in Felsberg/Schwalm-Eder-Kreis, Hessen, entwickeln sich innovative demokratische Ansätze. So wird ein Schülerrat gegründet. Im Oktober 2011 organisiert dieser ein Kinderbüfett für alle Schülerinnen und Schüler. Von Februar 2010 bis April/Mai 2011 wird das Schulgebäude grundlegend saniert. Im Zuge dieser Bauarbeiten kommt es zu einer Neugestaltung des Schulhofes. Dabei ist mit allen an der Schule Beteiligten ein Schulhofplan erstellt worden, der auf der Diskussion in Lehrerkonferenzen, in einer Projektgruppe (Eltern, Lehrkräfte, Personen aus der Stadtverwaltung und der Kreisverwaltung) sowie auf den Wünschen der Schülerinnen und Schüler basiert.

Im Vorfeld tagen mehrfach die Vertreter aller Klassen, es werden Umfragen durchgeführt, Zeichnungen angefertigt und eine Präsentation erstellt. Die Zusammentreffen sind zunächst unregelmäßig und die teilnehmenden Kinder wechseln häufig. Gegen Ende des Schuljahres entsteht der Wunsch, hier Kontinuität zu entwickeln: Regelmäßige Treffen werden eingeführt, neue und ergänzende Projekte entwickelt.

Seit dem Schuljahr 2011/12 gibt es nun einen fest installierten Schülerrat, zu dem jede Klasse zwei Kinder entsendet und der sich einmal im Monat trifft. Ein erstes Projekt findet sich schnell: Anlässlich der offiziellen Übergabe des sanierten und renovierten Schulgebäudes wird für die geladenen Gäste ein Büfett angeboten. Viele Kinder fragen nach, ob dieses auch für die Schüler gedacht sei – was leider nicht der Fall ist. Daraufhin organisiert die Schule für den kommenden

---

1 Projektnummer im Archiv des Förderprogramms Demokratisch Handeln, setzt sich zusammen aus der lfd. Nr. (hier: 3) und dem Schlüssel für das Ausschreibungsjahr (11 hier für 2011)

Tag ein Kinderbüfett für alle 320 Schüler. Die Kinder sind begeistert und wollen diese Aktion wiederholen. Die Idee des Kinderbüfetts ist geboren und wird anlässlich der ersten Schülerratssitzung selbst zu einem Projekt. Künftig soll das Kinderbüfett einmal im Vierteljahr angeboten werden, möglichst ein Projektthema oder einen schulischen Anlass ergänzend. Das erste Kinderbüfett übernimmt der Jahrgang 4 als Pilotprojekt unter dem Motto „Herbst und Erntedank". Die Beteiligten sind schon jetzt sehr gespannt, welche neuen Interessenschwerpunkte sich ergeben werden.

Bemerkenswert ist der Aspekt des Perspektivenwechsels bei der Vorbereitung eines Büfetts, das zunächst ohne die Kinder durchgeführt wird, von ihnen selbst aber in Blick auf ihre Beteiligung hinterfragt und zum Auslöser für eine eigene Büfettveranstaltung wird. Bedeutsam für die Etablierung stabiler Partizipationsstrukturen ist letztlich die Tatsache, dass der innerhalb des gesamten Renovierungsprozesses entstandene Gesprächs- und Abstimmungsbedarf zu einem kontinuierlich arbeitenden Schülerrat führt. Das Projekt belegt auf exemplarische Weise, wie ein vermeintlich demokratieferner Anlass wie eine Gebäuderenovierung ein Ensemble an Gelegenheiten etabliert, die zunächst partiell aufgegriffen, sich in ihrer Wirkung verstärken und eine Partizipationskultur fördern können.

Kontaktadresse: Heiligenbergschule – Grundschule mit Abteilung Sprachheilschule, Beuernsche Straße 38, 34587 Felsberg, schulleitung@g.gensungen.schulverwaltung.hessen.de, www.heiligenbergschule.de (8/11)

„Stay tolerant – What else?"

Wie können junge Menschen durch unser Bildungssystem auf die Herausforderungen des Lebens möglichst optimal vorbereitet werden? So lautet die Frage, mit der sich die Schülervertretung am Goethe-Gymnasium Bensheim auseinandersetzt. „Kompetenzorientiertes Lernen" ist eine ihrer Antworten. Die Grundannahme der Jugendlichen: Die Bereitschaft, sich am Lernen und der Schule intensiv zu beteiligen und sich dabei für seine eigenen, aber auch für die Bedürfnisse anderer einzusetzen, basiert auf Engagement und praktischem Tun. Mit ihrer Veranstaltungsreihe „Stay tolerant – What else?" geben die Schülervertreterinnen und -vertreter in der Zeit vom 2. bis 20. Mai 2011 ihren Mitschülerinnen und Mitschülern die Gelegenheit, in über 20 Workshops diesem Ziel näher zu kommen.

Ausgehend von der im Vorjahr durchgeführten Projektzeit „Für Zivilcourage und Toleranz" hat sich die Schulgemeinde des Goethe-Gymnasiums um die Aufnahme in das Netzwerk „Schule ohne Rassismus – Schule mit Courage" beworben und im Rahmen ihrer damaligen Projekte bereits einen Beitrag gegen Diskriminierung, Gewalt und Vorurteile geleistet. Diesen Ansatz wollen die Jugendlichen fortführen und festigen.

Mehr als 850 Schülerinnen und Schüler nehmen das Veranstaltungsangebot wahr. Sie setzen sich u.a. in einem Planspiel über Macht, Diskriminierung und gesellschaftliche Veränderungen und dem Workshop „Stammtischparolen - wie kann man ihnen begegnen" interaktiv mit den Themen Ausgrenzung versus Integration auseinander. In weiteren Arbeitskreisen werden individuelle Erfahrungen mit Demokratie, Alltagsrassismus in Deutschland, Diskriminierung von Homosexuellen und das Verständnis für Menschen mit Behinderungen in unserer Gesellschaft aufgegriffen. Mit einer Evaluation und Festveranstaltung, bei der die Aufnahme in das Netzwerk „Schule ohne Rassismus – Schule mit Courage" gefeiert wird, endet die von der Schülervertretung organisierte Projektzeit.

In den nachfolgenden Schuljahren will die Schülervertretung mit verschiedenen Projekten an diesem Thema weiter arbeiten. Transparenz und Offenheit sind Teil des Projektes: Mehrmals wurden während der Planungsphase und der Umsetzung des Projektes Evaluationen durchgeführt, wodurch die gesamte Schülerschaft in den Projektablauf mit einbezogen wurde.

Kontaktadresse: Goethegymnasium, Auerbacher Weg 24, 64625 Bensheim, goethe-gymnasium@kreis-bergstrasse.de, www.goethe-gymnasium.bensheim (52/11)

TAU – der Umsonst-Laden an der Grundschule im Beerwinkel

Schülerinnen und Schüler der Berliner Grundschule im Beerwinkel betreiben den Umsonstladen TAU. Geführt wird er durch eine eigens gegründete Schülerfirma. Der Umsonstladen ist ein Geschäft, in dem Gebrauchtwaren aus verschiedenen Bereichen zum Tausch angeboten werden. Es wird kein Gewinn erzielt.

In den letzten Jahren hat sich das Umfeld der Schule, die in einem sozialen Brennpunkt Berlins liegt, stark gewandelt. Mehr als die Hälfte der Schülerschaft stammt aus Familien mit Migrationshintergrund bzw. ist Empfänger staatlicher Leistungen. Auf diese Entwicklung versucht die Schule mit besonderen Angeboten zu reagieren: Der Sportbereich wird gestärkt, die jährliche Englandreise einer Schülergruppe wird - trotz aller finanziellen Engpässe - aufrechterhalten. Die Schule wird kontinuierlich als Umweltschule profiliert - mit abwechslungsreichen Aktionen, Projekten und Wettbewerben. In der Projektarbeit wird zunehmend mehr Wert gelegt auf das selbstständige Erarbeiten, Aufrechterhalten und Weiterentwickeln von Themen und Ideen der Schülerschaft.

Der Umsonstladen ist aus dem aktuellen COMENIUS-Projekt „Trading Today for Tomorrow" entstanden. Anregungen zu einem solchen formalisierten Tauschhandel bekam die Schule durch eine studentische Initiative an der TU Berlin. Um das Projekt umzusetzen, wird im Mai 2011 eine Schülerfirma gegründet. Mit einer Stammgruppe von zwölf Kindern startet die Initiative. Die Lehrenden sehen sich selbst als Beratende. Ansonsten wird der Laden von den Heranwachsenden selbstständig verwaltet, betreut und geleitet. Ein starkes Element in der Organisationsform des Projektes ist die Schülerversammlung. Die Schule stellt einen geeigneten Raum, Regale und Schränke zur Verfügung. Die ersten Waren werden aus Spenden zusammengestellt präsentiert. Die Kinder finden einen Namen für ihren Laden: TAU – das Akronym steht für „Tausch-Aus-Umsonst". Geworben wird mittels selbstgestalteter Plakate. Die Eröffnungsfeier findet am 26. August 2011 statt. Seither ist der Laden jeden Donnerstag und Freitag geöffnet. Daneben finden außerordentliche Besuche durch den Hort und einzelne Schulklassen statt. Weitere Aktionen sind für die Zukunft geplant: Vorlesen im TAU, Spielenachmittage, Reparieren von Umsonst-Gegenständen. Seit seiner Eröffnung erfreut sich TAU großer Beliebtheit. Aufgrund der Nachfrage wird dann die Öffnungszeit am Freitag um eine halbe Stunde verlängert. Auch weitere Aktivitäten entfalten sich im Umfeld dieser Initiative: Projekte zum Umgang mit Müll, zum Klimawandel, zum Energiesparen und zur Nutzung des Schulgartens.

Projektentwicklung, -durchführung und die weitere Zukunftsplanung sind schülerorientiert. Hierzu trägt auch der inhaltliche Kern des Projekts bei – nutzbare Dinge in einen Tauschkreislauf bei Menschen zu bringen, die sich meist nicht am Konsumprozess der Gesellschaft beteiligen können. Er thematisiert zugleich Aspekte der lebensumfeldbezogenen Spannung zwischen Armut und Reichtum in unserer Gesellschaft.

Kontaktadresse: Grundschule im Beerwinkel, Im Spektefeld 31, 13589 Berlin, Mail: Grundschule_im_Beerwinkel.cids@t-online.de, www.beerwinkel.de (59/11)

Das AKW-Projekt

Die Schülerinnen des St. Ursula Gymnasiums in Aachen setzen sich unter dem Eindruck der Atomkatastrophe im Frühjahr 2011 in Japan für einheitliche Sicherheitsstandards von Kernkraftwerken in ganz Europa ein. Dazu führen sie zahlreiche Gespräche mit Wissenschaftlern und Politikern auf bundes- sowie europapolitischer Ebene. Zudem sammeln sie Spenden für Schülerinnen und Schüler in der Schule einer befreundeten Ordensgemeinschaft in Japan.

Die Kinder der Klasse 6c wollen es aber nicht bei einer karitativen Aktion belassen. Das Projektanliegen geht ins Grundsätzliche der Technikfolgenabschätzung bei Kernenergie: Sie setzen sie sich mit den Gefahren der Atomkraft auseinander und gründen eine Arbeitsgemeinschaft AKW. Dieser schließen sich auch ältere Schülerinnen an. In der AG-AKW soll eine Expertise dazu recherchiert und aufgebaut werden, wie sicher Kernkraftwerke sind, um abschätzen zu können, welche Schwachstellen der Technik kontinuierlich öffentlich debattiert werden müssen. Dabei konzentrieren sich die Schülerinnen auf das geografisch naheliegende belgische Kernkraftwerk in Tihange.

In vielen Podiumsdiskussionen mit Wissenschaftlern sowie Politikern auf Bundes- und Europaebene thematisieren sie die Sicherheit Aachens bei einem möglichen Reaktorunfall. Ein Experte, Professor für Reaktorsicherheit und -technik der RWTH Aachen, hat Informationen des Kraftwerks Tihange ausgewertet und kommt zu dem Schluss, dass es sicher sei. Doch die jungen Frauen beruhigt das wenig.

Sie fordern in einem schriftlichen Appell an das Europaparlament einheitliche Sicherheitsstandards für alle Atomkraftwerke innerhalb der EU und die Abschaltung älterer Reaktoren. Die Jugendlichen bekommen die Chance, ihr Anliegen im November 2011 im Bundeskanzleramt vorzustellen. In vorweggehenden Gesprächen mit Experten aus dem Bundesministerium für Umwelt, Naturschutz und Reaktorsicherheit stellen die Schülerinnen zahlreiche Fragen und besprechen den weiteren Weg ihres Appells.

Am St. Ursula Gymnasium ist es Tradition, regelmäßig eine nach Klassenstufen aufgeteilte Versammlung vor allen Schülerinnen zu halten, um wichtige Informationen des Schullebens auszutauschen. Ende November 2011 berichten dort die Mitglieder der AKW-Arbeitsgruppe von ihren Unternehmungen und Erfolgen. Dabei stoßen sie auf großen Zuspruch unter ihren Mitschülerinnen. Das auf Partizipation und Deliberation angelegte Projekt der Schülerinnen stärkt nicht nur deren Gesprächsfähigkeit, sondern auch ihre politischen Kompetenzen.

Kontaktadresse: St. Ursula Gymnasium, Bergdriesch 32-36, 52062 Aachen, Mail: mittelstufe@st-ursula-aachen.de, www.st-ursula-aachen.de (93/11)

Politik als Schulfach – Eine Schülerinitiative

„Wir fordern Sozialkunde und Geschichte getrennt zu benoten, um eine Einhaltung des Lehrplanes und somit eine politische Grundlage zu gewährleisten. Jeder Jugendliche, der später auch die Chance haben wird, zu wählen, soll im Rahmen des Schulunterrichts die Grundlagen erhalten, sich politisch informieren und weiterbilden zu können.“ So stellt sich die Initiative „Politik als Schulfach" auf ihrer Webseite vor. Die Jugendlichen verschiedener Schulen aus Berlin Steglitz-Zehlendorf haben sich seit Mai 2010 mit ihren Aktionen an die Öffentlichkeit gewendet, um mehr und fachlich verlässliche politische Bildung zu fordern und zugleich die Bildungspolitik des Landes herauszufordern.

Auslöser der Initiative ist die Wahrnehmung schlechter politischer Informationsgrundlagen in der eigenen Altersgruppe, bei Freunden und Peers. Bei diesem Projekt verbinden sich verschiedene Wahrnehmungen: „Fest steht: Zu viele 16-Jährige wissen zu wenig. Aus der 10. Klasse beispielsweise schreibt jemand, die KPD sei ‚rechts' gewesen und in der 11. Klasse wissen über 50% nicht, was die Erst- bzw. Zweitstimme bei der Bundestagswahl ist. Wie soll jemand unsere Politik mitbestimmen, der nicht genau weiß, was ein Direktkandidat ist? Eine Debatte, die gerade jetzt, wo eine Senkung des Wahlalters für Kommunalwahlen auf 16 Jahre diskutiert wird, aktuell wird" sagt die Gründergruppe der Initiative – und weiter: „Wir sind nicht gegen die Senkung des Wahlalters, sondern für die Aufklärung vor dem Handeln!"

Die Initiative realisiert verschiedene Ideen, um ihr Vorhaben in die Öffentlichkeit zu tragen. Eine eigene Website wird eingerichtet und bis heute stetig aktualisiert. Die Schülerinnen und Schüler verteilen Flyer und nutzen die social-media-Plattform Facebook. Sie erreichen eine gute Presse- und Medienresonanz. Außerdem sprechen die Jugendlichen mit Lokalpolitikern sowie Mitgliedern des Landesschulbeirates. Ferner sind sie bei Bezirkselternausschüssen eingeladen.

Ihr Engagement bewirkt, dass der Direktor einer Schule nach dem Erscheinen ihres Artikels in der Presse das Wahlpflichtfach Politik einrichtet, während an einer anderen Schule bei der Umsetzung der Lehrpläne in Geschichte und Sozialkunde auf eine adäquate Berücksichtigung politischer Themen geachtet wird. Bei den Diskussionen auf den regelmäßigen Treffen kommt insgesamt die Herausforderung des politischen Desinteresses und der Politikverdrossenheit in den Blick. Über weitere Initiativen wird nachgedacht. Die Initiative zeigt auf, dass fächerübergreifender Unterricht – der viele Chancen enthält – seitens der Lehrkräfte nicht im Sinne fachlich politischer Bildung genutzt wird.

Bemerkenswert ist, dass die Landespolitik hier mit effektiv öffentlich vorgetragenen Forderungen von Schülerseite konfrontiert wird, die sonst – wenn überhaupt – in Pressefeuilletons und pädagogischen Fachverbandsforderungen zu lesen sind: Dieses Projekt geht dagegen vollständig auf die Eigeninitiative von Jugendlichen zurück. Es spricht alle unmittelbar an der politischen Bildung beteiligten Personen und Institutionen an und ruft diese zum Handeln auf. Es hat so nicht nur Aufforderungscharakter für andere Schulen, sondern auch den Verantwortlichen und Personen des öffentlichen Lebens gegenüber.

Kontaktadresse: Kinder- und Jugendbüro Steglitz-Zehlendorf, Berlin, Mail: info@ politik-als-schulfach.de, www.politik-als-schulfach.de (142/11)

Erste Hilfe für Afrika!

Mit diesem Projekt beteiligt sich die Robert-Bosch-Gesamtschule in Hildesheim am Bau einer Krankenstation für das Massaidorf Lekirumuni in Tansania. Sie kooperiert mit der Katholischen Kirche und den Menschen vor Ort und wirbt für eine bessere medizinische Versorgung der Bevölkerung. Zudem engagiert sie sich im Kampf gegen die Genitalverstümmelung bei Mädchen. Das Projekt findet im Kontext des 40-jährigen Schuljubiläums statt und spiegelt zentrale Werte der Hildesheimer Gesamtschule wider: den Einsatz für Toleranz, Menschenrechte und Völkerverständigung. Ziel ist es, 90 000 Euro aufzubringen, damit die Krankenstation zu bauen und nach Fertigstellung zu deren laufenden Kosten beizutragen.

Das Projekt hat eine mehrjährige Geschichte: Bereits im September 2009 entsteht die AG Frauen- und Mädchenrechte als Initiative von Schülerinnen der Oberstufe und einer Lehrerin. Die Beteiligten erarbeiten sich grundlegende Informationen und Hintergrundwissen zum Thema Genitalverstümmelung. Sie zeigen den Film „Wüstenblume" an der Schule, um ihre Mitschülerinnen und Mitschüler für dieses Problem zu sensibilisieren. Sie organisieren eine Unterschriftenaktion, die sich dafür einsetzt, die Behandlungskosten der Folgen weiblicher Genitalverstümmelung in den Katalog der Krankenkassen einzusetzen. Sie organisieren Spendenaktionen zugunsten von „Terre des Femmes" und des Vereins „Raffael". Im März 2011 führt die AG eine szenische Lesung bei einer öffentlichen Veranstaltung in der City-Kirche auf. In mehreren Theaterworkshops proben die Schülerinnen und Schüler die Lesung und erarbeiten ergänzende Texte zum Thema. Parallel bereiten drei Kunstkurse, verschiedene Klassen, der Politik-Wirtschaftskurs des 13. Jahrgangs und die UNESCO-Koordinatorin eine Ausstellung im Eingangsbereich der Schule vor, die detailliert über das Projekt, seine Hintergründe und Fortschritte berichtet. Im Mai 2011 organisiert der Fachbereich Sport einen Sponsorenlauf, an dem die Schülerinnen und Schüler der Jahrgänge 5 bis 12 und viele Lehrkräfte teilnehmen und gemeinsam eine Summe von 29.000 Euro erlaufen.

Im Herbst 2011 fährt eine Delegation von Eltern, Schülerinnen und Schülern sowie Lehrkräften nach Tansania, um die Baufortschritte zu begutachten. Den Besuch dokumentieren die Beteiligten in einer Broschüre, die detailliert auf das Projekt, die Kosten und Kooperationspartner eingeht, aber auch auf die schwierigen Lebensbedingungen vor Ort sowie die immer noch verbreitete Praxis der Genitalverstümmelung. Gegenwärtig baut die Schule eine AG aus Schülerinnen und Schülern der Jahrgänge 10 und 11 auf. Aus dieser Gruppe sollen bis zu 20 Jugendliche im Herbst 2012 nach Tansania reisen. Sie werden dort Kontakt zu einer Grundschule aufnehmen, in der Krankenstation arbeiten und in Zusammenarbeit mit der Organisation „Network Against Female Genital Mutilation" Aufklärungsarbeit gegen Genitalverstümmelung betreiben.

Mit hohem Engagement und vielen Ideen verfolgen die Jugendlichen intensiv und konstant ihre praktischen entwicklungspolitischen Ziele. Das Projekt konkretisiert auf anschauliche und Schülergenerationen übergreifende Art und Weise ein vor Ort wirksames Eintreten für eine aufgeklärte Menschenrechts-Praxis in Afrika.

Kontaktadresse: Robert-Bosch-Gesamtschule, Richthofenstraße 37, 31137 Hildesheim, Mail: rbg@schulen-hildesheim.de, www.robert-bosch-gesamtschule.de
(164/11)

Steine des Anstoßes

Die AG „Steine des Anstoßes" der Ida-Ehre-Gesamtschule aus Hamburg befasst sich mit dem Schicksal von jüdischen Kindern, die zur Zeit des Nationalsozialismus auf diese Schule gegangen sind. Die Schülerinnen und Schüler der AG nehmen Kontakt zu Überlebenden auf, rekonstruieren Biografien und pflegen mit diesem Projekt eine Kultur des Erinnerns an ihrer Schule.

Der Hintergrund: Im Jahr 1934 gingen etwa 50 jüdische Schülerinnen und Schüler auf die frühere Jahn-Schule, die den Namen Ida-Ehre-Gesamtschule erst im Jahre 2000 erhalten hat. Trotz des Aufenthalts der jüdischen Schülerinnen und Schüler ist in einer Festschrift zum damaligen Schuljubiläum dazu aufgerufen worden, die Aufnahme jüdischer Kinder an der Jahn-Schule zu vermeiden. Die Mitglieder der AG – Schülerinnen und Schüler der Klassen 10 bis 13 – fragen sich nun heute, was mit diesen Kindern damals geschehen ist.

Um diese Geschichte darzustellen, suchen sie in Archiven nach Dokumenten zu ihrer Schule und recherchieren Zeitzeugenadressen. Anhand ihrer Recherchearbeiten haben die Jugendlichen schnell eine Liste mit 170 Namen erstellt. Diese Liste vergleichen sie mit bereits bestehenden Opferlisten. Tatsächlich befinden sich 14 Namen von jüdischen Schülerinnen und Schülern der Jahn-Schule auf den Listen. Inzwischen besteht Kontakt zu zehn jüdischen Ehemaligen, mit denen Gespräche und Interviews geführt sowie Mails ausgetauscht werden.

Darüber hinaus erreichen die Engagierten die Verlegung eines Stolpersteines für Renate Freimuth, eine ehemalige jüdische Schülerin. Für sie wird eine Biografie erarbeitet und eine Gedenkfeier veranstaltet. Für den weiteren Verlauf des Projekts hat die AG ein Spektrum an Ideen. So sollen aus dem Projekt heraus Unterrichtsmaterialien für die heutige Schülerschaft erarbeitet werden. Die Schülerinnen und Schüler der AG wollen weitere Nachforschungen anregen, um eine profilierte Erinnerungskultur an die Verbrechen der NS-Zeit zu etablieren. Geplant sind dazu eine Reise in die Gedenkstätten der Gettos von Lodz und Chelmno, denn dies waren die letzten Lebensstationen von Renate Freimuth. Das seit 2009 bestehende Projekt wird vom Ida-Ehre-Kulturverein unterstützt. Beim Wettbewerb „Anstiften" der Körber-Stiftung wurde es als Preisträger ausgezeichnet.

Bemerkenswert ist die langfristige Anlage und Wirksamkeit des Projekts. Die Erarbeitung von Unterrichtsmaterialien stärkt die Nachhaltigkeit dieser Arbeiten und das Schulklima.

Kontaktadresse: Ida-Ehre-Gesamtschule, Bogenstraße 34-36, 20144 Hamburg, www.idaehregesamtschule.de (220/11)

Schülerbegegnungsprojekt Auschwitz 2011

„Remembering the Past – Building Bridges for the Future". Sich an die Vergangenheit zu erinnern bildet Brücken für die Zukunft, so lautet das Motto dieser Schule in Wurzen. Dort setzen sich Jugendliche im Rahmen mehrerer Austauschprojekte mit polnischen sowie israelischen Schülerinnen und Schülern mit den Themen „Nationalsozialismus", „Holocaust", „Zwangsarbeit" und „Menschenrechte" auseinander – keinesfalls eine Selbstverständlichkeit im berufsbildenden Schulwesen!

Der Hintergrund: In den 1990er-Jahren haben sich an der Berufsschule zunehmend rechtsextreme Einstellungen unter den Jugendlichen verbreitet. Lehrerinnen und Lehrer versuchen, dieser Entwicklung zunächst mit didaktischen Anstrengungen entgegenzuwirken. Seit 2006 gibt es daher eine Kooperation mit Berufsbildenden Schulen aus Olkusz/Polen. Zweimal im Jahr treffen sich deutsche und polnische Jugendliche, um sich intensiv mit dem Thema „Nationalsozialismus" auseinanderzusetzen. Dafür pflegen sie Gräber jüdischer und polnischer Zwangsarbeiter der Hasag-Werke – einem Rüstungsbetrieb mit vielen Fertigungsstätten im Raum Leipzig, in dem ab 1944 systematisch Zwangsarbeiterinnen und Zwangsarbeiter eingesetzt und ausgebeutet wurden. Die Schülerinnen und Schüler beschäftigen sich mit der Geschichte der Zwangsarbeit im Nationalsozialismus durch Quellenstudien, Zeitzeugengespräche und die Erkundung von Gedenkstätten. Der Oberbürgermeister von Wurzen unterstützt das Projekt und übernimmt die Schirmherrschaft. Je mehr Schüler und Schülerinnen sich an dem Austausch beteiligen, umso kreativer werden die Produkte des Projekts. So erstellen sie bei den Begegnungen thematische Graffitis und Plakate, organisieren und eröffnen im Stadthaus Wurzen eine Fotoausstellung über ihre Projekterfahrung in Auschwitz-Birkenau und produzieren einen Rap-Song zum Thema Menschenrechte, den sie bei der Anne-Frank-Ausstellung in Grimma aufführen.

Die Klassen der Gärtner- und Landwirte erweitern das Projekt und beschäftigen sich mit der Zwangsarbeit in Landwirtschaft und Gartenbau. Zudem stellen sie einen engen Kontakt zu israelischen Jugendlichen her und organisieren ein weiteres Austauschprojekt. Bei gegenseitigen Besuchen in Deutschland und Israel thematisieren sie den Holocaust, besichtigen Garten- und Landwirtschaftsbetriebe sowie Synagogen und stellen gemeinsam traditionelle Zeremonien nach. Während des Austausches sind die Jugendlichen bei Gastfamilien untergebracht.

Ihre Projekterfahrungen präsentieren die Berufsschüler und -schülerinnen auf der Schul-Homepage, erstellen eine Fotowand im Foyer der Schulhäuser, produzieren einen Film und veröffentlichen zahlreiche Artikel in regionalen Zeitungen. In einem Nachfolgeprojekt ist der Austausch zwischen polnischen, israelischen und deutschen Jugendlichen vorgesehen. Schon jetzt kann festgehalten werden, dass sich durch die Projektarbeit das Schulklima nachhaltig verbessert und Ansätze für ein kritisches Bewusstsein gegenüber rechtsradikalen Einstellungen sichtbar sind. Das Projekt erreicht in den regionalen Medien viel Aufmerksamkeit.

Kontaktadresse: Berufliches Schulzentrum, Straße des Friedens 12, 04808 Wurzen bsz.wurzen@gmx.de, www.bsz-wurzen.de (283/11)

In Marl angekommen?!

Anlässlich des 75-jährigen Stadtjubiläums entwickeln Schülerinnen und Schüler aus drei Schulen der nordwestlichen Ruhrgebietskommune Marl ein Projekt über die Migrationsgeschichte der Stadt. Das Albert-Schweitzer-Gymnasium, das Gymnasium im Loekamp und die Willi-Brandt-Gesamtschule werden im Fach „Sozialwissenschaften" aktiv. Zentrale Methode hierbei ist die Biografieforschung. Hintergrund des Projekts ist die Problematisierung von Migration, Fremdheit und Heimat und die damit verbundene Erfahrung, dass die meisten Familien in ihrer jeweiligen Heimat einmal „Fremde" waren.

Die Jugendlichen setzen sich im Verlauf des Projektes mit ihrer eigenen Biografie, aber auch mit Biografien von Mitbürgerinnen und Mitbürgern auseinander. Das einjährige Projekt setzt drei Schwerpunkte: Zunächst werfen die Jugendlichen einen Blick auf ihre eigene Vergangenheit und erforschen ihre Herkunft. Dabei wird ihnen oftmals bewusst, dass sie selbst einen Migrationshintergrund haben. In dieser Phase entstehen Stammbäume der Familien auf Plakaten. Der zweite Schwerpunkt des Projekts ist auf die Wahrnehmung der Gegenwart gerichtet und wird durch die Frage „In Marl angekommen?" bestimmt. Dazu kommen die jungen Forscherinnen und Forscher in ein Gespräch mit von ihnen ausgewählten Personen aus Marl. Sie befragen sie zu ihrer Herkunftsgeschichte und gestalten darauf basierende biografische Porträts. Ein weiterer Teil der Projektgruppe befasst sich zudem mit der Zuwanderungsgeschichte von Marl, die als expandierender Kohlezechen-Standort seit dem 19. Jahrhundert Arbeitsmigration erforderte. Auch dazu führen sie Experteninterviews durch. Ihre Ergebnisse verarbeiten die Jugendlichen abschließend in einem Kreativworkshop in Form von Kurzgeschichten und in einem Comic zum Thema „Migration", in Fotos und Bildern sowie in sogenannten „Schachtelmuseen". Insbesondere mit diesen zeigen sie, welches Bild sie von ihrer Stadt haben und machen die Vielfalt der Kulturen deutlich. Der dritte Schwerpunkt des Projektes umfasst die Auswertung der Interviews sowie der im Projekt entstandenen Fotos und Bilder. Anhand der Frage, welche Perspektiven die Stadt Marl für die Befragten zukünftig bietet, werden positive Aspekte der Integration hervorgehoben bzw. Probleme und Defizite angesprochen. Ihre Arbeitsschritte und Aktivitäten präsentieren die Jugendlichen seit Beginn des Projektes auf verschiedenen Veranstaltungen einer breiten Öffentlichkeit: Sie sind 2011 zu Gast auf dem Abrahamsfest und dem Marler Stadtjubiläum. Sie werden vom Bundespräsidenten zur Veranstaltung „Weißt du, wer ich bin?" eingeladen. Derzeit werden die Projektergebnisse in einem Buch gebündelt, das im „Klartext"-Verlag erscheinen wird. Das Projekt verfolgt den vertiefenden Anspruch, Fremdheit als Kategorie der Ab- oder gar Ausgrenzung kritisch zu hinterfragen und durch historisch fundierte Biografieforschung zu einem Perspektivwechsel im Hinblick auf die Dimension „Heimat" und „Fremde" zu kommen. Es entfaltet ein toleranzförderliches und vorurteilsminderndes Potenzial.

Kontaktadresse: Gymnasium im Loekamp, Willi-Brandt-Gesamtschule, Albert-Schweitzer-Geschwister-Scholl-Gymnasium, c/o ASGSG, Max-Planck-Straße 23, 45768 Marl, Mail: sekretariat@asgsg-marl.de, www.asgsg-marl.de (298/11)

Fazit

Das Ensemble dieser Projekte steht exemplarisch für die Veranschaulichung der Vielfalt von Themen und Ideen, Handlungsformen und Erfahrungen, die in diesen „demokratiepädagogischen Gelegenheitsstrukturen" sichtbar werden. Die zehn Projekte repräsentieren exemplarisch fünf Bundesländer (BE, HH, HE, NI, NW, SN) sowie verschiedene Schulformen und -arten (Gymnasien, Gesamtschulen, Berufliche Schule, Grund- und Hauptschule, Förderschulen, Stadtteilschulen sowie Schülerinitiativen) und vor allem eine Fülle an möglichen Themen resp. Gelegenheiten für demokratisches Handeln und Lernen: Fragen der Ökologie und Nachhaltigkeit, der Gestaltung von Schulleben und Partizipation, der Integration – verbunden mit der Arbeit für Toleranz und gegen Ausgrenzung. Hinzu kommen der Umgang mit der NS-Geschichte vor Ort, die Energieversorgung und Folgenabschätzung bei der Kernenergietechnik sowie entwicklungspolitisch reflektierte und zugleich praxiswirksame Hilfsprojekte.

Auffällig sind in dieser Ausschreibungsdokumentation die Projekte, die klassische Instrumente der Schülerbeteiligung modifizieren oder substanziell soweit aufladen, dass eine größere Resonanz als üblich in den Schulen erreicht wird. Besonders bemerkenswert ist die Berliner Initiative für einen wirksamen und substanziellen Politikunterricht, um „aufgeklärte Wahlkompetenz" für ein mögliches Wahlrecht ab 16 zu fördern, zugleich allerdings auch mit kritischem Blick auf fächerübergreifendes Lernen in der bisweilen routinierten Form.

Den Projekten eignet eine sichtbare Beteiligung der Schülerinnen und Schüler an den projektbezogenen Entscheidungen, an der Dokumentation und den hierfür gewählten Formen und Medien. Ins Auge stechen zudem Langzeitprojekte, deren Gestaltung und Wirkung über das eigentlich anfangs gesetzte Projektziel zeitlich hinausreicht, bisweilen auch bei der Erstplanung noch nicht absehbare Folgeschritte oder gar Folgeprojekte auslöst.

Es wird deutlich, dass diese „Best-Practice" eine Art Einblick in die Werkstatt demokratischer Schulentwicklung bietet, deren Potenzial eine genauere Beschreibung verdient. Dennoch: Schon in dieser Form ist der Anregungscharakter dieser Projektentwicklungen konturierbar: Viele Möglichkeiten und Anknüpfungspunkte für eine demokratiepädagogisch wirksame Lern- und Erfahrungsarbeit bestehen, und es sind vor allem die engagiert mitarbeitenden Schülerinnen und Schüler, die letztlich zur Ergebnissicherung und zum Erfolg in Form öffentlich sichtbarer Anerkennung und damit zur Erfahrung eigener Wirksamkeit beitragen.

Ina Bömelburg, Birger Hartnuß, Sigrid Meinhold-Henschel, Nils Schwentkowski

Das „jugendforum rlp"– ein Praxisbericht

„Liken, teilen, was bewegen": Unter diesem Motto waren vom 15. August bis zum 16. September 2012 alle jungen Menschen in Rheinland-Pfalz aufgerufen, ihre Ideen für die Zukunft des Landes auf der eigens zu diesem Zweck eingerichteten Plattform www.jugendforum.rlp.de einzustellen und miteinander zu beraten. Dabei kamen über 500 qualitative Textbeiträge zusammen, die in virtuellen Themenräumen diskutiert wurden. Die Ergebnisse der Onlinephase waren Grundlage für eine große Jugendkonferenz am 21. und 22. September in der Phönixhalle in Mainz. Etwa 120 Jugendliche aus ganz Rheinland-Pfalz im Alter von 13 bis 25 Jahren diskutierten gemeinsam ihre Visionen und entwarfen konkrete Lösungsvorschläge für aktuelle politische Fragen. Das Ergebnis wurde unter dem Titel „Unsere Zukunft bestimmen wir! Jugendmanifest RLP" nach Themenbereichen gegliedert in zentralen Forderungen formuliert und in einer kleinen Broschüre publiziert. Es wurde an die Landesregierung übergeben, die sich zu einer ernsthaften Suche nach Umsetzungsmöglichkeiten der Empfehlungen verpflichtet hat. Auch soll das „Jugendmanifest rlp" einer möglichst großen Öffentlichkeit bekannt gemacht werden und so auch Anlässe für Projekte und Initiativen von Jugendlichen schaffen.

Eine wissenschaftlich-analytische Auswertung des Verfahrens wird zurzeit vorbereitet. Im Folgenden berichten wir von den wichtigsten Charakteristika des „jugendforum rlp".

Ein landesweites Beteiligungsverfahren mit Jugendlichen – warum?

Die Belebung unserer parlamentarischen Demokratie ist ein zentrales Thema unserer Zeit, denn angesichts sinkender Wahlbeteiligung, Protestbewegungen, einer Entfremdung der Parteipolitik von Bürgern und Bürgerinnen sowie zunehmender sozialer Ungleichheit erscheint es notwendig, neue Wege gesellschaftlicher Teilhabe und politischer Mitbestimmung zu finden. Bürgerbeteiligung ist ein Weg, um unsere Demokratie stärker zu machen und sie auch künftig als stabiles System zu erhalten. Politische Beteiligung kann auf den verschiedensten Ebenen stattfinden und unterscheidet sich hinsichtlich der Dauer, der Zielgruppe, des thematischen Fokus und der Relevanz für politische Entscheidungen wie für gesellschaftliche Veränderungen.

Das „jugendforum rlp" ist ein Beteiligungsverfahren, das sich an Jugendliche wendet. Es wird getragen von der Überzeugung, dass eine weitere Demokratisierung unserer Gesellschaft auch die Ausweitung der Teilhabemöglichkeiten junger Menschen erfordert. Es wurde ins Leben gerufen, um eine neue Form zeitgemäßer politischer und gesellschaftlicher Beteiligung junger Menschen zu erproben. Die folgenden Befunde markieren den Handlungsbedarf:

- Studien haben gezeigt, dass junge Menschen – entgegen der landläufigen Meinung – ein großes Interesse an gesellschaftlichen und politischen Themen haben und bereit sind sich einzubringen. Häufig liegt es an der Art des Angebotes und an der Fragestellung, ob Jugendliche mitwirken (Albert et al. 2010; Calmbach/Borgstedt 2012).
- Zwar ist mit 35% der 14- bis 30-jährigen Menschen in Deutschland fast jeder dritte junge Mensch freiwillig engagiert, doch zeigt der Freiwilligensurvey, dass es noch nicht hinreichend gelingt, die hohe Engagementbereitschaft junger Menschen in tatsächliches Handeln zu überführen: Rund 50% der Nichtengagierten möchten grundsätzlich gerne mitwirken, tut es aber noch nicht (Picot 2012).
- In Rheinland-Pfalz engagieren sich bereits 39% der 14- bis 30-Jährigen; der Anteil jugendlicher Engagierter liegt damit über dem Bundesdurchschnitt (Freiwilligensurvey 2009). Auch in dem südwestlichen Bundesland gibt es ein ungehobenes Engagementpotenzial: 45% der bislang nicht Engagierten könnten sich hier grundsätzlich vorstellen, sich künftig zu beteiligen.
- Der digitale Medienwandel, der sich in den vergangenen Jahren vollzogen hat und sich immer weiter beschleunigt, hat auch zu einem Paradigmenwechsel im Kommunikations- und Informationsverhalten der Menschen geführt. Im Zuge dessen haben sich Social Media fest etabliert und verzeichnen einen kontinuierlich steigenden Einfluss auf Meinungsbildungsprozesse. Dies gilt insbesondere für junge Menschen (Bundesverband 2011).

Als Pilotvorhaben der politischen Partizipation knüpft das „jugendforum rlp" an diese Befunde an und nutzt die Chancen und Möglichkeiten der neuen Medienkanäle für die Förderung von Beteiligung und gesellschaftlichem Engagement.

Die Zielsetzung der Initiative

Die im Mai 2012 offiziell gestartete Initiative „liken, teilen, was bewegen – jugendforum rlp" ist ein bislang auch bundesweit einmaliges, landesweit angelegtes Beteiligungsprojekt für und mit Jugendlichen in Rheinland-Pfalz. Ziel des Forums ist die Verdichtung gesellschaftspolitischer Ideen junger Menschen zu konkreten Vorschlägen für die Gestaltung wichtiger Politikfelder und die Stärkung des Diskurses Jugendlicher mit der Landesregierung. Dabei sollen insbesondere zeitgemäße und innovative Verfahren erprobt werden, die neue kommunikationstechnische Möglichkeiten einbinden und dem Mediennutzungsverhalten junger Menschen

Rechnung tragen. Die Erfahrungen sollen genutzt werden, um „der Stimme der Jugend" in Entscheidungsprozessen zukünftig mehr Gewicht zu verleihen sowie das freiwillige Engagement und die Beteiligung junger Menschen unabhängig von ihrer Herkunft und ihrem Bildungsstand zu fördern. Das Jugendforum hat mithin den Charakter eines Pilotvorhabens, das nach sorgfältiger Auswertung seiner Ergebnisse möglichst verstetigt werden soll.

In den vergangenen Jahren hat die Landesregierung Rheinland-Pfalz im Kontext der Förderung bürgerschaftlichen Engagements und der Gestaltung einer lebendigen Bürgergesellschaft verstärktes Augenmerk auf die Einbeziehung der Bürgerinnen und Bürger an politischen Entscheidungen gelegt. Ausgehend von positiven Erfahrungen mit Bürgerbeteiligung (z.B. im Rahmen der Kommunal- und Verwaltungsreform und der Entwicklung der trinationalen Metropolregion am Oberrhein) und der Überzeugung, dass eine Einbindung der Menschen in landespolitische Entscheidungen Akzeptanz, Effizienz und Nachhaltigkeit von Politik erhöhen können, hat sich schrittweise eine Öffnung vollzogen, die sich von einmaligen Veranstaltungen hin zur Verstetigung von Beteiligungsprozessen und dem Ausbau einer Beteiligungskultur beschreiben lässt. Das „jugendforum rlp" war an die Entwicklungen unmittelbar anschlussfähig. Es konnte zudem anknüpfen an die vorhandenen und gut entwickelten Strukturen im Bereich der Kinder- und Jugendbeteiligung sowie der Demokratiepädagogik.

Die Träger und Partner der Initiative

Träger des „jugendforum rlp" sind die Staatskanzlei Rheinland-Pfalz und die Bertelsmann Stiftung. Die Initiative ist ein Teilprojekt des Modellvorhabens „jungbewegt – Dein Einsatz zählt", das die Stiftung in den drei Ländern Berlin, Sachsen-Anhalt und Rheinland-Pfalz durchführt. Die Federführung für die Umsetzung von „jungbewegt" liegt beim Ministerium für Integration, Familie, Kinder, Jugend und Frauen des Landes Rheinland-Pfalz. „jungbewegt" zielt auf die frühe Förderung von freiwilligem Engagement und Partizipation in Kindertagesstätten, Schulen, der außerschulischen Jugendarbeit und in Kommunen. Modellstandort in Rheinland-Pfalz ist Mainz.

Weitere Partner haben sich an der Konzeptentwicklung des Jugendforums beteiligt und die Umsetzung unterstützt. Diese sind: das Ministerium für Bildung, Wissenschaft, Weiterbildung und Kultur des Landes Rheinland-Pfalz, die Deutsche Gesellschaft für Demokratiepädagogik, der Landesfilmdienst Rheinland-Pfalz, die Landeszentrale für politische Bildung und medien+bildung.com. Auch die LandesschülerInnenvertretung stand beratend zur Seite. Um das Jugendforum bekannt zu machen, konnten zudem zwei Jugend-Radiosender als Medienpartner gewonnen werden. Mit „SWR – Das Ding" und „bigFM" gab es eine Unterstützung sowohl im öffentlich-rechtlichen als auch im privatwirtschaftlichen Bereich.

Der Beteiligungsprozess on- und offline

Das Konzept des Jugendforums wurde in einem intensiven – selbst partizipativ angelegten – Kommunikationsprozess entwickelt, in dem die zentralen Akteure und Organisationen der Jugendarbeit, Jugendbildung und Schule eingebunden waren. Es besteht im Kern aus einer Verknüpfung von Diskussionsprozessen in Online- und Offline-Formaten: Seit Juni 2012 wurden Jugendliche durch aktivierende Maßnahmen im sozialen Netzwerk Facebook auf das Projekt aufmerksam gemacht, informiert und zur Teilnahme angeregt. Mit einer Tour des Projektteams durch Rheinland-Pfalz wurde das Jugendforum in 10 verschiedenen Städten in Schulen, Jugendzentren und bei Jugendparlamenten vorgestellt. Die Tour führte das Projektteam in alle Teile des Landes. Kleine, mittelgroße und Großstädte wurden besucht. So gelang es, den regionalen Besonderheiten und unterschiedlichen kommunalen Strukturen Rechnung zu tragen. Dies war auch die Voraussetzung dafür, dass bereits erste Themen und Schwerpunkte der künftigen Diskussion erfasst werden konnten.

Während einer einmonatigen Dialogphase im Internet (Mitte August bis Mitte September 2012) konnten die Teilnehmer auf einer speziell dafür entwickelten Partizipationsplattform (www.jugendforum.rlp.de) ihre Themen, Anliegen und Wünsche sammeln, diskutieren und vertiefen. Um den veränderten Ausdrucksformen politischer Anliegen junger Menschen Rechnung zu tragen, waren Beiträge auf der Online-Plattform neben Texten auch in Form von Videoclips, Bildern und Sounddateien möglich.

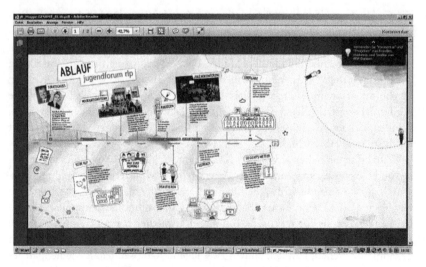

21./22. April	Auftakt-Workshop mit dem Moderationsteam
8. Mai	Pressekonferenz mit MP Kurt Beck und Dr. Brigitte Mohn
11.-22. Juni	Tour durch Rheinland-Pfalz: Themensammlung in Schulen und Jugendzentren
Aug./Sept.	1. Onlinephase – Themen diskutieren
21./22. Sept.	Jugendkonferenz in Mainz – Lösungen erarbeiten
Oktober	2. Onlinephase – Ergebnisse abstimmen
14. November	Demokratietag Rheinland-Pfalz – Erste Ergebnisse präsentieren und diskutieren
28. November	Gespräch mit dem Ministerpräsidenten – Übergabe der Wünsche und Vorschläge
Weiterführung in RLP	Feedback, aktiver Dialog zu Politik und Engagement, Jugendleitfaden, Lehrmaterialien

Die Ergebnisse der Onlinediskussion bildeten die Grundlage für eine Jugendkonferenz, die am 21. und 22. September in Mainz stattfand. Ziel des Events mit
etwa 120 Jugendlichen war die Erarbeitung von Zukunftsvisionen, konkreten
Lösungsvorschlägen und Ansätzen zu eigenem Engagement sowie Unterstüt-
zungsmöglichkeiten durch die Landesregierung. Die Jugendkonferenz diente als
Schnittstelle zwischen den Online-Diskussionen und den Schulen und Jugendein-
richtungen vor Ort. Die Jugendlichen konnten ihre Ideen und Vorschläge vor Ort
direkt mit dem Ministerpräsidenten und Schirmherrn der Initiative, Kurt Beck,
und der Ministerin für Integration, Familie, Kinder, Jugend und Frauen, Irene Alt,
diskutieren. Daraus ist ein erstes Ergebnispapier entstanden, das als Entwurf im
Anschluss auf der Online-Plattform für zwei Wochen zur Kommentierung bereit
stand. Ergänzungen und Änderungsvorschläge konnten so noch aufgenommen
werden. Auch der Titel des erarbeiteten Dokuments wurde demokratisch mittels
Abstimmungen festgelegt. Die Jugendlichen entschieden sich für den Titel „Unsere Zukunft bestimmen wir - Jugendmanifest rlp", unter dem es Ende November
2012 an die Landesregierung, vertreten durch Ministerpräsident Kurt Beck, übergeben wurde.

Soziale Netzwerke – eine Chance für Beteiligung

In dem Diskussionsprozess nahm ein junges Team aus allen Regionen in Rheinland-Pfalz eine Schlüsselstellung ein: Alle Aktivitäten, Veranstaltungen und Diskussionen wurden durch das 25-köpfige, ehrenamtlich tätige Moderations- und
Redaktionsteam junger Menschen zwischen 15 und 24 Jahren mit Unterstützung
von pädagogischen und fachlichen Experten inhaltlich begleitet und organisiert.
Das Moderationsteam wurde mittels einer Ausschreibung gewonnen und in
zwei Wochenend-Workshops auf seine Aufgaben im Online-Dialog und bei der
Jugendkonferenz vorbereitet.

Mit der Nutzung sozialer Netzwerke – hier Facebook – für einen landesweiten Beteiligungsprozess wurde Neuland betreten. Eine Facebook-Fanpage (www. facebook.com/jugendforum.rlp) diente in dem Projekt als Kontakt- und Aktivierungsplattform. Von hier aus gelangten die Jugendlichen per Log-In auf die Beteiligungsplattform www.jugendforum.rlp.de im Internet. Diese Seite basiert auf der vom Fraunhofer Institut entwickelten Beteiligungssoftware dito.

Für und Wider der Nutzung von Facebook

Das Forum verstand sich auch als Experiment, um realistische Möglichkeiten des web2.0 für eine stärkere Beteiligung der jungen Bürgerinnen und Bürger an politischen Diskussionen und Entscheidungen auszuloten. Für ein Online-Beteiligungsformat bietet die Nutzung des aktuell größten sozialen Online-Netzwerks Facebook gute Voraussetzungen. Über Facebook werden Jugendliche in ihrer Kommunikationswelt erreicht. Kein anderes Netzwerk bietet die Möglichkeiten, milieuübergreifend eine vergleichbar große Zahl von Jugendlichen für ein Online-Beteiligungsverfahren zu erreichen. Aktuelle Erhebungen sprechen deutschlandweit von einem Marktanteil von fast 90% innerhalb der Zielgruppe. In Rheinland-Pfalz haben etwa 120 000 Jugendliche zwischen 16 und 20 Jahren ein Facebook-Profil.

Facebook ist nicht unumstritten, wie insbesondere die aktuellen Diskussionen zu Fragen des Datenschutzes zeigen. Aus diesem Grund wurde der Datenschutzbeauftragte des Landes Rheinland-Pfalz frühzeitig eingebunden. Gemeinschaftlich wurden weitreichende Vorkehrungen getroffen, die eine datenschutzrechtlich konforme Umsetzung des Online-Dialogs garantierten. Dies gelang insbesondere durch die Funktionalitäten der Beteiligungssoftware dito. Das Projekt bot zudem die Möglichkeit, das Thema „Internetsicherheit" zum Gegenstand der Diskussion zu machen. So gab es eine positive, kritisch-konstruktive Begleitung durch den Datenschutzbeauftragten.

Beteiligung am Jugendforum

In den verschiedenen Phasen der Online-Diskussion waren etwa 6 000 verschiedene Besucherinnen und Besucher einmal oder mehrmals auf der Plattform www. jugendforum.rlp.de zu Gast. Die Internetseite wurde 133 000 Mal aufgerufen. Es gab rund 1 500 Aktivitäten, darunter Posts mit Anliegen, Kommentaren oder Bewertungen und insgesamt 500 qualitative Textbeiträge. Auf der Facebook-Fanpage wurden insgesamt 18 000 Handlungen (liken, teilen, kommentieren) registriert. An der zweitägigen Jugendkonferenz am 21./22. September in Mainz nahmen 120 Jugendliche teil.

Die Ergebnisse des Beteiligungsprojekts

Im Ergebnis enthält das Manifest Vorschläge zu insgesamt elf Themen, unter anderem Ausbildung und Arbeit, Mitbestimmung in der Schule, Initiativen für mehr Chancengleichheit und mehr Bildung, für nachhaltige Entwicklung, Mobilität und Verkehr sowie zu den Themen neue Medien und Freizeit. Die jungen Leute haben sehr klar ihre Vision von einer Gesellschaft formuliert, in der alle Kinder und Jugendlichen die gleichen Chancen haben. Sie haben dabei eigene Wertvorstellungen zugrunde gelegt. Das Manifest enthält aber auch alltagsbezogene Vorschläge wie die Verschlüsselung persönlicher Angaben bei Bewerbungen, die Einführung einer Grundförderung für Studierende, die Schaffung eines landesweiten Netzwerkes für Partizipation oder auch die Angleichung von Bildungsstandards. Im Jugendmanifest werden auch die Abschiebehafteinrichtungen kritisiert und ihre Auflösung gefordert. Angemahnt wurde ferner die Einführung eines Mindestlohns. Die jungen Leute wünschten sich beispielswiese auch einen flexibleren Nahverkehr und ein einheitliches Tarifsystem sowie eine bezahlbare Anbindung an das Internet und mehr Sicherheit im Netz.

Die Diskussionsbeiträge aus dem Online-Forum und bei der Jugendkonferenz waren von hoher Qualität und zeugen von großer Einsatzbereitschaft der Jugendlichen. Ihre Lösungsvorschläge greifen ein breites Spektrum von ortsnahen bis hin zu großen sozialpolitischen Umwälzungen auf. Die Jugendlichen haben gezeigt, wie viel Expertise sie besitzen, wenn es um ihre eigene Lebens- und Erfahrungswelt geht. Die Vorschläge bieten für Politik wie für Jugendliche und ihre Unterstützer zahlreiche Anknüpfungspunkte, um für Veränderungen in Rheinland-Pfalz aktiv zu werden. Denn mit der Ergebnisübergabe an den Ministerpräsidenten ist das „jugendforum rlp" nicht beendet. Die Jugendlichen selbst haben am Schluss des Jugendmanifests in dem Abschnitt „Unser Auftrag" signalisiert, wie wichtig ihnen dauerhafte und verlässliche Rahmenbedingungen für Engagement und Partizipation sind: „Nach den guten Erfahrungen wünschen wir uns, das ‚jugendforum rlp' regelmäßig fortzuführen. Denn es steht für eine neue Politik, in die wir uns viel stärker einbringen." Um hierfür die Voraussetzung zu schaffen, bleibt der gesamte Prozess im Netz dokumentiert. Alle Diskussionsbeiträge und der gesamte Text „Jugendmanifest rlp" stehen online zur Verfügung.

Darüber hinaus wurden die Ergebnisse vor einem breiten Fachpublikum aus Schulen und der außerschulischen Jugendarbeit, vor Landtagsabgeordneten und Vertretern der Landesregierung während des 7. Demokratie-Tags Rheinland-Pfalz am 14. November 2012 im Mainzer Landtag vorgestellt. Es zeigten sich viele inhaltliche Verbindungen zwischen den Netzwerken aus den Bereichen der Demokratiepädagogik und des bürgerschaftlichen Engagements – Verknüpfungen, die in Zukunft für weitere Initiativen und Kooperationen genutzt werden sollen.

Ernsthaftigkeit, Umsetzungsrelevanz und Nachhaltigkeit des Jugendforums

Nach der Übergabe des Jugendmanifests am 28. November 2012 durch die Moderatorinnen und Moderatoren wurde das „jugendforum rlp" im Ministerrat behandelt. Der Ministerpräsident hat dabei alle Ressorts gebeten, sich an der Prüfung der vorgelegten Forderungen und der Erarbeitung möglicher Lösungswege zu beteiligen.

Die Stellungnahmen der Ressorts bilden die Grundlage, um Umsetzungsperspektiven zu erarbeiten und konkrete Projekte und Vorhaben zu initiieren. Diese Arbeit wird durch eine bereits installierte Interministerielle Arbeitsgruppe unter Leitung der Staatskanzlei koordiniert. Neben der thematischen Auseinandersetzung mit den einzelnen Forderungen des Jugendmanifests steht derzeit auch die Entwicklung von Perspektiven für die Fortsetzung und Verstetigung des Dialog- und Beteiligungsprozesses zwischen Landesregierung und Jugend in Rheinland-Pfalz auf der Agenda.

Den Mitgliedern der Enquete-Kommission „Aktive Bürgerbeteiligung für eine starke Demokratie" des Landtages wurde das Jugendmanifest zeitgleich mit der Übergabe zugeleitet. Sowohl die Methoden des Beteiligungsansatzes als auch die inhaltlichen Vorschläge sollen auf diese Weise in die Beratungen der Kommission einfließen. Den beteiligten Jugendlichen wurde durch den Ministerpräsidenten zugesichert, dass sämtliche im Jugendforum erarbeiteten Ideen und Vorschläge durch die Landesregierung ernsthaft geprüft und Möglichkeiten ihrer Realisierung gesucht werden. Hierzu gehört auch eine Begründungspflicht, wenn Forderungen nicht realisierbar sind, mehr Zeit oder aber Entscheidungen und Mitwirkung anderer politischer Akteure benötigen. Binnen eines Jahres soll eine aktive Berichterstattung der Landesregierung über den erzielten Umsetzungsstand erfolgen. Über die aktuellen Entwicklungen, auch über die Fortführung des Jugendforums, wird auf der weiterhin bestehenden Online-Plattform www.jugendforum.rlp.de regelmäßig berichtet.

Die Unterstützung politischer Entscheidungsträger ist entscheidend für die Wirksamkeit und Nachhaltigkeit des „jugendforum rlp". Den Trägern des Projekts ist darüber hinaus wichtig, junge Menschen für gesellschaftliches Engagement zu begeistern. Parallel zu den Maßnahmen der Landesregierung werden im Jahr 2013 daher Hilfestellungen für Jugendprojekte und Initiativen bereitgestellt. Denn die Beteiligung von jungen Menschen hört nicht bei ihren Wünschen und Vorschlägen auf, sondern sollte sie auch darin bestärken, für eigene Anliegen aktiv zu werden.

Literatur

Albert, M./Hurrelmann, K./Quenzel, G. (2010): 16. Shell-Jugendstudie. Jugend 2010. Hamburg.

Bundesverband Informationswirtschaft, Telekommunikation und neue Medien e. V. (BITKOM) (2011): Soziale Netzwerke. Eine repräsentative Untersuchung zur Nutzung sozialer Netzwerke im Internet. http://www.bitkom.org/files/documents/SozialeNetzwerke.pdf , Zugriff am 18. Januar 2013.

Calmbach, M./Borgstedt, S. (2012): „Unsichtbares" Politikprogramm? Themenwelten und politisches Interesse von bildungsfernen Jugendlichen. In: Kohl, W./Seibring, A. (Hrsg.): Schriftenreihe der Bundeszentrale für politische Bildung, Band 1138. Bonn, S. 41-80.

Picot, S. (2012): Jugend in der Zivilgesellschaft. Freiwilliges Engagement Jugendlicher von 1999 bis 2009, hrsgg. von der Bertelsmann Stiftung Gütersloh.

Zivilgesellschaft, freiwilliges Engagement und soziales Kapital in Rheinland-Pfalz. 1999 – 2004 – 2009. Ergebnisse der repräsentativen Trenderhebung zu Ehrenamt, Freiwilligenarbeit und bürgerschaftlichem Engagement; http://www.wir-tun-was.de/fileadmin/site_images/page_content/wettbewerbe/Landestudie_Netz.pdf Zugriff am 18. Januar 2013 (Freiwilligensurvey).

V. Länder und Regionen

Volker Reinhardt

Demokratie Lernen in der Schweiz

Pragmatische Verbindung von politischer und demokratischer Bildung

Anders als in Deutschland haben politische Bildung und Demokratiepädagogik in der Schweiz keine durchgängige Tradition. Eine „Reeducation-Politik", die in Deutschland nach dem nationalsozialistischen System eine Vielzahl von politischen Bildungsangeboten erforderte und ermöglichte, gab es in der Schweiz in der Praxis nicht. In der Sekundarstufe II der meisten Kantone war ein Fach Staatsbürgerkunde bzw. Staatsbürgererziehung zwar üblich, dieses war allerdings unbedeutend und wurde vornehmlich institutionenkundlich unterrichtet.

Dieser Beitrag bezieht sich auf politische Bildung und Demokratiepädagogik und erhebt nicht den Anspruch, alle „politischen Pädagogiken" in der Schweiz (zu nennen wären hier auch Friedenspädagogik, Umweltbildung, Antirassismusbildung, Menschenrechtsbildung oder Globales Lernen) zu beleuchten.

Politische Bildung und demokratiepädagogische Programme, welche über die reine Institutionenkunde hinausgehen, tauchten erst vor wenigen Jahren in verschiedenen kantonalen Bildungsplänen auf, eine Zentrale für Politische Bildung gibt es in der Schweiz bislang nicht, Lehrstühle an Universitäten ebenso wenig. Angesichts der fehlenden Institutionalisierung wird politische und demokratische Bildung in der Schweiz pragmatisch in einer weiten Form verstanden (vgl. im Folgenden Jung/Reinhardt/Ziegler 2010).

In den wenigsten Kantonen wird politische Bildung als Unterrichtsfach geführt, es dominieren deren Integration in den Geschichtsunterricht sowie einzelne demokratiepädagogische Programme oder Initiativen. Ernüchternde empirische Befunde einer internationalen Vergleichsstudie (Torney-Purta 2001) haben dem Ruf nach mehr expliziter politischer und demokratischer Bildung indessen Nachdruck verliehen und eine landesweite Umbruchphase eingeläutet. Die noch jungen Pädagogischen Hochschulen erfüllen hierfür eine Vorreiterrolle. Allerdings muss konstatiert werden, dass – zumindest was den deutschsprachigen Landesteil der Schweiz anbelangt – politisch-demokratische Bildung an den Pädagogischen Hochschulen noch recht wenig institutionalisiert ist. Ausnahmen hiervon sind die Pädagogische Hochschule Nordwestschweiz, die Pädagogischen Hochschulen Zürich und Luzern, wo sich jeweils mehrere Dozierende im „Zentrum für politische Bildung und Geschichtsdidaktik" in Aarau, im Zentrum „International Projects in Education" in Zürich und im „Fachteam für politische Bildung und Demokratiepädagogik" in Luzern mit demokratisch-politischer Bildung beschäftigen.

Dadurch, dass Politikdidaktik und Demokratiepädagogik in der Schweiz weder eine theoretisch-konzeptionelle noch eine ausgeprägt schulische Tradition vorweisen können, haben sie heutzutage weniger Schwierigkeiten, sich pragmatisch verschiedenen theoretischen Strömungen zu öffnen und zu versuchen, diese in ihre Entwicklungskonzepte zu integrieren. Ein Beispiel einer Integration von zwei Positionen, die in der deutschen Diskussion um Politische Bildung versus Demokratiepädagogik als unvereinbar erscheinen, ist die Frage, ob Demokratie-Lernen oder Politik-Lernen im Mittelpunkt der Bildungsbemühungen stehen sollte. Mit politischer bzw. demokratischer Bildung befasste Schweizer Pädagogen und Politikdidaktiker haben dagegen keine Berührungspunkte mit der einen oder anderen Auffassung, sondern versuchen diese miteinander zu verbinden, um die „Kluft zwischen Gemeinschaft und Gesellschaft, Mikro- und Makroebene, Moral und Recht, Lebenswelt und System sowie informalen und formalen Institutionen" (Breit/Eckensberger 2004, S. 7) zu überwinden.

Das lässt sich auch an einem Lehrmittel ablesen, das von mehreren schweizerischen Pädagogischen Hochschulen vor allem für Studierende und die Lehrerfortbildung entwickelt wurde (vgl. Politik und Demokratie 2007). Es versucht, diese beiden Ebenen des Politik-Lernens und Demokratie-Lernens im Auge zu behalten und integrativ weiterzuentwickeln. Es fokussiert sowohl die engere Politische Bildung mit dem Schwerpunkt auf politische Urteilsbildung und Verfahren des Politikzyklus als auch Lernverfahren auf der Ebene der Demokratie als Lebensform. Es hat also wohl sein Gutes, wenn die Schweiz nicht wie Deutschland die jeweiligen Traditionslinien der politischen Pädagogik bzw. Demokratiepädagogik versus Politikdidaktik verteidigen bzw. die jeweils andere Richtung bekämpfen muss, sondern sich aus den bestehenden Theorielinien vorbehaltlos integrierende Wege für die Praxis der politisch-demokratischen Bildung heraussuchen kann (vgl. Jung/Reinhardt/Ziegler 2007).

An den Pädagogischen Hochschulen findet man Inhalte der politischen Bildung also vor allem in Veranstaltungen der Geschichtsdidaktik (da Politik häufig Integrationsfach in anderen Schulfächern ist). In Veranstaltungen der Erziehungs- und Bildungswissenschaften zeigen sich ebenfalls immer wieder demokratiepädagogische Themen. So gibt es beispielsweise in Modulen der Pädagogischen Hochschule Luzern Veranstaltungen zu „Partizipation in der Schule", zu „demokratischem Schulklima" oder „Just-Community". Besonders letztgenanntes Programm hat in der Schweiz eine längere Tradition. Es haben sich seit 1994 verschiedene Primar- und Sekundarschulen der Herausforderung gestellt, das auf den amerikanischen Psychologen und Pädagogen Kohlberg zurückgehende Just-Community-Programm einzuführen. Das pädagogische Programm zielt darauf ab, moralisch sensibilisierte SchülerInnen hervorzubringen, die nicht nur über intellektuell-fachliche Fähigkeiten verfügen, sondern auch sozial engagiert, empathiefähig und diskurserfahren sind. Ausgehend von der Grundannahme, dass sich

Fähigkeiten wie moralisches Urteilsvermögen, sozial angemessenes Verhalten, Verantwortungsbereitschaft oder demokratisches Verständnis kaum im Zuge bloßen Wissensaufbaus im Staats- oder Lebenskundeunterricht erwerben lassen, sondern vor allem durch aktives Handeln, durch eigene Erfahrungen und nachfolgende Reflexionen, werden mit dem Aufbau einer Just-Community entsprechende Übungsfelder bereitgestellt (Luterbacher/Reinhardt 2010, S. 293 ff.). Um solche Lernprozesse bei Schülerinnen und Schülern auszulösen, werden Studierende an der PH Luzern sukzessive an das Kohlberg'sche Just-Community-Programm herangeführt.

Wie hoch ausgeprägt das Interesse von (angehenden) LehrerInnen der (Zentral-) Schweiz an Programmen zur Demokratiepädagogik ist, lässt sich neben gewerkschaftlichen Initiativen an einer Tagung ablesen, die 2010 in Luzern zum Thema „Demokratie und Partizipation von Anfang an" stattgefunden hat. Aus Platzgründen mussten viele der ca. 250 Interessierten (die Veranstalter hatten ursprünglich mit 30-40 Interessierten gerechnet) auf einen späteren Zeitpunkt einer Folgetagung vertröstet werden. Die Tagung hatte folgendes Ziel: Sie sollte Schulen, Lehrpersonen und Dozierende anregen, unterschiedliche Formen der Partizipation in ihre Schul- und Unterrichtsentwicklung aufzunehmen und zu diskutieren. Auch wurde ein Tagungsband veröffentlicht (vgl. Reinhardt 2011).

Forschung und Entwicklung zur politischen und demokratischen Bildung

Einen eigentlichen Schock löste 2001 die internationale IEA-Studie aus (International Association for the Evaluation of Educational Achievement), in der schweizerischen Achtklässlern mittelmäßiges Wissen und Interesse an politischer Bildung, ein hohes Vertrauen in die Regierung, hohe Geschlechtersensibilität und eine beträchtliche Xenophobie bescheinigt wurde (vgl. Torney-Purta 2001). Diese 1999 erhobenen Befunde waren sowohl inhaltlich als auch strukturell alarmierend für einen Staat, welcher die Jugendlichen mit 18 Jahren an sämtlichen politischen Rechten und den zuweilen anspruchsvollen Pflichten der direkten Demokratie teilhaben lässt. Sie erstaunten aber insofern kaum, als die politische Bildung in den Schulen selbst auf der Sekundarstufe II schon seit geraumer Zeit ein Schattendasein fristete.

Eine weitere IEA-Vergleichsstudie zur politischen Bildung wurde 2006 beschlossen. Die ersten Ergebnisse wurden Ende 2010 in einem Bericht zusammengeführt (vgl. Biedermann 2010). Dem Bericht zufolge liegt das politische Wissen und Verstehen bei den untersuchten 14- bis 15-jährigen Schülerinnen und Schülern der Schweiz mit 531 Punkten bedeutsam über dem internationalen Mittelwert von 500 Punkten (Biedermann 2010, S. 83). Auf der anderen Seite muss aber konstatiert werden, dass jede/r vierte Befragte über ungenügendes politisches Verstehen verfügt. Im Vergleich mit jenen Ländern, welche bereits 1999 an der internationalen Vergleichsstudie zur politischen Bildung teilgenommen haben, schneidet die Deutschschweiz wiederum nur unterdurchschnittlich gut ab (vgl. Biedermann 2010, S. 83).

Die Schweizer Schülerinnen und Schüler haben laut dieser Studie ein geringeres Zutrauen in die eigenen politischen Fähigkeiten. Sie trauen sich beispielsweise eher nicht zu, den eigenen Standpunkt zu einem brisanten politischen oder sozialen Thema zu verteidigen, ein Streitgespräch über ein brisantes Thema im Fernsehen mitzuverfolgen oder vor der Klasse über ein soziales oder politisches Thema offen zu sprechen. Ihre Einstellung gegenüber gleichen Rechten von Migrantinnen und Migranten sind eher als tief einzuschätzen. Die Schweiz befindet sich dabei im untersten Bereich des Ländervergleichs, auffällig ist hierbei der Geschlechterunterschied: Die Jungen lehnen derartige gleiche Rechte noch deutlicher ab als die Mädchen (Biedermann 2010, S. 83). Sowohl inner- als auch außerhalb der Schule zeigen die Schweizer Schülerinnen und Schüler im Vergleich mit dem Durchschnitt geringeres Engagement hinsichtlich der Mitarbeit in Organisationen, Gruppen und Initiativen. Die prozentual noch größten Beteiligungen erfahren Aktivitäten im Dienste sozialer Zwecke (z.b. für einen guten Zweck Geld sammeln). Hinsichtlich einer zukünftigen Beteiligung an nationalen Wahlen liegen die Schweizer Jugendlichen mit 70 Prozent Zustimmung beinahe am unteren Ende des Ländervergleichs; was aber immerhin die tatsächlichen Wahlbeteiligungen an National- und Ständeratswahlen in der Schweiz noch deutlich übertrifft. Aber auch hinsichtlich eines zukünftigen Engagements an intensiveren Formen formaler Politik (so z.B. einer Partei beitreten, eine Kandidatin/einen Kandidaten aktiv unterstützen) liegt die Schweiz unter dem internationalen Mittelwert und deutlich im ablehnenden Bereich (Biedermann 2010, S. 83 f.).

Eine weitere neuere Studie wurde im Rahmen eines Schweizerischen Nationalfondsprojekts zur „Entwicklung der politischen Kognitionen" durchgeführt (vgl. Oser et al. 2005). Als wesentliches Resultat dieser Studie kann festgehalten werden, dass klare Entwicklungstendenzen bezüglich unterschiedlicher Aspekte der politischen Kognition auftreten, dass Wissen, Alter, Bildung und sozioökonomischer Status einen wesentlichen Einfluss auf die Demos- und Ethnosorientierung haben und dass die größten Entwicklungsschübe im Alter von 16/17 Jahren stattfinden. Es konnte in dieser Studie gezeigt werden, dass vermehrtes (politisches) Wissen und höhere Bildung mit einer Zunahme der Demosorientierung und einer Abnahme der Ethnoszentrierung (hierbei spielen Gefühle ethnischer Zugehörigkeit in einem *weiten Sinne* immer eine bestimmte Rolle, geprägt von Überheblichkeit und Nationalstolz) zusammenhängen (Oser et al. 2005, S. 129).

Ein Forschungsprojekt, das derzeit in Luzern ausgewertet wird, versucht, die oben erwähnte Verbindung von Politik-Lernen und demokratieorientiertem Projektlernen zu evaluieren. Hintergrund dieser so genannten politikvernetzten Projektarbeit war hierbei die Annahme, dass Projekte, die ausschließlich auf der Ebene der Demokratie als Lebensform stattfänden, nicht das Ziel eines umfassenden Demokratie-Lernens sein könnten. Es sollten deshalb mithilfe der Intervention Schülerinnen und Schüler befähigt werden, an Projekten mitzuarbeiten, die nicht nur den Nahraum Schule betreffen, sondern auch die Demokratie und Politik auf der Ebene der Herrschaftsform (zumindest reflexiv auf der kognitiven Ebene, wenn möglich aber auch auf der Handlungsebene), um mit den Schwierigkeiten und Möglichkeiten politischer Prozesse konfrontiert zu werden und damit Einblick und Erfahrungen zu gewinnen in die komplexen Strukturen des politischen Systems (Reinhardt 2005). Damit sollte dann eine Politikvernetzung der Projekte erreicht werden. Solche politikvernetzten Projekte wurden in neun Schulklassen (sowie fünf Kontrollklassen) im Kanton Luzern als Intervention durchgeführt. Mit Pre- und Posttests wurde die Veränderung des politischen Interesses, der politischen Motivation und der politischen Handlungsbereitschaft der SchülerInnen vor und nach der Intervention untersucht. Der Abschlussbericht dieser Studie wird 2012 publiziert. Begleitend zur Schülerstudie wurden 15 Lehrpersonen befragt, die diese politikvernetzte Projektarbeit in ihren Klassen durchgeführt hatten. Diese qualitative Zusatzbefragung der Lehrpersonen hatte zum Ergebnis, dass fast alle der befragten LehrerInnen politikvernetzte Projektarbeit als eine gute, adäquate und machbare Lehr-/Lernmethode empfanden, die die oftmals hohe Komplexität politischer Themen verstehbarer machte (vgl. Reinhardt 2009, S. 79 ff.). Viele LehrerInnen hielten das projektartige Vorgehen für die Methode der Wahl im Politikunterricht, auch und gerade für Mädchen, die sich laut mehrerer Lehreraussagen damit eher an Politikthemen heranwagten als in einem gewöhnlichen Geschichts- und Politikunterricht. Nur eine der befragten Lehrpersonen fand politikvernetzte Projektarbeit zu aufwändig. Den Kompetenzzugewinn durch politikvernetzte Projektarbeit schätzten die LehrerInnen für ihre SchülerInnen als hoch ein, wenngleich sie vor allem den methodischen, arbeitstechnischen, sozialen Kompetenzzuwachs in den Vordergrund stellten. Daher erachteten es auch viele Lehrpersonen als wichtig, dass (v.a. in Lehrgangssequenzen) ein Mindest- oder Basiswissen vermittelt würde, das durch Reflexion der Projekterfahrungen an der politischen Praxis und der politischen Theorie erarbeitet würde. Gerade diese Verbindung von praktischen Erfahrungen mit Institutionenwissen stellten einige LehrerInnen als großen Vorteil der Politikvernetzten Projektarbeit dar (vgl. Reinhardt 2009, S. 79 ff.).

Eine weitere Studie, die an der PH Luzern durchgeführt wurde (vgl. Hefti 2008), ging der Frage nach, welche Ein- und Vorstellungen Jugendliche und Lehrpersonen gegenüber Formen der Schülerpartizipation zeigten. Dafür wurden 107 Jugendliche und 132 Lehrpersonen aus der Zentralschweiz befragt. Als Ergebnis lässt sich festhalten, dass die SchülerInnen den Unterricht grundsätzlich als demokratisch einschätzten, jedoch mit Vorbehalten in Bezug auf Selbstbestimmung bzw. offenen Widerspruch gegenüber Lehrpersonen. Sie wünschten vor allem mehr Einfluss auf die konkrete Alltagsgestaltung. Der Vergleich mit den Lehrpersonen verdeutlichte, dass diese die Forderungen der Lernenden nach Selbstbestimmung und Demokratisierung tiefer einschätzten und die bestehenden Möglichkeiten als recht positiv beurteilten, was eine Diskrepanz zwischen Fremd- und Selbsteinschätzung zu Tage brachte (vgl. Hefti 2008).

Ein Projekt an der Nordwestschweizer Pädagogischen Hochschule in Aarau möchte das Verständnis Deutschschweizer Lehrpersonen der Sekundarstufe I von politischer Bildung erforschen. Das Projekt reiht sich in die Forschungstradition zu den Teacher Beliefs ein und hat zum Ziel, diese Verständnisse der Lehrpersonen von politischer Bildung zu einer Typologie zusammenzufassen. Es möchte einen Beitrag zur Grundlagenforschung bezüglich der Teacher Beliefs leisten, ein Bereich, in dem hinsichtlich der Verständnisse der Lehrpersonen von politischer Bildung bislang kaum etwas bekannt ist (vgl. Ziegler 2009).

Eine weitere von verschiedenen Hochschulen (PH Bern, PH Nordwestschweiz, PH Zürich) initiierte Studie „Geschichte und Politik im Unterricht" möchte in ihrer breit angelegten Untersuchung Grundlagen zur Verbesserung des Geschichts- und Politikunterrichts liefern, indem sie das politische Wissen der SchülerInnen untersucht und sich darüber hinaus mit der Arbeitsweise der Lehrkräfte befasst. Es gibt zusammenfassend in der Schweiz also derzeit unterschiedlichste Bemühungen, politisch-demokratische Bildung in der Praxis zu untersuchen und weiterzuentwickeln.

Gegenwärtiger Stand der demokratischen und politischen Bildung an Schulen

Auf der inhaltlichen Seite der Politischen Bildung in der Schweiz ist hervorzuheben, dass in der Praxis rechtlich-institutionellen Aspekten der Demokratie im Unterschied zu prozedural-ethischen des demokratischen Zusammenlebens insgesamt nach wie vor mehr Beachtung geschenkt wird. So scheinen Themen wie demokratische Institutionen, Mehrheitsregel, direkte Demokratie, repräsentative Demokratie, Rechte und Pflichten allgemein, staatliche Gewalt, Menschenrechte, internationale Organisationen, Pressefreiheit, Meinungsfreiheit, Gewaltentrennung, Neutralität, Wahl- und Abstimmungsverfahren, Initiativ- und Petitionsrecht, Religionsfreiheit, Militärpflicht und politisches Asyl eher Eingang in den Unterricht zu finden als Pluralismus und Toleranz, Partizipation, rationale Diskussion, soziale Gerechtigkeit, öffentliche Meinungsbildung, Minderheitenschutz, Machtverteilung, Föderalismus, Konsenssuche, Gleichberechtigung der Frau, Arbeitsfriede, Streikrecht, Ausländerinnen- und Ausländerfrage, Recht auf Arbeit, Recht auf Bildung (Oser/Reichenbach 2000, S. 10). Seit einigen Jahren gibt es indessen verstärkte Bemühungen, politische Sach-, Orientierungs- und Urteilskompetenz zu fördern (vgl. hierzu Jung/Reinhardt/Ziegler 2007). Menschenrechts- und Umwelterziehung haben Eingang in Kindergarten und Primarschule gefunden. Bemühungen in Richtung eines vermehrten prozedural-ethischen Demokratielernens und einer handlungsorientierten Konfliktpädagogik im Allgemeinen haben durch die IEA-Befunde und insbesondere die Diagnose xenophober Orientierungen schweizerischer Schülerinnen und Schüler nicht zuletzt aus normativer Sicht (zumindest in der schulpolitischen Debatte) zusätzlichen Auftrieb erhalten. Es bleibt abzuwarten, was der gerade in Entwicklung befindliche Deutschschweizer „Lehrplan 21" – der die bisherigen kantonalen Lehrpläne vereinheitlichen soll – in Bezug auf politische Bildung und Demokratiepädagogik anbieten wird. Der bisherige Prozess in den Lehrplankommissionen geht in Richtung eines fächerübergreifenden Konzepts der politisch-demokratischen Bildung innerhalb der „Bildung für Nachhaltige Entwicklung". Demzufolge würden Demokratie- und Politikkompetenzen als Querschnittthemen in die Fächer integriert werden. Wie dies genau geschehen soll, erarbeiten unterschiedliche Projektgruppen zurzeit.

Literatur

Biedermann, H./Konstantinidou, L./Oser F./Widorski, D. (2010): Staatsbürgerinnen und Staatsbürger von morgen. Zur Wirksamkeit politischer Bildung in der Schweiz. Ein Vergleich mit 37 anderen Ländern. Fribourg.

Breit, H./Eckensberger, L. (2004): Demokratieerziehung zwischen Polis und Staat. In: dipf informiert. Journal des Deutschen Instituts für Internationale Pädagogische Forschung 6, S. 6-11.

Hefti, M.(2008): Demokratie als Lebensform. Einstellungen und Vorstellungen gegenüber Formen der Schülerpartizipation. Masterarbeit an der PH Luzern.

Jung, M./Reinhardt, V./Ziegler, B. (2010): Politische Bildung in der Schweiz. In: Lange, D./Reinhardt, V. (Hrsg.): Strategien der Politischen Bildung. Basiswissen Politische Bildung. Handbuch für den sozialwissenschaftlichen Unterricht, Band 2. Baltmannsweiler , S. 252-263.

Lange, D./Reinhardt, V. (Hrsg.) (2007): Basiswissen Politische Bildung. Handbuch für den sozialwissenschaftlichen Unterricht, 6 Bände. Baltmannsweiler.

Luterbacher, M./Reinhardt, V.(2010): Just-Community als Beitrag für eine partizipative Schulentwicklung. In: Internationales Menschenrechtsforum (IHRF). Menschenrechte und Digitalisierung des Alltags. Hrsg. von Peter G. Kirchschläger und T. Kirchschläger. Bern, S. 293-306.

Oser, F./Reichenbach, R.(2000): Politische Bildung in der Schweiz. Schlussbericht der Schweizerischen Konferenz der kantonalen Erziehungsdirektoren (EDK). Bern.

Oser, F./Steinmann, S./Maiello, C./Quesel, C. /Villiger, C. (2005): Zur Entwicklung der politischen Kognitionen. Schlussbericht (Universität Fribourg). Freiburg (CH).

Gollob, R. et al. (Hrsg.) (2007): Politik und Demokratie – leben und lernen. Politische Bildung in der Schule. Grundlagen für die Aus- und Weiterbildung. Bern.

Reinhardt, V. (2005): Projekte machen Schule. Projektunterricht in der politischen Bildung. Schwalbach.

Reinhardt, V. (2009): Brücken zwischen Mikro- und Makrowelt. Erfahrungen von Lehrerinnen und Lehrern mit politikvernetzter Projektarbeit. In: kursiv. Journal für politische Bildung 4. Schwalbach, S. 76-83.

Reinhardt, V. (Hrsg.) (2011): Demokratie und Partizipation von Anfang an. Baltmannsweiler.

Torney-Purta, J./Lehmann, R./Oswald, H./Schulz, W. (2001): Citizenship and Education in Twenty-eight Countries. Civic Knowledge and Engagement at Age Fourteen. Amsterdam.

Ziegler, B. (2009): Verständnisse der Lehrpersonen von Politischer Bildung, unveröff. Manuskript.

Kurt Edler

Demokratiepädagogik in Hamburg

Aus demokratiepädagogischer Sicht bietet sich in der Hansestadt – kurz gesagt – folgendes Bild: Einem reichen Spektrum demokratischer Kultur- und Bildungsaktivitäten steht ein Schul- und Hochschulwesen gegenüber, für das Demokratiepädagogik im Regelfall immer noch ein Fremdwort ist. Dazu tragen die entfremdeten Strukturen eines hektischen Paukstudiums, eines überfrachteten Lehrerreferendariats und einer Schule bei, die zwar „Kompetenz" sagt, aber oft nach wie vor bloßes Wissen meint. Die nach dem Hamburger Volksentscheid gegen die Primarschule vom Juli 2010 vorsichtig gewordene Bildungspolitik erörtert das, was sie unter Bildung versteht, sehr pragmatisch, das heißt vom gegenwärtigen Handlungsfeld aus. So aber lassen sich in vielen Grundsatzpapieren – wie zur Inklusion oder zur Ganztagsschule – keine Herleitungen der Maßnahmen aus einem Wertediskurs finden. Die gesellschaftliche Verantwortung der Bildungseinrichtungen für die Demokratie spielt in amtlichen Texten so gut wie keine Rolle. Dass besonders die Schule nicht nur für die gesellschaftliche Bildung, sondern auch – fächerübergreifend – für eine „Education for Democratic Citizenship" verantwortlich ist, also für Engagementförderung und die Entwicklung einer „Democratic Governance", das liegt noch weit jenseits des Horizonts der hamburgischen Senatskogge. Begriffe wie „Inklusion" werden so eng definiert, dass es vor allem um die aktuelle Umsetzung einer individualisierenden Förderpädagogik im Regelschulwesen geht. Mit dieser Engführung wird zugleich die Chance vertan, die soziale, interkulturelle und politische Dimension eines gemeinsamen Lernens herauszuarbeiten.

In einem solchen Klima müssen sich demokratiebegeisterte jugendliche Akteure alleingelassen fühlen. Zwar stellt Hamburg seiner Schülerschaft einen weitaus größeren Jahresetat für schuldemokratische Trainings peer-to-peer zur Verfügung als z.B. Berlin, aber oft bleiben die jungen Organisatorinnen und Organisatoren auf ihrem Angebot sitzen. Auch die SchülerInnenkammer fristet seit mehr als zwei Jahren ein Schattendasein und ist mangels Basisunterstützung nahezu funktionsunfähig. Weit davon entfernt sind wir in Hamburg, dass das, was in der EDC-Charta des Council of Europe auch von der deutschen Seite unterschrieben wurde, systematisch in die pädagogische Arbeit der Schulen Eingang gefunden hätte: die Unterstützung und Beratung von Schülerinnen und Schülern bei der demokratischen Selbstorganisation.

Dennoch ändern sich die Zeiten. Der Kalte Krieg liegt weit hinter uns. Eine alte, verbiesterte Generation, die in jeder demokratischen Forderung eine revolutionäre Anmaßung witterte, stirbt aus. Eine neue, junge Lehrerschaft hat das Ruder übernommen; sie ist ‚cooler' in der Rolle, aber häufig auch viel unverkrampfter, wenn es um die Bearbeitung von Interessenkollisionen im Schulalltag geht. Die meisten Hamburger Kinder und Jugendlichen fühlen sich – so zeigen es die vorhandenen Untersuchungen – in der Schule freundlich oder zumindest korrekt behandelt.

Selbstständiges Lernen und Schülerpartizipation

Mit der Orientierung auf Methoden selbstständigen Lernens, aber auch durch Krisenerfahrungen mit konventionellem Unterricht hat sich für eine ganze Reihe von Schulen aller Stufen der Weg zu mehr Schülerpartizipation geöffnet. Dazu tragen die Kooperation mit außerschulischen Einrichtungen, die Nutzung externer Expertise und die immer unkompliziertere Zusammenarbeit im sozialen und politischen Raum bei. Kein Zweifel: Die Schule der Bundesrepublik und damit auch die Schule des Stadtstaates war noch nie so frei wie heute. Die Berührungsangst vor Minderheitenmeinungen, unbequemen Kritikern und schwierigen Debatten ist geringer denn je. Dafür ist auch das liberale gesellschaftliche Klima der Elbmetropole verantwortlich. „Für vieles, was ich hier heute äußere," sage ich manchmal, wenn ich an einer Hamburger Schule vortrage, „hätte ich vor fünfzehn Jahren noch richtig Ärger und vor 35 Jahren glatt ein Berufsverbot bekommen." Meistens ernte ich damit Heiterkeit, offenbar, weil die Zuhörenden sich freuen, in weniger finsteren Zeiten zu leben.

Resonanz und Wirkung von Demokratieprogrammen

Selbst bei guter Kenntnis der demokratiepädagogischen Strukturen vor Ort ist es schwer zu sagen, wie hoch der Anteil von Programmen wie „Demokratie lernen & leben" der Bund-Länder-Kommission für Bildungsplanung (BLK) oder „Demokratisch Handeln" an dieser Emanzipation ist. „Demokratie lernen & leben" war in Hamburg gut verankert; von 14 im Rahmen des BLK-Programms ausgebildeten Demokratiepädagogik-Beratern und -beraterinnen sind auch heute noch die meisten in der Sache unterwegs – in der Verbindungslehrer-Fortbildung, in Klassenratsschulungen, in der Beratung von Funktionsträgern. Wie dies bei den seinerzeit am BLK-Modellprogramm beteiligten Schulen aussieht, wäre einer vertiefenden Betrachtung oder Untersuchung wert.

Das „Förderprogramm Demokratisch Handeln" verfügt mit seiner alljährlichen Projektpräsentation „Lernstatt Demokratie" in Kooperation mit dem Landesinstitut für Lehrerbildung und Schulentwicklung (LI) und einer etablierten Regionalberatung in Hamburg über ein deutliches Profil im Sinne einer Menschenrechtsbildung und einer kritischen Auseinandersetzung mit der deutschen Geschichte. Dabei kooperiert dieser Bundeswettbewerb mit dem Hamburger Landeswettbewerb „Bertini-Preis".

Nicht nur dieses Programm kann dabei auf die Aktivität von Kerngruppen an einer ganzen Reihe von Schulen zurückgreifen. Genau diese Aktivitäten zu sichten und zu einer wechselseitigen Stärkung zu bringen, ist derzeit die wichtigste institutionenbezogene Aufgabe der Demokratiepädagogik in Hamburg. Die praxisbegleitende Forschungsarbeit von Studierenden der Universität Hamburg im Rahmen des ICCS-Projekts[1] – gemeinsam mit dem LI und dem European Wegeland Centre in Oslo – führt ebenfalls dazu, dass gemischte Demokratieteams aus Schülern und Schülerinnen sowie Lehrerinnen und Lehrern den demokratiepädagogischen Fortschritt an der eigenen Schule unterstützen und reflektieren. Im Beratungsfeld Demokratiepädagogik des LI-Referats Gesellschaft wird an einem Gesamtnetzwerk aller Akteure gearbeitet, die sich für spezifische Demokratieprojekte an ihren Schulen engagieren.

Auch der intensive Gedankenaustausch mit den Qualitätsentwicklungsprofis und der Schulinspektion trägt seine Früchte. Wer die Neufassung des Hamburger Orientierungsrahmens Schulqualität mit der ersten Fassung vergleicht, kann erfreut feststellen, dass gerade dort, wo es um Transparenz und Partizipation an der Schule geht, Präzisierungen erfolgt sind.

Mindestens genauso wichtig sind jedoch die zivilgesellschaftlichen Institutionen, Gruppen, Stiftungen und Sponsoren. Greifen wir einige heraus: Da ist bspw. die Hamburger Bürgerstiftung mit ihrer Unterstützung des Service Learning. Besonders profiliert sich in den letzten Jahren die Körber-Stiftung mit einem sehr ambitionierten interkulturellen Hamburger Angebotsprofil: Neben dem Geschichtswettbewerb um den Preis des Bundespräsidenten fällt vor allem die kooperativ mit der DKJS und „Demokratisch Handeln" angestoßene Kampagne „DemokratieErleben" in den Blick. Es ist zudem bemerkenswert, dass die Stiftung ihre gesamten Aktivitäten im Bildungsbereich unter das Stichwort „Demokratie" gestellt hat. Man darf gespannt sein, was man in naher Zukunft an diesem Anspruch wird messen können. Zu nennen ist außerdem die ZEIT-Stiftung mit ihrem „Schüler-Campus" – ein Projekt nicht nur in Hamburg –, dem bisher einzigen Lehrkräfte-Headhunting für junge Menschen mit Migrationsgeschichte. Viele andere Stiftungen und Vereine wie die Patriotische Gesellschaft und die Toepfer-Stiftung haben mit aktuellen Bildungsthemen das Ohr am Puls der Zeit und üben damit ebenfalls eine wohltuende Wirkung auf den gebildeten Teil der politischen Klasse aus. Angesichts der vielfältigen Aktivitäten zivilgesellschaftlicher Natur sowie von nachgeordneten Einrichtungen des Schulwesens und der Lehrerbildung gibt es also keinen Grund zur Resignation. Wünschenswert wären dennoch demokratiepädagogische Impulse und Innovationen seitens der Hochschulen des Stadtstaates und in der Politik – beim Senat wie in der Bürgerschaft und ihren Fraktionen gleichermaßen!

---

1 International Civic and Citizenship Education Study

Wolfgang Beutel, Mario Förster, Ralph Leipold,
Ingo Wachtmeister, Michaela Weiß

Demokratiepädagogik in Thüringen –
Kontinuität und neue Formen der Kooperation

Der Freistaat Thüringen wurde am 3. Oktober 1990 als Bundesland neu begründet und zählt mit seinen rund 2,2 Millionen Einwohnern sowie einer Fläche von etwa 16 000 Quadratkilometern zu den kleineren deutschen Ländern. Seit der deutschen Wiedervereinigung ist die Bevölkerungszahl um über 400 000 Einwohner zurückgegangen. Das Land in Mitteldeutschland hat über 900 selbstständige Städte und Kommunen, darunter aber nur wenige Großstädte: Erfurt, Jena und Gera sind derzeit die größten städtischen Zentren. Die Assoziationen mit diesem Land sind zahlreich und sehr verschieden: Die Kultur- und Bildungslandschaft, für die vor allem Goethe und Schiller und dabei möglicherweise das Goethe-Schiller-Denkmal vor dem Deutschen Nationaltheater in Weimar stehen. Aber auch die reiche Orchesterlandschaft, die historisch gewachsene Thüringer Städtekette von Eisenach im Westen bis Gera im Osten des Landes, Luther und die Wartburg, das Rathaus von Weimar und die verfassungsgebende Versammlung der ersten deutschen Republik, die 1919 in Weimar getagt hat – sowie der Thüringer Wald, der Rennsteig oder der Ettersberg inmitten des Thüringer Beckens am Rande von Weimar, das dort liegende Konzentrationslager Buchenwald und damit der Gedenkort für die systematische Vernichtung von Menschenleben und Judentum im Nationalsozialismus. Die genannten Bilder sind sehr ambivalent: Vieles aus dem Symbolbestand der deutschen Geschichte entsteht vor dem inneren Auge. Größte Stadt und Landeshauptstadt, Behörden- und Regierungszentrum zugleich ist Erfurt. Mit Jena, das insbesondere für seinen Einfluss in der Frühromantik und seine berühmte optische Industrie bekannt ist, gibt es eine weitere Großstadt, zugleich Sitz der viertgrößten Universität der östlichen Bundesländer. Die Leistungsfähigkeit der thüringischen Wirtschaft hat sich in den letzten Jahren stabilisiert, sodass die Arbeitslosenquote nur noch etwa zwei Prozentpunkte über dem Bundesdurchschnitt liegt. Die Löhne verharren aber im Bundesvergleich auf einem sehr niedrigen Niveau.

Das Land Thüringen hat eine reiche pädagogische Tradition in Wissenschaft und Praxis von Schule und Erziehung. Der Philanthrop Christian Salzmann mit seiner 1784 gegründeten Erziehungsanstalt in Schnepfenthal bei Gotha stellte die moralische Erziehung in den Mittelpunkt seiner Erziehungspraxis. Friedrich Fröbel stiftete zum Ende des 18. Jahrhunderts den ersten Kindergarten in Bad Blankenburg und damit zugleich das bis heute gültige Rahmenkonzept der

Elementarerziehung. Die Freie Schulgemeinde Wickersdorf bei Saalfeld von Hermann Lietz und Peter Petersens Versuchsschule in Jena mögen für die auch aktuell wirksamen, teilweise kontrovers diskutierten Ansätze der Reformpädagogik aus der jüngeren Vergangenheit stehen. Nicht zuletzt aufgrund dieser reichen pädagogischen Tradition gilt das Schulwesen in Thüringen bis heute als reforminspiriert und facettenreich. Auch die Frage der Demokratiepädagogik spielt in jüngerer Zeit eine sichtbare Rolle in der Praxis von Schule und Erziehungswesen.

Das Förderprogramm „Demokratisch Handeln"

Bereits 1992 wurde mit der Berufung von Peter Fauser auf die Professur für Schulpädagogik und Schulentwicklung auch das „Förderprogramm Demokratisch Handeln" – seinerzeit nach den ersten drei Entwicklungsjahren noch sehr jung – an der Universität Jena etabliert. Zunächst als projektbezogener Schul- und Schülerwettbewerb konzipiert, entwickelte sich daraus innerhalb der letzten beiden Dekaden ein zentraler und bundesweit anerkannter Akteur der Demokratiepädagogik. Seit 1995 engagiert sich das Thüringer Kultusministerium besonders stark für dessen weitere Entwicklung. Die Schwerpunkte hierbei sind die finanzielle und fachliche Förderung der regionalen Beratung, der Projektbegleitung von Schulen, der Fortbildungen und der Schüler-Lehrer Kreativtagung „Lernstatt Demokratie". Hieraus hat sich seit 1999 eine das Konzept und das Programm „Demokratisch Handeln" fördernde Initiative von elf Landeskultusministerien (Berlin, Brandenburg, Bremen, Hamburg, Mecklenburg-Vorpommern, Rheinland-Pfalz, Sachsen, Sachsen-Anhalt und ab diesem Jahr Hessen) unter Federführung des Thüringer Ministeriums für Bildung, Wissenschaft und Kultur entwickeln lassen.

Die Finanzierung der Geschäftsstelle und der Ausschreibung des Wettbewerbes wird durch Mittel des Bundesministeriums für Bildung und Forschung ermöglicht. Mit Hilfe der genannten Unterstützer und mit zusätzlichen Mitteln von Stiftungen und Sponsoren konnte daher bereits sechs Mal die „Lernstatt Demokratie" in Thüringen durchgeführt werden – zuletzt 2012 im Umspannwerk der Imaginata in Jena unter Beteiligung des thüringischen Kultusministers Christoph Matschie.

Zusätzlich wird für die sich an der Ausschreibung beteiligenden Projekte thüringischer Schulen jeweils im März eines jeden Jahres eine zweitägige Workshop-Tagung angeboten. An dieser inzwischen zur guten Tradition gewordenen Veranstaltung beteiligen sich in jedem Jahr mehr als 120 Schülerinnen und Schüler sowie Lehrkräfte. In enger Kooperation mit dem Thüringer Institut für Lehrerfortbildung, Lehrplanentwicklung und Medien (Thillm) und in Zusammenarbeit mit weiteren lokalen Partnern und Initiativen (DVpB Thüringen, Friedrich-Ebert-Stiftung und anderen) hat sich inzwischen ein verlässliches und variantenreiches Angebot an Fort- und Weiterbildungsveranstaltungen, Projektausstellungen und einer verlässlichen wissenschaftlichen Expertise über das Förderprogramm „Demokratisch Handeln" entfalten können. Ein weiterer wichtiger Punkt mit lokalem Bezug ist die Beteiligung an der Ausbildung der Lehramtsstudierenden durch Seminare und Vorlesungen an der Universität Jena.

Demokratisch Handeln, Demokratiepädagogik, Ganztagsschule und Geschichtslernen

In enger Zusammenarbeit zwischen dem Lehrstuhl für Schulpädagogik und Didaktik, dem Lehrstuhl für Schulpädagogik und Schulentwicklung, dem Förderprogramm „Demokratisch Handeln" sowie der Serviceagentur „Ganztägig Lernen" in Thüringen der Deutschen Kinder- und Jugendstiftung konnte im Wintersemester 2009/10 die Ringvorlesung Ganztagsschule und Demokratiepädagogik vorbereitet und durchgeführt werden. Die Vorlesungsreihe war ein Beitrag zum Transfer von wissenschaftlichem Expertenwissen und vorliegendem Praxiswissen an die Lehramtsstudierenden in Jena und fand unter reger Beteiligung jeweils im größten Hörsaal der Jenaer Universität statt. Leider ist eine dauerhafte Etablierung, ja wenigstens eine punktuelle Fortsetzung bislang nicht geglückt.

Als ein weiterer Schwerpunkt der Regionalberatung in Thüringen hat sich die Zusammenarbeit mit Initiativen und Aktiven der historischen Bildungsarbeit entwickelt: So wird mit dem Prager Haus Apolda e.V. kooperiert und die Durchführung von Schülerprojekten unterstützt, die vor allem die Auseinandersetzung mit den Verbrechen des Nationalsozialismus anstreben. So konnten beispielsweise Fahrten zur Gedenkstätte Auschwitz begleitet sowie Seminarfach- und Projektarbeiten an Thüringer Regelschulen und Gymnasien unterstützt werden.

Seit 2012 wird durch die Regionalberatung die Zusammenarbeit zwischen „Demokratisch Handeln" und dem „Bündnis für Demokratie und Toleranz" der Bundesregierung intensiviert und fortentwickelt. Mit Unterstützung dieses Bündnisses werden Workshops bei der „Lernstatt Demokratie" durchgeführt, zudem nehmen Projektgruppen am bundesweiten alljährlichen Berliner Jugendkongress „Demokratie. Gefällt mir. Ich mach mit!" des Bündnisses teil.

Initiativen des Thüringer Instituts für Lehrerfortbildung, Lehrplanentwicklung und Medien

Das Thillm übernimmt als zentrale Fortbildungsinstitution für Lehrkräfte in Thüringen eine wichtige Funktion bei der Vermittlung demokratiepädagogisch bedeutsamer Inhalte. Mit der 2009 erschienen Broschüre „Demokratiepädagogik in Thüringen" ist bereits zum zweiten Mal (erstmals Thillm 2005) ein eigener Band zum Thema erschienen. Neben der Information und dem Angebot verschiedener Fortbildungsveranstaltungen zeigt sich das Engagement auch in der Ausrichtung der bereits achten Sommerakademie im August 2012, die sich dem Thema: „Demokratie lernen und leben – es geht um Menschen – individuell und kompetent" widmete. Die Sommerakademie wird fortgeführt werden. Auch gibt es eine Schülerakademie, die 2012 erstmals mit Unterstützung der Deutschen

Kinder und Jugendstiftung (DKJS) realisiert werden konnte. Ihr Thema war die „Schülermitwirkung".

Die Koordinierung der Beraterinnen und Berater für Demokratiepädagogik, die im Rahmen des 2007 ausgelaufenen BLK-Programms „Demokratie lernen & leben" ausgebildet worden sind, übernimmt inzwischen auch das Thillm. Die Demokratiepädagogik-Berater stehen mit ihren Serviceangeboten in Fort- und Weiterbildung auch nach Beendigung des BLK-Programms zur Verfügung und sollen dessen Wirksamkeit auch in Zukunft gewährleisten. Das genannte BLK-Modellprogramm wurde in den Jahren 2001 bis 2007 in Thüringen nicht nur mit zwei Schulsets, also insgesamt 12 Modellschulen, etabliert, sondern zugleich vom Lehrstuhl für Schulpädagogik und Schulentwicklung der Universität Jena in einer kooperativ erstellten Expertise konzeptionell unterlegt (Edelstein/Fauser 2001). Von 2008 bis 2010 wurden zudem durch das Thillm weitere 15 Lehrerinnen und Lehrern als Demokratiepädagogikberater qualifiziert, die seitdem ihre Unterstützung interessierten Schulen anbieten.

Das „Jahr der Demokratie 2009"

In jüngerer Zeit war für die Demokratiepädagogik in Thüringen insbesondere das Jahr 2009 bedeutsam, das zum „Jahr der Demokratie" an den Thüringer Schulen ausgerufen wurde. „Der Geist der Demokratie muss von Generation zu Generation neu erworben werden", hieß es in der Programmatik dieser landesweit wirksamen Initiative. „Denn die Demokratie wird nicht mit den Genen vererbt. Die Etablierung der Demokratie als Herrschafts- und als Lebensform in Thüringen verlangt auch danach, sich klar und kritisch mit den beiden vorangegangenen Diktaturen auseinandersetzen" (Thüringen 2012)[1]. Direkte Bezüge zu Gerhard Himmelmann (2001) und dessen Konzept, Demokratie im Bildungskontext als Herrschafts-, Gesellschafts- und eben auch als Lebensform zu verstehen, spiegeln sich aus demokratiepädagogischer Perspektive in den zahlreichen Initiativen im Land wider. Nicht alle diese engagierten Initiativen können hier genau skizziert werden. Exemplarisch hierfür steht etwa die Zentralwohlfahrtsstelle der Juden in Deutschland (ZWST) mit ihrem Projekt „Perspektivwechsel", das sich vorrangig der Aus- und Weiterbildung pädagogischer Fachkräfte und Multiplikatoren im Bereich der gesellschaftspolitisch orientierten Bildungsarbeit widmet. Das Projekt wird im Rahmen des Bundesprogramms „Toleranz fördern – Kompetenz stärken" sowie durch das Thüringer Ministerium für Soziales, Familie und Gesundheit gefördert. Der Projektansatz beruht auf der Grundannahme, dass historisch-politische Bildungsarbeit im Sinne des geschichtlichen Lernens nicht ausreicht, um Erscheinungen wie dem zunehmenden Antisemitismus, Rassismus und der

---

1   http://www.schulportal-thueringen.de/c/document_library/get_file?folderId=19652&name=DL
    FE-66948.pdf

Verbreitung rechtsextremer Gedanken entgegenzuwirken. Dieses Projekt will zur Entwicklung einer zeitgemäßen pädagogischen Bildungsarbeit gegen Antisemitismus und Fremdenfeindlichkeit beitragen.

Landesweite Programme: Lokale Aktionspläne, die Ev. Schulstiftung und internationaler Jugendaustausch

Auch die Aktivitäten im Zusammenhang mit der Förderung durch den Lokalen Aktionsplan (LAP) für Demokratie, Toleranz und für ein weltoffenes Jena müssen genannt werden. Das Programm ist nicht explizit demokratiepädagogisch ausgerichtet, sondern soll Identifikation und Prävention gegen Rechts lokal und vor Ort stärken. In dieser Zweckbestimmung liegt andererseits ein naheliegender Anknüpfungspunkt für demokratiepädagogische Aktivitäten, zumal viele der lokalen Planungsprojekte die Beteiligungsmöglichkeiten von Schülerinnen und Schülern in den Schulen stärken und darüber hinaus Initiativen der politischen Soziokultur unterstützen wollen.

Hierfür konnte zusätzlich – unterstützt durch das Förderprogramm „Demokratisch Handeln" – eine lokale Analyse der Beteiligungsformen für Schülerinnen und Schüler an Jenaer Schulen durchgeführt werden, deren Ergebnisse als Handreichung für die Schulsozialarbeiter und politische Entscheider in Jena zur Verfügung gestellt werden konnte (Feurich et al. 2012; 2013).

Von überregionaler Bedeutung für die Demokratiepädagogik mit Blick auf schulische Kooperationsformen könnte die Zusammenarbeit der Ev. Schulstiftung in der EKD Mitteldeutschland mit dem Förderprogramm „Demokratisch Handeln" werden. Eine Auftaktveranstaltung fand im November 2012 am Ratsgymnasium in Erfurt statt und lässt auf neue und beispielgebende Formen des Austauschs zwischen den Akteuren in Thüringen und über die Landesgrenzen hinaus hoffen. Bislang bezieht diese Initiative die Schulen der Schulstiftung ein, die vor allem in Thüringen, aber auch in Sachsen-Anhalt arbeiten und zudem einen Schwerpunkt im Grundschulbereich haben. Immerhin liegt hier ein Ansatzpunkt, Demokratiepädagogik im Bereich der Ersatzschulen stärker als bislang zum Thema zu machen.

Mit Blick auf demokratiepädagogisch bedeutsame Erfahrungen aus den schulischen Lernfeldern und der Kooperation mit außerschulischen Partnern sei auch der Informations- und Vernetzungstag des internationalen Jugendaustauschs genannt, der im Juni 2012 im Thüringer Wirtschaftsministerium stattfand und bei dem eine Arbeitsgruppe zum Thema „Demokratisch Handeln – als Thema, Methode und Ziel in Begegnungen" durchgeführt wurde. Die ersten Ansätze von Kooperationen dieser Art sollen zukünftig weiter intensiviert werden.

Lebendige Demokratiepädagogik – dennoch eine Entwicklungsaufgabe

Beim Blick auf die genannten Aktivitäten im Land Thüringen, die sich demokratiepädagogisch einordnen lassen, zeigt sich, dass sich in Thüringen inzwischen ein breites Spektrum an Programmen, Veranstaltungen und Akteuren erkennen lässt, die über die Einmaligkeit von projektbezogenen Finanzierungen hinausgehen. Zwar scheint es in den letzten Jahren erfolgreich gelungen zu sein, mithilfe neuer Kooperationsformen die Verknüpfung der verschiedenen Einrichtungen, Personen und Initiativen voranzubringen und diese über die Landesgrenzen hinaus weiterzuentwickeln. So zeigt sich hier ein solide gewachsener Anfang, der aber – gemessen am Entwicklungsbedarf der etwa 1 200 Schulen im Land – dennoch eben auch erst einen Anfang markiert, welcher auf weitere mittelfristig wirksame Unterstützung angewiesen ist. Erstaunlich ist in diesem Kontext zudem das nur geringfügige Wachstum der DeGeDe in diesem Bundesland. So ist die Bilanz zweiseitig: Vieles wird getan, aber vieles bleibt eben noch zu tun – insbesondere im Bereich der Lehrerausbildung sowie in der Stärkung und sorgsamen weiteren regionalen Entfaltung der vorhandenen Strukturen. Staatliche Stellen und Zivilgesellschaft sind deshalb auch künftig gleichermaßen gefragt!

Literatur

Edelstein, W./Fauser, P. (2001): Demokratie lernen und leben. Gutachten für ein Modellversuchsprogramm der Bund-Länder-Kommission. Materialien zur Bildungsplanung und zur Forschungsförderung, H. 96. Bonn.

Feurich, A./Förster, M./Haldrich, F./Pfletscher, J./Weiß, M. (2012): Partizipation an Jenaer Schulen 2011. Jena.

Himmelmann, G. (2001): Demokratie Lernen als Lebens-, Gesellschafts- und Herrschaftsform. Ein Studienbuch. Schwalbach.

Thillm/Thüringer Institut für Lehrerfortbildung, Lehrplanentwicklung und Medien (Hrsg.) (2005): „gesagt. getan." Das Förderprogramm Demokratisch Handeln in Thüringen. Reihe Materialien, H. 112. Bad Berka.

Thillm/Thüringer Institut für Lehrerfortbildung, Lehrplanentwicklung und Medien (Hrsg.) (2009): Demokratiepädagogik in Thüringen. Grundlagen – Schulentwicklung – Praxis – Service. Reihe Materialien, H. 151. Bad Berka.

VI. Zivilgesellschaft, Dokumentation und Rezensionen

Wolfgang Beutel, Tanjev Schultz, Heinz Buschkowsky, Peter Fauser

„Integration und Bildung als Lebensaufgabe" – Der „Hildegard Hamm-Brücher-Förderpreis für Demokratie lernen und erfahren 2011"

Bei der 21. „Lernstatt Demokratie" im Frühsommer 2011 in der Akademie für Politische Bildung Tutzing wurde zum dritten Mal der „Hildegard Hamm-Brücher-Preis für Demokratie lernen und erfahren" an engagierte Personen und herausragende Schulprojekte demokratischen Handelns verliehen. Tanjev Schultz, Redakteur bei der Süddeutschen Zeitung im Ressort Innenpolitik mit dem Schwerpunkt Bildungspolitik, Schule und Hochschule, sprach die Laudatio auf den Preisträger. Die Projektpreise gingen an die Initiativen „Auf Augenhöhe" der Berufsschule 1 in Augsburg und „Verschiedenheit achten - Gemeinschaft stärken" der Theodor-Heuss-Schule aus Offenbach/Main. Wir dokumentieren in Ausschnitten diesen demokratiepädagogischen Preis.

Tanjev Schultz: „Don't back down!" – Kämpfen Sie weiter!
Laudatio für Heinz Buschkowsky

Sehr geehrte Damen und Herren, liebe Schülerinnen und Schüler, liebe Hildegard Hamm-Brücher, lieber Heinz Buschkowsky,
wir sind hier in Tutzing denkbar weit entfernt von Neukölln, nicht nur geografisch. Aber ein bisschen Neukölln ist ja überall. Damit meine ich nicht nur, dass es an jedem Ort in dieser Republik soziale Probleme gibt, Bildungsnöte, Herausforderungen bei der Integration von Einwanderern. Damit meine ich auch, dass Neukölln neben allen Problemen, für die der Stadtteil bundesweit bekannt ist, immer noch schöne Seiten hat. Und dass es dort trotz allem noch Ordnung gibt, Schulen und Lehrer, die sich engagieren. Einen Rechtsstaat, der unermüdlich kämpft. Neukölln ist damit auch ein Beispiel für die guten Traditionen dieses Landes. Das haben wir zu einem großen Teil Heinz Buschkowsky zu verdanken. Er ist einmalig. Leider.

Das Land könnte viele Buschkowskys vertragen. Männer und Frauen, die sich nicht wegducken, wenn es schwierig wird. Männer und Frauen, die beherzt zupacken, wenn es darauf ankommt. Politiker, die Klartext sprechen, aber genug Sensibilität haben, um nicht beizutragen zu einem der größten Übel unserer Zeit: Ausgrenzung und Stigmatisierung.

Heinz Buschkowsky ist im besten Sinne ein Kümmerer. Weil er sich traut, heikle Themen offen anzusprechen, steht er nicht unter dem Verdacht, ein politisch korrekter „Gutmensch" zu sein. Schade eigentlich. Ich finde gute Menschen ganz gut. Das Wort „Gutmensch" ist eine der unglücklichsten rhetorischen Erfindungen der vergangenen Jahre. Wir brauchen keine „Bösmenschen". Ich glaube, Sie, Herr Buschkowsky, haben auch schon mal in polemischer Absicht über „Gutmenschen" hergezogen. Wir haben da vielleicht unterschiedliche Auffassungen. Heinz Buschkowsky hat keine Angst vor Kritik und Kontroversen. Dafür lieben ihn viele Bürger. Aber es gibt, glaube ich, ein Missverständnis. Viele denken: Buschkowsky – der ist ganz ein harter Hund. Einer, der endlich aufräumt im Multikulti-Saustall. Ich verstehe Heinz Buschkowsky nicht so. Ich sehe in ihm einen Mann mit Herz, der aber bei aller Herzlichkeit nicht seinen Verstand ausschaltet. Ich sehe in ihm auch nicht den Repräsentanten eines Polizeistaates, sondern den Repräsentanten einer Bildungsrepublik.

Wer sich in Neukölln auskennt, weiß, dass die Polizei dort manchmal bitter nötig ist. Wir brauchen einen starken Staat. Seine Stärke beweist er vor allem in den Institutionen der Bildung. In den Kindergärten und Schulen, in der Jugendhilfe, in den Universitäten. Manchmal geht es aber nicht ohne Polizei. Es darf keinen rechtsfreien Raum geben, keinen Raum, in dem das Gewaltmonopol des Rechtsstaates nicht mehr gilt. Es darf allerdings auch nicht passieren, dass Polizisten, Richter und Staatsanwälte die ersten und einzigen sind, die sich um einen Jugendlichen kümmern. Die ersten, die ihm mal zuhören. Ein Staat ist stark, wenn er die Kriminalität schon im Ansatz bekämpft. Heinz Buschkowsky kämpft für diesen starken Staat. Er kämpft dafür, dass der Staat nicht einknickt. Dass er Kinder nicht verloren gibt. Die Familie genießt in Deutschland viel Schutz. Kinder genießen wenig Schutz. Heinz Buschkowsky kann jeden Tag in seinem Stadtteil erleben, was es bedeutet, wenn Eltern ihre Kinder vernachlässigen.

Lieber Heinz Buschkowsky, Ihre Vorstellungen zu Kindergeld-Kürzungen als Druck- und Sanktionsmittel sind umstritten. Aber Ihre Vorstöße sind ein Beitrag dazu, endlich wegzukommen von einer ineffektiven Familienpolitik. Deutschland verteilt Millionen und Abermillionen von Euro mit der Gießkanne an die Familien. Gleichzeitig müssen viele Kindergärten und Schulen um jeden Cent ringen. Da läuft was schief. Sie werden manchmal in den Medien als „Tabubrecher" bezeichnet. Sie sind mitunter auch der Gewährsmann für Leute, mit denen Sie gar nichts am Hut haben. Aus allem, was Sie tun und sagen, spricht heraus: Es kommt auf Bildung an. Bildung, Bildung, Bildung! Wenn das ein Tabubruch ist, ist dieses Land nicht bei Trost. Dieses Land tut immer noch zu wenig für die Bildung aller seiner Kinder. Das Geld ist nicht richtig verteilt. Es ist nicht gerecht, wenn an den sozialen Brennpunkten weniger, genauso viel oder allenfalls ein bisschen mehr Mittel für gute Kindergärten und Schulen zur Verfügung stehen. Es müsste dort mehr, deutlich mehr Mittel geben als in den geordneten, wohlhabenden Vierteln. Das müssen die Bürger einsehen, auch in Zehlendorf oder Tutzing. Langfristig wird auch der Zehlendorfer seines Lebens nicht mehr froh, wenn das Elend in Neukölln immer größere Kreise zieht.

Ich glaube, einige sehen in Ihnen, lieber Herr Buschkowsky, einen „Ausländer-
fresser" oder würden den gerne in Ihnen sehen. Quatsch. Nein, Sie wollen, dass in
diesem Land alle gute Chancen haben, etwas zu werden. Sie finden sich nicht damit ab, dass man Neuköllner Kindern, deren Eltern oder Großeltern als Einwanderer gekommen sind, die ziemlich treffsichere Prognose machen kann: Du wirst
es in diesem Land nicht weit bringen! Es gehört zu den integrationspolitischen
Standardfloskeln, dass Migrant nicht gleich Migrant und Muslim nicht gleich
Muslim ist. Schon im nächsten Atemzug werden aber meistens alle Differenzierungen wieder aufgehoben. Plötzlich wird ein scheinbar bruchloser „christlich-
abendländischer" oder „christlich-jüdischer" Kulturkreis konstruiert und, entgegen den komplexen historischen Verbindungen, vom Islam abgegrenzt. Plötzlich
wird der jugendliche Straftäter, dessen Eltern bereits in Berlin aufgewachsen sind,
auf seine türkischen Wurzeln reduziert, als habe seine Sozialisation nicht in der
Mitte Deutschlands und in den Institutionen dieses Landes stattgefunden. Wir
dürfen uns nicht damit abfinden, wenn es mitten in Deutschland Clans gibt, die
eine Parallelgesellschaft aufbauen. Wir dürfen uns nicht damit abfinden, wenn einige Einwanderer ihre Kinder in vormodernen Traditionen gefangen halten. Aber
wir dürfen auch nicht selbst den Fehler begehen, alle Menschen zu ethnisieren
und sie auf ihre Herkunft festzulegen.

Vielfalt und Individualität werden zu oft zusammengestaucht zu Pauschalurtei-
len und zu groben Zahlenwerken, zu Problemdaten. Da erscheinen dann die En-
kel und Urenkel der Einwanderer als ewige „Migranten", und türkische Laizisten
müssen sich ständig als Muslime ansprechen lassen und über den Islam Auskunft
geben. Es gibt so viele säkulare Muslime, die nichts mit den Islamverbänden zu
tun haben. Sie wollen nicht ständig als Exemplare irgendeines Kollektivs behandelt werden.

Herr Buschkowsky, man kann ja wirklich sagen: Sie sind ein Original. Jeder hat
das Recht, ein Original zu sein. Der Berliner Dichter Zafer Senocak erinnert sich
in seinem Buch „Deutschsein" an seine Kindheit in einem bayerischen Dorf. Als
Achtjähriger war seine Familie von Istanbul nach Deutschland gezogen. In Bayern
war es nachts sehr still, und der Vater sagte, in Deutschland gebe es keine armen
Kinder. Schön wär's. Der Junge sog die deutsche Sprache auf. Die Wirtin sagte:
„Nachtruhe!" Das ließ sich kaum ins Türkische übersetzen. Senocak legte sich ein
Heft an für die neuen, fremden Wörter. Er nannte es: „mein deutsches Heft". Aus
dem Jungen ist ein Schriftsteller geworden. Wörter können schmecken, edel oder
übel. Wörter können duften – oder riechen. Wörter können berühren, sie können
trösten oder verletzen. In München besuchte Senocak die Schule, nachmittags
übte eine pensionierte Lehrerin mit ihm die deutsche Sprache. Bei ihr schmeckten
die Wörter nach Kaffee und Apfelkuchen.

„Heimatlosigkeit", schreibt Senocak, „beginnt damit, dass Sprachen keine
Heimat mehr haben. Das Türkische in Deutschland ist oft heimatlos, so wie die

deutsche Sprache bei vielen Türken keine Heimat gefunden hat." Das Lernen der deutschen Sprache wird gefordert und gefördert, aber die integrationspolitische Betriebsamkeit umweht leider kein Apfelkuchen-Duft. Es riecht oft noch zu sehr nach Aktenordnern, in denen sperrige Vokabeln und eine dicke Grammatik unter besonderer Berücksichtigung unbestimmter und bestimmter Artikel stecken.

Es dürfte nicht nur darum gehen, den Kindern so früh wie möglich deutsche Wörter einzuflößen. Sprachförderung kann nur gelingen, wenn sie in echte Erfahrungen und persönliche Beziehungen eingebunden ist. Die Wörter – sie müssen duften und gut schmecken. Übrigens nicht nur für die Einwanderer und ihre Kinder, sondern auch für die vielen Deutschen, die unbehaust sind und nur noch gebrochen ihre eigene Sprache sprechen, ohne Gefühl und Bindung. Sprache ist Heimat. Die Sprache ist nicht losgelöst vom Ort, an dem wir sie sprechen. Dieselben Worte bedeuten in Neukölln nicht unbedingt das Gleiche wie in Tutzing. Sie fühlen sich auch anders an.

Heinz Buschkowsky liebt sein Neukölln. Es ist seine Heimat. Er möchte, dass es auch für andere eine Heimat ist, in der sie gut aufwachsen. Ich darf an dieser Stelle einflechten, dass ich mein erstes Lebensjahr in Neukölln verbracht habe, in der Gropiusstadt. Später zogen wir weg, die Grundschule habe ich in Spandau besucht. Berliner wissen, dass das etwas anderes ist. Aber: Auch mir liegt Neukölln am Herzen.

In der Politik kommt es auch auf das Persönliche an. Es macht einen Unterschied, *wer* etwas sagt. Dafür ist Heinz Buschkowsky ein gutes Beispiel. Es gibt Sätze aus Ihrem Mund, lieber Herr Buschkowsky, bei denen würden ich und einige andere laut aufheulen, wenn sie ein anderer sagen würde. Aber Ihnen kann man trauen. Ihnen traut man zu, dass Ihnen wirklich etwas an den Menschen liegt. Dass Sie kein Rassist sind, kein Migrantenfeind und auch kein Dünkelbürger, der sich über die Armen dieser Gesellschaft erhebt und von vornherein davon ausgeht, dass das alles Sozialschmarotzer seien. Gerade weil Sie kein Schnösel sind – Ihr Vater war Schlosser, Ihre Mutter Sekretärin, Sie selbst haben als Kind auf den Kartoffelfeldern gestoppelt – ist es glaubwürdig, wenn Sie mal den strengen Onkel mimen.

Ihre Äußerungen sind manchmal provokativ. Und es gibt viele in Ihrer eigenen Partei und in Einwanderer-Organisationen, die sich fürchterlich aufregen können über Sie. Ich teile auch nicht alles, was Sie sagen. Ich habe die Sorge, dass einige Dramatisierungen nach hinten losgehen. Aber, im Gegensatz zu populistischen Beiträgen aus anderem Munde: Mit Ihnen lohnt sich der Streit. Weil Sie etwas von der Sache verstehen, über die Sie reden. Und weil sie kein verbohrter Typ sind. Das ist das Schöne: Heinz Buschkowsky, Sie sind ja auch eine fröhlich frotzelnde Flitzpiepe. In der Politik fehlt es generell an Humor. Sie haben ihn. Nicht jeder kann über den Witz Kurt Krömers lachen. Wahrscheinlich muss man wie Sie und ich Berliner sein, um diesen Komiker richtig zu verstehen. Oder ist das jetzt ein unzulässiger Ethnizismus? Wie dem auch sei: Sie und Kurt Krömer haben gemeinsam etwas dafür getan, dass Neukölln nicht nur als Ort einer Tristesse wahrgenommen wird, sondern auch als Hort des Humors.

Wir verleihen hier heute aber keinen Karnevalsorden. Und Sie bekommen keinen Sprach- oder Rhetorikpreis, obwohl Sie auch den verdient hätten. Wenn Sie reden, sind immer ein paar sehr gelungene Formulierungen und amüsante Wortschöpfungen dabei. Liebevoll nennen Sie die Stadtteilmütter, die einen Kontakt zu schwierigen Familien herstellen, Ihr „Kopftuchgeschwader". Neulich haben Sie von „Migrationsmumien" gesprochen – und damit gemeint, dass man eben nicht ewig als Migrant verstanden werden darf, nur weil die Urgroßeltern mal Einwanderer waren.

Lieber Herr Buschkowsky, Sie bekommen einen Preis heute für ihr bildungs- und integrationspolitisches Engagement. In beachtlicher Geschwindigkeit ist in Neukölln in den vergangenen Jahren Großes geleistet worden. Die Rütli-Schule war bundesweit das Symbol für alles, was schiefläuft in der deutschen Bildung- und Integrationspolitik. Jetzt wird der Campus Rütli zum Modell dafür, wie es gelingen kann, das Ruder herumzureißen. Es ist oft eine Wonne, Ihnen zuzuhören, Herr Buschkowsky. Aber Sie belassen es eben nicht beim Labern. Sie packen an. Dafür gebührt ihn nun der „Hildegard Hamm-Brücher-Förderpreis für Demokratie lernen und erfahren".

Der Vorstand des „Förderprogramms Demokratisch Handeln" begründet das so: „Heinz Buschkowsky hat mit seinem Engagement für eine aktive, bisweilen sicherlich auch zugespitzte Integrationspolitik im Stadtteil die Rolle von Bildung und Erziehung pragmatisch und nachvollziehbar verknüpft. Er hat der in dieser Frage oftmals zugespitzten öffentlichen Debatte einen konstruktiven Gegenpol und eine Entwicklungsperspektive angeboten: Wenn Schule, Bildung und Lernen der Weg zur Integration sind, dann müssen Schulen auch entsprechend ausgestattet sein, und der Schulbesuch wird zum Schlüssel eines integrierten Lebens in der Demokratie. Schule muss dann nicht nur Ort der Integration sein, sondern auch der Anerkennung und umgekehrt natürlich auch von den Jugendlichen als solcher anerkannt werden. Die von Heinz Buschkowsky in Berlin-Neukölln unterstützten Projekte wie das Albert-Schweitzer-Gymnasium mit seinem Ganztagsprofil und der Campus Rütli zeigen das auf beeindruckende Weise."

Ich habe neulich gelernt, dass Sie ein großer Johnny-Cash-Fan sind. Wenn ich Ihnen jetzt zurufe: „Machen Sie bitte weiter, stehen Sie weiter Ihren Mann!", dann im Sinne des schönen Johnny Cash-Tom Petty-Covers „I won't back down". Ich sehe vor meinem inneren Auge, wie Sie durch die Prärie von Neukölln reiten, den Vers des Songs auf den Lippen: „Hey, I will stand my ground and I won't back down!" Lieber Heinz Buschkowsky, Sie haben mal gesagt, Neukölln ist „nichts für Weicheier." In diesem Sinne: „Don't back down!" Kämpfen Sie weiter. Geben Sie nicht klein bei. Lassen Sie sich nicht unterkriegen. Alles Gute!

Heinz Buschkowsky: Fordern und Fördern – Integration durch Bildung!
Dankesworte des Preisträgers

Sehr geehrte gnädige Frau Hamm-Brücher, sehr geehrter Herr Vizepräsident des Landtages, meine Damen und Herren,

es ist kein unangenehmes Gefühl, mit dem man zu Hause in dem Wissen losfährt, am Abend eine Ehrung zu erhalten. Es gibt schlimmere Momente im Leben eines Menschen. Während der Laudatio habe ich mir an der einen oder anderen Stelle gewünscht, dass das Programm des heutigen Abends auch einen Austausch zwischen Tanjev Schultz und mir vorsieht. Denn punktuell, sehr geehrter Herr Schultz, haben wir schon unterschiedliche Sichtweisen. Nicht unversöhnlich, aber Sie beleuchten Dinge aus verschiedenen Ebenen. Andere Passagen hingegen fand ich treffend und ausgesprochen gekonnt formuliert. Ich bedanke mich für das von Ihnen zugewandt skizzierte Bild meines Wirkens.

Ich will meine Rede mit einem Zitat beginnen: „Die schulische Situation der ausländischen Kinder und Jugendlichen ist durch einen unzureichenden Schulbesuch, eine extrem niedrige Erfolgsquote bereits im Hauptschulbereich und eine erhebliche Unterrepräsentation ausländischer Schüler an weiterführenden Schulen gekennzeichnet ... Beachtlich sind ferner die bei den ausländischen Eltern bestehenden Hemmnisse, die Bedeutung des Schulbesuches für die Zukunftsentwicklung ihrer Kinder richtig einzuschätzen und ihnen schulbegleitend die notwendigen Förderungen zu vermitteln." Das stand nicht in der Süddeutschen Zeitung vom letzten Sonntag, sondern war die Bestandsaufnahme des ersten Ausländerbeauftragten der Bundesrepublik Deutschland, Heinz Kühn, aus dem Jahre 1979.

Bestandsaufnahme heute im Brief der Lehrerschaft einer Schule in Neukölln an den Bildungssenator vom 16.06.2011, bei mir eingegangen am gestrigen Tag. Ein Auszug: „Folgende Probleme sind in den höheren Jahrgangsstufen besonders gravierend und führen das Kollegium an die Grenze ihrer Belastbarkeit. Geringe Lernbereitschaft, mangelnde Sprachkompetenz sowohl bei Schülern nicht deutscher Herkunftssprache als auch bei deutschen Schülern; fehlendes Arbeitsmaterial, vermehrte Verspätungen und erhöhte Schuldistanz, massive Störungen des Unterrichtsablaufs durch immer mehr verhaltensauffällige Schüler; gesteigerte Missachtung gegenüber der Institution Schule, Zerstörung von Mobiliar, Müll auf den Boden werfen, urinieren in Aufgängen, spucken auf Boden, Treppengeländer und Türklinken, zunehmende Respektlosigkeit, Gewaltbereitschaft und Gewaltausübung gegenüber Mitschülerinnen und Mitschülern, Lehrerinnen, Lehrern und pädagogischem Personal."

Zwischen beiden Aussagen liegen 42 Jahre. Hat sich unsere Gesellschaft in dieser Zeit positiv weiter entwickelt? Wohl kaum, wenn man beide Schriften nebeneinander legt. Deshalb ist es auch so wichtig, dass es die Akademie für

Politische Bildung gibt. Eine Akademie, die jungen Menschen vermittelt, dass Demokratie nicht die Anleitung zur Beliebigkeit ist. Demokratie ist eine sehr anstrengende Staatsform, die den mündigen Bürger und das aktive Engagement Aller voraussetzt. Dafür müssen wir die jungen Leute aber mit den entsprechenden Kompetenzen ausstatten. Und wenn wir das unter dem besonderen Aspekt der Integration betrachten, dann ist – zumindest für mich – eines klar: Ohne Bildung ist Integration in eine mitteleuropäische Leistungsgesellschaft nicht möglich. Ohne Integration sind die Wege zu einem selbstbestimmten und erfolgreichen Leben in Wohlstand versperrt. Ohne integrierte und qualifizierte Arbeitskräfte an innovativen Arbeitsplätzen wird die Wirtschaft schon aus demografischen Gründen die Herausforderungen der Zukunft nicht meistern. Schrauberjobs sind heute in Asien und werden morgen in Afrika sein. Insofern sind Bildungs-, Integrations- und Wirtschaftspolitik nicht wirklich sinnvoll voneinander zu trennen.

Zukunft der Bundesrepublik

Das auch aus einem anderen Grund: Integrationspolitik ist kein Almosen oder freiwilliger Gnadenakt und auch nicht der Wettbewerb um den Mutter Theresa Preis. Es ist die elementare Frage zur Existenzsicherung unserer Gesellschaft. Denn ohne die Integration der Einwandererkinder wird es in der Zukunft keinen Wohlstand in Deutschland geben können. Ihr Anteil unter den Fünfjährigen beträgt bereits heute bundesweit 35 Prozent, Tendenz steigend.

Wir können es uns also einfach überhaupt nicht mehr leisten, junge Menschen nicht in das Arbeitsleben, dafür aber in das Sozialsystem zu integrieren. Die höheren Geburtenraten und damit die Zukunft unseres Landes liegen in Gebieten wie Nord-Neukölln, Bremerhaven, München-Hasenbergl, Essen-Katernberg oder Hamburg-Wilhelmsburg. Da es viele Neuköllns in der Bundesrepublik Deutschland gibt, fallen Ihnen sicherlich auch noch ein paar Stadtviertel ein. Die Zukunft unseres Landes liegt also nicht an der Elbchaussee und auch nicht im Berliner Villenstadtteil Dahlem oder am Starnberger See. Aber sind wir auch dabei, dass Humankapital unserer Gesellschaft zinsbringend anzulegen? Ich kann das nicht wirklich erkennen. Noch immer bescheinigen uns alle Studien in schöner Regelmäßigkeit, dass die gesellschaftliche, soziale und materielle Stellung der Eltern nirgendwo so prägend für die Bildungskarrieren und die Zukunftschancen der Kinder ist wie in Deutschland. Und wir sind nach wie vor Weltmeister im Reparaturbetrieb. Bei den Hilfen zur Erziehung – das sind die finanziellen Aufwendungen der Jugendämter, um Familien zu stabilisieren – liegen die Kosten inzwischen im Jahr bei 7,5 Milliarden Euro. (...)

Eine gelungene Integration aller jungen Menschen ist also nicht nur ein Akt unseres vom Humanismus und der Aufklärung geprägten Gesellschaftsverständnisses oder schlichter formuliert der Bewahrung des sozialen Friedens, sondern ein zwingendes Erfordernis des wirtschaftlichen Überlebens. Der Reparaturbetrieb des Staates ist teuer. Ein Teilnehmer an der Wertschöpfung verspricht Stabilität. Deswegen müssen wir uns um die jungen Leute auch jenseits des Bildungsbürgertums in den Stadtvierteln kümmern, wo es manchmal nicht so sauber ist und nicht so gut riecht. Wir müssen ihnen Appetit auf ein selbstbestimmtes Leben machen und sie davon überzeugen, dass diese Gesellschaft auch einen Platz für sie hat, der bereitsteht und auf sie wartet.

Neue Wege in der Neuköllner Bildungspolitik

Dass man mit Veränderungen am Bildungswesen etwas bewirken kann, will ich Ihnen an zwei Beispielen aufzeigen. Unser Albert-Schweitzer-Gymnasium in Nord-Neukölln liegt in einem sogenannten gefährlichen Ort. Wenn Sie entsprechend liquide sind, können Sie in solchen Gegenden alles kaufen von jeder Menge Drogen über die Kalaschnikow bis zur Mig-23. Spaß beiseite, das Gymnasium hatte einen so schlechten Ruf, dass 2005 noch nicht einmal die Hälfte der Plätze belegt war. Die Schule war am Sterben. Schließen konnten wir das Gymnasium aber nicht, weil wir damit indirekt auch die Botschaft verkündet hätten, die Nord-Neuköllner sind zu dumm für das Gymnasium. Also haben der damalige Schuldezernent und ich mit der Schule eine völlig neue Konzeption entwickelt. Gemeinsam mit einem Rektor, der tschechische Schüler in Prag zum Deutschen Abitur geführt hat. Was mit Tschechen geht, muss mit Neuköllnern auch funktionieren. Als erstes Berliner Gymnasium wurde dort der Ganztagsbetrieb eingeführt. Und es wurden Deutschförderkurse eingerichtet. Meine Damen und Herren, ich weiß, ich bin hier in Bayern. Ein deutsches Gymnasium mit Förderkursen in Deutsch – undenkbar. Ob der Philologenverband kurz vor dem kollektiven Selbstmord stand, entzieht sich meiner Kenntnis. Ist doch klar: Wer auf ein deutsches Gymnasium geht, braucht keinen Förderkurs-Deutsch und wer einen Förderkurs-Deutsch braucht, gehört nicht auf ein deutsches Gymnasium. Wir haben es aber gemacht. Für den Freizeitbereich und das Coaching der Schüler haben wir das Türkisch-Deutsche Zentrum als Kooperationspartner der Schule mit ins Boot geholt. Über das Netzwerk dieser größten türkischen Migrantenorganisation Berlins wurde ein Großteil dieser Schülercoaches rekrutiert, die sich die Gymnasiasten schon einmal ordentlich zur Brust nehmen, wenn sie sich nicht genügend anstrengen. In einer Sprache, die die jungen Leute verstehen und für die der Oberstudienrat sich ein Disziplinarverfahren einhandeln würde.

Wir haben uns damit durchgesetzt. Das Ergebnis vier Jahre später: Kaum ein Schüler verlässt nach dem Probejahr das Gymnasium. Die Zahl der Abiturienten hat sich versechsfacht. Die Abiturnoten entsprechen dem Berliner Durchschnitt. Der Anteil der Schüler nichtdeutscher Herkunft liegt nach wie vor bei 90 Prozent. Die Schule ist übernachgefragt, platzt aus allen Nähten und wir mussten anbauen.

Es geht also. Es funktioniert, wenn man bei den Defiziten der Kinder anpackt, die sie von zu Hause im Rucksack des Lebens mit sich herumschleppen, sie begleitet und ihnen hilft, zu einer eigenen Linie zu finden. (...) Wenn Sie sich jetzt fragen, wie viel Geld wir in diese neue Unterrichtsform gesteckt haben, dann fällt die Antwort nicht schwer. Die Mehrkosten gegenüber einem Gymnasium traditioneller Art in Berlin belaufen sich auf 220 000 Euro pro Jahr. Das ist der Gegenwert von fünf Plätzen im Jugendknast. Die Gesellschaft kann sich also entscheiden, wo sie ihr Engagement platziert. Sie kann fünf Knackis ernähren, sie kann aber auch 650 Gymnasiasten zum Abitur führen und so den Weg in die Gemeinschaft ebnen. Das ist Integrations- und Bildungspolitik moderner Art. Unser Albert-Schweitzer-Gymnasium hat im Übrigen Referenzcharakter. Denn heute gibt es in jedem Berliner Bezirk ein Ganztagsgymnasium.

Campus Rütli – ein Integrationslaboratorium

Auch dort sind wir neue Wege gegangen. Aber Campus Rütli ist mehr als eine neue Schulform. Es ist ein System, um aus Menschen, die der Wind zusammengeweht hat, die keine gemeinsame Vergangenheit haben, aber eine gemeinsame Zukunft haben müssen, Nachbarn zu machen. Heute will ich mich aber nur auf den Schulaspekt konzentrieren. Die ehemalige Hauptschule wurde in eine Gemeinschaftsschule umgewandelt. Wir haben auch Teilen des Lehrerkollegiums die Möglichkeit eröffnet, nach neuen Herausforderungen ihres Berufslebens zu suchen, wenn es ihnen zu anstrengend erschien, was wir vorhatten. Das Ergebnis: Vor fünf Jahren haben 25 Prozent der Schüler keinen Schulabschluss geschafft. Im Jahre 2010 sind von 120 Schülern zwei ohne Abschluss abgegangen. 2011 verlässt kein Schüler die Rütli-Schule ohne Abschluss. Neun Schüler hatten im Herbst 2010 den einfachen Hauptschulabschluss, 2011 sind es nur noch zwei. 44 Schüler erreichten im Jahre 2010 den mittleren Schulabschluss, ein Jahr später werden es 70 sein. Im Jahre 2010 erhielten 35 Schüler die Berechtigung zum Übertritt in die gymnasiale Oberstufe, in diesem Jahr sind es 40. So steht die Rütli-Schule heute da. Die mit dem Mobiliar, das aus dem Fenster fliegt, ist Geschichte. Auch das ist ein lebendiger Beweis, dass dort, wo die Gesellschaft ihre beobachtende Rolle aufgibt und zur intervenierenden Gesellschaft wird, der Erfolg nicht versagt bleibt.

Eintreten für einen starken Staat

Das rituelle Zitieren des Artikels 6 hilft keinem einzigen Schüler weiter. Ja, es ist vorher richtig gesagt worden, ich trete für einen starken Staat ein. Denn nur Starke können sich einen schwachen Staat leisten. Schwache brauchen Leitlinien, brauchen Hinweise, was geht und was nicht geht. Ich bekenne mich auch dazu, dass ich hin und wieder „gebührenpflichtige Tipps" für diejenigen, die auf dem Irrweg sind, für durchaus ganz hilfreich erachte. Und deswegen schließe ich mich der Forderung der Berliner Familienrichter völlig an, die aus pädagogischen Gründen schon lange ein Eingriffsrecht auch in Transferleistungen fordern. Da geht es nicht um das Sparen von Geld, sondern schlichtweg nur darum, regelkonformes Verhalten zu stimulieren. So wie es die Gesellschaft bei Ihnen und mir auch tut. Ich bin mir ganz sicher, dass Sie nicht unter einer Rot-Phobie leiden, wenn Sie an Lichtzeichenanlagen stehen bleiben, auch wenn von der Seite keiner kommt. Ihnen sind wie mir einfach 150 Euro und 3 Punkte zu teuer. Die Gesellschaft reglementiert unser Leben in vielen Phasen, damit wir reibungslos miteinander leben können. Warum können wir das nicht auch in der Integrations- und Bildungspolitik? Ohne es an dieser Stelle weiter auszuführen: Ich bin nach wie vor dafür, dass wir in Deutschland eine verbindliche Vorschulerziehung einführen, andere nennen das auch Kindergartenpflicht. In zehn Jahren werden wir das haben – da bin ich ganz sicher. Denn der Leidensdruck in der Gesellschaft wird immer mehr steigen. Die Zahl der erziehungsüberforderten oder erziehungsunwilligen Eltern nimmt in Deutschland jährlich um 10 Prozent zu. Wir werden nicht umhin kommen, uns gesellschaftlich um die Kinder zu kümmern.

„Die Gesellschaft ist in der Pflicht"

„Der Staat muss seiner Verantwortung gerecht werden und die Erziehung der Kinder und Jugendlichen bestenfalls mit, notfalls gegen die Eltern prägen." Dieser Satz ist nicht von mir, sondern von dem Vorsitzenden der Grünen, Cem Özdemir. Der legt im Übrigen noch nach, wenn er sagt, dass zur Multikulturalität nicht nur Schulen, Lehrer und Appelle an Eltern gehören, sondern auch Sicherheit vor Kriminalität und Ablehnung von Parallelgesellschaften. Auch eine Integrationspolitik kommt um Ordnungsprinzipien und verbindliche Lebensregeln nicht herum. Das unterscheidet mich in der Tat von den Romantikern, die davon träumen, dass sich alles von alleine regelt. Wo wir Menschen sind, regelt sich meist gar nichts von alleine, jedenfalls nicht zum Guten. Und es ist nun einmal so: 2010 hatten 40 Prozent der Schulanfänger mit Migrationshintergrund in Berlin-Neukölln keine oder unzureichende Deutschkenntnisse. Es sind nicht die Kinder von Einwanderern, die erst seit drei Monaten im Land sind. Es sind die Kinder von Eltern, die zumeist beide in Deutschland geboren und aufgewachsen, der Umgangssprache aber dennoch nicht mächtig sind. Daraus folgt, dass wir die Bildung unserer Kinder gesellschaftspolitisch steuern müssen. Zu Hause klappt es nicht.

Ich nehme den Preis heute entgegen für die Stadt, deren Bürgermeister ich bin. Ich nehme diesen Preis entgegen für Neukölln. Neukölln, das ist ein Berliner Stadtteil mit über 300 000 Menschen, der nicht an naturgesetzliche Multi-Kulti-Romantik oder unabwendbare Verwahrlosung glaubt, der sich dagegen stellt und nach eigenen Wegen sucht, solange der große Wurf im Land noch nicht gelungen ist. Das ist aber auch ein Stadtteil, der sagt: Wir sind Menschen, die sich unterhaken und anpacken. Wir wollen den jungen Menschen die Gewissheit mitgeben: „Jeder Mensch hat Kompetenzen, auch du. Nutze sie. Andere sind nicht schlauer als du, zeig es." Und ich kann Ihnen sagen, es macht Spaß in Neukölln zu arbeiten. Dass wir die Welt nicht einreißen, nun gut, daran haben wir uns gewöhnt. Wir würden uns aber manchmal wünschen, dass unsere Sorgen und Probleme nicht als hysterischer Alarmismus verstanden werden, sondern als Weckrufe. Mit den von uns entwickelten Modellen beweisen wir, dass es anders geht. (...)

„Unser Gegner heißt Ignoranz"

Ich habe einen Zeitungsartikel einmal überschrieben mit dem Satz „Unser Gegner heißt Ignoranz" und dazu stehe ich auch noch heute. Und wenn man gegen Ignoranz kämpft, dann muss man auch manchmal einen groben Keil auf einen groben Klotz setzen. Viele Sätze und Sprüche, an denen sich andere abarbeiten, sind mir nicht „passiert", sondern ich habe sie bewusst gesetzt. Ich wollte, dass Menschen über Themen, die ich für wichtig halte, nachdenken und diskutieren. Ich will sie davon abhalten, bei Berichten über problematische Stadtteile zur nächsten Daily-Soap weiterzappen oder dass im Wohnzimmer die Erkenntnis Platz greift: „Gell Mama, gut, dass wir da nicht leben."

Ich bedanke mich sehr herzlich, vor allen Dingen bei Ihnen, liebe Frau Hamm-Brücher. Ich hoffe, Sie nehmen es mir nicht übel, dass ich Ihnen auch ein kleines Geschenk mitgebracht habe. Wir haben in Neukölln einen Talisman, ein kleines Symbol des fröhlichen und bunten Neuköllns. Als wir den Buddy-Bären vor sieben Jahren aufstellten, war ich geneigt, Wetten anzunehmen, wann er vollständig beschmiert sein, im Brunnen liegen oder schlicht und ergreifend geklaut sein wird. Meine Damen und Herren, unser Maskottchen steht noch immer an seiner Stelle, ohne dass ihm irgendetwas Böses widerfahren ist. Wir müssen es alle drei Jahre farblich auffrischen, weil die UV-Strahlen ihm die Leuchtkraft nehmen. Also Sie sehen, egal ist den Einwohnern ihr Neukölln nicht. Es gibt Dinge, die sie schätzen und pflegen. So auch unseren Rixi, der seinen Namen trägt, weil wir bis 1912 Rixdorf hießen.

Im Original steht er vor dem Rathaus. Ein kleines Abbild nehme ich immer dorthin mit, wo ich es jemanden schenken kann, der die Botschaft weiter trägt: Du bist hier bei guten Menschen, du bist hier bei Freunden. Komm, nimm Platz. Hier wird dir, wenn es sein muss, geholfen werden.

Ich danke Ihnen sehr herzlich!

Peter Fauser: Verschiedenheit achten – Gemeinschaft stärken.
Laudatio auf zwei Schulprojekte

Ich will erst kurz begründen, warum wir das bayerische Projekt aus Augsburg ausgezeichnet haben. Es ist ein Projekt der Berufsschule I in Augsburg. Der zweite der beiden Preise geht an eine Schule, die zufälligerweise, aber nicht ohne Bedeutung den Namen von Theodor Heuss trägt. Ich werde bei beiden Projekten drei kurze Absätze vortragen. Der erste heißt: Worum geht es? Der zweite heißt: Was wurde getan? Und der dritte heißt: Was ist beispielgebend?

Das Projekt „Auf Augenhöhe"

Worum geht es? Die Berufsschule hat sich vor einiger Zeit um den Titel „Schule ohne Rassismus – Schule mit Courage" beworben. Im Rahmen des Bewerbungsprozesses gestalteten Schülerinnen und Schüler mit ihren Lehrerinnen und Lehrern die Ausstellung „Auf Augenhöhe". Ihr Ziel ist es, die Lebensgeschichten und Lebenswirklichkeiten von Mitschülerinnen und Mitschülern mit Migrationshintergrund vorzustellen und kennenzulernen.

Was wurde getan? An der kommunalen Berufsschule in Augsburg werden in 92 Klassen Lehrlinge in verschiedenen Metallberufen ausgebildet. Insgesamt besuchen über 2 000 Lehrlinge die Schule, von denen etwa jeder Fünfte einen Migrationshintergrund hat. Das Ziel des Projektes war es, die Lebensgeschichten und Lebenswirklichkeiten dieser Schülerinnen und Schüler kennenzulernen und möglichst vielen anderen alltagsechte und wirklichkeitsechte Informationen und Einblicke zu den individuellen Herkunftswelten und Herkunftsgeschichten zu vermitteln. Bereits im Dezember 2009 diskutierten Mitglieder der Schülervertretung die Idee zum Projekt „Schule ohne Rassismus – Schule mit Courage". Im Februar 2010 fällt dann die Entscheidung, sich an der Initiative zu beteiligen. Um den Titel zu erlangen, müssen 70 Prozent der an der Schule Lehrenden und Lernenden ihre Zustimmung durch Unterschrift bekunden und die Schule muss sich verpflichten, mindestens einmal im Jahr ein Anti-Rassismus-Projekt durchzuführen. Für das Programm kann auch ein Pate geworben werden. Für diese Patenschaft soll der Fußball-Club FC Augsburg mit dem Spieler Michael Turk gewonnen werden. Nach Gesprächen im April sagt Turk im Mai 2010 zu, sich als Schulpate an der Berufsschule zu engagieren. Die Schülervertretung beschließt außerdem, dass das Hauptreppenhaus der Schule mit Graffiti zum Thema „Respekt" ausgestaltet werden soll. Zusammen mit den Religionslehrkräften schreiben die Schülerinnen und Schüler auf, was sie unter Respekt verstehen. Die besten Texte werden von der Schülervertretung ausgewählt, auf Folien gedruckt und auf die Graffitiwand aufgebracht.

Unter Leitung des Schulpfarrers Roland Höhn interviewen Schülerinnen und Schüler 160 Mitschüler mit Migrationshintergrund. Ich muss ehrlich sagen, ich kann diese Formel fast nicht aussprechen, aber ich weiß nichts Besseres. Wie sagen Sie denn das, Herr Buschkowsky? „NDH-Schüler" – das ist noch viel schöner. Gemeinsam gestalten Lehrlinge und Lehrkräfte aus den Interviews und den zusätzlich erstellten Bildcollagen eine Ausstellung, die am 14. Juni 2010 eröffnet wird. Die Ausstellung „Auf Augenhöhe" gibt schließlich facettenreiche Einblicke in die Lebensgeschichten der interviewten Jugendlichen. Parallel zur Arbeit an der Ausstellung initiiert die Schülervertretung eine Unterschriftenaktion, die die Bewerbung um den Titel „Schule ohne Rassismus" unterstützen sollte. Die Auswertung 2010 zeigt, dass ein hoher Prozentsatz der Schulgemeinschaft die Selbstverständniserklärung des Projekts unterschrieben hatte. Im Juli 2010 besucht der Schulpate Michael Turk die Schule. Er verewigt sich mit seinem Fußabdruck und seiner Unterschrift an der Graffitiwand. Außerdem gibt es natürlich eine Autogrammstunde und gemeinsame Fotos. Für die Demokratien ist Öffentlichkeit ein Raum des Ringens um den richtigen Weg, um die überzeugende Perspektive, der Ort der Versammlung von Menschen und Gedanken, die Arena des geistigen Wettstreits, Laboratorium für den Stresstest wirklicher Aufklärung. Wir müssen Öffentlichkeit schaffen, um Verständigung zu ermöglichen, an der alle teilnehmen können. Wenn wir wie Theodor Heuss Demokratie und Freiheit als lebensgestaltende Werte auffassen, dann gehört dazu der öffentliche Raum – auch als der Raum, in dem wir äußern, wozu wir stehen, wofür wir uns als Bürgerinnen und Bürger beim Wort nehmen lassen und uns gegenseitig unser Wort geben. Wenn eine Schule sich darum bemüht, der Fremdenfeindlichkeit und überhaupt gegenseitigen Vorurteilen entgegenzutreten – wenn sie dies tut, um das zu stärken, was uns zusammenhält und Gewalt zu ächten – dann bedarf es dazu aufklärenden Wissens und gegenseitiger konkreter persönlicher Wahrnehmung, beispielgebender Handlungen und Personen, sichtbarer Zeichen und gemeinsam erarbeiteter verbindlich beschlossener Regeln.

Was ist hier beispielgebend? Mit dem gesamten Projekt und der Ausstellung erreichen die Berufsschülerinnen und Berufsschüler über die Schule hinaus auch die regionale und lokale Öffentlichkeit. Sie unterstreichen ihre Bereitschaft in ihrer sozialen Gruppe, die sich generell eher mit politischer Bildung schwertut, für ein demokratie-förderliches Konzept der Toleranz, des wechselseitigen Respekts und der Anerkennung von Vielfalt einzutreten. Ausschlaggebend für die Preisvergabe war, dass die Schule sich das für Berufsschulen immer noch sehr seltene Qualitätssiegel „Schule ohne Rassismus – Schule mit Courage" mit einem Projekt erworben hat, das gemeinsame künstlerische Gestaltungsarbeit und aufklärendes gegenseitiges Verstehen mit öffentlicher Präsenz, Sichtbarkeit und Breitenwirkung verbindet. Ein starkes Statement und ein demokratiepädagogisches Lehrstück. Herzlichen Glückwunsch!

Das Projekt „Interkulturelles Lernen, damit Bildung gelingt"

Worum geht es? Unter dem Themenschwerpunkt „Interkulturelles Lernen, damit Bildung gelingt" gibt es an der Schule seit 2006 viele Projekte, die sich mit der kulturellen Vielfalt in der Schülerschaft und ihren Herkunftsfamilien beschäftigen. Dazu gehören beispielsweise Informations- und Kulturabende, Migrationsberatung in der Schule, interkulturelle Seelsorge. Ausschlaggebend für die Preisverleihung ist es, dass die Schule einen gemischten oder auch integrierenden Religionsunterricht einführt. Muslime, Katholiken, Protestanten und Schülerinnen und Schüler ohne Religionszugehörigkeit werden gemeinsam unterrichtet.

Was genau wurde getan? Ausgangspunkt für das Projekt ist der hohe Anteil von rund 70 Prozent Schülerinnen und Schülern mit Migrationshintergrund. Menschen vieler Nationalitäten, verschiedener Religionen und unterschiedlicher sozialer Schichten kommen hier täglich zusammen. Das Projekt soll helfen, gegenseitig Gründe und Hintergründe von Interessensunterschieden besser zu verstehen, um so auf mögliche Konflikte besser reagieren zu können. Vor Beginn des Projekts war es die Regel, dass sich die Schülerinnen und Schüler vor der elften Klasse entscheiden mussten, ob sie evangelischen oder katholischen Religionsunterricht oder Ethikunterricht besuchen. Die Erfahrung: Religionszugehörigkeit kann auch junge Menschen trennen. Die Fachlehrer für Religion entscheiden sich deshalb, einen gemeinsamen Religionsunterricht einzuführen. Da der größte Teil der Schülerschaft einer muslimischen Religionsgemeinschaft angehört, wird gemeinsam mit einer muslimischen Theologin unterrichtet. Die drei Lehrpersonen entwickeln ein Curriculum, das Judentum, Christentum und Islam zusammen in den Blick nimmt und zwar unter den verbindenden Themen: Toleranz und Dialog. Auch säkulare Weltanschauungen finden ihren Platz. Der gemeinsame Religionsunterricht wird von den Schülerinnen und Schülern sehr positiv beurteilt. Er eröffnet die Chance, die eigene Kultur und Tradition auch mit den Augen der anderen zu sehen. Der beiderseitige Wechsel zwischen dem fremden und dem eigenen Blick, zwischen der wenig vertrauten Befremdlichkeit und Befindlichkeit und dem eigenen Gefühl selbstverständlicher Zugehörigkeit – dieses Wechselspiel trägt dazu bei, sich und die anderen auf neue Weise wahrzunehmen und achten zu lernen. Ein Beitrag zum Abbau von Vorurteilen und zum Aufbau von verständiger Verbundenheit. Neben dem gemeinsamen Religionsunterricht gibt es eine Vielzahl an verschiedenen Teilprojekten, zum Beispiel jährlich stattfindende Informations- und Kulturabende, schulinterne Kulturveranstaltungen, Fortbildungen für das Kollegium, Migrationsberatung für Schülerinnen und Schüler und ihre Eltern und eine interkulturelle Seelsorge.

Was ist beispielgebend? Mit diesem Projekt richtet die Theodor Heuss-Schule in Offenbach ihre Arbeit auf einen Bereich unseres Menschseins, Glaube und Religion, der für viele Menschen Sinn, Trost, Hoffnung und Mitmenschlichkeit verkörpert. Glaube und Religion sprechen unsere tiefsten Wurzeln an und gehen weit über das Leben und Denken jedes Einzelnen hinaus. In den globalen Debatten und Konflikten werden Glaube und Religion von den einen für die Wurzeln allen Übels, von den anderen aber für die unersetzliche Grundlage einer weltumspannenden Fairness und Gerechtigkeit eines Weltethos angesehen. Ein fundamentales Thema, nicht nur unter demokratiepädagogischem Blickwinkel, sondern pädagogisch, kulturell und politisch gleichermaßen. Ein großes, ein welthaltiges und werthaltiges Thema für Lernen und Bildung, für die Verwirklichung der Menschenrechte und den Erhalt der Schöpfung. Herzlichen Glückwunsch!

Wolfgang Beutel, Sven Tetzlaff

Jung. Beteiligt. Engagiert.

Das erste Demokratie-Fest des Bundespräsidenten

„Ich habe eben, bei einer ersten Begegnung mit 17 Aktivistinnen und Aktivisten zwischen 13 und 21 aus dem ganzen Bundesgebiet etwas von dem Glück verspürt, was man empfindet als älterer Mensch, wenn man dieses Engagement sieht", beginnt Bundespräsident Joachim Gauck seine Begrüßungsrede. Er spricht vor 500 Gästen auf dem ersten Demokratie-Fest, das von dem Bündnis „DemokratieErleben" am 18. Juni 2012 im Park von Schloss Bellevue in Berlin ausgerichtet wird. Motto: „Jung. Beteiligt. Engagiert." Ziel des Festes ist, die Vielfalt des Engagements von Jugendlichen, aber auch von Schule und Jugendbildung für die Demokratie öffentlich sichtbar zu machen, es zugleich herauszuheben und zu würdigen. Es versteht sich als Beitrag dazu, die Stellung des Demokratie-Lernens in Schule und Gemeinden im Wechselspiel mit der Engagementbereitschaft Jugendlicher in einer gesamtstaatlichen Perspektive zu stärken. Bundespräsident Gauck hat mit seinem Eingangswort sofort die „generative Verantwortung" der Demokratiepädagogik getroffen, die Aufgabe, die der Erziehung darin obliegt, die kulturelle, soziale und gesellschaftliche Dimension der Demokratie von Altersgruppe zu Altersgruppe weiterzureichen und sie dabei zwangsläufig stets neu hervorzubringen. „Generativität" bekommt dabei eine substanzielle, doppelte Bedeutung. Deutlich wird, dass „Demokratiepädagogik" das Bindeglied ist in der generativen Erneuerung der Demokratie. Die Institutionenwelt der repräsentativen Demokratie alleine gewährleistet nicht ihr selbstverständliches Fortbestehen. Deshalb muss die Bürgergesellschaft – gerade die „junge Bürgergesellschaft" – einen Beitrag dazu leisten, dass die Voraussetzungen der Existenz von Demokratie gesichert werden. Joachim Gauck hat sich mit dem Demokratie-Fest, der Schirmherrschaft für DemokratieErleben und den anderen Projekten, die das Bundespräsidialamt unter seiner Ägide partnerschaftlich betreut – wie etwa den Geschichtswettbewerb des Bundespräsidenten, die Initiative „Jugend debattiert" und den „Schulwettbewerb zur Entwicklungspolitik" – in besonderer Weise der demokratiepädagogischen Herausforderung angenommen.

Mit Schülerinnen und Schülern ein politisches Fest feiern

„Ich freue mich, dass wir heute einen besonderen Schmuck im Garten haben ... und das sind Sie, die jungen Leute, die eingeladen sind von all den Gruppierungen, Stiftungen und Projekten, die sich um Demokratieförderung verdient machen", so der Bundespräsident zu seinen Gästen. Und weiter: „Unsere Demokratie braucht junge Menschen, die ihre Initiative und ihren Willen dafür einsetzen, um unser Zusammenleben verantwortungsvoll mitzugestalten. Dafür müssen wir ihnen Räume und Gelegenheiten bieten, denn Demokratie lernt nur, wer Demokratie selbst erlebt". Joachim Gauck war sichtlich angetan von seinen rund 300 jugendlichen Gästen, die sich als Schülersprecher, in Jugendparlamenten oder in kommunalen Projekten engagieren. Zudem waren rund 150 Akteure aus der demokratiepädagogisch inspirierten zivilgesellschaftlichen Projektlandschaft, aber auch aus Ministerien und in diesem Feld tätigen Stiftungen anwesend – von der Freudenberg-Stiftung bis zur Bosch-Stiftung, von der Deutschen Gesellschaft für Demokratiepädagogik bis zur Deutschen Vereinigung für politische Bildung. Die jüngsten Gäste waren Grundschüler aus Landau, ältester Gast und demokratiepolitische Zeitzeugin war Hildegard Hamm-Brücher, die von Bundespräsident Gauck warmherzig empfangen wurde: „Wir sollten Respekt haben vor Menschen wie Euch, die in sehr jungem Alter sich schon für die Dinge der Politik interessiert haben, und die in deutlich fortgeschrittenem Alter immer noch engagiert sind für unsere Demokratie". Jenseits aller sonstigen Konflikte und Debatten um den richtigen Weg zu politischer Bildung und demokratischer Mündigkeit war dies ein Ereignis der Anerkennung und Präsentation der Vielfalt von Handlungsmöglichkeiten und Engagementerfahrungen in diesem Feld. Es war ein Fest, bei dem die gesamtgesellschaftliche Wertschätzung dieser Vielfalt sichtbar wurde. Sie wird hoffentlich nicht punktuell bleiben, da diese Projekte und Initiativen letztlich Dauerhaftigkeit und langfristige Wirkung benötigen.

Für das Gemeinwohl engagiert an vielen Orten

In Bellevue entfalteten sich in kurzer Zeit spannende Diskussionen zu Themen, die Jugendliche heute bewegen: Bildung, bürgerschaftliches Engagement etwa bei Greenpeace oder amnesty international (beide Organisationen waren mit ihrer Geschäftsführerin Brigitte Behrens und ihrem Geschäftsführer Wolfgang Grenz prominent vertreten), die Frage der Integration verschiedener Kulturen und das politische Handeln in Stadt oder Gemeinde. All das war Ansatzpunkt von Gesprächen, die moderiert von Hans Jessen (ARD), Manuel J. Hartung (ZEIT-Verlag) und Johanna Maria Knothe (ZDFneo) Politikerinnen und Politiker wie Petra Roth, die frühere Frankfurter Rathauschefin, die Präses der evangelischen Synode Katrin Göring-Eckardt und Bundestagsvizepräsident Wolfgang Thierse mit Jugendlichen führten. Schließlich spielte auch die Bildungspolitik mit ihrer derzeitigen und insbesondere von den Jugendlichen kritisch befragten föderalen Unbedingtheit eine Rolle in den Debatten. Jan Hofmann, Staatssekretär im Magdeburger Kultusministerium, wusste sie virtuos, gleichwohl auch kunstvoll zu verteidigen und musste seine eigene Position – derzufolge ein kooperativer Föderalismus in Abstimmung und begrenztem Gestaltungseinfluss des Bundes wünschenswert sei – nicht verbergen. Leicht hat es die Bildungspolitik mit ihrer Gestaltungsmacht gegenüber den Kindern und Jugendlichen nicht! Dennoch: Trotz der Sommerhitze bei strahlend blauem Himmel waren die drei Debattenzelte gut gefüllt.

Auch die spielerische Auseinandersetzung mit der Demokratie durch ein auf Partizipation der Zuschauer angelegtes Improvisationstheater, eine „Speakers Corner" und eine Jugendfotoausstellung „Orte der Demokratie" haben verdeutlicht, wie reich und wie unzureichend zugleich die Möglichkeiten für Mitbestimmung und ein demokratisches Erfahrungslernen sind, das Kinder und Jugendlichen so dringend benötigen. In der Fotoausstellung beispielsweise wurden bemerkenswerte Assoziationen und Vorstellungen gelebter Wertschätzung und Partizipation sichtbar: Familienbeschlüsse, Absprachen auf dem Fußballplatz, aber immer wieder auch die Schule in vielen Varianten zwischen Klassenrat und Mitbestimmung im Unterricht.

Sich selbst mögen und Anerkennung stiften

Joachim Gauck war in seinem Element – ein Bürgerpräsident im besten Sinne des Wortes. Er hat allen Teilnehmenden Aufmerksamkeit geschenkt, sein Ohr geliehen und war stets präsent. Im abschließenden Gespräch mit Jugendlichen hat er erneut seine biografischen Motive verdeutlicht, die in ihm einen Freiheitsgeist entzündet haben. „Freiheit und Verantwortung lernt man vor allem dann schätzen, wenn man die Diktatur erfahren hat", so Gauck, „es sind deshalb Werte und eine Lebenspraxis, die voraussetzen, dass man sich selbst mögen muss". Der Bundespräsident meint dabei weniger die christliche Nächstenliebe und die daraus folgende diakonische Pflicht, sondern hat treffend die Beschreibung idealer Lernvoraussetzungen in demokratischen Kulturen angesprochen, wie sie die psychologische Motivations- und Interessentheorie mit der Trias von Autonomie- und Kompetenzerfahrung sowie sozialer Eingebundenheit beschreibt: „Ich muss mich mögen und einen Willen zur Freiheit haben, dann kann ich mit und für andere engagiert handeln", so Joachim Gauck.

Positive Bilanz der Jugendlichen

„Ich wünsche mir, dass noch mehr Initiativen, die auf diesem Gebiet tätig sind, sich zusammenschließen, damit wir hier noch öfter dieses schöne Treffen haben, wo ich Sie, den Schmuck dieses Gartens, dann wieder treffen kann", sagte der Bundespräsident zu seinen Gästen, bevor die angesagte Berliner Rockgruppe MIA. die Bühne ausdrucksstark und bassgewaltig in Beschlag nahm. Die jungen Gäste hat es gefreut! Ihre Bilanz war ausnehmend positiv: „Das war klasse, dass auch wir einmal im Präsidentengarten zu Gast waren", so Max Uhlemann, der im Rahmen des Geschichtswettbewerbs der Körber-Stiftung in seiner Heimatstadt die Umbenennung einer Straße initiiert hat. „Der Bundespräsident hat sich wirklich Zeit für uns genommen und keine Sprechblasen formuliert – wenn er beispielsweise bekennt, dass er sich in Sachen schulischer Partizipation und Demokratie erst noch kundig machen möchte", so Marie Kirschstein, Jugendbotschafterin von Demokratisch Handeln aus Kaarst. „Es war sehr interessant, die Rede des Bundespräsidenten zu hören. Er kann einen richtig inspirieren", sagte

Sorniza Marinova, die sich im Projekt „Mitwirkung" der Deutschen Kinder- und Jugendstiftung engagiert. „Ich wünsche mir, dass auch andere Politiker so zuhören und uns solche Gesprächsorte bieten", meinte Niklas aus dem westfälischen Nottuln, der sich an seinem Gymnasium im Projekt „Politik-Café" für eine kommunale Gesprächskultur politischer Themen einsetzt.

Die Erwartungen unserer demokratischen Gesellschaft an ihre Kinder und Jugendlichen, an ihre Bildungseinrichtungen und vor allem an die Schule sowie ihre Bereitschaft, Jugendliche da auch früh mitzunehmen, streben nach wie vor stark auseinander, so einerseits der Eindruck von der gesamten Projektpräsentation und den öffentlichen Gesprächen. Auf der anderen Seite kommt die Diskussion um eine demokratiepädagogische Stärkung der Schule, der Jugendarbeit und letztlich auch der Familie zunehmend mehr in Fahrt. Das Präsidentenfest von Joachim Gauck im Zusammenwirken mit dem Bündnis „DemokratieErleben" war ein Erfolg und doch zugleich erst ein Anfang. Dem Bundespräsidenten ist es ernst mit der Heranführung Jugendlicher an die Demokratie. Schön wäre es, wenn die Bildungspolitik über Länderhoheiten hinweg diesen Impuls aufnehmen würde: „Ich wünsche mir, dass noch mehr Initiativen, die auf diesem Gebiet tätig sind, sich zusammenschließen, damit wir hier noch öfter dieses schöne Treffen haben", schließt Joachim Gauck. Mögen seinem Wunsch die entsprechenden Taten folgen!

„DemokratieErleben" ist ein breites zivilgesellschaftliches Bündnis, dessen Ziel es ist, junge Menschen zu mehr Verantwortung und Mitwirkung in der Demokratie zu motivieren und die Vielfalt der demokratischen Beteiligungsmöglichkeiten aufzuzeigen. Es wurde 2010 von der Körber-Stiftung, der Deutschen Kinder- und Jugendstiftung und „Demokratisch Handeln" zusammen mit weiteren Partnern – wie Bosch-Stiftung, DVpB, Freudenberg-Stiftung und anderen – ins Leben gerufen. Das Bündnis wird durch die Kultusministerkonferenz unterstützt und steht unter der Schirmherrschaft von Bundespräsident Gauck. Internet: www. demokratieerleben.de

Reinhild Hugenroth

Schule und bürgerschaftliches Engagement

Lernallianzen in Nordrhein-Westfalen und Rheinland-Pfalz als Beitrag zu einer aktiven Bürgergesellschaft?

LIT

Wolfgang Beutel: Bürgergesellschaft und Engagementlernen in der Schule

Rezension zu: Reinhild Hugenroth: Schule und bürgerschaftliches Engagement. Lernallianzen in Nordrhein-Westfalen und Rheinland-Pfalz als Beitrag zu einer aktiven Bürgergesellschaft? Münster (2011): LIT-Verlag, 342 S., 34,90 €.

Mit ihrer auf Basis einer Dissertation entstandenen Studie greift Reinhild Hugenroth ein wichtiges Feld der demokratiepädagogischen Diskussion auf. Ihre Frage lautet: inwieweit trägt das, was wir unter das Label „bürgerschaftliches Engagement" fassen – also freiwilliges, gemeinwohlorientiertes und nicht auf Einkommen und finanziellen Gewinn gerichtetes Streben in sozialen Kontexten – zur Öffnung von Schule, zu ihrer pädagogischen Profilierung und zur Steigerung ihrer Selbstständigkeit bei? Wieweit verändern sich also sowohl Vereine, Gesellungen und Initiativen der Bürgergesellschaft hin auf pädagogisch für die demokratische Erfahrung nutzbare Lerngelegenheiten und wie weit wandeln umgekehrt sich die Schulen bei einer solchen Annäherung, indem sie den Verein, das Projekt, die Initiativen, den Träger aus der freien Jugendarbeit nicht mehr als isolierten Gegenüber sehen, sondern als Verbündeten in einem dabei entstehenden Netz von Lernorten und Lerngelegenheiten?

Diese Variationen der Ausgangsfrage haben ansatzweise schon in Konzepten wie der Reggio-Pädagogik, dem Praktischen Lernen und der Community Education eine Rolle gespielt. Sie werden von der Autorin nicht alleine in theoretischen Kontexten diskutiert, sondern an zwei Schulensembles empirisch untersucht – je fünf Schulen in Nordrhein-Westfalen und Rheinland-Pfalz, bei denen zugleich die Palette von Schulstufen und Schularten sowie das Stadt-Land-Gefälle ansatzweise abgebildet werden. Die Ergebnisse werden zudem auf Aspekte der Nutzung neuer Medien, speziell der auf Öffentlichkeit gerichteten Funktion von Schul-Homepages, bezogen. Die Studie verbindet also mehrere Perspektiven miteinander und streift eine Reihe von aktuellen Diskursen wie etwa die Debatten um das Engagement-Lernen, die Frage des Service-Learning, die demokratische Schulentwicklung, die Ausprägung von Bildungslandschaft sowie den möglicherweise demokratiepolitischen Gehalt von webbasierten Netzwerken und der darauf aufbauenden Entwicklung „neuer Medien".

Dabei geht die Autorin von einem umfassenden und breiten Konzept von Schule und Bildung aus. In ihrer Sicht ist die Schule mehr als eine Anstalt, die Lernen in Form fächergespreizten Unterrichts organisiert. Sie ist ein kommunales Zentrum, das idealiter lebenswirksame Bildung vermittelt und dabei nicht nur Kompetenzen anspricht und fördert, die die Lernenden zur Reproduktionsfähigkeit durch Arbeit und

Beruf befähigen, sondern die Schülerinnen und Schüler vielmehr in eine verantwortliche Bürgerrolle bringen kann, die vom Gemeinwesen zehrt und dieses zugleich durch Sozialität und Engagement stetig neu mitbegründet und fortentwickelt: Engagierte Mitglieder einer lebendigen Bürgergesellschaft als Bildungsziel!

Das Fazit der Studie ist von einem positiven Grundtenor getragen, demzufolge eine stetige und systematische Verknüpfung der Schule mit der Bürgergesellschaft vor Ort – durch Vereinsaktivitäten, öffentliche Veranstaltungen, durch Engagement von Schülerinnen und Schülern in lokalen Projekten, durch eine Ganztagsschule, die mehr als Betreuung bietet und letztlich durch eine in Blick auf das Spektrum der Professionen an den Schulen auch mit sozialpädagogischen Aspekte erweiterten Sicht – zur Modernisierung pädagogischer Verhältnisse führt und zugleich die Kräfte von Schulen zur Selbststeuerung fördert. Im Zentrum allerdings steht immer das Bild einer aktiven, aufgeklärten und sozial zugewandten Bürgergesellschaft. Dabei verändern sich dann auch die Steuerungsstrategien von Schule durch Staat und Gesellschaft. Reinhild Hugenroths optimistische Sicht und die von ihr ausgewerteten Daten in den beiden Schulverbünden lassen vermuten, dass unter dem Einfluss einer stärker werdenden Bürgergesellschaft die rigide Form der Steuerung von Schule durch die in Deutschland traditionell fein ausdifferenzierten staatlichen Institutionen in Ländern und Kommunen in ihrer Wirksamkeit zurückgeht, während Bedürfnisse und Erfahrungen der Bürgerinnen und Bürger vor Ort sowie ihrer Vereine und Gesellungen sich umgekehrt vermehrt Einfluss verschaffen. Die Entwicklung einer lebendigen und ausdifferenzierten Bürgergesellschaft ist dann ein Beitrag zur Schulentwicklung. Allerdings ist eine auch nur im Ansatz sichtbare Logik

der Schulentwicklung unter dem Einfluss der Möglichkeit zu verstärkter Selbstständigkeit von Schulen weder in der Parallele der beiden untersuchten Länder noch über die Schularten hinweg nachweisbar – was wohl auch kaum zu erwarten war.

Deutlich lässt die Studie sichtbar werden, dass letztlich alle Förderung von bürgerschaftlichem Engagement bei den Schülerinnen und Schülern, aber auch die Nutzung von Strukturen, Institutionen und Kompetenzen der Bürgergesellschaft vor Ort zur Stärkung und Ausdifferenzierung des Lernens davon abhängen, dass die Lehrerinnen und Lehrer solche Möglichkeiten absichtsvoll und bewusst aufgreifen und in ihr professionelles Handeln integrieren. Schulreform ist durch „Ehrenamt" kaum möglich, aber die hauptamtlichen Pädagoginnen und Pädagogen sind gut beraten – so wird deutlich – wenn sie die bürgergesellschaftlichen Strukturen vor Ort nutzen, also die Schule auch im Sinne ihrer – mit einem Wort von Peter Fauser – „inneren Institution" und der damit verbundenen Vorstellungen von professionellem Handeln öffnen: Schule kann, wenn die Lehrerschaft das (im Idealfall) aufgreift, von der Bürgergesellschaft zehren und damit die Spaltung zwischen staatlicher Ebene und bürgergesellschaftlichem Engagement an dieser Schnittstelle deutlich minimieren.

In der vorliegenden Untersuchung kreist letztlich alles um das entscheidende Kernelement der Bürgergesellschaft: die Freiwilligkeit. Dass Freiwilligkeit jedoch nicht selbstverständlich als Motiv für zusätzliches Handeln und Lernen in der Schule aufgebracht wird, ist hinreichend bekannt. Motivation und Willensausprägung hängen eben doch von dem Lernumfeld ab, das die psychologische Interessentheorie mit der Trias von Autonomie, Kompetenzerfahrung und sozialer Anerkennung beschreibt. An diesem zentralen schulischen Grundproblem hängt offensichtlich letztlich auch die Chance sowohl der Institution Schule als auch der einzelnen „pädagogischen Handlungseinheit" (Helmut Fend), bürgerschaftliches Engagement einerseits zu fördern oder zu erzeugen, andererseits als Gelegenheitsstruktur für demokratisches Lernen zu nutzen.

Schulreform im Sinne der pädagogischen Innovation und der demokratischen Entwicklung der Einzelschule vor Ort wird also kaum alleine vom Grad und der Ausprägung des bürgerschaftlichen Engagements in der sie tragenden Kommune beeinflusst. Vielmehr muss sie entsprechende bildungspolitische, kommunalpolitische und vor allem im eigenen Hause ausgeprägte pädagogische Routinen und konzeptuelle Perspektiven haben. Anders gesprochen: Reinhild Hugenroth weist – ob gewollt oder ungewollt – erneut nach, dass das entscheidende Movens für die pädagogische, auch die demokratie-pädagogische Entwicklung und Professionalisierung der Schule in ihr jeweils selbst liegt. Allerdings zeigt ihre Studie auch, dass eine lebendige bürgergesellschaftliche Umgebung so etwas wie einen positiv wirkenden Humus der Schulentwicklung abgeben kann. Bemerkenswert ist überdies, wie stark in der Interpretation des vorliegenden – überwiegend qualitativ durch zwei Interviewsamples gewonnenen – Datenmaterials eine moderne „Schulwebseite" als Steuerungselement von Schulentwicklung in Blick auf Bürgergesellschaft wahrgenommen wird. Die Medienarbeit auf der Schul-Homepage wird als eine Quelle der Vernetzung und der Erschließung des Wechselspiels von Schule und Bürgergesellschaft gesehen. Ansatzweise belegen das die in vorliegender Untersuchung rekonstruierten Entwicklungspotenziale der in die Interviewuntersuchung einbezogenen Schulen. Eine Momentaufnahme oder ein entwicklungsfähiger Trend? Die Frage kann abschließend noch kaum beantwortet werden.

So bleibt nach Lektüre der kenntnisreichen Studie – die in einen breiten theoretischen Kontext zu Schulentwicklungsforschung, zur Darstellung schulischer Steuerung durch Systemtheorie und neueren „Governance"-Ansätzen eingebettet ist – die durchaus anregende Bilanz, dass die Autorin einer entscheidenden Schnittstelle für Schulentwicklung durch Demokratiepädagogik auf die Spur gekommen ist. Angesichts der Komplexität des Ansatzes, der Fülle an gewonnenen qualitativen Daten und der berechtigten, gleichwohl methodisch auch gewagten Verbindung von Schulentwicklung, Demokratiepädagogik und neuen Medien bleiben dennoch eine Reihe von Fragen offen, die entsprechend konsequent von Reinhild Hugenroth als künftige Forschungsperspektiven benannt werden: Engagementforschung an Schulen zeigt sich als ein noch diffus wirkender Forschungsansatz, der seinen Gegenstand und dessen Entwicklungslogik eben nicht auf eine historisch in der Moderne scheinbar doch so sichere Institution wie die Schule beschränken kann. Soziologie und Pädagogik müssen sich über entsprechende Konzepte zur Beschreibung, Analyse und weiteren empirischen Erforschung des Wechselspiels von Engagement in Schule und Bürgergesellschaft erst noch verständigen. Reinhild Hugenroths Arbeit fällt das große Verdienst zu, diese Schnittstelle von Lernen und Handeln in und für die Demokratie erstmals genau und systematisch ausgeleuchtet zu haben.

**Susanne Frank: Resilienzförderung –
Erweiterte Perspektiven des Service-
Learning**

*Rezension zu: Anne Seifert (2011): Resilienz-
förderung an der Schule. Eine Studie zu
Service-Learning mit Schülern aus Risikolagen. Dissertation. Wiesbaden: VS-Verlag.*

Anne Seifert nimmt sich in ihrer Dissertation eines – wie der jüngste Deutsche
Bildungsbericht zum wiederholten Male
gezeigt hat – gerade auch für unser Schulsystem relevanten Themas an. Mit ihrer
Untersuchung dringt sie in die „Black Box"
schulischer Lernprozesse, die pädagogische
Prozessqualität, vor und analysiert am Beispiel des Service-Learning in den USA, wie
eine zielgerichtete pädagogische Förderung
und Unterstützung von Schülerinnen und
Schülern in Risikolagen in der Schule aussehen kann.

Grundlage ihrer Forschungsarbeit sind
Experteninterviews mit amerikanischen
Lehrkräften, die über große Erfahrung in
der Arbeit mit Schülerinnen und Schülern
aus Risikolagen und der Gestaltung von
Service-Learning verfügen. So erkundet die
Autorin das pädagogische Erfahrungswis-
sen der Lehrkräfte aus unterschiedlichen
Schultypen in Hinblick auf deren pädagogische Zielsetzungen und Strategien. Diese
stellt sie in den Zusammenhang theoreti-
scher und empirischer Erkenntnisse aus der
Forschung zum Service-Learning sowie zu
ressourcen- und entwicklungsorientierten
Ansätzen wie dem Salutogenese-Ansatz von
Antonovsky, Ansätzen der Resilienzforschung und dem ökosystemischen Entwicklungsmodell von Bronfenbrenner. All
diesen Ansätzen ist gemein, dass sie die
Kontexte untersuchen, in denen menschliche Entwicklung und notabene auch Erziehung stattfindet.

Die ehemalige wissenschaftliche Referentin und Projektleiterin für Service-Learning
in der Freudenberg-Stiftung und jetzige wissenschaftliche Mitarbeiterin an der Johann-
Wolfgang-Goethe-Universität Frankfurt/M.
erweitert damit die bisherigen Forschungen
zum Service-Learning, indem sie den bisher
vorwiegend auf die Wirkungsforschung
konzentrierten Studien eine methodisch
qualitativ ausgerichtete Ergänzung an die
Seite stellt, die nach der konkreten Ausgestaltung von Lernprozessen fragt.

Nach einem einführenden Kapitel, in
dem die Autorin die Forschungsfrage her-
leitet und deren Relevanz begründet, zeigt
sie zunächst theoretische Grundlagen von
Service-Learning, Entwicklung und Varianten der Umsetzung des pädagogischen
Konzepts in seinem „Ursprungsland" USA
sowie Ergebnisse der Wirkungsforschung
auf. Dabei geht es ihr mit Blick auf ihre
Forschungsfrage darum, herauszuarbeiten,
welche Ziele mit Service-Learning verfolgt
werden können, welche Qualitätsstandards
sich in den letzten 20 Jahren entwickelt
haben und wie diese die Wirkungen von

Service-Learning die Schülerinnen und
Schüler beeinflussen.

In einem weiteren theoretischen Kapitel stellt die Autorin Theorien dar, die die
Stärkung von Kindern und Jugendlichen
in Risikokontexten konzeptualisieren. So
diskutiert sie den Ansatz der Salutogenese
von Antonovsky und die Erkenntnisse der
Resilienzforschung, um Faktoren zu identifizieren, die bei Kindern und Jugendlichen
in Risikolagen dazu beitragen, dass diese
trotz der ungünstigen Bedingungen, unter
denen sie aufwachsen, Chancen auf eine
positive Entwicklung haben. Das ebenfalls
dargestellte ökosystemische Entwicklungsmodell von Bronfenbrenner dient in der
Argumentation der Autorin dazu, einen
theoretischen Rahmen zu formulieren, in
dem die Interaktion von Kindern und Jugendlichen mit ihrem Umfeld, d. h. auch
mit dem schulischen Umfeld und Orten ihres zivilgesellschaftlichen Engagements, im
Hinblick auf das darin enthaltene entwick-
lungspsychologische Potenzial interpretiert
werden kann.

Im vierten Kapitel macht die Autorin
dann ihren qualitativen Forschungsansatz
transparent. Neben der Erläuterung der
Entscheidung für sog. Experteninterviews
mit amerikanischen Lehrkräften, die sie mit
ergänzenden Methoden wie teilnehmen-
der Beobachtung und Dokumentenanalyse
flankiert, und der Auswahl des Samples
beschreibt und begründet sie ihr teils in-
duktives, teils deduktives Vorgehen.

Die von ihr in Kapitel fünf aus den Interviews mithilfe der qualitativen Inhalts-
analyse herausgearbeiteten pädagogischen
Schwerpunktsetzungen der Lehrkräfte systematisiert und bündelt sie in einem differenzierten Kategoriensystem. In diesem
wird deutlich, dass die Lehrkräfte mithilfe
des Service-Learning das Ziel haben, Beziehungen zu gestalten, Teilhabe für die
Schülerinnen und Schüler zu ermöglichen,

deren Kompetenzen zu fördern, Perspektiven für ihre Zukunft aufzuzeigen sowie das
familiäre Umfeld einzubinden. Hier wird
die Vielschichtigkeit des Lehrerhandelns
sichtbar, das über den Lernraum Schule
weit hinausgreift.

Im sechsten Kapitel führt die Autorin
schließlich die Analysen zu einem Modell
der Resilienzförderung von Schülerinnen
und Schülern aus Risikolagen durch Service-Learning zusammen. Sie begründet
schlüssig, wie die Lehrkräfte den Service-
Learning-Ansatz nutzen, um Lernsituationen so zu gestalten, dass sie ihren Schülerinnen und Schülern wertvolle Entwicklungsmöglichkeiten bieten und sie in ihrer
gesamten Persönlichkeit stärken können.

Anne Seifert gelingt es hier zum einen,
eindrücklich darzustellen, welche – im Vergleich zur klassischen Lehrerrolle – veränderte Haltung Lehrkräfte besitzen müssen
und welche komplexen pädagogischen
Zielsetzungen nötig sind, um Resilienzförderung umzusetzen. Ebenso beschreibt sie,
wie Resilienzförderung konkret in einem
pädagogischen Lernarrangement in der
Schule aussehen kann. Zum anderen wird
deutlich, dass gerade der Ansatz des Service-Learning einen geeigneten Rahmen für
diese Form des Lehrerhandelns bietet. Hier
erweitert die Forschung der Autorin auch
die Perspektiven der Literatur zum Thema,
indem sie einen neuen Ansatz beschreibt,
Service-Learning pädagogisch auszurichten.
In diesem Sinne zieht sie Schlussfolgerun-
gen für eine Veränderung der Qualitätsstandards. Im Abschlusskapitel formuliert
Seifert weitere Forschungsnotwendigkeiten
und diskutiert die Übertragbarkeit ihrer
Ergebnisse auf den deutschen Kontext.

Seiferts Arbeit hat in mehrfacher Hinsicht eine besondere Tiefe. Zum einen
leistet sie einen wertvollen Beitrag zum
Verständnis der Komplexität des Lehrerhandelns mit Schülerinnen und Schülern

aus Risikolagen, der über den Kontext des Service-Learning hinausgeht. Mit ihrem Schwerpunkt auf entwicklungs- und ressourcenorientierten Ansätzen richtet sie den Blick auf das Entwicklungspotenzial der Schülerinnen und Schüler und vermeidet den in dieser Perspektive üblichen Defizitblick. Die in den Interviews enthaltenen und von der Autorin herausgearbeiteten Schüleraussagen zeigen, wie Lehrkräfte schülerorientiert und auf deren Persönlichkeitsentwicklung abgestimmte Strategien verfolgen, wie sie dabei die Potenziale des Lernarrangements – hier des Service-Learning – geschickt nutzen können.

Zum Zweiten zeigt die Arbeit sehr differenziert, dass Service-Learning als demokratiepädagogischer Ansatz nicht für alle Schülerinnen und Schüler in gleicher Weise pädagogisch ausgerichtet sein sollte. So analysiert die Autorin, dass es den befragten Lehrkräften zu allererst darauf ankommt, ihren Schülerinnen und Schülern durch schulische und außerschulische Lernsituationen persönlichkeitsstärkende Erfahrungen zu ermöglichen, die z.T. auch helfen können, negative Vorerfahrungen zu relativieren und zu korrigieren. Nur so können die Jugendlichen ein aktiver Teil der (demokratischen) Gemeinschaft werden.

Hier wird durch Anne Seiferts Arbeit deutlich, dass Service-Learning dafür besondere Möglichkeiten bietet, weil es verschiedene Entwicklungsumfelder (Schule, familiäre Lebenswelt und außerschulisches Umfeld wie die Gemeinde) verbindet, die Schülerinnen und Schüler in diesen Bereichen zu Akteuren machen und stärken kann. Genau dies bedarf aber – wie die Analyse der Lehrerinterviews zeigt – einer sensiblen pädagogischen Begleitung, in die diese Arbeit einen wertvollen Einblick gibt.

Die Studie macht Möglichkeiten sichtbar, wie pädagogische Zielsetzungen im Umgang und in der Förderung von Schülerinnen und Schülern aus Risikolagen aussehen können. Sie zeigt die Herausforderungen, die daraus auch für das deutsche Schulsystem und die Lehrkräfte hierzulande erwachsen. Sie weist auch einen Weg, wie diesen Herausforderungen gerade mithilfe des Service-Learning-Ansatzes, der in einer Reihe von Schulen in Deutschland in den letzten Jahren Anhänger gefunden hat, begegnet werden kann. So kann das Buch von Anne Seifert sowohl auf wissenschaftlicher Ebene als auch auf der Ebene der Schulpraxis und der Lehreraus- und -weiterbildung eine anregende und interessante Lektüre sein.

Wolfgang Beutel, Hans Berkessel: Pädagogische Moderne oder Relikt völkischer Pädagogik? Neue Forschungen zur Pädagogik Peter Petersens

Rezension zu: Peter Fauser/Jürgen John/ Rüdiger Stutz unter Mitwirkung von Christian Faludi (2012): Peter Petersen und die Jenaplan-Pädagogik. Historische und aktuelle Perspektiven. Stuttgart: Franz Steiner Verlag.

Seit nunmehr über zwanzig Jahren gibt es in der Schulpädagogik eine verstärkte Beachtung der Pädagogik Peter Petersens und der Umsetzung seines Jenaplans. Seit der deutschen Wiedervereinigung haben sich vermehrt einerseits in den neuen Bundesländern, aber auch andernorts Jenaplan-Schulen gegründet, oder Schulen lassen sich in der Reform ihres pädagogisch-didaktischen Ansatzes von der Petersen-Pädagogik inspirieren. Auf der anderen Seite gibt es speziell seit der Veröffentlichung der Habilitationsschrift des Frankfurter Erziehungswissenschaftlers Benjamin Ortmeyer

– „Zu den Publikationen führender Erziehungswissenschaftler zur NS-Zeit. Eduard Spranger, Herman Nohl, Erich Weniger und Peter Petersen" – eine anhaltende Debatte um die Verwicklung und ideologische Überformung des pädagogischen Denkens und Handelns von Peter Petersen durch den Nationalsozialismus. Es kann kaum verwundern, dass gerade an der Universität Jena, sowohl Wirkungsstätte Peter Petersens als auch insgesamt ein Ort pädagogischer Traditionen und Inspirationen, möglicherweise aber auch unreflektierter Verklärungen, eine intensive Debatte um Ortmeyers Verdikt von Petersen aufgrund dessen dort besonders hervorgehobener Verwicklungen in die Ideologie und Praxis des Nationalsozialismus anheben musste. Verkürzt gesagt dreht sich die Diskussion um die Frage, ob Petersen ein Akteur im Nationalsozialismus war oder ob er – trotz zweifelsfrei anpasserischer Versuche, seine Pädagogik in der NS-Zeit durch systemkonforme Handlungen zu bewahren – nicht doch ein Akteur in den Schulentwicklungstraditionen der Moderne ist.

Der in die Tiefenschichten dieses Fragekomplexes vordringende Band basiert auf einer Fachtagung von Friedrich-Schiller-Universität und Imaginata Jena vom Herbst 2010. Die Manuskripte greifen die Tagungsvorträge auf, erscheinen aber als detailreich ausgearbeitete, umfangreiche und in die Tiefe der historischen Substanz ihrer Themen gehende Texte. Aus der Tagung scheint in der Folge eine intensive Forschungsarbeit der Referenten entstanden zu sein, deren Ergebnis hier auf rund 500 Seiten aspektreich präsentiert wird. Dabei wird auch die Frage problematisiert, inwieweit die Praxis von Schulen, die dem Jenaplan und der Pädagogik Petersens verpflichtet sind, demokratisch besonders gehaltvoll ist. Denn die vom Jenaplan inspirierten Schulen fallen in den letzten Jahren durchaus mit dem Anspruch auf, eine Erziehung zur Verantwortung und Sozialität besonders zu fördern und demokratische Grundwerte zu entfalten. Genau dieser praxisbedeutsame Anspruch macht das Buch, nebst seiner ideologiekritischen Komponente, für die Frage einer demokratie- und partizipationsförderlichen Bildung und Erziehung in der Schule besonders inhaltsreich.

Das Buch nimmt vor allem Petersens Jenaer Zeit von 1923 bis 1952 in den Blick und ordnet seine Untersuchungen in drei Wirkungsperioden: Zum Ersten die Phase der Weimarer Republik im Sinne von Aufbruch und Gründerzeit der Jenaplan-Pädagogik, zum Zweiten die Zeit unter dem NS-Regime – die die Autoren und Herausgeber mit einer „ambivalenten wie illusionären Doppelstrategie systembezogener Selbstmobilisierung" einerseits und „politikferner pädagogisch-praktischer Kontinuität" andererseits charakterisieren – und zum Dritten die Zeit des Scheiterns seiner Pädagogik und seiner Jenaer Versuchsschule in der DDR, der eine erneute Petersen-Rezeption in Westdeutschland sowie eine Renaissance des Jenaplans nach der deutschen Einheit gefolgt ist. Der Umfang und Materialreichtum dieses Studienbuches zum gegenwärtigen Stand historisch orientierter Petersen-Forschung macht eine angemessene Würdigung aller Beiträge unmöglich. Soviel vorweg: Jeder ist differenziert angelegt, belegreich argumentierend und wartet im Kontext des ganzen Buches mit neuen Aspekten und differenzierenden Gewichtungen auf. Wir wollen daher hier lediglich exemplarisch einige Artikel und insbesondere die Herausgeber-Beiträge knapp charakterisieren.

Der Eichstätter Erziehungshistoriker Franz-Michael Konrad entfaltet unter Bezug auf das Schrifttum Petersens die Folie von dessen Denken und erziehungspraktischen Konzepten in der Jenaer Versuchsschule. Konrad belegt vor allem die Eingebunden-

heit Petersens in den internationalen Kontext der „progressive education" sowie die pädagogischen Impulse aus dieser bis heute beachtenswerten Bündelung erziehungsreformerischer Ideen jenseits nationalstaatlicher Begrenzung. Die Idee der Völkerversöhnung als Korrektiv einer durchaus gewollten deutschen Volkserziehung, das Konzept der staatsfreien Gemeinschaftsschule als eine Leitidee, die auf die Schulgemeinde als Instrument der Verantwortungs- und Gemeinschaftserziehung setzt sowie die grundlegende Entwicklung, Überprüfung und Beschreibung des Jenaplan-Konzeptes aus der schulpraktischen Erfahrung heraus machen Petersen in dieser Perspektive zu einem Vorgänger einer modernen, empirisch gehaltvollen Schulentwicklung. Differenziert belegt Konrad Petersens Konzept der „Führung" nicht als Adaption NS-naher und empathischer Führer-Gefolgschaftsideologie, sondern vielmehr als verantwortliche Rolle des Lehrers im Unterricht.

Der Jenaer Zeithistoriker Jürgen John akzentuiert Petersens seinerzeit (wie heute) fortschrittlichen Anspruch, die Lehrerbildung insgesamt und nicht nur für das Gymnasium zu vereinheitlichen und auf eine wissenschaftliche Grundlage im Rahmen eines Universitätsstudiums zu stellen. Die detailgenaue und quellensichere Darstellung verdeutlicht den besonderen Stellenwert, den die Jenaer Universitätsversuchsschule in diesem Kontext seit 1924 erlangen konnte. Das Gesamtanliegen einer wissenschaftlich reflektierten, empirisch durch die Versuchsschule gehaltvollen und impulsgebenden Konzepts der einheitlichen Lehrerbildung scheiterte bereits 1927. Der Beitrag Johns führt mit einer Fülle an Belegen in eine dramatische Entwicklungssituation hinein und verweist auf einen modernen, funktionalen und potenziell demokratieförderlichen Anspruch in Petersens Reformbestrebungen.

Der Jenaer Schulpädagoge Peter Fauser untersucht anhand einer Fülle beschreibender und narrativ orientierter Dokumente wie Briefe und Äußerungen von Mitarbeitern Peter Petersens, vor allem aber des 1925 veröffentlichten Gründungsberichts der Schule den „demokratiepädagogischen Gehalt" der Universitätsschule von 1924. Sein darauf fokussierendes Gedankenexperiment wird von der Frage geleitet, was denn wäre, wenn sich die Schule beim heutigen „Deutschen Schulpreis" bewerben würde. Fauser kann verdeutlichen, dass die Jenaplan-Pädagogik zwar durchaus Inspirationen der internationalen Reformbewegung ihrer Zeit widerspiegelt, im Wesentlichen aber vor allem als eine Bilanz genauer Erfahrungsanalyse der Schule selbst zu verstehen ist – die Praxis der Schule also modellbildend wirkt. Genau dieser Sachverhalt lädt fast selbstverständlich zum Schulpreis-Experiment ein – geht es doch dort ebenfalls um die reformpolitische Steuerungs- und Modellwirkung bestätigter Schulerfahrung. Sichtbar wird zudem, dass Elternschaft und kritische Freunde verschiedene Formen der Darstellung und Auswertung die Konzeptentwicklung des Jenaplans maßgeblich prägen. So kann es kaum überraschen, dass Fauser dem durch diese differenzierten Dokumente bezeugten Schulgeschehen nicht nur die Preiswürdigkeit moderner Schulpraxis nach den Kriterien des Deutschen Schulpreises bescheinigt, sondern auch den demokratiepädagogischen Praxisgehalt der Versuchsschule der 1920er-Jahre begründet herausstellen kann.

Der Magdeburger Kulturhistoriker Justus H. Ulbricht beschäftigt sich mit der begrifflichen und konzeptionellen Vielfalt, ja Ambivalenz der Volksbildungsvorstellungen der Zeit der Weimarer Republik. Er verdeutlich diese diffuse Zuschreibung und Vereinnahmung von später durch Ideologie und Praxis des Nationalsozialismus diskre-

ditierten Begriffen wie „Volksgemeinschaft" am Beispiel der Diskussion in einem politisch-pädagogischen Spektrum, das von demokratischen und „vernunftrepublikanischen" bis zu antidemokratischen und antirepublikanischen Positionen reichte. Sich auf die Forschungen von Michael Wildt u.a. zu dem für die innere Entwicklung des Nationalsozialismus zentralen Begriff der „Volksgemeinschaft" stützend, arbeitet er überzeugend heraus, dass vom Gebrauch dieses Begriffes in der Weimarer Zeit eben nicht automatisch auf „völkisches" im Sinne von „nationalsozialistisches" Denken zu schließen sei. In Bezug auf die Rolle Petersens selbst kommt er zum Ergebnis, dass dieser – trotz seiner partiellen Verwendung derselben Begriffe (bei Petersen wird allerdings der Begriff „volklich" statt „völkisch" verwendet) – eben gerade nicht zum „völkischen" Lager der Volks- und Erwachsenenbildung zu zählen sei, auch wenn er phasenweise Kontakte zu einigen Protagonisten dieses Lagers wie etwa Ernst Krieck unterhielt. Dessen „völkische", d.h. rassistische und chauvinistisch deutschnationale Positionen, die etwa in seiner „Philosophie der Erziehung" und in seiner „Nationalpolitischen Erziehung" zum Ausdruck kommen, seien deutlich von den auf der Weimarer Verfassung fußenden liberalen und demokratischen Vorstellungen einer „volksbürgerlichen Erziehung" zu unterscheiden, wie sie von Petersen u.a. vertreten wurden.

Aus dem zweiten Teil der Sammelschrift, der sich mit der NS-Zeit befasst, wird hier der Beitrag des Potsdamer Erziehungswissenschaftlers Hans-Christian Harten exemplarisch betrachtet, der das Verhältnis von Petersen zum Nationalsozialismus, insbesondere seine Verflechtung in SS-nahe akademische Netzwerke der Erziehungswissenschaft untersucht. Dabei kommt Harten zu einem ambivalenten Befund:

Petersen war offenbar kein politisch aktiver Nationalsozialist – er gehörte weder
der NSDAP, noch der SA und der SS an
und nahm im NSLB keine aktive Rolle ein.
Auch spielten rassenanthropologische und
-biologische Theoriebildung in seinem wissenschaftlichen und praktischen Arbeiten
offenbar – von vereinzelten antisemitischen
Äußerungen nach 1933, so z. B. in einem
Vortrag an der SS-Führerschule in Braun-
schweig im Oktober 1943 abgesehen – keine erkennbare Rolle. Andererseits lässt sich
in der ungewöhnlich breiten Vernetzung
Petersens im nationalsozialistisch geprägten Akademikermilieu, so z. B. in seiner
Nähe zum Kreis um den radikalen Rassen-
anthropologen, Professor für „menschliche Züchtungslehre" und späteren Rektor
der Universität Jena, seine „willentliche
Selbstverstrickung" in das NS-System erkennen, wobei er als Hochschullehrer mit
Vorträgen im In- und Ausland (auch im
Konzentrationslager Buchenwald und vor
SS-Offizieren) eine aktive Rolle im nationalsozialistischen Bildungssystem zu spielen
versuchte. Auffällig ist auch – so Harten
in seiner überzeugend materialreichen und
detaillierten Darstellung – die nicht uner-
hebliche Zahl von Schülern Petersens, die
sich in den Dienst der SS und der rassen-
politischen Schulung stellten, auch wenn
diese Schüler später keine herausragenden
Positionen erlangten.

Die Beiträge des emeritierten Braun-
schweiger Erziehungswissenschaftlers Hein
Retter „zur Diskussion um die Universitätsschule Jena im Nationalsozialismus" und
des Jenaer Stadthistoriker Rüdiger Stutz
zur „Erziehungswissenschaftlichen Anstalt
Peter Petersens" und zum Streit um die
akademische Lehrerbildung komplettieren
diese Abteilung.

Die Aufsätze des abschließenden dritten
Teils des Sammelbandes behandeln – eher
punktuell als chronologisch und systematisch – einige Facetten der Rezeption der
„Petersen-Pädagogik" in Ost- und Westdeutschland mit einem kleinen Ausblick
auf die weitere Entwicklung nach der Vereinigung seit 1990/91. Dabei behandelt
der Jenaer Zeithistoriker Marc Bartuschka
die Phase unmittelbar nach Kriegsende, in
der Petersen voller Hoffnungen auf einen
pädagogischen Neubeginn, aber letztlich
vergeblich, versuchte, seine reformpädagogischen Vorstellungen in mehreren Projekten in Bremen, Halle und Jena umzusetzen.
Trotz umfänglicher Aktivitäten, mit denen
Petersen die Ideen der Weimarer Republik
wieder zu beleben versuchte, verlor er in
der SBZ/DDR im Rahmen einer seit 1948
laufenden Kampagne gegen „bürgerliche
Professoren" seine akademische Stellung als
Dekan und seine Schule; im Westen geriet
er nicht nur wegen seines Verhaltens in
der NS-Zeit, sondern auch als Gegner der
seinerzeit vorherrschenden „geisteswissenschaftlichen Pädagogik" in die Kritik. Im
beginnenden Kalten Krieg saß der radikale
Reformer zwischen allen Stühlen, sodass
er am Ende seines Lebens – so Bartuschka
– „mit seinen hochfliegenden Plänen voll-
kommen gescheitert (ist)".

Der emeritierte Jenaer Erziehungswissenschaftler und Schulpädagoge Will Lütgert
stellt in seinem Aufsatz die verschiedenen
Phasen der Rezeption des Jenaplans und
der Petersen-Pädagogik seit den 1950er-
Jahren dar; Jürgen John, Michael Retzar
und Rüdiger Stutz beleuchten in ihrem
Schlussbeitrag die Jenaplan-Renaissance
seit der Wende 1989 und damit zugleich ein
Stück Zeit- und Wissenschaftsgeschichte im
lokalen bzw. regionalen Raum. Dabei wird
deutlich, dass die erinnerungspolitische
Diskussion um die Rolle Petersens in der
NS-Zeit zeitweise von der Debatte des ihm
geschehenen Unrechts in der DDR überlagert wurde und zugleich seine politische
und pädagogische Rehabilitation einleitete,

die im Ergebnis u.a. mit der Einrichtung der neuen „Jenaplan-Schule" der reformpädagogischen Diskussion weit über Jena und Thüringen hinaus neue Impulse und Praxiserfahrungen vermittelte (vgl. dazu auch den Beitrag von Gisela John und Britta Müller in diesem Band).

Das Buch bündelt nicht nur eine detailreiche und genaue Analyse der pädagogischen Entwicklungsverhältnisse der Arbeit von Peter Petersen während seiner Jenaer Zeit. Es zeigt auch die tragischen Aspekte der Verwicklung des praktischen Pädagogen und des empiriegeleiteten Theoretikers Peter Petersen in die Zeitläufte, bei denen er sicherlich nicht die aus heutiger Sicht wünschenswerte Distanz hat walten lassen, sondern aus heutiger Sicht als systembezogen opportunistisch erscheinen muss. Jenseits aller moralisch fundierter möglicher Kritik an solchen „Anpassungsleistungen" wird aber vor allem deutlich – und hier liegt das eigentliche Verdienst dieses lesenswerten Kompendiums –, dass in Peter Petersen und seiner Pädagogik die Substanz einer Modernisierung von Schule und Bildungswesen insgesamt in Strukturen und aufeinander bezogenen Konzeptverhältnis-

sen greifbar wird, denen wir im deutschen Bildungswesen auch der Gegenwart heute (noch) nicht begegnen. Das betrifft das Verständnis empirischer Bildungsforschung in Blick auf die tatsachengenerierende Kraft individueller und personenabhängiger pädagogischer Praxisverhältnisse ebenso wie die einheitliche und wissenschaftlich begründete Lehrerbildung; das betrifft ein Bildungsverständnis, das Analyse der Handlungsbedingungen und realistische Funktionsbeschreibung der Schule im Staat ebenso wenig ausschließt, wie es die Individualität von Bildungsbiografien und die Verpflichtung professioneller Pädagogik darauf behauptet, Kindern und Jugendlichen in der Schule eine Lernumgebung zu schaffen, in der sie ihre Kräfte und eigenverantwortlich ihr Lernen entfalten können, zugleich aber auch Kompetenzen für ein eigenständiges Leben in der funktional differenzierten Gesellschaft erwerben müssen. Den weltanschaulichen Zugeständnissen des Reformpädagogen Petersen muss man mit der notwendigen Kritik begegnen, die Modernität seiner Pädagogik kann angesichts der hier zusammengetragenen Einsichten nicht mehr bestritten werden.

Empfehlung CM/Rec (2010)7 des Ministerkomitees an die Mitgliedstaaten betreffend die Charta des Europarats zur Demokratie- und Menschenrechtsbildung[2]

Verabschiedet vom Ministerkomitee am 11. Mai 2010 anlässlich der 120. Versammlung

In Übereinstimmung mit Artikel 15.b der Satzung des Europarates,

eingedenk der zentralen Mission des Europarates, Menschenrechte, Demokratie und Rechtsstaatlichkeit zu fördern;

in der festen Überzeugung, dass Bildung und Ausbildung bei der Unterstützung dieser Mission eine zentrale Rolle spielen;

unter Berücksichtigung des Rechts auf Bildung, wie es im Völkerrecht und insbesondere in der Konvention zum Schutze der Menschenrechte und Grundfreiheiten (ETS No. 5), in der Allgemeinen Erklärung der Menschenrechte, im internationalen Pakt über wirtschaftliche, soziale und kulturelle Rechte und in der internationalen Kinderrechtskonvention verankert ist;

eingedenk der Tatsache, dass die Weltkonferenz der Menschenrechte auf ihrer Zusammenkunft in Wien 1993 die Staaten aufforderte, Menschenrechte, Demokratie und Rechtsstaatlichkeit als Themen in die Lehrpläne aller Bildungsinstitutionen im schulischen oder außerschulischen Bereich aufzunehmen;

unter Berücksichtigung der Entscheidung anlässlich des Zweiten Gipfeltreffens der Staats- und Regierungschefs des Europarates (1997), eine Initiative zur Demokratiebildung zu ergreifen, um das Bewusstsein der Bürgerinnen und Bürger für ihre Rechte und Pflichten in einer demokratischen Gesellschaft zu fördern;

eingedenk der Empfehlung Rec(2002)12 des Ministerkomitees zur Demokratiebildung und des damit verbundenen Wunsches, an dieser anzuknüpfen;

unter Berücksichtigung der Empfehlung Rec(2003)8 des Ministerkomitees zur Förderung und Anerkennung der außerschulischen Bildung bzw. des nicht-formalen Lernens junger Menschen und der Empfehlung Rec(2004)4 der Europäischen Menschenrechtskonvention über die Hochschul- und Berufsbildung;

unter Berücksichtigung der Empfehlung 1682(2004) der Parlamentarischen Versammlung, die dazu aufrief, ein Europäisches Rahmenabkommen zur Demokratie- und Menschenrechtsbildung zu entwerfen;

als Antwort auf die Aufforderung der 7. Konferenz der europäischen Minister für Jugend bei ihrem Treffen in Budapest 2005, ein politisches Richtliniendokument für die Demokratie- und Menschenrechtsbildung zu schaffen;

als Ausdruck des Wunsches, einen Beitrag zu leisten zur Erreichung der vom Weltprogramm für Menschenrechtsbildung vorgegebenen Ziele, die von der Generalversammlung der Vereinten Nationen 2005 verabschiedet wurden und für die der Europarat der Regionalpartner in Europa ist;

als Ausdruck des Wunsches, auf der Erfahrung des 2005 gefeierten Europäischen Jahres der politischen Bildung aufzubauen, in dessen Verlauf Staaten und Nichtregierungsorganisationen über zahlreiche erfolg-

---

2 Vorläufige Übersetzung der Empfehlung CM/Rec(2010)7 des Ministerkomitees und der "Council of Europe Charter on Education for Democratic Citizenship and Human Rights Education", Strasbourg Oct. 2010. Da in Österreich die Inhalte der Charta unter dem Titel „Politische Bildung" vermittelt werden, findet in der österreichischen Version des Dokuments die Übersetzung „Politische Bildung und Menschenrechtsbildung" Anwendung. Das „Explanatory Memorandum" zur EDC-HRE-Charta liegt nicht in deutscher Übersetzung vor.

reiche Beispiele von Initiativen im Bereich der Demokratie- und Menschenrechtsbildung berichteten, und diese erfolgreichen Initiativen in ganz Europa zu festigen, zu verankern und auszuweiten;

eingedenk der Tatsache, dass die Mitgliedstaaten verantwortlich sind für die Organisation und den Inhalt ihrer Bildungssysteme;

im Bewusstsein der Schlüsselrolle, die Nichtregierungs- und Jugendorganisationen in diesem Bereich der Bildung spielen, und der Verantwortung, sie dabei zu unterstützen,

empfiehlt das Ministerkomitee den Regierungen der Mitgliedstaaten, dass sie

- Maßnahmen ergreifen, die sich – wie im Anhang zu dieser Empfehlung genannt – auf die Bestimmungen der Europäischen Charta zur Demokratie- und Menschenrechtsbildung stützen;
- dafür sorgen, dass die Charta bei den für Bildung und Jugend verantwortlichen Behörden Verbreitung findet;

weist den Generalsekretär an, die Empfehlung weiterzuleiten an:

- die Unterzeichnerregierungen des Europäischen Kulturabkommens (ETS No. 18), die nicht Mitgliedstaaten des Europarates sind;
- internationale Organisationen.

Charta des Europarats zur Demokratie- und Menschenrechtsbildung

Verabschiedet im Rahmen der Empfehlung CM/Rec (2010)7 des Ministerkomitees

Teil I – Allgemeine Bestimmungen

1. Geltungsbereich

Die vorliegende Charta hat die Demokratie- und Menschenrechtsbildung gemäß der Definition in Paragraph 2 zum Gegenstand. Sie bezieht sich nicht ausdrücklich auf verwandte Bereiche wie z.B. die interkulturelle Erziehung, Erziehung zur Gleichstellung, Bildung für nachhaltige Entwicklung und Friedenserziehung – ausgenommen dort, wo es Überschneidungen mit der Demokratie- und Menschenrechtsbildung gibt.

2. Begriffsbestimmungen

Im Sinne dieser Charta

a) bezeichnet der Ausdruck „Demokratiebildung" alle Formen von Erziehung, Ausbildung, Bewusstseinsförderung und Information sowie Praktiken und Aktivitäten, die darauf abzielen, die Lernenden durch die Vermittlung von Wissen, Kompetenzen und Verständnis und durch die Entwicklung ihrer Einstellungen und ihres Verhaltens zu befähigen, ihre demokratischen Rechte und Pflichten in der Gesellschaft wahrzunehmen bzw. zu verteidigen, Diversität zu achten und im demokratischen Leben eine aktive Rolle zu übernehmen mit dem Ziel, die Demokratie und Rechtsstaatlichkeit zu fördern und zu bewahren.

b) bezeichnet der Ausdruck „Menschenrechtsbildung" alle Formen von Erziehung, Ausbildung, Bewusstseinsförderung und Information sowie Praktiken und Aktivitäten, die darauf abzielen, die Lernenden durch die Vermittlung von Wissen, Kompetenzen und Verständnis und die Entwicklung ihrer Einstellungen und ihres Verhaltens zu befähigen, einen Beitrag zum Aufbau und zum Schutz einer universellen Kultur der Menschenrechte in der Gesellschaft zu leisten mit dem Ziel, die Menschenrechte und elementaren Freiheiten zu fördern und zu schützen

c) bezeichnet der Ausdruck „schulische Bildung" das strukturierte Bildungs- und Ausbildungssystem, das von der Vor- und

Primarschule über die Sekundarschule bis zur Universität reicht. Üblicherweise findet formale Bildung in einer allgemeinen oder einer Berufsschulinstitution statt und wird mit einer Zertifizierung abgeschlossen

d) bezeichnet der Ausdruck „außerschulische Bildung" all jene geplanten Bildungsprogramme, die dazu dienen sollen, außerhalb des schulischen Bildungssystems eine Reihe von Fertigkeiten und Kompetenzen zu vervollkommnen

e) bezeichnet der Ausdruck „informelle Bildung" den lebenslangen Prozess, durch den jedes Individuum sich in seinem eigenen Umfeld und durch alltägliche Erfahrung Einstellungen, Werte, Fertigkeiten und Wissen aneignet, unabhängig von Bildungseinflüssen und -ressourcen (Familie, Peergroup, Nachbarn, Bekanntschaften, Bibliothek, Massenmedien, Arbeit, Sport und Spiel etc.)

3. Beziehung zwischen Demokratie- und Menschenrechtsbildung

Demokratie- und Menschenrechtsbildung sind eng miteinander verbunden und verstärken sich gegenseitig. Sie unterscheiden sich eher in Bezug auf Schwerpunkt und Geltungsbereich als in den Zielen und Vorgehensweisen. Während die Demokratiebildung sich hauptsächlich auf die demokratischen Rechte und Pflichten und auf aktive Partizipation in der Zivilgesellschaft in den politischen, sozialen, wirtschaftlichen, rechtlichen und kulturellen Bereichen der Gesellschaft konzentriert, beschäftigt sich die Menschenrechtsbildung mit dem breiteren Spektrum der Menschenrechte und den elementaren Freiheiten, die jeden Aspekt menschlichen Lebens betreffen.

4. Konstitutionelle Strukturen und Prioritäten der Mitgliedstaaten

Die Ziele, Grundsätze und Richtlinien, die im Folgenden dargelegt werden, sollen

a) mit dem gebotenen Respekt gegenüber der Verfassung eines jeden Mitgliedstaates und mit Mitteln, die den jeweiligen Strukturen adäquat sind, und

b) mit Rücksicht auf die Prioritäten und Bedürfnisse eines jeden Mitgliedstaates angewandt werden.

Teil II – Ziele und Grundsätze

5. Ziele und Grundsätze

Die folgenden Ziele und Grundsätze dienen als Leitlinien für die Mitgliedstaaten in der Gestaltung ihrer Richtlinien, ihrer Gesetzgebung und bei der Umsetzung in die Praxis.

a) Das Ziel, jeder Person, die sich auf ihrem Territorium befindet, die Möglichkeit zur Demokratie- und Menschenrechtsbildung zu bieten.

b) Lernen im Bereich der Demokratie- und Menschenrechtsbildung ist ein lebenslanger Prozess. Wirksames Lernen in diesem Bereich betrifft eine ganze Reihe von Interessengruppen wie z.B. politische Entscheidungsträger, Bildungsexperten, Lernende, Eltern, Bildungsinstitutionen, Bildungsbehörden, Beamte, Nichtregierungsorganisationen, Jugendorganisationen, Medien und die allgemeine Öffentlichkeit.

c) Alle Mittel zur Bildung und Ausbildung – ob schulisch, außerschulisch oder informell – spielen in diesem Lernprozess eine Rolle und tragen zur Förderung dieser Grundsätze und zur Erreichung dieser Ziele bei.

d) Nichtregierungsorganisationen und Jugendorganisationen können einen wertvollen Beitrag zur Demokratie- und Menschenrechtsbildung leisten, vor allem im Bereich der außerschulischen und informellen Bildung. Sie brauchen dementsprechend auch Unterstützung und Gelegenheiten, um diesen Beitrag leisten zu können.

e) Lehr- und Lernpraktiken und -aktivitäten sollten den Werten und Grundsätzen der Demokratie und der Menschenrechte folgen und diese fördern; insbesondere die Leitungen von Bildungsinstitutionen einschließlich der Schulen sollten die Werte der Menschenrechte im Auge haben und fördern und die Stärkung und aktive Partizipation von Lernenden, Bildungspersonal und Interessenvertretern wie z.B. Eltern unterstützen.

f) Ein zentrales Element der Demokratie- und Menschenrechtsbildung ist die Förderung des sozialen Zusammenhalts und des interkulturellen Dialogs, die Wertschätzung von Diversität und von Gleichstellung, einschließlich der Gleichstellung der Geschlechter; deshalb ist es unerlässlich, Wissen, persönliche und soziale Kompetenzen und Verständnis zu entwickeln, die dazu beitragen, dass Konflikte reduziert, die Wertschätzung und das Verständnis für die Unterschiede zwischen verschiedenen Glaubensgemeinschaften und ethnischen Gruppen gesteigert werden, dass der gegenseitige Respekt für die menschliche Würde und gemeinsame Werte gefördert wird und dass zum Dialog ermutigt und eine gewaltfreie Lösung von Problemen und Auseinandersetzungen gefördert wird.

g) Ein wesentliches Ziel der Demokratie- und Menschenrechtsbildung besteht nicht nur darin, die Lernenden mit Wissen, Verständnis und Kompetenzen auszustatten, sondern auch ihre Bereitschaft zu fördern, sich im Dienste der Menschenrechte, der Demokratie und der Rechtstaatlichkeit gesellschaftlich zu engagieren.

h) Ständige Weiterbildung und Personalentwicklung sowohl von Bildungsexperten und Jugendleitern als auch von Ausbildern selber in den Grundsätzen und in der Praxis der Demokratie- und Menschenrechtsbildung sind ein wichtiger Teil einer nachhaltigen Ausbildung in diesem Bereich und sollten dementsprechend angemessen geplant und mit Ressourcen ausgestattet werden.

i) Partnerschaften und Zusammenarbeit zwischen den vielen Interessenvertretern, die sich im Bereich der Demokratie- und Menschenrechtsbildung engagieren, – etwa zwischen politischen Entscheidungsträgern, Bildungsexperten, Lernenden, Eltern, Bildungsinstitutionen, Nichtregierungsorganisationen, Jugendorganisationen, Medien und der allgemeinen Öffentlichkeit – sollten auf staatlicher, regionaler und lokaler Ebene unterstützt werden, damit ihre Beiträge optimal genutzt werden können.

j) Angesichts der internationalen Dimension der den Menschenrechten zugrunde liegenden Werte, Pflichten und gemeinsamen Grundsätze, die das Fundament der Demokratie und der Rechtsstaatlichkeit bilden, ist es für die Mitgliedstaaten wichtig, durch Aktivitäten, die in der vorliegenden Charta aufgeführt sind, und durch die Vermittlung und den Austausch bewährter Praxis internationale und regionale Zusammenarbeit anzustreben und zu fördern.

Teil III – Richtlinien

6. Formelle allgemeine Schul- und Berufsbildung

Die Mitgliedstaaten sollten Demokratie- und Menschenrechtsbildung in die Lehrpläne der schulischen Bildung auf Vorschul-, Primar- und Sekundarstufe sowie auch in der allgemeinen Bildung und in der Berufsausbildung und in der Weiterbildung einführen. Die Mitgliedstaaten sollten diese Lehrpläne für Demokratie- und Menschenrechtsbildung unterstützen, überarbeiten und ergänzen, damit ihre Relevanz und Nachhaltigkeit gewährleistet sind.

7. Hochschulbildung

Die Mitgliedstaaten sollten – mit dem nötigen Respekt für das Prinzip der akademischen Freiheit – Demokratie- und Menschenrechtsbildung in den Hochschulinstitutionen fördern, insbesondere bei zukünftigen Bildungsfachkräften.

8. Demokratische Führung

In allen Bildungsinstitutionen sollten die Mitgliedstaaten demokratische Führung nicht nur als eine per se wünschenswerte und nutzbringende Führungsmethode fördern, sondern auch als ein praktisches Mittel, um Demokratie und Respekt vor den Menschenrechten zu lernen und zu erleben. Sie sollten, mit den geeigneten Mitteln, die aktive Beteiligung der Lernenden, des Bildungspersonals und der verschiedenen Interessenvertreter, einschließlich der Eltern, an der Leitung der Bildungsinstitutionen fördern und unterstützen.

9. Aus- und Weiterbildung

Die Mitgliedstaaten sollten dafür sorgen, dass Lehrpersonen, Bildungspersonal, Jugendleiter und Ausbilder die nötige Aus- und Weiterbildung sowie Entwicklungsmöglichkeiten auf dem Gebiet der Demokratie- und Menschenrechtsbildung erhalten. Damit sollte sichergestellt werden, dass sie über umfassendes Wissen und Verständnis in Bezug auf die Ziele und Grundsätze dieser Disziplin verfügen sowie adäquate Lehr- und Lernmethoden beherrschen und auch andere, für ihren Bildungsbereich angemessene Schlüsselkompetenzen aufweisen.

10. Rolle von Nichtregierungsorganisationen, Jugendorganisationen und anderer Interessengruppen

Die Mitgliedstaaten sollten die Rolle von Nichtregierungsorganisationen und Jugendorganisationen im Bereich der Demokratie- und Menschenrechtsbildung stärken, vor allem im Bereich der außerschulischen Bildung. Sie sollten diese Organisationen und ihre Aktivitäten als einen wertvollen Teil des Bildungssystems anerkennen, ihnen, wo es möglich ist, die Unterstützung geben, derer sie bedürfen, und in allen Bildungsbereichen ihr Expertise-Potenzial nutzen. Die Mitgliedstaaten sollten Demokratie- und Menschenrechtsbildung auch bei anderen Interessengruppen, insbesondere bei den Medien und der allgemeinen Öffentlichkeit, fördern und bekannt machen, um in diesem Bereich den größtmöglichen Nutzen aus deren Beitrag ziehen zu können.

11. Evaluationskriterien

Die Mitgliedstaaten sollten Evaluationskriterien entwickeln, die die Wirksamkeit der Programme im Bereich der Demokratie- und Menschenrechtsbildung belegen. Rückmeldungen von Lernenden sollten einen festen Bestandteil jeder Evaluation bilden.

12. Forschung

Die Mitgliedstaaten sollten Forschungsaktivitäten im Bereich der Demokratie- und Menschenrechtsbildung initiieren und fördern, um den aktuellen Stand in diesem Bereich erheben zu können und um Interessengruppen, einschließlich der politischen Entscheidungsträger, Bildungsinstitutionen, Schulleiter, Lehrpersonen, Lernenden, Nichtregierungsorganisationen und Jugendorganisationen Informationen zum Vergleich bieten zu können, die ihnen helfen, die Wirksamkeit und Effizienz ihrer Maßnahmen zu messen und zu steigern und ihre Praxis zu verbessern. Diese Forschung könnte unter anderem die folgenden Themen einschließen: Lehrplanforschung, innovative Verfahren, Lehrmethoden und Entwicklung von Evaluationssystemen, einschließlich Evaluationskriterien und -indikatoren. Die Mitgliedstaaten sollten ihre Forschungsergebnisse, wo dies sachdienlich

ist, anderen Mitgliedstaaten und interessierten Akteuren zugänglich machen.

13. Kompetenzen zur Förderung des sozialen Zusammenhalts, zur Wertschätzung von Diversität und zum Umgang mit Meinungsverschiedenheiten und Konflikten

In allen Bildungsbereichen sollten die Mitgliedstaaten Bildungsvorhaben und Lehrmethoden fördern, die auf das Zusammenleben in einer demokratischen und multikulturellen Gesellschaft vorbereiten und die Lernenden dabei unterstützen, sich Wissen und Fähigkeiten anzueignen, die den sozialen Zusammenhalt fördern, Diversität und Gleichstellung wertschätzen, Meinungsverschiedenheiten anerkennen – vor allem zwischen verschiedenen religiösen und ethnischen Gruppen –, die außerdem geeignet sind, Unstimmigkeiten und Konflikte im gegenseitigen Respekt für die Rechte des Anderen gewaltlos zu schlichten und gegen alle Formen von Diskriminierung und Gewalt, insbesondere Mobbing und Belästigung, gerichtet sind.

Teil IV – Evaluation und Kooperation

14. Evaluation und Nachbearbeitung

Die Mitgliedstaaten sollten ihre Strategien und ihre Politik, die sie in Übereinstimmung mit der vorliegenden Charta entworfen haben, regelmäßig überprüfen und diese Strategien und diese Politik soweit erforderlich anpassen. Kooperationen mit anderen Mitgliedstaaten sind denkbar, zum Beispiel auf regionaler Ebene. Jeder Mitgliedstaat kann auch vom Europarat Unterstützung anfordern.

15. Kooperation in Folgeaktivitäten

Die Mitgliedstaaten sollten, wo es sachdienlich ist, miteinander und vermittelt über den Europarat kooperieren, um die Ziele und Grundsätze der vorliegenden Charta zu erreichen, indem sie

a) Themen von gemeinsamem Interesse und festgestellte Prioritäten bearbeiten;

b) multilaterale und grenzüberschreitende Aktivitäten – einschließlich des bestehenden Koordinatoren-Netzwerks für Demokratie- und Menschenrechtsbildung – pflegen;

c) durch Austausch, Weiterentwicklung, juristische Verankerung und Absicherung die Verbreitung bewährter Praxis sicherstellen;

d) alle interessierten Kreise inklusive der Öffentlichkeit über die Ziele und die Umsetzung der Charta informieren;

e) europäische Netzwerke von Nichtregierungsorganisationen, Jugendorganisationen und Bildungsexperten sowie ihre Zusammenarbeit unterstützen.

16. Internationale Kooperation

Die Mitgliedstaaten sollten die Resultate ihrer Arbeit zur Demokratie- und Menschenrechtsbildung im Rahmen des Europarates mit anderen internationalen Organisationen austauschen.

Bürgerschaftliches Engagement in Kindertageseinrichtungen

Thesen der Mitglieder der Arbeitsgruppe „Bildung und Qualifizierung" des Bundesnetzwerks Bürgerschaftliches Engagement sowie der Veranstalter der Tagung „Bürgerschaftliches Engagement in Kindertagesstätten" am 19. und 20. April 2012 in Mainz.

Bürgerschaftliches Engagement ist eine grundlegende Voraussetzung für den Zusammenhalt und die Gestaltungsfähigkeit unserer Gesellschaft. Das freiwillige Engagement vieler Bürgerinnen und Bürger im sozialen Bereich, in der Bildung, im Sport und in Gesundheitsprogrammen sowie in Kunst und Kultur, schafft einen unschätzbaren Wert, von dem wir alle profitieren. Es bringt Menschen mit unterschiedlichen sozialen und kulturellen Hintergründen zusammen und stärkt gegenseitiges Vertrauen und sozialen Zusammenhalt in einer immer heterogeneren Gesellschaft.

Kindertageseinrichtungen sind Orte, an bürgerschaftliches Engagement eine wichtige Rolle spielt. Elternausschüsse und Fördervereine engagieren sich in Kitas, Kirchengemeindemitglieder oder ehrenamtliche Vereinsvorstände übernehmen Trägeraufgaben, in Elterninitiativen sind sie als Träger tätig und sorgen für den organisatorischen Rahmen. Das Engagement von Eltern und Großeltern ist kaum wegzudenken und immer mehr entsteht ein Bewusstsein dafür, auch freiwilliges Engagement von Erwachsenen einzubinden, die mit den Kindern nicht familiär verbunden sind. Kinder profitieren von der Öffnung ihrer Kita gegenüber einer engagierten Mitwirkung von Erwachsenen. Dass auch die Kinder an der Gestaltung ihres Umfelds in der Kindertagesstätte mitwirken wollen, wird zusehends erkannt und systematisch gefördert. Neben dem bürgerschaftlichen

Engagement von Erwachsenen in Kindertageseinrichtungen sind aber auch Kinder berechtigt, frühzeitig an der Gestaltung ihrer unmittelbaren Lebenswelt mitzuwirken.

Verbunden mit der Absicht, mehr Beteiligungsmöglichkeiten zu schaffen, ist ein neues Verständnis von (Mit-)Verantwortung: Kinder haben das Recht mitzuentscheiden *und* sie beteiligen sich an der Umsetzung gemeinsam getroffener Entscheidungen, gestalten ihr Umfeld mit und verfolgen gemeinschaftliche Interessen. Mitentscheiden und Mithandeln sind Ausdruck von bürgerschaftlichem Engagement. Kinder erfahren durch sie Selbstwirksamkeit und Anerkennung und erleben, dass Mitbestimmung Spaß machen und die Übernahme von Verantwortung bereichernd sein kann.

Die Bereitschaft sich zu beteiligen und Mitverantwortung zu tragen ist kein Selbstläufer, sondern bedarf entsprechender Werthaltungen und Verhaltensdispositionen auf Seiten der Kinder und der Erwachsenen. Diese müssen erworben und erlernt werden. Für diese Entwicklungsaufgaben und Bildungsprozesse brauchen Kinder Gelegenheiten, die es ihnen ermöglichen, ihre Rechte wahrzunehmen und aktiv zu werden. Frühes Demokratie-Erleben wird möglich, wenn freiwilliges Engagement und Partizipation anhand umfassender Konzepte gezielt gefördert werden. Kindertageseinrichtungen sind ein idealer Ort, an dem Kinder zahlreiche Chancen für Mitbestimmung und Mitverantwortung erfahren können. „Gesellschaftliches Engagement von Kindern in Kindertageseinrichtungen bedeutet, dass sie sich freiwillig an der Bewältigung von Aufgaben und Herausforderungen, die das Leben der Gemeinschaft betreffen, in der Öffentlichkeit der Gemeinschaft der Einrichtung und darüber hinaus, etwa in der Kommune, durch demokratisches Mitentscheiden und Mithandeln beteiligen."[3]

In der Diskussion um Entwicklungsmöglichkeiten von Kindertageseinrichtungen sollte Folgendes berücksichtigt werden:

1. Kinder haben ein Recht auf angemessene Beteiligung.

Die in der Menschenrechtskonvention der Vereinten Nationen festgeschriebenen Grundsätze der Freiheit und Gleichheit jedes Menschen gelten auch für Kinder. Mit der Kinderrechtskonvention aus dem Jahr 1989–1992 in Deutschland ratifiziert – wurde das Recht junger Menschen auf Beteiligung als dritter Schwerpunkt neben den Schutz vor Gewalt und die Sicherung der Lebensgrundlagen von Kindern gesetzt. In Artikel 12 heißt es erstens: „Die Vertragsstaaten sichern dem Kind, das fähig ist, sich eine eigene Meinung zu bilden, das Recht zu, diese Meinung in allen das Kind berührenden Angelegenheiten frei zu äußern, und berücksichtigen die Meinung des Kindes angemessen und entsprechend seinem Alter und seiner Reife." Und zweitens: „Zu diesem Zweck wird dem Kind insbesondere Gelegenheit gegeben, in allen das Kind berührenden Gerichts- oder Verwaltungsverfahren entweder unmittelbar oder durch einen Vertreter oder eine geeignete Stelle im Einklang mit den innerstaatlichen Verfahrensvorschriften gehört zu werden." Eine wichtige Aufgabe der Kita und aller mitwirkenden Personen in der Kindertagesbetreuung ist es daher, dieses elementare Recht in gelebte Wirklichkeit zu übersetzen.

2. Bürgerschaftliches Engagement eröffnet vielfältige Bildungschancen.

Bürgerschaftliches Engagement eröffnet vielfältige Bildungschancen, weil es Kindern Gelegenheiten bietet, die individuellen Fähigkeiten zu erproben und sich anhand selbst gewählter, neuer Aufgaben weiterzuentwickeln. Dabei können Kinder personale, soziale, instrumentelle und kulturelle Kompetenzen erwerben[4], Solidarität und Anerkennung erfahren und Selbstwirksamkeit erleben. Möglichkeiten zur Teilhabe an bürgerschaftlichem Engagement stellen somit eine wichtige Quelle für ein gutes Selbstwertgefühl und für die positive, altersübliche psychosoziale und emotionale Entwicklung dar. Vor diesem Hintergrund gilt es, Kitas als wichtige Bildungsorte mit erheblichen Kooperations- und Vernetzungspotenzialen in der aktuellen Diskussion um die Entwicklung kommunaler Bildungslandschaften zu stärken.

3. Kindertageseinrichtungen sind Lernorte für Engagement und Partizipation.

Kindertageseinrichtungen sind zentrale Orte unseres Bildungs- und Erziehungssystems, zu deren Auftrag es gehört, die Bildungschancen bürgerschaftlichen Engagements zu nutzen und soziales und demokratisches Denken und Handeln zu fördern. Die Kindertageseinrichtung kann als „Gesellschaft im Kleinen" verstanden werden, in der Demokratie gelernt und gelebt wird. Wer früh erfährt, dass es bereichernd sein kann, für gemeinsam getroffene Entscheidungen Verantwortung zu übernehmen, der

---

3 Vgl. Knauer u.a. (2011), S. 27. Die Definition orientiert sich an der Begriffsbestimmung der Enquete-Kommission des Deutschen Bundestages zur Zukunft des bürgerschaftlichen Engagements und der Definition aus dem Projekt „jungbewegt – Dein Einsatz zählt"; vgl. Deutscher Bundestag (2002) und Roth u.a. (2009).

4 Siehe den Kompetenzbegriff des Zwölften Kinder- und Jugendberichts; Bundesministerium für Familie, Senioren, Frauen und Jugend (BMFSFJ), Zwölfter Kinder- und Jugendbericht. Bericht über die Lebenssituation junger Menschen und die Leistungen der Kinder- und Jugendhilfe in Deutschland, 2005, S. 12 f.

wird auch in seinem späteren Leben bereit sein sich zu engagieren. Dort, wo Kinder als aktive Gestalter und Entscheider in ihren Einrichtungen agieren können, sind besonders günstige Grundlagen gelegt, damit der Wille und die Lust für bürgerschaftliches Engagement wachsen.

4. Neben der Schaffung von punktuellen Gelegenheiten, sollte bürgerschaftliches Engagement in Kitas auch strukturell verankert werden.

Kinder können zu bürgerschaftlichem Engagement angeregt werden, indem sie sich an der Lösung von Alltagsaufgaben beteiligen können; so wie beispielsweise bei der Planung von Mahlzeiten, der Einrichtung von Räumen oder als Paten für jüngere Kinder. Um das Bewusstsein für gesellschaftliche Zusammenhänge auch außerhalb der Kita zu fördern, können ältere Kinder mit entsprechender Begleitung auch altersgemäße Beteiligungsformen im kommunalen Raum wie beispielsweise bei politischen Entscheidungen, im Sport oder der Kultur für sich erproben. Neben der Schaffung von punktuellen Gelegenheiten, sollte bürgerschaftliches Engagement in Kitas auch strukturell verankert werden. Geregelte Aufgaben bieten beispielsweise Patenmodelle, ein Kinderrat oder eine Kinderregierung. Formate wie die beiden Letztgenannten spielen eine zentrale Rolle, weil sie die Selbstbestimmung der Kinder fördern und es ihnen im Rahmen demokratischer Mitbestimmung ermöglichen, die Themen ihres Engagements selbst zu wählen und über organisatorische Abläufe und Regeln zu entscheiden.

5. Pädagogische Fachkräfte begleiten und unterstützen die Kinder, brauchen dabei aber ihrerseits Unterstützung.

Um etwas selbst machen zu können, brauchen Kinder die Unterstützung von Erwachsenen bzw. den pädagogischen Fach-

kräften, die sie zu bürgerschaftlichem Engagement ermutigen, demokratische Mitbestimmung fördern, geregelte Angebote schaffen und Engagement auch außerhalb der Einrichtung anregen und begleiten. Der Schlüssel dazu liegt insbesondere in einer veränderten Rolle der Erwachsenen, denn der Ausbau von Beteiligungsmöglichkeiten geht einher mit einer schrittweisen Übertragung von Aufgaben und Entscheidungskompetenzen an die Kinder. Um den Herausforderungen gerecht werden zu können, brauchen pädagogische Fachkräfte fachliche Unterstützung, die ihnen Gelegenheiten zur Reflexion bietet und Know-How über Ziele und Methoden der Engagementförderung vermittelt.

6. Es bedarf einer gemeinsamen Haltung und eines gemeinsamen Verständnisses der Zusammenarbeit von Trägern, pädagogischen Fachkräften und freiwillig Engagierten.

Bürgerschaftliches Engagement kann nur gelingen, wenn die Beteiligten sich als Bereicherung für die Kinder, die pädagogischen Fachkräfte und die ganze Kindertageseinrichtung erleben. Dafür ist es zentral, sich des gemeinsamen Bildungs- und Erziehungsauftrags immer wieder zu vergewissern, die eigene Rolle zu definieren und eine gemeinsame Haltung zu den Kindern zu entwickeln. Es bedarf eines Prozesses des Aufeinander-Zugehens, der Öffnung seitens der pädagogischen Fachkräfte und der Akzeptanz notwendiger Abläufe seitens der Engagierten. Ebenso bedarf es der wechselseitigen Vergewisserung, dass die erwachsenen Beteiligten nicht miteinander um die Gunst der Kinder konkurrieren, sondern sich zum Wohl aller engagieren. Sollte dies nicht möglich sein, ist es denkbar, dass - auchnoch so gut gemeintes - Engagement scheitern kann. Es ist die besondere Verantwortung der Leitung darauf zu achten, mögliche Konflikte frühzeitig zu erkennen und ihnen entgegenzusteuern.

7. Bürgerschaftliches Engagement für die Kita gelingt nur, wenn freiwillig Engagierte und pädagogische Fachkräfte sich auf Augenhöhe begegnen.

In der Zusammenarbeit zwischen Hauptamtlichen und Freiwilligen bedarf es einer Haltung des Respekts und der Anerkennung der Kompetenzen des jeweiligen Gegenübers. Es bedarf der Bereitschaft, sich auseinander zu setzen, voneinander und miteinander zu lernen und sich zu verständigen. Bei zu großen Differenzen sollte die Zusammenarbeit respektvoll beendet werden. Mit einer solchen Haltung sind Erwachsene positive Vorbilder für Kinder.

8. Bürgerschaftliches Engagement ist eine wertvolle Ergänzung zur professionellen Arbeit der Fachkräfte, kann diese aber keinesfalls ersetzen.

Der Träger einer Kindertagesstätte hat die Gesamtverantwortung für die fachlich-inhaltliche und organisatorische Ausgestaltung der Erziehungs-, Bildungs- und Betreuungsangebote in der Kindertagesstätte. Damit eng verbunden ist eine umfassende Personalverantwortung, die auch die ehrenamtlich tätigen Personen einschließt. Die pädagogisch ausgebildeten Fachkräfte in den Kindertagesstätten sind für die professionelle Umsetzung der Konzeption einer Einrichtung maßgeblich und haben vielfältige Möglichkeiten fachlichen Austauschs und beruflicher Fortbildung. Durch ihr Handeln setzen sie das Leitbild der Einrichtung im Alltag um. Sie übernehmen Verantwortung für ihre Aufgabenbereiche und für die gesamte Einrichtung. Die Einbindung von bürgerschaftlichem Engagement in die Kita ist als wertvoller Aspekt für die Umsetzung eines zeitgemäßen Bildungskonzepts anzusehen, kann aber keineswegs die nach fachlichen Standards festgelegten und allgemein anerkannten personellen Ressourcen in der Einrichtung ersetzen.

9. Es bedarf inhaltlicher und struktureller Rahmenbedingungen, damit bürgerschaftliches Engagement gelingt.

Freiwillig Engagierte brauchen Anleitung und einen klaren Rahmen, in dem sie handeln können. Sie müssen eingeführt werden und die Kultur der Kindertageseinrichtung kennenlernen, sich mit Abläufen und Strukturen vertraut machen und sich mit den pädagogischen Fachkräften abstimmen. Es müssen geeignete Formen der Freiwilligenkoordination aufgebaut werden, die von dafür qualifizierten Personen umgesetzt werden. Die Leitungskräfte brauchen Ressourcen, um die Begleitung des ehrenamtlichen Engagements sicherzustellen und Meinungsverschiedenheiten zu klären. Bürgerschaftliches Engagement muss gewürdigt werden. So kann beispielsweise mit einem Dankeschön-Nachmittag oder mit kleinen Aufmerksamkeiten die Bedeutung des Wirkens seitens des Trägers und der Leitung zum Ausdruck gebracht werden.

10. Vielfältiges Engagement von Eltern sichert eine hohe Qualität in Kindertagesstätten.

Im Sinne einer Erziehungspartnerschaft sind Eltern für die Arbeit in Kindertagesstätten unverzichtbar. Sie bringen wertvolle Anregungen, Tipps und Kritik in die Arbeit der Einrichtungen mit ein. Dadurch tragen Eltern zu einer kontinuierlichen Weiterentwicklung der Qualität der Kindertagesstätten bei. In der Art und Weise, wie Erwachsene auch unterschiedliche Bedürfnisse vortragen und diskutieren, leben sie Kindern elementare demokratische Verhaltensweisen vor. In Elternausschüssen und -beiräten nehmen sie ihre Rechte auf Beteiligung wahr. Durch vielfältiges Engagement unterstützen Eltern auch die finanziellen Bedarfe der Einrichtungen. Sie tragen zum

Gelingen von Festen, Basaren und zu einem vielfältigen kulturellen Leben bei. Nicht selten engagieren sie sich in Fördervereinen, die vieles ermöglichen, was die Träger nicht finanzieren könnten.

11. Kinder sind besonders schutzbedürftig.

Bei aller Wertschätzung der Tätigkeiten von bürgerschaftlich engagierten Menschen obliegt es dem Träger und der Leitung sicherzustellen, dass Kindertageseinrichtungen sichere Orte für Kinder sind. Aus diesem Grund gilt es trotz grundsätzlicher Unschuldsvermutung gegenüber Interessierten, sich ihrer positiven Grundhaltung und der Unbescholtenheit zu vergewissern. Aus diesem Grund sind seitens der Träger die Maßstäbe festzulegen, denen auch ehrenamtlich Tätige Personen entsprechen müssen, damit Kindertageseinrichtungen sichere Orte für Kinder bleiben.

12. Kindertageseinrichtungen sind ein wichtiger Ort für gelebte Interkulturalität.

Deutschland ist ein Einwanderungsland. Ein Fünftel der Gesamtbevölkerung hat inzwischen einen Migrationshintergrund. Die gesellschaftliche Integration von Menschen unterschiedlicher Herkunft, Sprache, Kultur, Tradition sowie Lebensweise und Lebensentwürfe ist eine der wichtigsten sozialpolitischen Aufgaben in Gegenwart und Zukunft. Hierfür bedarf es nicht nur angemessener politischer Regelungen, sondern vielfältiger Bemühungen sowohl in den öffentlichen Einrichtungen und Diensten als auch in der Zivilgesellschaft und in den Migrantenorganisationen und Migrantenmilieus. Besondere Bedeutung kommt hierbei der Gestaltung von Konzepten und Alltag in den Bildungseinrichtungen zu. Neben der

Schule sind es insbesondere die Kindertagesstätten, in denen sowohl Kinder als auch Pädagoginnen und Pädagogen sowie zivilgesellschaftliche Akteure unterschiedlicher Kulturen zusammen kommen können. Bereits hier gibt es weitreichende Möglichkeiten zu erleben und es ist lernen, dass Vielfalt unsere Gesellschaft bereichert und Grundlagen für ein respektvolles und von einem sozialen Miteinander geprägtes Zusammenleben schaffen kann. Hierfür bedarf es der Entwicklung interkultureller Kompetenzen, die in den Konzepten von Kindertagesstätten verankert werden müssen.

13. Kindertageseinrichtungen können als Nachbarschaftszentren oder Zentren für Selbsthilfe die Vernetzung vor Ort unterstützen und soziale Dienste vermitteln.

Vielfach bietet die Kindertageseinrichtung Räume, um als Ort für gemeinsame Feste, Tauschbörsen und Feiern im Sozialraum zu fungieren. Sie ermöglicht es, dass sich Initiativen und Projekte im Gemeinwesen entfalten können. Für Menschen mit Unterstützungsbedarf kann sie eine wichtige Anlaufstelle sein, um niedrigschwellig Beratung zu erhalten. Über den originären Auftrag der Kita hinaus können sich in der Kommune somit Perspektiven für eine stärkere Vernetzung des Sozialraums eröffnen, die wiederum auch interessante Möglichkeiten für bürgerschaftliches Engagement in der Kita bieten können. Z.B. ist durchaus vorstellbar, dass ein Chor oder eine Theatergruppe, die Räumlichkeiten der Kita nutzt, sich im Rahmen eines Projekts in der Kita engagiert oder ein regelmäßiges Angebot für Seniorinnen und Senioren in Räumlichkeiten der Kita punktuell in den Bereich der Frühpädagogik eingebunden wird.

Autorinnen und Autoren

Hermann Josef Abs, Dr., Professor für Erziehungswissenschaft mit dem Schwerpunkt Schul- und Unterrichtsforschung an der Universität Gießen. Arbeitsschwerpunkte: Lehrerbildung, Schulentwicklung, überfachliche Kompetenzen. Kontakt: h.j.abs@erziehung.uni-gießen.de

Susanne Alpers, Lehrkraft für Berufliche Schulen, Landeskoordinatorin Region Süd für das Projekt Gewaltprävention und Demokratielernen (GuD) des Hessischen Kultusministeriums, Arbeitsschwerpunkte: Kooperatives Lernen/Unterrichtsstörungen/Sexualisierte Gewalt; Pädagogische Mitarbeiterin im Amt für Lehrerbildung, Abteilung Personalentwicklung, Qualifizierung von Lehrkräfte mit Steuerungsaufgaben in Schulen. Kontakt: Susanne.Alpers@hkm.hessen.de

Hans Berkessel, Pädagoge und Historiker; Multiplikator der historisch-politischen Bildung: Regionalberater und Jurymitglied des „Förderprogramms Demokratisch Handeln"; Gründungsmitglied der DeGeDe-RLP und Koordinator des Demokratietages Rheinland-Pfalz. Kontakt: hansberkessel@aol.com

Silvia-Iris Beutel, Dr. phil., habil., Professorin für Schulpädagogik und Allgemeine Didaktik mit dem Schwerpunkt Lehr-/Lernprozesse und empirische Unterrichtsforschung an der Technischen Universität Dortmund mit den Arbeits- und Forschungsschwerpunkten: Übergänge im Bildungswesen, Reformschulen, gute Schulen in Deutschland, Individualisierung und Differenzierung, partizipative Leistungsbeurteilung und Demokratiepädagogik. Pädagogische Expertin beim Deutschen Schulpreis, Projektleiterin für das Regionalteam West des Deutschen Schulpreises sowie Jurymitglied „Demokratisch Handeln". Kontakt: Silvia-Iris.Beutel@fk12.tu-dortmund.de

Wolfgang Beutel, Dr. phil., Geschäftsführer des „Förderprogramms Demokratisch Handeln" Mitarbeit in wiss. Begleitung und Multiplikatorenfortbildung am BLK-Modellprogramm „Demokratie lernen & leben"; Mitglied im Vorstand der Deutschen Gesellschaft für Demokratiepädagogik und päd. Experte beim Deutschen Schulpreis. Kontakt: beutel@demokratisch-handeln.de

Ina Bömelburg, M.A., Projektmanagerin bei der Bertelsmann Stiftung, Programm „Zukunft der Zivilgesellschaft", Projekt „jungbewegt – Dein Einsatz zählt.", zuvor Referentin beim Bundesnetzwerk Bürgerschaftliches Engagement (BBE). Arbeitsschwerpunkte: Bürgerschaftliches Engagement junger Menschen, Freiwilligendienste und Engagementpolitik. Kontakt: ina.boemelburg@bertelsmann-stiftung.de

Jürgen Budde, Prof. Dr. phil., Professor für die Theorie der Bildung, des Lehrens und des Lernens an der Universität Flensburg. Arbeitsschwerpunkte: Geschlecht und Schule, soziale Konstruktion von Heterogenität, qualitative Unterrichtsforschung. Kontakt: Juergen.Budde@uni-flensburg.de

Monika Buhl, Dr. phil., apl. Professorin für Schulpädagogik am Institut für Bildungswissenschaft der Universität Heidelberg und assoziierte Mitarbeiterin der AE Bildungsqualität und Evaluation des DIPF Ffm. Jurymitglied „Demokratisch Handeln" und pädagogische Expertin beim Deutschen Schulpreis. Kontakt: buhl@ibw.uni-heidelberg.de

Heinz Buschkowsky, Studium zum Diplom-Verwaltungswirt, seit 2001 Bezirksbürgermeister in Berlin-Neukölln, seit 1973 Mitglied der SPD. Kontakt: BzBm@bezirksamt-neukoelln.de

Wolfgang Edelstein, Dr. phil., Professor und Direktor em. am Max-Planck-Institut für Bildungsforschung in Berlin. Gutachter des BLK-Programms „Demokratie lernen & leben", bis 2009 Vorsitzender der DeGeDe. Kontakt: edelstein@mpib-berlin.mpg.de

Kurt Edler, Referatsleiter Gesellschaft am Landesinstitut für Lehrerbildung und Schulentwicklung in Hamburg. Vorsitzender der Deutschen Gesellschaft für Demokratiepädagogik (DeGeDe); deutscher Koordinator für Education for Democratic Citizenship and Human Rights beim Europarat. Kontakt: edler@degede.de

Hannelore Faulstich-Wieland, Prof. Dr. phil. habil., Universitätsprofessorin für Erziehungswissenschaft unter besonderer Berücksichtigung der Schulpädagogik, Schwerpunkt schulische Sozialisation an der Universität Hamburg. Bis 2011 Mitglied in der Jury des Deutschen Schulpreis. Arbeitsschwerpunkte: Koedukation, Geschlechterforschung, Sozialisation. Kontakt: H.Faulstich-Wieland@uni-hamburg.de

Peter Fauser, Dr. rer. soc., Universitätsprofessor für Schulpädagogik und Schulentwicklung an der Friedrich-Schiller-Universität Jena. Vorsitzender der Akademie für Bildungsreform, wissenschaftlicher Leiter des Wettbewerbs „Förderprogramm Demokratisch Handeln", des Entwicklungsprogramms für Unterricht und Lernqualität (E.U.LE) und Initiator der IMAGINATA in Jena. Gutachter des BLK-Programms „Demokratie lernen & leben". Mitbegründer des Deutschen Schulpreises. Kontakt: P.Fauser@imaginata.de

Arila Feurich, M.A. Erziehungswissenschaft, Psychologie, Soziologie; seit 2011 wiss. Mitarbeiterin an der Friedrich-Schiller-Universität Jena (Lehrstuhl für Schulpädagogik und Schulentwicklung) sowie seit 2010 wiss. Mitarbeiterin des „Förderprogramms Demokratisch Handeln". Kontakt: feurich@demokratisch-handel.de

Mario Förster, M.A. Erziehungswissenschaft, Politikwissenschaft; Wiss. Mitarbeiter und Promovend zum Thema „Demokratische Handlungskompetenzen" an der Universität Göttingen. Seit 2010 Regionalberater des „Förderprogramms Demokratisch Handeln" für Niedersachsen, Jurymitglied „Demokratisch Handeln". Kontakt: mail@mario-foerster.de

Susanne Frank, M. A., Ethnologin, Diplomvolkswirtin, wissenschaftliche Mitarbeiterin an der Pädagogischen Hochschule Heidelberg, Leiterin des Projekts „famILY: Eltern bilden - Kinder stärken: Die formative Evaluation eines Elternqualifizierungsansatzes". Kontakt: frank@ph-heidelberg.de

Jürgen Gerdes, Dipl.-Pol., Wissenschaftlicher Mitarbeiter im Projekt der schulischen Interventionsforschung Lions Quest „Erwachsen handeln" und Lehrender am Institut für Soziologie der Pädagogischen Hochschule Freiburg. Arbeits- und Forschungsschwerpunkte: Politische Theorie, Theorien der Gerechtigkeit, Multikulturalismus und interkulturelle Pädagogik, Politische Bildung, Soziales Lernen, Bildungsforschung. Kontakt: juergen.gerdes@ph-freiburg.de

Birger Hartnuß, Dipl.-Päd., seit 2007 Referent in der Leitstelle Ehrenamt und Bürgerbeteiligung der Staatskanzlei Rheinland-Pfalz, davor u.a. Referent in der Enquete-Kommission „Zukunft des Bürgerschaftlichen Engagements" des 14. Deutschen Bundestages und im Bundesnetzwerk Bürgerschaftliches Engagement (BBE). Arbeitsschwerpunkte: bürgerschaftliches Engagement, Bürgerbeteiligung, Bildung, Kooperation von Jugendhilfe und Schule. Kontakt: birger.hartnuss@stk.rlp.de

Gisela John, Lehrerin für Deutsch und Geschichte, Gründungsgruppe der Jenaplan-Schule Jena, 1991 bis 2010 Schulleiterin der Jenaplan-Schule Jena, seit 2010 Beraterin der beiden neuen Kommunalen Schulen in Jena, Kontakt: john.gisela@gmx.de

Hans Peter Kuhn, Prof. Dr. phil. habil., Universitätsprofessor für Erziehungswissenschaft mit dem Schwerpunkt Empirische Bildungsforschung an der Universität Kassel. Arbeitsschwerpunkte: Jugend und Sozialisation, Ganztagsschule, soziale Ungleichheit im Bildungssystem. Kontakt: hpkuhn@uni-kassel.de

Ralph Leipold, langjähriger Schulleiter, Fortbildungsreferent, Supervisor (DGSv), seit 2010 Referatsleiter im Thüringer Ministerium für Bildung, Wissenschaft und Kultur im Referat für bildungspolitische Grundsatzfragen, Schulentwicklung und Bildungsplanung; Arbeitsschwerpunkt: Entwicklung inklusiver und innovativer Lernumgebungen. Kontakt: ralph.leipold@tmbwk.thueringen.de

Martin, Lücke, Prof. Dr., Professor für Didaktik der Geschichte am Friedrich-Meinecke-Institut der Freien Universität Berlin. Arbeitsschwerpunkte: Holocaust und historisches Lernen, Diversity und Intersectionality Studies, Rassismuskritik, Wachstumskritik, (Auto-)Biografieforschung. Kontakt: martin.luecke@fu-berlin.de

Sigrid Meinhold-Henschel, Diplom-Verwaltungswirtin, Historikerin und Pädagogin, Bertelsmann Stiftung, Programm „Zukunft der Zivilgesellschaft", Leitung des Projektes „jungbewegt – Dein Einsatz zählt." Arbeitsschwerpunkte: Kommunalreform, zivilgesellschaftliches Engagement und Partizipation junger Menschen, regionale Bildungslandschaften sowie Evaluation sozialer Projekte. Kontakt: Sigrid.meinhold-henschel@bertelsmann-stiftung.de

Britta Müller, Lehrerin für Mathematik und Physik, Gründungsgruppe der Jenaplan-Schule Jena, 1991 bis 2012 Lehrerin an der Jenaplan-Schule Jena, seit Sommer 2012 Schulleiterin der neu gegründeten kommunalen Gemeinschaftsschule – Kulturschule, Kontakt: mueller.kulturschule@gmail.com

Ines Pohlkamp, Studium der Sozialarbeitswissenschaften und Int. Kriminologie, Referentin für Queer Theory, Social Justice und intersektionale Bildung. Leitung der Mädchenarbeit in der Alten Molkerei Frille von 2007-2009, Leitung der Weiterbildungsreihe ‚Geschlechtsbezogene Pädagogik' von 2007-2011. Mitgründerin vom Gender Institut Bremen. Aktuell forscht sie zu Trans(gender) und Intersexuellen feindlicher Diskriminierung und Gewalt. Kontakt: pohlkamp@uni-bremen.de

Volker Reinhardt, Dr. paed., Professor für Politikwissenschaft und Politikdidaktik an der Pädagogischen Hochschule Weingarten und Gastprofessor für Bildungswissenschaft an der Steinbeis-Hochschule Berlin, Jurymitglied „Demokratisch Handeln" und päd. Experte beim Deutschen Schulpreis. Kontakt: reinhardt@ph-weingarten.de

Gernod Röken, Dr. phil., Dezernent für Politische Bildung bei der Bezirksregierung Münster, Lehrbeauftragter an der Westfälischen Wilhelms-Universität in Münster, Fachbereich Erziehungswissenschaft. Arbeitsschwerpunkte: demokratische Erziehung, politische Bildung, Schulprogrammarbeit, systemische Schulberatung, Zentralabitur Sozialwissenschaften NRW. Kontakt: gehamema.roeken@t-online.de

Nils Schwentkowski, Dipl.-Pol., Projektmanager bei der Bertelsmann Stiftung, Programm „Zukunft der Zivilgesellschaft", Projekt „jungbewegt – Dein Einsatz zählt.", zuvor wissenschaftlicher Mitarbeiter bei der PHINEO gAG – Plattform für soziale Investoren. Kontakt: info@jungbewegt.de

Anke Spies, Dr. phil., Professorin für Erziehungswissenschaft mit dem Schwerpunkt Pädagogik und Didaktik des Primar- und Elementarbereichs am Institut für Pädagogik der Carl von Ossietzky Universität Oldenburg. Arbeitsschwerpunkte: Strukturen und Transitionsprozesse im Grundschulkontext, Lern- und Bildungssettings im Primar- und Elementarbereich, Prozesse von Inklusion und Exklusion, Kooperation Schule-Jugendhilfe/Schulsozialarbeit, Eltern als Kooperationspartner von Institutionen, Bildungsformatfragen (Ganztagssettings), Bildungsverantwortung/Bildungslandschaften; Bildungsbiografien. Kontakt: anke.spies@uni-oldenburg.de; www.staff.uni-oldenburg.de/anke.spies

Hans-Wolfram Stein, bis 2010 Lehrer für Politik und Wirtschaft in Bremen und bis 2011 Regionalberater des „Förderprogramms Demokratisch Handeln" für Bremen, Jurymitglied „Demokratisch Handeln". Kontakt: stein-bremen@nordcom.net

Sven Tetzlaff, M.A. Historiker, seit 2001 Leiter des „Geschichtswettbewerbs des Bundespräsidenten", seit 2008 Leiter des Bereichs Bildung der Körber-Stiftung, seit 2011 geschäftsführendes Vorstandsmitglied der Herbert und Elsbeth Weichmann-Stiftung. Kontakt: tetzlaff@koerberstiftung.de

Hermann Veith, Dr. phil. habil., M.A., 2006 – 2008 Professor für „Schulpädagogik und Schulentwicklung" am Institut für Erziehungswissenschaft der Friedrich-Schiller-Universität Jena. Seit 2008 Universitätsprofessor für Pädagogik mit dem Schwerpunkt Sozialisationsforschung an der Georg-August-Universität Göttingen und Leiter des Netzwerks Lehrerfortbildung. Päd. Experte beim Deutschen Schulpreis sowie Jurymitglied „Demokratisch Handeln". Kontakt: hveith@gwdg.de

Ingo Wachtmeister, Lehrer für Wirtschaft/Technik/Ethik, Referent für Demokratie/Gewaltprävention am Thillm und Berater für Demokratiepädagogik. Kontakt: ingo.wachtmeister@thillm.de

Michaela Weiß, M.A. Erziehungswissenschaft, Politikwissenschaft, Psychologie; Seit 2009 wiss. Mitarbeiterin und Promovendin zum Thema „Demokratische Handlungskompetenzen" an der Georg-August-Universität Göttingen (Dorothea-Schlözer-Stipendium). Seit 2010 Regionalberaterin des „Förderprogramms Demokratisch Handeln" für Niedersachsen, Jurymitglied „Demokratisch Handeln". Kontakt: mweiss@gwdg.de

Christian Wild, Lehrer, stellvertr. Projektleiter des Projekts Gewaltprävention und Demokratielernen (GuD) des Hessischen Kultusministeriums. Arbeitsschwerpunkte: Feedback/Evaluation/Qualitätsentwicklung; Beratung und Begleitung von Schul- und Projektentwicklungsprozessen. Kontakt: christian.wild@hkm.hessen.de

WOCHEN SCHAU VERLAG

... ein Begriff für politische Bildung

Bürgergesellschaft

Birger Hartnuß, Reinhild Hugenroth,
Thomas Kegel (Hrsg.)

Bildungspolitik und Bürgergesellschaft

Der Band verfolgt das Anliegen, die Debatten um das Erlernen bürgerschaftlicher und demokratischer Kompetenzen, um Schulöffnung und Schulentwicklung sowie die Frage danach, was moderne Bildung heute ausmacht und welcher Stellenwert dabei dem bürgerschaftlichen Engagement zukommt, zusammenzuführen. Dazu werden in systematischer Form Beiträge zu theoretischen Zugängen und Leitbildern, zu pädagogischen Konzepten und Reformmodellen, zu Methoden, Handlungsfeldern und Akteuren der Engagement- und Demokratieförderung in und mit Schulen vorgelegt.

Leserinnen und Leser erhalten in dieser Gesamtschau eine Einschätzung der Relevanz bürgergesellschaftlicher Reformansätze für das Schulsystem und einen Überblick über den erreichten Entwicklungsstand sowie Perspektiven und Herausforderungen in Bildungspolitik und Bürgergesellschaft.

Politik
und Bildung

Bildungspolitik und Bürgergesellschaft

ISBN 978-3-89974913-7, ca. 464 S.,
Subs.-Preis bis 30.9.3013: € 42,80
ab 1.10.2013 ca. € 49,80

Mit Beiträgen von: Volker Amrhein, Katharina Avemann, Lennart Beeck, Wolfgang Beutel, Josef Blank, Daniel Büchel, Kurt Edler, Adalbert Evers, Karin Fehres, Peter Friedrich, Birger Hartnuß, Frank Heuberger, Klaus Hübner, Reinhild Hugenroth, Gisela Jakob, Catherina Jansen, Heike Kahl, Thomas Kegel, Ansgar Klein, Claudia Leitzmann, Richard Lerner, Marc Ludwig, Stephan Maykus, Sigrid Meinhold-Henschel, Yvonne Möller, Siglinde Naumann, Gerd Nosek, Thomas Olk, Helmolt Rademacher, Sybille Rahm, Thomas Rauschenbach, Ute Recknagel-Saller, Christiane Richter, Thomas Röbke, Roland Roth, Boris Rump, Helmut Schorlemmer, Gudrun Schwind-Gick, Anne Sliwka, Ursula Walther, Christian Weiß

INFOSERVICE: Neuheiten für Ihr Fachgebiet unter **www.wochenschau-verlag.de** | Jetzt anmelden!

Adolf-Damaschke-Str. 10, 65824 Schwalbach/Ts., Tel.: 06196/86065, Fax: 06196/86060, info@wochenschau-verlag.de

WOCHEN SCHAU VERLAG

... ein Begriff für politische Bildung

Demokratie- pädagogik

Wolfgang Beutel, Peter Fauser (Hrsg.)

Demokratie, Lernqualität und Schulentwicklung

Wie kann Demokratie in der Schule zu größerer Wirksamkeit verholfen werden? Der Band bietet Anregungen und greift Grundfragen demokratiepädagogischer Schulentwicklung auf: Verständnisintensives Lernen, Fachlichkeit, Schulverfassung, Zeitkultur, Unterricht.

Mit Beiträgen von: Wolfgang Beutel, Monika Buhl, Peter Fauser, Helmut Frommer, Hans-Peter Füssel, Dirk Lange, Fritz Reheis, Volker Reinhardt, Hans-Wolfram Stein, Hermann Veith.

„Dieser Band ist originell, anregend und weiterführend für Theorie, Forschung und Praxis politischer Bildung und demokratischer Schulentwicklung"

POLIS 2/2009

ISBN 978-3-89974500-9, 224 S., € 19,80

Silvia-Iris Beutel, Wolfgang Beutel (Hrsg.)

Beteiligt oder bewertet?

Leistungsbeurteilung und Demokratiepädagogik

Der Sammelband verbindet die aktuelle Debatte um differenzierte Formen der Leistungsbeurteilung in der Schule gezielt mit Fragestellungen der Demokratiepädagogik. Denn die Erfahrungen von Anerkennung und Nichtanerkennung von Leistung haben bei Kindern und Jugendlichen großen Einfluss auf demokratierelevante Kompetenzen. Für Lehrende ist es wichtig zu wissen, wie sich dieser Zusammenhang ausgestaltet. Sie erfahren es in diesem Buch.

Mit Beiträgen von: Ingrid Ahlring, Horst Bartnitzky, Matthias Bergmann-Listing, Silvia-Iris Beutel, Wolfgang Beutel, Birgit Beyer, Benno Dalhoff, Ulrich Dellbrügger, Kurt Edler, Peter Fauser, Helmut Frommer, Jan von der Gathen, Thomas Goll, Thomas Häcker, Renate Hinz, Jan Hofmann, Hartmut Köhler, Cornelia Michaelis, Tanja Pütz, Manuel Schiffer, Wolfgang Schönig, Rolf Schwarz, Reinhard Stähling, Winfried Steinert, Annette Textor, Felix Winter.

ISBN 978-3-89974584-9, 368 S., € 32,80

INFOSERVICE: Neuheiten für Ihr Fachgebiet unter **www.wochenschau-verlag.de** I Jetzt anmelden!

Adolf-Damaschke-Str. 10, 65824 Schwalbach/Ts., Tel.: 06196/86065, Fax: 06196/86060, info@wochenschau-verlag.de